V&R Academic

Wiener Forum für Theologie und Religionswissenschaft /
Vienna Forum for Theology and the Study of Religions

Band 14

Herausgegeben im Auftrag
der Evangelisch-Theologischen Fakultät der Universität Wien,
der Katholisch-Theologischen Fakultät der Universität Wien
und dem Institut für Islamisch-Theologische Studien der
Universität Wien
von Ednan Aslan, Karl Baier und Christian Danz

Die Bände dieser Reihe sind peer-reviewed.

Hans Gerald Hödl / Johann Pock /
Teresa Schweighofer (Hg.)

Christliche Rituale im Wandel

Schlaglichter aus theologischer und
religionswissenschaftlicher Sicht

Mit 7 Abbildungen

V&R unipress

Vienna University Press

Bibliografische Information der Deutschen Nationalbibliothek

Die Deutsche Nationalbibliothek verzeichnet diese Publikation in der Deutschen
Nationalbibliografie; detaillierte bibliografische Daten sind im Internet über
http://dnb.d-nb.de abrufbar.

ISSN 2197-0718
ISBN 978-3-8471-0778-1

Weitere Ausgaben und Online-Angebote sind erhältlich unter: www.v-r.de

**Veröffentlichungen der Vienna University Press
erscheinen im Verlag V&R unipress GmbH.**

Gedruckt mit freundlicher Unterstützung des Rektorats der Universität Wien.

© 2017, V&R unipress GmbH, Robert-Bosch-Breite 6, D-37079 Göttingen / www.v-r.de
Alle Rechte vorbehalten. Das Werk und seine Teile sind urheberrechtlich geschützt.
Jede Verwertung in anderen als den gesetzlich zugelassenen Fällen bedarf der vorherigen
schriftlichen Einwilligung des Verlages.
Printed in Germany.
Druck und Bindung: CPI buchbuecher.de GmbH, Zum Alten Berg 24, D-96158 Birkach

Gedruckt auf alterungsbeständigem Papier.

Inhalt

Hans Gerald Hödl / Johann Pock / Teresa Schweighofer
Wandel christlicher Rituale – eine Problemanzeige 7

1. Paradigmen der Ritualdynamik

Rafael Walthert
Tradition und Emotion. Ein evangelikaler Gottesdienst aus der
Perspektive der Theorie der Interaktionsrituale 21

Hans Gerald Hödl
Aladura: Ritualwandel in Westafrikanischen Kirchen 41

2. Zentrale ritualdynamische Prozesse im Christentum

Kirstine Helboe Johansen
Weddings in the Church of Denmark – Traditional and Modern
Expectations of an Efficacious Ritual 65

Johann Pock
Traumhochzeit, individuell angepasst? Das (katholische) Hochzeitsritual
im Wandel 87

Geovanne Bustos
Die kreative Interaktion zwischen Evangelium und Kultur durch die
„Dynamische Äquivalenz" 113

3. Inner- und postchristliche Transformationen und Entwicklungen von Ritualen

Teresa Schweighofer
Individuell und einmalig – Freie Rituale in Österreich 143

Brigitte Enzner-Probst
Frauenliturgien als Avantgarde neuer ritueller Gestaltungsräume und -prozesse im spätmodernen Kontext 159

Ulrike Wagner-Rau
Ritual- und Festpraxis in multreligiösen Familienkonstellationen. Ein Prospekt 177

Arnaud Liszka
Religionshybride Festkultur in Mecklenburg-Vorpommern: Erfindung post-christlicher Rituale? 193

4. Grundlegende (liturgiewissenschaftliche) Zugänge zum rituellen Wandel

Andreas Odenthal
Menschheitsalte Religiöse Rituale im Raum der Kirche? Überlegungen zur „Rituellen Erfahrung" im Spannungsfeld von Religiosität und Christianität 213

Benedikt Kranemann
Offenheit für eine „scheue Frömmigkeit". Neue christliche Rituale in religiös pluraler Gesellschaft 235

Basilius J. Groen
Heutige Veränderungsprozesse der rituell-liturgischen Landschaft Mitteleuropas: Einige vorläufige Wahrnehmungen 253

Verzeichnis der Autor_innen 265

Hans Gerald Hödl / Johann Pock / Teresa Schweighofer

Wandel christlicher Rituale – eine Problemanzeige

1. Der Ausgangspunkt – ein interdisziplinäres Symposium

Der vorliegende Band hat eine lange Geschichte – er geht zurück auf ein interdisziplinäres Expert_innensymposium, zu dem im Jahr 2013 Johann Pock und Teresa Schweighofer vom Institut für Praktische Theologie und Hans Gerald Hödl vom Institut für Religionswissenschaft an der Katholisch-Theologischen Fakultät der Universität Wien einluden, unter dem Titel „Wandel christlicher Rituale in Mitteleuropa im Kontext einer pluralisierten Rituallandschaft".

Bald wurde jedoch klar, dass der Horizont über diesen engen Rahmen hinaus erweitert werden musste, dies allerdings auch nicht umfassend geschehen konnte. Die ursprüngliche Idee, einen Kommunikationsprozess zwischen Personen aus unterschiedlichen Fächern und Institutionen, die sich mit der Thematik christlicher und postchristlicher Rituale in Europa beschäftigen, in Gang zu setzen, erforderte es auch, einen Blick auf rituelle Formen zu werfen, die sich in den Gebieten entwickelt haben, in die das europäische Christentum im Zuge des Kolonialismus exportiert worden ist. Dazu bedürfte es aber unserer Ansicht nach einer umfassenderen Vernetzung und Kooperation zwischen verschiedenen religions- und ritualbezogenen theologischen und nichttheologischen Fächern, etwa Religionswissenschafter_innen, Ethnolog_innen, Soziolog_innen, Liturgiewissenschaftler_innen, Pastoraltheolog_innen. Aus theologischer Sicht hat schon Heinz-Günther Schöttler im Jahr 2000 angemerkt, dass „Gottesdienstliches Feiern" in der gegenwärtigen Situation „sich [...] seiner religionssoziologischen, rezeptionsästhetischen und anderer Bedingungen bewußt werden"[1] müsse. Aus ebendieser Sicht stellt sich weiters die Frage, wie in der konkreten Inszenierung „die Inhalte des Christentums umgesetzt werden können, ohne daß sie an Bedeutung verlieren, aber auch ohne, daß sie lediglich zum

---

[1] Schöttler, Ein Wort zuvor, 7.

exklusiven Wissen einiger Weniger werden und dadurch an Relevanz in der Öffentlichkeit verlieren."[2]

Das vorrangige Ziel dieses Symposiums war vor diesem Hintergrund, zu dieser Thematik Religionswissenschafter_innen, Liturgiker_innen und Praktische Theolog_innen ins Gespräch zu bringen. Doch es sollte auch deutlich werden, was die derzeit diskutierten oder auch relevanten Fragen in diesem Bereich sind. Wo sind Themen, denen noch zu wenig nachgegangen wird – und wo gibt es bereits Studien oder Forschungsansätze, die wir vielleicht zu wenig wahrnehmen?

Das vorliegende Buch versammelt nun einerseits die ausgearbeiteten Beiträge, die direkt von diesem Symposium stammen, andererseits sind Beiträge einbezogen worden, die den Blick über den ursprünglichen, auf „Mitteleuropa" bezogenen Rahmen hinaus weiten sollen. Dies kann, als ein Inzentiv zu weiterer diesbezüglicher Forschung, in beiderlei Hinsicht nur schlaglichtartig geschehen: Weder konnten alle europäischen Christentümer (v. a. die Orthodoxie, aber auch der Anglikanismus – sofern man evangelikale Christentümer nicht zu dessen Nachfahren zählt – sind nicht berücksichtigt), noch konnten christliche Rituale in allen in Frage kommenden außereuropäischen Gesellschaften einbezogen werden. Wir hoffen aber, dass dieser erste Schritt zu einer Aufarbeitung unseres Themas nicht der letzte bleiben möge.

Somit liegt nun ein Band vor, in dem der Wandel christlicher Rituale, der Wandel von christlich dominierten zu postchristlichen Ritual(isierung)en in Europa an einigen Beispielen thematisiert wird, mit einem ergänzenden Blick auf den Wandel christlicher Rituale dort, wo das aus Europa exportierte Christentum vorgefundene lokale religiöse Traditionen überformt hat, oder von diesen umgeformt worden ist.

2. Theoretische Verankerung der These des rituellen Wandels

„Riten sind die Architektur einer Religion."[3] Die rituelle Dimension von Religionen ist für die allermeisten Religionen zentral, wenn sie auch verschieden ausgebildet sein mag (man vergleiche etwa das Ritualwesen in sogenannten „traditionellen" Religionen mit Ritualen im Calvinismus oder Quäkertum). Rituale markieren zentrale religiöse (aber auch politisch-säkulare) Vollzüge oder stellen diese dar. In ihrem Standardwerk zur Ritualtheorie unterscheidet Catherine Bell sechs Arten von Ritualen (das sind natürlich Typen, die kaum rein

---

2 Poensgen, Zur Einführung, 9.
3 Sundermeier, Art. Ritus, 260.

vorkommen).⁴ Von diesen werden in unserem Band vor allem Übergangsriten dargestellt (in den Beiträgen von Johansen, Bustos, Kranemann, Schweighofer, Pock, Hödl), doch auch in diesen Artikeln wird der Fokus nicht nur darauf gelegt. Des Weiteren werden kommunikative und kommutative Riten, die der Kontaktaufnahme mit dem Heiligen (oder der Erinnerung und dem Gegenwärtigsetzen des Ursprungs) dienen, erörtert: In mehr theologischer Sichtweise – als eine eigene Sphäre interpretiert (Groen, Kranemann, Odenthal) – oder in mehr religionssoziologischer Sicht als Erzeugung sozialer Kohärenz (Walthert, Liszka). Riten zur Wende einer Not (Abwehr böser Mächte usw.) werden etwa im Beitrag von Hödl angesprochen. Weniger Aufmerksamkeit widmet dieser Band kalendarischen Riten (soweit sie nicht mit einer der oben genannten Kategorien zusammen fallen), politischen Ritualen und Fasten/Festen (wiewohl letztere aufgrund des Umstandes, dass Übergangsriten und kommutative Riten auch den Charakter von Festen haben können, nicht gänzlich ausgeblendet werden).

Lange Zeit wurden Ritualen hauptsächlich die Charakteristika der Regelhaftigkeit, des festgelegten Ablaufs und der darin begründeten Wiederholbarkeit zugesprochen.⁵ In extremer Weise wurde diese Regelhaftigkeit in der formalistischen Ritualtheorie von Frits Staal betont, der in seiner Interpretation des vedischen Feuerrituals aus der starren rituellen Form geschlossen hat, dass es sich bei Ritualen um reine Syntax ohne (feste) Semantik handle, Rituale somit „bedeutungslos" seien.⁶ Auf Staals Theorie bauen Humphrey und Laidlaw auf, wenn sie als hervorragendes Merkmal von Ritualen deren „Nichtintentionalität" bezeichnen, die es erlaubt, die Syntax je individuell semantisch zu füllen.⁷ Dieser „Bedeutungslosigkeitstheorie" hat Axel Michaels – ohne deren zugrundeliegende Idee gänzlich abzuweisen – insofern widersprochen, als er formuliert hat, die „Bedeutung" der „Bedeutungslosigkeit" von Ritualen liege darin, „[...] Zeitlosigkeit, Unveränderlichkeit, Unsterblichkeit – eben *religio* [...]"⁸ für den Menschen in Szene zu setzen. Wendet man diese religionswissenschaftliche Aussage ins Theologische, wäre es gerade die Beharrungskraft der rituellen Formen, die verantwortlich zeichnet für die erhoffte bzw. erfahrene Wirkung des Rituals, in dessen imaginierter Unveränderlichkeit Ewigkeit gegenwärtig und zugänglich werde.

Thomas Luckmann hat in Hinsicht darauf, was der Inhalt, der in der rituellen Form aufbewahrt und tradiert wird, sein möge, Erfahrungen der „großen Transzendenz" ins Spiel gebracht.⁹ Religionen wären dann die Institutionen, die

---

4 Vgl. Bell, Ritual, 93–137.
5 Vgl. Die „Stereotypie" von Ritualen; Lang, Ritual/Ritus, 448.
6 Vgl. Staal, Meaninglessness; vgl. dazu auch Michaels, Bedeutung.
7 Vgl. Humphrey/Laidlaw, Archetypical Actions.
8 Michaels, Le rituel, 45.
9 Vgl. Luckmann, Überlegungen.

(neben anderem) in ihrem Ritualwerk die Transzendenzerfahrungen ihrer Mitglieder verwalten. Zugleich kann Luckmann als einer jener Religionssoziolog_innen gelten, die zuerst die Aufmerksamkeit darauf gelenkt haben, dass der Verlust traditioneller Formen der Transzendenzverwaltung (etablierte Religionen) nicht den Verlust des Bedürfnisses nach Religion und Transzendenzerfahrungen bedeutet,[10] sondern einen Wandel in der Form der Verwaltung von Transzendenzerfahrungen, einer religiös/spirituellen Individualisierung, die mit der Individualisierung der „westlichen" Gesellschaften einhergeht und mittlerweile unter den Kategorien des „kultischen Milieus",[11] des „Marktes der Religionen",[12] der „populären" Religion[13] oder des „Prinzips Access"[14] verhandelt wird.[15]

Alle der genannten religionssoziologischen Deutungsmuster beziehen sich auf einen religiösen Wandel, der zum Teil auch als „Aufstand" gegen vorgegebene Formen interpretiert werden kann. Es ist, in Bezug auf die Regelhaftigkeit von Ritualen – v. a., aber nicht nur – im katholischen Raum in den 1960er Jahren zu einer Ablehnung des festgelegten rituellen Rahmens gekommen und zu einer Forderung nach neuen, freieren Formen gemeinschaftlichen religiösen Handelns, die der „rituellen Dimension" von Religionen (N. Smart) zugeordnet werden können.[16] Rituale „lassen sich", aus dieser Perspektive, „als die sichtbar werdenden Formen einer eher verdeckt bleibenden modernen Religiosität begreifen, die um eine Letztrelevanz von Subjektivität u. Expressivität und um Bedürfnisse des Überschreitens eines transzendenzverriegelten Alltags kreist."[17] Rituale sind, entgegen den Voraussagen mancher Beobachter, nicht ausgestorben, haben sich aber gewandelt – ein wesentlicher Einwand gegen die Idee, dass Rituale gerade durch ihre Unwandelbarkeit charakterisiert sind. In der zeitgenössischen Ritualforschung sind hier die Begriffe der „Ritualkritik"[18] und der „Ritualdynamik"[19] ins Treffen geführt worden; die transformative – nicht nur: konfirmative – Funktion von Ritualen ist in spezialisierter Feldforschung schon länger dargetan worden.[20]

So wird auch das Bedürfnis nach einer rituell „geregelten" Überschreitung des

---

10 Vgl. Luckmann, Religion.
11 Kaplan/Lööw, Milieu.
12 Zinser, Markt.
13 Knoblauch, Populäre Religion.
14 Hero, Die neuen Formen religiösen Lebens.
15 Vgl. dazu insgesamt Hödl, Alternative Formen, 506–512.
16 Vgl. Smart, The World's Religions, 13–14.
17 Gabriel, Art. Ritus, Ritual, 1213.
18 Ein von Roland Grimes eingeführter, kontrovers diskutierter Terminus; siehe Grimes/Hüsken, Ritualkritik.
19 Vgl. Harth/Michaels, Ritualdynamik.
20 Vgl. Thompson-Drewal, Yoruba Ritual; Hödl, Schwarze Rituale.

Alltags – in der christlichen und postchristlichen religiösen Landschaft Europas – nicht länger im Vertrauen auf die festgelegten Formen der klassischen Institutionen der Transzendenzverwaltung befriedigt; man identifiziert sich weniger mit festen, unveränderbaren Formen rituellen Handelns, sondern sucht nach individuellen Ausdrucksweisen, in denen sich die in Ritualen ausgedrückte, aufbewahrte und erfahrene religiöse Bedeutsamkeit manifestieren kann. Das geschieht genau dann, wenn die Rahmen- bzw. Verstehensbedingungen für Rituale sich ändern, oder aber wenn gewisse Konstitutionen für das Ritualverständnis überhaupt nicht mehr gegeben sind – wie z. B. eine Beheimatung in der christlichen Symbolwelt, die über Jahrhunderte tradiert worden ist.

Die genannte Veränderbarkeit von Ritualen kommt in den letzten Jahren verstärkt in den Blick der Forschung. Entgegen ihrem Nimbus des Ewig-Gleichen sind Rituale nämlich im Laufe der Geschichte einer eigenen Dynamik und vielfältigen Veränderungsprozessen unterworfen. „It has become clear that rituals as events in time change constantly in the process of historical time."[21] So wurde auch der Wandel ritueller Formen in den letzten Jahrzehnten im Rahmen eines Sonderforschungsbereichs der DFG in Heidelberg mit dem Titel „Ritualdynamik"[22] thematisiert sowie in zahlreichen Publikationen im Bereich der Ritual-Studies[23] belegt und kommentiert. Axel Michaels stellt im Blick auf den Sonderforschungsbereich „Ritualdynamik" fest, dass das Interesse der Ritualforschung nunmehr „Prozessen, Performanzen und Strukturveränderungen" gilt:

„Man fragt unter Einbeziehung der ganzen Kulturen nach Variationen, Modifikationen, Autorschaft (Agency), Transfers und Transformationen von Ritualen. Dabei zeigt sich, dass offenbar der Wechsel in und durch Rituale ebenso konstant ist wie die rituelle Identität, dass das Neue konstitutiv zu Ritualen gehört und dass Rituale keine klaren Ränder haben."[24]

3. Der Spezielle Fokus – Wandel christlicher Rituale

Was jedoch im Rahmen der genannten Untersuchungen bisher zu wenig in den Blick kam, ist, dass diese Veränderung und Ritualdynamik auch die christlichen Rituale betrifft.[25] Christliche Rituale haben in den vergangenen Jahrhunderten nicht nur das Leben der Christ_innen, sondern das Leben der europäischen

---

21 Kreinath, Theoretical Afterthoughts, 267.
22 Vgl. http://www.ritualdynamik.de/ [zuletzt abgerufen am 29.8.2016].
23 Vgl. u. a. Brosius/Hüsken, Ritual matters; Brosius/Michaels/Schrode, Ritual und Ritualdynamik; Drücker/Schwedler, Das Ursprüngliche und das Neue; Harth/Schenk, Ritualdynamik; Hüsken, When Rituals go wrong; Henn/Köpping, Rituals in an Unstable World.
24 Michaels, Vorwort, 7.
25 Eine besondere Ausnahme stellt hier dar: Grimes, Deeply into the bone.

Gesellschaft und der von ihr beeinflussten außereuropäischen Kulturen insgesamt geprägt. Die zentralsten Rituale sind dabei die Liturgien, die Sakramente und Sakramentalien der Kirche. Diese sind nicht bloß einem der von Bell genannten rituellen Genres zuzuordnen; sie erfüllen als Übergangsriten, Riten zur Wende einer Not, kommunikative und kommutative Riten unterschiedliche Bedürfnisse und Zwecke wie die Initiation in die und Stärkung der Gemeinschaft, Hilfestellung an Lebenswenden, Reinigung, Versöhnung und Heilung.

Bedingt durch die steigende Komplexität der Postmoderne sind die Biographien der Menschen heute aber vielfältiger und facettenreicher geworden, ihre weltanschaulichen Bezugspunkte und Symbolwelten haben sich auseinanderentwickelt und durch Individualisierungsprozesse erscheinen sie nicht mehr unentrinnbar vorgegeben, sondern als Produkt der eigenen Wahl. Das führt bei vielen Menschen, bei Christ_innen wie bei Ungetauften, zu einer neuen rituellen Praxis. Zum einen gibt es Momente des Lebens, an denen Menschen nach einem rituellen Ausdruck suchen, diesen aber nicht im Repertoire der angestammten christlichen Rituale finden oder aber mit dem Vorgefundenen nichts anfangen können; und so entstehen neue Rituale[26] – ja sogar neue Berufszweige wie Ritualbegleiter_innen oder sogenannte „Zeremonienmeister".[27] Zum anderen werden traditionelle Rituale als veränderbar begriffen[28] und entsprechend der eigenen Sinnwelten transformiert.

Sowohl die Praxis als auch die konzeptionelle Seite vieler christlicher Rituale hat weitreichende Änderungen erfahren. Das gilt nicht nur für die im „langen" 20. Jahrhundert neu entstandenen Christentümer, wie pentecostale oder evangelikale Gemeinschaften, die zumeist aus den Kirchen der Reformation hervorgegangen sind, sondern auch für katholische Gemeinschaften, die teilweise durch jene beeinflusst sind. Im Rahmen des Katholizismus sind die Änderungen im Gefolge der Liturgiekonstitution des II. Vatikanums, *Sacrosanctum Concilium*, als einschneidend empfunden worden: Hier ist als wohl deutlichster Wandel einer als „starr" empfundenen rituellen Form der Wegfall der Verpflichtung auf Latein als liturgischer Sprache zu nennen, aber auch weitere Änderungen in den zentralsten Ritualen, etwa die Zelebrationsrichtung des Priesters bei der Eucharistiefeier oder die Bestimmungen darüber, welche Personen unter welchen Bedingungen solche Rituale ausführen dürfen. Einschneidend ist dies in einem doppelten Sinn aufgefasst worden: als Hinwendung zu einer freieren, expressiveren Ritualgestaltung einerseits, als Traditionsbruch, Aufkündigung der überlieferten Form der Verwaltung von Transzendenz in der römischen Kirche an-

---

26 Vgl. Herlyn, Ritual.
27 Vgl. dazu den Beitrag von Schweighofer in diesem Band.
28 Michael Schüßler spricht von der Umstellung auf „open source"-Modus. Vgl. Schüßler, Pastoral Riot!, 24.

dererseits. Diese unterschiedliche Sichtweise sorgt seit mehr als 50 Jahren in der katholischen Kirche für heftige Diskussionen. Mit der 2007 erfolgten Wiederzulassung des Mess-Ritus von 1962 als außerordentlichem Ritus – landläufig häufig als „Einführung der alten Messe" bezeichnet – bekam die theologische Diskussion über den Wandel katholischer Liturgie wieder neuen Wind. Zugleich wurde aber deutlich, dass es – im breiteren Rahmen des Christentums – immer schon eine Vielfalt an gleichzeitig praktizierten und gültigen Gottesdienstformen und Riten gab.

Und entgegen eines in der Mitte des 20. Jahrhunderts prognostizierten Verschwindens von Ritualen[29] wird immer deutlicher, dass Rituale nichts an Attraktivität verloren haben. Es entstehen vielmehr neue Rituale innerhalb und außerhalb des Rahmens des Christentums, dessen exklusive Zuständigkeit für eine rituelle Gestaltung des Lebensweges von Europäer_innen zugleich mit dem Wiederaufleben des Bedürfnisses nach diesem schwindet. Michael Hochschild meint: „Das Ritual ist tot, es lebe das Ritual!"[30] Er stellt nicht den Wegfall der Rituale fest, wohl aber „eine gewisse christliche Ritualstarre, ja eine Partizipationskrise des christlichen Rituals"[31]. Gleichzeitig aber nimmt er einen Wandel im Bereich der Rituale wahr, insofern manche christlich dominierte Rituale abnehmen, andererseits neue Rituale entstehen. Die Kirche habe das Monopol auf Rituale verloren. Rituale gibt es aber trotzdem: „Ritualisierungen machen die Überkomplexität der gesellschaftlichen Wirklichkeit erträglich, sie strukturieren sie im eigenen Lebensraum oder bannen sie sogar vor die eigene Haustür."[32]

Menschen sind weiterhin auf der Suche nach Sinn und Transzendenz, die sich z. B. „in ‚gesellschaftlichen' Ritualen und rituellen Vollzügen"[33] inkarniert. Lätzel sieht darin „Nachweise einer Suche nach der ‚Gegenwart des Heiligen' in der ‚Profanität des Alltags', aber eben auch Zeichen der Befriedigung von Bedürfnissen der Menschen nach Transzendenz [...] durch ‚quasi-religiöse' Erfahrungen."[34]

---

29 Zumeist wurde diese Einschätzung im Zusammenhang mit Überlegungen zur Säkularisierungsthese vorgebracht, so z. B. Wilson, Religion in a Sociological Perspective, oder auch Searle, The Notre Dame Study.
30 Hochschild, Funktionswandel christlicher Rituale, 12.
31 Ebd., 13.
32 Ebd., 15.
33 Lätzel, Den Fernen nahe sein, 35.
34 Ebd.

4. Aufbau und Logik des Buches

Das vorliegende Buch stellt nun einen ersten Versuch dar, unterschiedliche Formen dieses festgestellten rituellen Wandels zu identifizieren und Forschungsfelder bzw. -fragen zu benennen, an denen weitergearbeitet werden könnte. Zugleich ist es (ausgehend vom Symposium) ein Schritt hinein in einen disziplinübergreifenden Diskurs.

Diesem Zugang ist geschuldet, dass der Sammelband nicht alle möglichen kulturellen und religiösen Bezugsbereiche abdeckt (wie z. B. die Religionen Asiens oder [Latein-]Amerikas), sondern sich ausgehend von den jeweiligen Forschungsschwerpunkten und Kontexten der beteiligten Wissenschafter_innen auf den christlich-europäischen sowie auf einige infolge des Kolonialismus verbundene Kulturen bezieht.

Die Anordnung der Beiträge soll diesen Gesprächscharakter deutlich machen. Da dieses Buch nicht eine systematische und vollständige Darlegung intendiert, sondern es vor allem um das Identifizieren von konkreten Wandlungsphänomenen geht, wird in einem *ersten Abschnitt* unter dem Titel „Paradigmen der Ritualdynamik" in den Beiträgen von Walthert und Hödl demonstriert, wie eine religionswissenschaftlich arbeitende Ritualforschung an sehr unterschiedlichen Einzelphänomenen rituellen Wandel feststellen kann: Sei es anhand der Analyse eines evangelikalen Gottesdienstes mittels der Theorie der Interaktionsrituale (Walthert); sei es am Beispiel der Celestial Church (Hödl).

Ein *zweiter Themenbereich* fokussiert auf den Wandel im Kern christlicher Rituale. Zentrale ritualdynamische Prozesse im Christentum werden exemplarisch analysiert. So geht Kirstine Helboe Johansen den Veränderungen des evangelischen Trauerrituals im Kontext Dänemarks nach; Johann Pock führt in die Hintergründe und Konkretionen des rituellen Wandels im katholischen Trauungsritual ein (im Kontext der traditionell katholisch geprägten Landschaft Österreichs). Der Beitrag von Geovanne Bustos weitet diesen Themenbereich hin auf Inkulturationsprozesse in Papua Neuguinea, wo im Kern eines christlichen Rituals, dem Karfreitagsgottesdienst, traditionelle indigene Begräbnisriten aufgegriffen und integriert werden.

Die *dritte Gruppe von Beiträgen* zielt unter der Überschrift „Inner- und postchristliche Transformationen und Entwicklungen von Ritualen" weniger auf Veränderungen, als vielmehr auf die Entwicklung neuer Rituale und ritueller Elemente. Teresa Schweighofer gibt einen Forschungsbericht zur Szene der Entwicklung freier Rituale in Österreich; Brigitte Enzner-Probst schildert die Entwicklung von Frauenliturgien, die als Avantgarde neuer ritueller Gestaltungsräume analysiert werden. Weiters in den Blick kommen Erkenntnisse aus Familienkonstellationen für die Ritualpraxis (Ulrike Wagner-Rau) oder die

„religionshybride Festkultur", die in Mecklenburg-Vorpommern neue Rituale hervorbringt (Arnaud Liszka).

Das Buch, das von konkreten rituellen Veränderungen den Ausgangspunkt genommen hat, wird im *vierten Abschnitt* beschlossen mit grundlegenden Beiträgen vor allem aus dem liturgiewissenschaftlichen Bereich. So widmet sich der Beitrag von Andreas Odenthal grundsätzlichen Überlegungen zur „rituellen Erfahrung". Benedikt Kranemann und Bert Groen skizzieren aus ihren Fachperspektiven die Veränderungen in der rituell-liturgischen Landschaft.

So entsteht ein aktuelles Panorama des breitgefächerten Forschungsfeldes „Wandel christlicher Rituale", das zu weiterem Nachdenken und der Reflexion der eigenen rituellen Praxis anregen kann.

An dieser Stelle wollen wir auch Frau Monika Mannsbarth (Institutsreferentin am Institut für Praktische Theologie in Wien) von Herzen für die umsichtige Betreuung der Korrekturarbeiten am Buch danken.

Literaturverzeichnis

Bell, Catherine, Ritual. Perspectives and Dimensions, New York – Oxford: Oxford University Press 1997.

Brosius, Christiane / Hüsken, Ute (Hg.), Ritual matters. Dynamics and stability in ritual performances, New Delhi: Routledge 2010.

Brosius, Christiane / Michaels, Axel / Schrode, Paula (Hg.), Ritual und Ritualdynamik, Göttingen 2013.

Drücker, Burkhard / Schwedler, Gerald (Hg.), Das Ur-sprüngliche und das Neue. Zur Dynamik ritueller Prozesse in Geschichte und Gegenwart, Berlin-Münster 2008.

Gabriel, Karl, Art. Ritus, Ritual. Praktisch-theologisch, in: LThK Bd. 8, Freiburg u. a. ^{3}1999, 1213–1214.

Grimes, Ronald L. / Hüsken, Ute, Ritualkritik, in: Brosius, Christiane / Michaels, Axel / Schrode, Paula (Hg.), Ritual und Ritualdynamik, Göttingen: Vandenhoeck & Ruprecht 2013, 159–164.

Grimes, Ronald, Deeply into the bone. Re-Inventing rites of passage, Oakland: California Press 2002.

Harth, Dietrich / Michaels, Axel, Ritualdynamik, in: Brosius, Christiane / Michaels, Axel / Schrode, Paula (Hg.), Ritual und Ritualdynamik, Göttingen: Vandenhoeck und Ruprecht 2013, 123–128.

Harth, Dietrich / Schenk, Gerrit (Hg.), Ritualdynamik. Kulturübergreifende Studien zur Theorie und Geschichte rituellen Handelns, Heidelberg: Synchron 2004.

Henn, Alexander / Köpping, Peter (Hg.), Rituals in an Unstable World: Contingency – Hybridity – Embodiment, Berlin: Lang 2008.

Herlyn, Gerrit, Ritual und Übergangsritual in komplexen Gesellschaften. Sinn- und Bedeutungszuschreibungen zu Begriff und Theorie, Hamburg: LIT 2002.

Hero, Markus, Die neuen Formen des religiösen Lebens. Eine institutionstheoretische Analyse neuer Religiosität, Würzburg: Ergon 2010.

Hochschild, Michael, Funktionswandel christlicher Rituale?, in: Poensgen, Herbert (Hg.), Rituelle Experimente. Gottesdienst – mitten im Leben? (Veröffentlichungen des Theologisch-pastoralen Instituts für berufsbegleitende Bildung der Diözesen Limburg-Mainz-Trier 2), Waltrop 2000, 12–37.

Hödl, Hans Gerald, Alternative Formen des Religiösen, in: Figl, Johann (Hg.), Handbuch Religionswissenschaft. Religionen und ihre zentralen Themen, Innsbruck: Tyrolia 2003, 485–524.

Hödl, Hans Gerald, Schwarze Rituale. Überlegungen zur religionsphilosophischen Interpretation indigener Kulte, in: Uhl, Florian / Bölderl, Artur R. (Hg.), Rituale. Zugänge zu einem Phänomen, Düsseldorf und Bonn: Parerga 1999, 81–99.

Humphrey, Caroline / Laidlaw, James, The Archetypal Actions of Ritual: A Theory of Ritual Illustrated by the Jain Rite of Worship. Oxford: Clarendon Press 1994.

Hüsken, Ute (Hg.), When Rituals go wrong: Mistakes, failures, and the dynamics of ritual, Leiden: Brill 2007.

Kaplan, Jeffrey S / Lööw, Helene, The Cultic Milieu. Oppositional Subcultures in an Age of Globalization, Walnut Creek: Altamira Press 2002.

Knoblauch, Hubert, Populäre Religion. Auf dem Weg in eine spirituelle Gesellschaft. Frankfurt-New York: Campus 2007.

Kreinath, Jens, Theoretical Afterthoughts, in: Kreinath, Jens / Hartung, Constance / Deschner, Annette (Hg.), The Dynamics of changing rituals. The transformation of religious rituals with their social and cultural context, Berlin: Lang 2004, 267–282.

Lang, Bernhard, Ritual/Ritus, in: HrwG IV, 1998, 442–458.

Lätzel, Martin, Den Fernen nahe sein. Religiöse Feiern mit Kirchendistanzierten, Regensburg 2004.

Luckmann, Thomas, Die unsichtbare Religion. Frankfurt a. M.: Suhrkamp 1991.

Luckmann, Thomas, Phänomenologische Überlegungen zu Ritual und Symbol, in: Uhl, Florian / Bölderl, Artur R. (Hg.), Rituale. Zugänge zu einem Phänomen, Düsseldorf und Bonn: Parerga 1999, 11–28.

Michaels, Axel, „Le rituel pour le rituel?" oder: Wie sinnlos sind Rituale?, in: Caduff, Corina / Pfaff-Czarnecka, Joanna (Hg.), Rituale heute. Theorien – Kontroversen – Entwürfe. Berlin: Reimer [2]2001, 23–47.

Michaels, Axel, Bedeutung und Bedeutungslosigkeit, in: Brosius, Christiane / Michaels, Axel / Schrode, Paula, (Hg.), Ritual und Ritualdynamik, Göttingen: Vandenhoeck und Ruprecht 2013, 39–45.

Michaels, Axel, Vorwort, in: Ders. (Hg.), Die neue Kraft der Rituale, Heidelberg [2]2008, 5–9.

Poensgen, Herbert, Zur Einführung, in: Ders. (Hg.), Rituelle Experimente. Gottesdienst – mitten im Leben? (Veröffentlichungen des Theologisch-pastoralen Instituts für berufsbegleitende Bildung der Diözesen Limburg-Mainz-Trier 2), Waltrop 2000, 8–11.

Schöttler, Heinz-Günther, Ein Wort zuvor, in: Poensgen, Herbert (Hg.), Rituelle Experimente. Gottesdienst – mitten im Leben? (Veröffentlichungen des Theologisch-pastoralen Instituts für berufsbegleitende Bildung der Diözesen Limburg-Mainz-Trier 2), Waltrop 2000, 7.

Schüßler, Michael, Pastoral Riot! Wie die ‚cultural turns' die (Praktische) Theologie aufmischen (sollten), in: Salzburger Theologische Zeitschrift 17 (2013), 3–24.

Searle, Mark: The Notre Dame Study of Catholic Parish Life, in: Worship 60 (1986), 312–333.

Smart, Ninian, The World's Religions, Cambridge e.a.: Cambridge University Press ²1998.
Staal, Frits, The Meaninglessness of Ritual, in: Numen 26 (1979), 2–22.
Sundermaier, Theo, Art. Ritus 1, in: Theologische Realenzyklopädie 29 (1998), 259–265.
Sundermaier, Theo, Was ist Religion? Religionswissenschaft im theologischen Kontext. Ein Studienbuch, Gütersloh 1999.
Thompson Drewal, Margaret, Yoruba Ritual. Performers, Play, Agency, Bloomington and Indianapolis: Indiana University Press 1992.
Wilson, Bryan, Religion in a Sociological Perspective, New York 1982.
Zinser, Hartmut, Der Markt der Religionen, München: Fink 1997.

1. Paradigmen der Ritualdynamik

Rafael Walthert

Tradition und Emotion. Ein evangelikaler Gottesdienst aus der Perspektive der Theorie der Interaktionsrituale

1. Fragestellung

Evangelikale Bewegungen erweisen sich auch unter modernen Bedingungen als erfolgreich: Während beispielsweise das *mainstream*-Christentum in den USA kontinuierlich an Mitgliedern einbüßt, bleiben die Mitgliederzahlen der evangelikalen Kirchen insgesamt stabil[1] – ein Erfolg, der von Beobachtern als globales Phänomen wahrgenommen wird.[2] Tatsächlich finden sich säkularisierungsresistente und sogar wachsende evangelikale Kirchen auch in Europa.[3] Was sind die Ursachen für diesen Erfolg? Diese Frage wird im Folgenden anhand eines Fallbeispiels bearbeitet, wobei auf den spezifischen Ritualformen, die diese Bewegung prägen, ein besonderes Augenmerk liegt. Dazu wird eine in Zürich beheimatete evangelikale Kirche namens „International Christian Fellowship" (ICF) anhand der Theorie der Interaktionsrituale des Soziologen Randall Collins analysiert. Dabei geht es in einem ersten Schritt darum, in die Grundbegrifflichkeiten von Collins Theorie einzuführen. Davon ausgehend wird zweitens ein „Mechanismus" der rituellen Interaktion aufgezeigt, der zu Emotionen führt, mit denen die Symbole plausibilisiert werden. In einem dritten Schritt wird gefragt, was die Eigenschaften der religiösen Tradition sind, die über diesen rituellen Mechanismus aufrechterhalten wird.

---

1 Vgl. Chaves, Religion, 51.
2 Vgl. Berger, Desecularization, 9.
3 Vgl. z. B. für Frankreich: Fath, Protestantism, oder für die Situation in den Niederlanden: de Roest, Stoppels, Evangelikalisierung. Statistisch bleibt der Evangelikalismus in europäischen Ländern meist auf einem zwar wachsenden, aber tiefen Niveau. Die genannten Untersuchungen zeigen jedoch insbesondere die Dynamik und den Einfluss des Feldes des Evangelikalismus auf.

2. Theorie der Interaktionsrituale

Für die Entwicklung seiner Theorie der Interaktionsrituale greift Randall Collins insbesondere auf zwei Soziologen als Referenzen zurück: Der eine ist Emile Durkheim, der in seinen „Elementaren Formen des religiösen Lebens" von 1912 aufzeigte, wie religiöse Rituale zur Herstellung von Gemeinschaft führen. Der andere ist Erving Goffman, der ab den 1950er bis Anfangs der 1980er Jahre die Wichtigkeit von Interaktionen in der Produktion sozialer Ordnung hervorhob und Grundzüge für eine Theorie kollokaler Interaktionen erarbeitete.[4]

Collins' Ritualverständnis ist äußerst breit: Er wendet es insbesondere auf sogenannte „natürliche Rituale" an, wozu er alle Interaktionen, standardisiert oder nicht, rechnet.[5] Im Folgenden wird seine Theorie nur auf das bezogen, was Collins in seiner Terminologie als „formales Ritual" bezeichnet, also ein Ritual das mit Absicht geplant und entlang von Vorgaben durchgeführt wird.

Faktoren/ Elemente

Erste Bedingung eines Interaktionsrituals ist die *körperliche Kopräsenz* von Menschen. Zweite Bedingung ist eine *Grenzziehung* gegen außen, die den Teilnehmenden zeigt, wer teilnimmt und wer vom rituellen Ablauf ausgeschlossen ist. Drittens muss sich ein geteilter *Fokus der Aufmerksamkeit* einspielen, das heißt, die am Ritual Beteiligten richten ihre Wahrnehmung auf dasselbe Objekt oder dieselbe Aktivität und sind sich dabei gegenseitig dieses geteilten Fokus bewusst. Schließlich entsteht, viertens, durch die Erfahrungen und damit verbundenen Emotionen eine *geteilte Stimmung*.[6]

Diese vier Faktoren stehen in Wechselwirkung miteinander, wobei die Beziehung zwischen dem Fokus der Aufmerksamkeit und der geteilten Stimmung von besonderer Bedeutung ist: Die Anwesenden teilen einen „Fokus der Aufmerksamkeit" und sie nehmen gegenseitig wahr, dass sie ihn und die damit verbundenen Gefühle teilen. Die Reaktionen der Ritualteilnehmenden auf das Beobachtete gleichen sich stetig an. Sie synchronisieren ihre Wahrnehmung und ihr Handeln zunehmend. Es spielt sich ein Rhythmus ein, Collins spricht von einer „feedback intensification through rhythmic entrainment".[7] Diese Synchronisierung steigert die Verhaltenssicherheit der Beteiligten, was von ihnen als emotional positiv empfunden wird.

---

4 Vgl. z. B. Goffman, Encounters.
5 Vgl. Collins, Interaction, 50.
6 Vgl. Randall Collins, Interaction, 48.
7 Vgl. ebd.

Folgen

Collins identifiziert vier Folgen von Interaktionsritualen:

(1) Solidarität: Die Emotionen basieren auf einem sozialen Erlebnis: Die erzeugte Realität wird als Produkt der Gruppe gesehen und dieses Kollektiv wird mit den Emotionen in Verbindung gebracht, in Durkheims Worten wird die Gruppe damit zu einem „heiligen Objekt".[8]

(2) Emotionale Energie: Im rituellen Moment werden Emotionen erzeugt und erlebt, diese sind an den Vollzug des Rituals gebunden und damit von vorübergehender Natur. Mit dem (etwas eigentümlich anmutenden) Begriff der „emotionalen Energie" (EE) erfasst Collins dagegen „Langzeitemotionen",[9] die ausgehend von den vorübergehenden Emotionen des Rituals die Situation überdauern.

(3) Symbole dienen als Träger dieser EE: „Emotionally-charged symbols motivate individuals when they are away from ritual encounters."[10] Diese Symbole finden sich im Fokus der geteilten Aufmerksamkeit des Interaktionsrituals und stehen damit im Zentrum der positiven Emotionen der rituellen Situation, mit denen sie aufgeladen werden. Symbole können also gewissermaßen als „Batterien" für EE gelten.

(4) Moralische Standards: Die emotional besetzten Symbole können Träger von Solidarität und Werten, also „Konzeptionen des Wünschenswerten" sein.[11]

3. Fallanalyse

Die eben ausgeführten Begrifflichkeiten werden nun auf einen Fall angewandt, nämlich das Gottesdienstritual einer 1990 in Zürich gegründeten, auf Jugendliche und junge Erwachsene ausgerichteten Freikirche namens „International Christian Fellowship" (ICF).[12]

3.1. ICF

Der ICF weist theologisch die für evangelikale Gemeinschaften typischen Merkmale auf: die Wichtigkeit des Konversionserlebnisses, die Betonung der persönlichen Beziehung mit Jesus und der umfassenden Autorität der Bibel, der

---

8 Vgl. Collins, Interaction, 104.
9 Vgl. ebd., 105.
10 Collins, Stratification, 34.
11 So die Definition von „Wert" bei Clyde Kluckhohn. Vgl. Kluckhohn, Value.
12 Vgl. zum ICF: Staub, Prediger; Kunz, Zucht; Walthert, Ritual.

zentrale Stellenwert missionarischer Bemühungen.[13] Auch rituell orientiert sich der ICF an einer evangelikalen, stark US-amerikanisch geprägten Tradition: Im rituellen Zentrum und im Fokus des vorliegenden Beitrags stehen die sogenannten „Celebrations", ein Ritual mit bis zu 2500 TeilnehmerInnen. Kern einer Celebration bildet die ca. 30-minütige Predigt, die nicht durch theologische Ausführungen über religiöse Konzepte, sondern das Erzählen von Geschichten in der ersten Person durch den Prediger geprägt ist. Diese Geschichten bestehen vor allem aus Geschehnissen aus dessen eigenem Leben und werden durch allgemeine Fragen wie „Was ist Sünde?" gerahmt, die anhand der in den Geschichten getroffenen Entscheidungen beantwortet werden. Die Erzählungen sind durch rhetorische Fragen/Antworten zwischen Prediger und Publikum und durch den Ausdruck von Emotionen auf beiden Seiten gekennzeichnet.

Vor und nach der Predigt finden sich Intermezzi in Form kleiner Bühnensketche, Livemusik einer Rockband und gemeinsamen Singens oder Betens. Der gesamte Gottesdienst ist durch Interaktion zwischen Bühne/Tribüne charakterisiert und wird durch technische Ausrüstung gestützt. Das Ritual selbst gilt zwar in einem theologisch entzauberten Protestantismus nicht als heilsrelevant, ist aber insofern von großer Bedeutung für den ICF, als es erlaubt, die gute Nachricht zu verbreiten und religiöses *Commitment* zu erzeugen.

3.2. Analyse der Celebrations

Das Geschehen bei diesen Gottesdiensten lässt sich nun mit der Theorie Randall Collins' analysieren. Dabei soll als erstes gezeigt werden, wie Emotionen erzeugt und zweitens, wie sie auf einem bestimmten Niveau eingependelt werden.

3.2.1. Emotionen erzeugen und intensivieren

Fokus der Aufmerksamkeit
Für das Interaktionsritual zentral ist der geteilte Fokus der Aufmerksamkeit, der in der Celebration auf dem Bühnengeschehen liegt. Die körperliche Präsenz des Predigers ist umfassend, er wird nicht von einem Redepult oder einem Altar verdeckt. Verstärkt wird diese Präsenz durch auf Großbildschirmen gezeigte Nahaufnahmen.[14]

Es befinden sich keine anderen Personen oder auch nur Gegenstände als der Prediger mit diesem zeitgleich auf der Bühne, auch die Band verlässt diese nach

---

13 Vgl. Shibley, Evangelicals.
14 Die folgende Argumentation ist eine Überarbeitung eines früheren Beitrags zum Thema, vgl. Walthert, Emotion.

den Musiksequenzen. Es herrscht eine strikte Regulierung der Bühnenanwesenheit, die das „Aufmerksamkeitsmonopol" des Predigers gewährleistet.[15] Gleichzeitig ist der Prediger exklusiv für die religiös zentralen Angelegenheiten anwesend, Mitteilungen und Administratives werden von darauf spezialisierten Personen am Anfang und Schluss der Gottesdienste kommuniziert.

Interaktivität

Das Geschehen ist durch ein hohes Maß an Interaktivität geprägt. Dafür typisch sind die Darbietungen der Band, die Beteiligung des Publikums durch rhythmisches Klatschen, Tanzen und Singen, gefördert durch die Liedtexte auf den Großbildschirmen. Auch die Predigt, anderswo strikte Einwegkommunikation, ist interaktiv: Ja/Nein-Fragen werden vom Publikum beantwortet, humoristische Elemente werden eingebaut und führen zu Lachern, auf die der Prediger wiederum reagiert, indem er sie kommentiert oder seinerseits lacht. Ein Rhythmus von Äußerungen und Lachen spielt sich ein, im Rahmen dessen auch Wendungen Gelächter ernten, die das als alleinstehender Witz nicht könnten.

Durch diese Interaktivität ist die Bühne nicht bloßer Ausgangspunkt von Informationen, sondern das Zentrum konzentrierter Aktivität, über die das das eigene Handeln in Übereinstimmung mit dem Handeln der anderen gebracht wird, was zu einer sozialen Bestätigung des Individuums und positiven Emotionen führt.

Technik

Das Zusammenspiel aus Gemeinsamkeit und Gegenseitigkeit der rituellen Handlungen wird durch den Einsatz von Technik erleichtert.

Die Großbildschirme verstärken den gemeinsamen Fokus der Aufmerksamkeit, in dem sie das Geschehen auf der Bühne, aber auch im Publikum abbilden. Text wird nur in Form kurzer Zitate der jeweils diskutierten Bibelstellen gezeigt. Dargestellt werden nur Inhalte, die unmittelbar Teil des rituellen Geschehens sind. Voreingespielte Sequenzen werden selten gezeigt, da diese Interaktivität verunmöglichen und zu einem „emotional drain" führen würden.

Für den Fokus der Aufmerksamkeit als zentrale Variable des Geschehens ist die Beleuchtung von besonderer Relevanz. Die Zuschauerränge sind fast vollständig dunkel, während die Bühne beleuchtet ist, was mehrere rituelle Konsequenzen hat:

---

15 Diese strikte Ausrichtung stellt einen Gegensatz zur katholischen Messe dar, in der typischerweise das Kirchgebäude alternative Aufmerksamkeiten nahelegt, aber auch zu charismatisch-pfingstlerischen Gottesdienstformen, in denen sich das Geschehen und damit der Fokus dezentralisieren kann – bei Letzterem wird dies gerade auch durch eine gleichmäßige Beleuchtung des Gottesdienstraums ermöglicht.

Erstens werden dadurch passives Verhalten, Zögern und a-rhythmische Bewegungen von Individuen, sowie auch Demonstrationen von Rollendistanz[16] verunmöglicht. Ein entsprechendes Herausfallen aus dem Rhythmus der Interaktion,[17] das Goffman als „flooding out" bezeichnet, ist gerade bei wenig geübten Teilnehmern zu erwarten, trägt aber deshalb wenig Konsequenzen für das Interaktionsgeschehen, weil es durch die Dunkelheit weitgehend unbemerkt bleibt.

Zweitens ist auch Abwesenheit kaum bemerkbar, da die Beteiligten nicht sehen, ob die Halle voll ist; leere Ränge führen damit nicht zu einem umgekehrten „emotional multiplier effect".[18]

Drittens gibt es damit keine Möglichkeiten der Ablenkung, beispielsweise ist individuelle Bibellektüre nicht möglich und möglicherweise konkurrierende Träger der Aufmerksamkeit sind nicht sichtbar.[19]

3.2.2. Emotionen mäßigen und fokussieren

Collins zufolge kann das Maß an Emotion durch den Geräuschpegel und die Intensität von Bewegungen der Beteiligten gemessen werden und je emotionaler die Interaktion ist,[20] desto stärker wird Solidarität produziert. Doch diese Gleichung erweist sich als zu einfach, wenn die Perspektive derjenigen Leute, die das Ritual organisieren, in Betracht gezogen wird: Diese streben nicht Emotion um ihrer selbst willen an, die Emotionen müssen in eine bestimmte Richtung gelenkt werden, eine spezifische Nachricht soll übermittelt und plausibilisiert werden. Auch wenn die Mechanismen der Produktion kollektiver Efferveszenz in einem evangelikalen Gottesdienst und einem Rockkonzert strukturell gleich verlaufen, sind beide in spezifische Interessen und Interpretationen eingebettet. Während die Abwesenheit von Emotion für den religiösen Zweck des Rituals verheerend wäre, wäre es genauso schädlich, wenn die Emotionen außer Kontrolle gerieten. Die Frage nach der Produktion von Emotion muss also durch die Frage ihrer Einschränkung ergänzt werden.

Erstens verunmöglicht die Dunkelheit auf der Tribüne konkurrierende Aufmerksamkeitsfoki. Emotionale Ausbrüche der Beteiligten, die beispielsweise in Pfingstgottesdiensten willkommen sind, sind nicht Teil eines strikt evangelikalen Konzepts. Falls sie doch vorkommen, fänden sie bei ICF im Dunkeln statt und

---

16 Vgl. Goffman, Encounters, 1961.
17 Vgl. ebd.
18 Riis/Woodhead, Sociology, 153.
19 Die Frage ist, ob durch die Möglichkeit des Gebrauchs von Smartphones die Einheitlichkeit der Aufmerksamkeit in Ritualen zunehmend problematisch wird.
20 Vgl. Collins, Interaction, 134.

würden aufgrund des hohen Geräuschpegels auch kaum wahrgenommen werden.

Zweitens erlaubt die Dunkelheit auch ein niedriges Level von Emotion im Individuum. Neumitglieder oder Interessierte werden kaum den emotionalen Level von überzeugten Anhängern erreichen. Zu viel kollektive Efferveszenz könnte für diesen Teil des Publikums abschreckend wirken. Die Dunkelheit erlaubt es ihm, sich auch passiv zu verhalten, ohne fehl am Platz zu wirken. Damit hält die Dunkelheit die Eintrittsschwelle tief, was für den ICF eine entscheidende Tatsache ist.[21]

Drittens ist der Geräuschpegel Gegenstand kontinuierlicher Kontrolle durch technisches Personal, das die Verstärkeranlage auch während der Musikdarbietungen unter einem definierten Level hält. Die Lautstärke und damit auch das Publikum werden auf gemäßigter Temperatur gehalten, da nach der evangelikalen Rockmusik die Predigt folgt und die Aufmerksamkeit gewährleistet sein muss. Eine zu exzessive Emotionalität während der Musik würde eine Herausforderung für den Prediger darstellen.

Wie der Gebrauch von Technik zeigt, ist das Hervorrufen und Mäßigen von Emotionen das Resultat gezielter Organisation. Ritueller Erfolg ist das Resultat von Planung und nicht Improvisation. Ritual und Emotion sind damit das Produkt eines emotionalen Regimes,[22] das nicht nur den Inhalt, sondern auch die Form der Celebrations bestimmt. Damit ist „Ritualismus" und „Efferveszenz" nicht als antagonistisch zu sehen, wie Douglas vorschlug,[23] sondern die Celebrations sind die Folge einer organisierten ritualistischen Produktion von Efferveszenz. Douglas' Unterscheidung passt jedoch insofern, als die erreichte Efferveszenz nicht spontaner Ausdruck von Emotionen, sondern Resultat orchestrierter und von den oberen Hierarchiestufen bestimmter Vorgänge ist.

Bei kollektiver Efferveszenz, der verspürten Freude und dem Enthusiasmus handelt es sich um Kurzzeitemotionen. Um Relevanz für den Alltag zu erhalten und zu einer dauerhaften Gemeinschaft beizutragen, müssen sie in Langzeitemotionen umgewandelt werden, in Collins' Worten: emotionale Energie. Träger dieser emotionalen Energie sind Symbole, die damit zu den wichtigsten Folgen der Rituale zählen.

---

21 Dies zeigt, dass die Celebrations eine Brücke gegen außen darstellen und nicht in erster Linie an einer Grenzziehung zwischen „uns" und „ihnen" ausgerichtet sind. Das führt zu einer Modifizierung von Collins Annahme, dass religiöse Rituale die Barrieren gegen Außenseiter betonten. Im Gegenteil: Rituale, die als Teil missionarischer Aktivitäten stattfinden, dürften generell eher versuchen, die Schwellen gegen Außen niedrig zu halten. Vgl. Collins, Microsociology, 6.
22 Vgl. für das Konzept des „emotional regimes" Riis und Woodhead, Sociology.
23 Vgl. Douglas, Symbols, 103-104.

3.3. Folgen der Rituale

3.3.1. Symbole

Symbole sind das wichtigste Resultat von Interaktionsritualen. Gemäß Durkheim sind sie als „materialer Ausdruck einer anderen Sache" zu verstehen.[24] Was ist also dieser materiale Ausdruck im ICF? Es finden sich nicht viele Objekte auf der Bühne, auch beispielsweise das christliche Kreuz nur selten. Prominenter ist die Bibel, die über kurze Zitate auf den Großbildschirmen präsent ist. Den prominentesten Fokus stellt jedoch der Prediger selbst dar – wie von Durkheim ausgeführt,[25] scheint hier der Redner die Inkarnation und Personifizierung der Gruppe darzustellen.

Daran anschließend ist mit Durkheim die Frage zu stellen, was diese Symbole repräsentieren: Im Fall charismatischer Führerschaft gilt der Prediger als außergewöhnliche Person, die die Gemeinschaft durch die Verkörperung eines transzendenten Ziels darstellt. Dieses Charisma ist typischerweise auf eine Position beschränkt, was auf den ICF jedoch nicht zutrifft: Verschiedene Personen agieren in verschiedenen Gottesdiensten als Prediger. Auch bezüglich der Außergewöhnlichkeit ist wenig Entsprechung zum Weber'schen Idealtyp auszumachen: Der Prediger präsentiert sich selbst als gewöhnliches ICF-Mitglied, gekleidet wie alle anderen und erzählt auch höchst alltägliche Geschichten, beispielsweise von seinem eigenen Umgang mit Versuchungen. Weit eher als ein Idol ist er ein Beispiel, „einer von uns", der die eigene Beziehung zu Jesus durch paradigmatische Geschichten in seiner Predigt symbolisiert. In der Form des Predigers ist das gefeierte Symbol damit mit dem semantischen Fokus des Evangelikalismus deckungsgleich: Der Gläubige, seine persönliche Entscheidung für Jesus und sein Vertrauen in religiöse Symbole. Da der Glaube eine Sache individueller Erfahrung, Entscheidung und individuellen Handelns ist, ist das Vertrauen in das Symbol damit gleichzeitig auch Selbstvertrauen.

3.3.2. Zentrale Emotion: Confidence/Vertrauen

Collins' Konzept von Emotion und EE verbleibt auf einer Ebene hoher Allgemeinheit, da die Differenzierung zwischen verschiedenen Arten von Emotionen nicht Teil von Collins' Kernmodell darstellt. Emotion wird als eindimensionale Angelegenheit konzipiert, die über den Grad kollektiver Efferveszenz gemessen werden kann.[26] Im Anschluss an Durkheim lässt sich diese Langzeitemotionalität

---

24 Vgl. Durkheim, Formes, 294.
25 Vgl. ebd., 301.
26 Das bedeutet aber nicht, dass Collins nicht anerkennen würde, dass es verschiedene Arten von Emotionen gibt. Vgl. z. B. Collins, Micro-sociology.

spezifizieren; er charakterisiert den emotionalen Effekt von Ritual und Religion als „confiance", was als Zu- oder Vertrauen übersetzt werden kann.²⁷ In kollektiven Ritualen werden die Symbole, die gemeinschaftlichen Erinnerungen und Werte gestärkt, die Individuen fühlen sich in der Gemeinschaft aufgehoben, was Stärkung ihres Vertrauens in diese Erinnerungen, Werte und Symbole bedeutet.²⁸

„Vertrauen" kann als spezifischere Form von emotional energy gesehen werden, es bezeichnet „not merely energy, undirected and differentiated only by degree [...]", sondern sein Objekt ist „the actor's prospective behavior".²⁹ Dabei muss Vertrauen nicht als explizite Motivation, die auf einer bewussten Hingabe der Akteure beruht, gesehen werden. Dem Soziologen Jack Barbalet zufolge beruht die Emotion des Vertrauens (confidence) nicht auf der Bewusstheit der Individuen und ist eher als Disposition denn als Motivation zu sehen.³⁰ Um diese Emotion weiter zu charakterisieren, ist Barbalets Unterscheidung dreier Aspekte von Vertrauen hilfreich: Erstens als Glaube an die Fähigkeit einer anderen Person, eine bestimmte Aufgabe zu erfüllen, zweitens als Gewissheit hinsichtlich der Zukunft und schließlich als „confidence in oneself, indicating a willingness to act".³¹ Insbesondere im letzteren Sinne sind Gewissheit und Vertrauen die zentralen emotionalen Dispositionen, die das hier beobachtete Ritual hervorbringt: Durch die Bestätigung der Symbole in der rituellen Interaktion fühlt sich das Individuum in seinen Handlungen und Interpretationen der Welt bestätigt. Emotional durch erfolgreiche Interaktion abgestützt, fühlen sich die Leute „righteous about what they are doing".³² Vertrauen ist einerseits eine ungerichtete Disposition, gleichzeitig wird diese Emotion in Wechselwirkung mit religiösen Überzeugungen auch im Sinne einer Motivation gerichtet – die Frage danach, wie diese Motivation spezifisch ausgerichtet wird, soll im nächsten Kapitel behandelt werden.

---

27 Durkheim charakterisiert es als eine der zentralen Folgen von Religion: „En même temps qu'une discipline spirituelle, toute religion est une sorte de technique qui permet à l'homme d'affronter le monde avec plus de confiance", Durkheim, Formes, 272.
28 Vgl. Durkheim, Formes, 536–567.
29 Barbalet, Emotion, 87.
30 Vgl. ebd., 84.
31 Ebd., 83.
32 Collins, Interaction, 33; Collins, Micro-sociology, 2. Das Vertrauen wird weiter dadurch bestärkt, dass nicht mit negativen Emotionen gearbeitet wird, so bleiben Angst und Schuld weitgehend aus. Beispielsweise würde die Angst vor Verdammnis das Selbstvertrauen schwächen.

4. Gemeinschaftliche Tradition

Die Identifikation eines „mikrosozialen Mechanismus" in den vorangegangenen Abschnitten ist mit einer Kontextualisierung der „rituellen Resultate" zu ergänzen. Dabei soll danach gefragt werden, inwiefern es das hier beobachtete Ritual vermag, mit drei Spannungsfeldern umzugehen, in denen sich religiöse Gemeinschaften in modernen Gesellschaften befinden: Transzendenz vs. Immanenz, Selbst- vs. Kollektivorientierung und Disziplin vs. Affektivität.[33]

4.1. Transzendenz vs. Immanenz

Konzepte, die die Gegebenheit des alltäglichen Lebens transzendieren, stellen einen zentralen Aspekt religiöser Traditionen dar. Religionen postulieren eine „allgemeine Seinsordnung", über welche die Welt gesehen wird.[34] „Immanenz" wird über „Transzendenz" beobachtet,[35] wobei dieser Bezug in verschiedenen Traditionen ganz unterschiedlich gestaltet wird. Mit Bezug auf die idealtypische Unterscheidung Max Webers lässt sich darauf verweisen, dass mystische und pantheistische Religiosität Transzendenz als in den weltlichen Dingen immanent und das Individuum entsprechend als „Gefäß" des Göttlichen konzipiert, während asketische Religiosität eine transzendente Ordnung postuliert, die „über" der Welt liegt und folglich das Individuum als Gottes „Werkzeug" in dieser Welt ansieht.[36] Es ist zu erwarten, dass die mystische Option eher zu stärker ritualisierter und erfahrungsbezogener Religiosität führt, die asketische eher zu einer intellektualisierten und ethischen Religiosität.[37]

In modernen westlichen Gesellschaften zeigen religiöse Traditionen eine Tendenz zu innerweltlichen Formen von Transzendenz,[38] auf den Evangelika-

---

33 Die Auswahl der Gegensatzpaare ist den *pattern variables* von Talcott Parsons entnommen, der damit Handlungsalternativen zu fassen versuchte, die in Handlungssystemen anfallen. Mit den *pattern variables* differenzierte Parsons gezielt die durch Tönnies eingeführte einfache Unterscheidung Gemeinschaft-Gesellschaft mittels fünf Gegensatzpaaren, von denen hier drei aufgegriffen werden. Vgl. zu Gemeinschaft/Gesellschaft bei Tönnies: Tönnies, Gemeinschaft; zu *pattern variables*: Parsons/Shils, Theory. Zum Bezug zu Tönnies: Parsons, Systems, 41–42.
34 Vgl. Riis/Woodhead, Sociology, 69; Geertz, Religion, 90.
35 Vgl. Luhmann, Religion. Für die vorliegende Analyse besteht keine Notwendigkeit, diese Transzendenz als universales Definiens von Religion zu postulieren. Es reicht aus, darauf hinzuweisen, dass entsprechende Bezüge sich in vielen Religionen finden, darunter auch die hier untersuchte.
36 Vgl. Weber, Wirtschaft, 329–332.
37 Innerhalb der protestantischen Tradition entspricht diese Unterscheidung den charismatisch/pfingstlerischen Traditionen und den fundamentalistisch/evangelikalen Traditionen.
38 Vgl. Parsons, Religion, 211.

lismus trifft dies jedoch nicht zu: Die Perspektive des ICF ist durch außerweltliche Entitäten, Konzepte und Glaubensvorstellungen geprägt, die Welt ist nicht durch eine immanente Spiritualität durchdrungen. Aus dieser Perspektive werden Normen abgeleitet, die von den Individuen in dieser Welt befolgt werden müssen. Im Evangelikalismus muss diese Realisierung dabei im Alltag stattfinden, da rituelle Erlösung nicht möglich ist. Weiter ist diese Religiosität nicht nur hinsichtlich ihrer theologischen Verweise auf eine andere Welt ausgerichtet, die Form der Gemeinschaft[39] und die eigenen Vorstellungen unterscheiden sich ihrerseits stark von der sie umgebenden sozialen Welt. Aus dieser Abkapselung in mehreren Dimensionen ergibt sich die Herausforderung, religiösen Glaubensvorstellungen und Normen Relevanz zu verleihen und sie für die immanenten Fragen des alltäglichen Lebens anwendbar zu machen.

Eine Möglichkeit, diese Anwendbarkeit zu erreichen ist die Referenz auf ein differenziertes System theologischer Deutungen, mit den entsprechenden Institutionen, Spezialisten und Erziehungsformen. Theologie leistet eine „doppelte Kontextualisierung": Erstens werden religiöse Bedeutungen in ihrem theologischen Kontext (z. B. innerhalb der Bibel) verortet und zweitens interpretieren sie die so kontextualisierten Symbole in Bezug auf die innerweltliche Situation.[40] Durch solche theologischen Rationalisierungen gewinnen die Konzepte Autonomie und werden abstrakter und generalisierbarer – eine Strategie der Verbindung von Transzendenz und Immanenz, die für den etablierten Protestantismus typisch ist. Im Gegensatz zu dieser, die Gesellschaft prägenden Form von Protestantismus sucht die evangelikale Perspektive des ICF nach einer anderen Lösung: Statt theologisch wird der Graben zwischen religiösen Konzepten und der Welt rituell überbrückt.

Um die Bedingungen und Konsequenzen davon zu verstehen, ist das Konzept der „Ritualisierung" nützlich, da es die dichotome Unterscheidung Ritual/nicht-Ritual zu Gunsten eines Kontinuums verschiedener Grade von Ritualisierung aufgibt.[41] Je ritualisierter Kommunikation abläuft, desto restriktiver sind ihre Codes.[42] Hochgradig standardisierte und formalisierte Sprache ist ein Indikator für eine hochgradig ritualisierte Kommunikation, die nicht viel Variation erlaubt und typischerweise die Form von Liedern, Sprüchen oder formalisierter Rede hat.[43] Im Gegensatz dazu ist Kommunikation, die auf elaborierter und flexibler Sprache aufbaut, nur sehr begrenzt ritualisierbar. So können beispielsweise

---

39 Die soziale Form des ICF ist diejenige einer „Sekte" im Weber'schen Sinn, also einer exklusiven Gemeinschaft, die auf individueller Entscheidung und fortlaufender Bewährung basiert.
40 Vgl. Walthert, Ritual.
41 Vgl. Bell, Ritual, 138.
42 Vgl. Douglas, Natural, 49.
43 Vgl. Bloch, Symbols, 22–23.

gelehrte theologische Argumente besser in nicht-standardisierten[44] Predigten als z. B. in Liedform kommuniziert werden

Im ICF werden die religiösen Vorstellungen nicht theologisch differenziert sondern zu einer großen Einfachheit in Symbolen verdichtet,[45] was erhöhte Ritualisierung erlaubt: Im Zentrum steht die Beziehung zum personalisierten Symbol Jesus, die als Angelegenheit eines Entweder/Oder kommuniziert wird. Diese Beziehung nimmt eine paradigmatische Rolle für alle Entscheidungen, die das Individuum zu treffen hat, ein: Beispielsweise bedeutet die Bejahung von Jesus die genauso eindeutige Ablehnung von vorehelichem Geschlechtsverkehr und Homosexualität. In dieser Einfachheit können die religiösen Deutungen durch repetitives Sprechen, Kurzgeschichten, Sketche und in Liedtexten wiedergegeben werden. In den immanenten Ereignissen des Rituals können damit die zentralen Glaubensvorstellungen erzählt oder in Handeln überführt, kollektiv geteilt und emotional aufgeladen werden. Die Glaubensvorstellungen müssen nicht in theologisches Vokabular übersetzt werden, sondern sie werden im rituellen Handeln aufgenommen[46] und können mit Emotionen aufgeladen werden. Wie Durkheim erkannte,[47] werden sie in eine Einheit von Wahrnehmung, Handlung und Emotion überführt: Was im Ritual wahrgenommen, getan und gefühlt wird, bestätigt und stärkt sich gegenseitig.

Die Einheit von Konzept und Handlung findet sich auch auf der Ebene der Rollen: Der Prediger spricht nicht als intellektueller religiöser Experte, sondern fungiert in den von ihm erzählten Homestories als Beispiel für die Beziehung zu Jesus. Er steht für religiöse Wahrheit und alltägliches Handeln gleichzeitig. Dasselbe trifft auf den individuellen Teilnehmer zu: Das empfundene Vertrauen (confiance), das er verspürt, ist gleichzeitig Selbstvertrauen, da er seine eigenen Handlungen und Positionen im Ritual bestätigt findet – Glaube ist damit nicht abstraktes, als separierter Korpus bestehendes Wissen.[48] Damit vollbringen die *Celebrations* die Transformation von transzendenten Konzepten in die Konkretion von koordiniertem Handeln, Erfahrung und Emotion. Somit können sich Immanenz und Transzendenz gegenseitig plausibilisieren,[49] letzteres leitet das erstere an und wird durch dessen Vollzug gestärkt.

---

44 Auch eine Predigt beinhaltet standardisierte, d. h. formelhafte Elemente im Sinne Blochs, so die Begrüssung oder den Schluss, ist jedoch daneben für nicht vordefinierte, nicht repetitive Sprache offen, in der Argumentationen, Erläuterungen, die Nennung von Beispielen usw. möglich sind.
45 „Einfachheit" ist dabei in keiner Weise abwertend gemeint, tatsächlich gehört die Verständlichkeit der eigenen Botschaft zum tendenziell gegen Formen akademischer Theologie gerichteten Selbstverständnis des ICF.
46 Vgl. Durkheim, Formes, 596.
47 Vgl. ebd.; Geertz, Religion, 118.
48 Vgl. Wright/Rawls, Dialectics.
49 Vgl. Luhmann, Religion, 63.

4.2. Selbst- vs. Kollektivorientierung

Individualisierung ist ein zentraler sozialer und religiöser Trend in westlichen Gesellschaften. Die Wichtigkeit des Individuums steigt in zwei Dimensionen: Einerseits derjenigen der Semantik, in der das Individuum eine immer wichtigere Rolle als Thema von Religionen darstellt, andererseits derjenigen der Struktur, in der das Individuum zunehmend selbständig religiöse Entscheidungen bezüglich Glaubensvorstellungen, Ritualen und Zugehörigkeiten treffen kann.[50] Wie insbesondere bei Neuen Religiösen Bewegungen beobachtet,[51] führt die zunehmende Wichtigkeit des Individuums zu unverbindlichen religiösen Beziehungen, weshalb sich gemeinschaftliche Formen von Religion zu netzwerkartigen Formen wandeln.

Im ICF kann Individualisierung auf beiden eben genannten Dimensionen festgestellt werden: Erstens stellt das Individuum und seine Erlösung den zentralen Fokus der religiösen Semantik dar. Zweitens werden Erlösung und Zugehörigkeit als erworbenes Merkmal und Gegenstand individueller Entscheidung gesehen. Zudem sieht sich die Gemeinschaft ICF weder als notwendige noch als hinreichende Bedingung für Erlösung und es finden sich auch weder Priesterrolle noch Rituale, die Heil zuweisen könnten. Dieser doppelte Vorrang des Individuums legt die Annahme nahe, dass ICF eine bloße Anhäufung eigennütziger Individuen ist. Da aber eine Gemeinschaft auf eine Ausrichtung auf das Kollektiv angewiesen ist, führt dieser semantische und strukturelle Primat des Individuums zur Frage, wie ICF als Gemeinschaft bestehen kann.[52]

Es ist verlockend, diese Frage mit Verweis auf die funktionale Wichtigkeit des Kollektivs für das Individuum zu beantworten, wie sie soeben in der Ritualanalyse gezeigt wurde: Individualität basiert auf individuellen Glaubensvorstellungen, diese werden in Situationen kollektiver Effervezenz plausibilisiert, die wiederum aus den gemeinschaftlichen Ritualen resultiert. Damit scheint das Kollektiv funktional unverzichtbar, auch für individuelle Formen von Religiosität. Diese Argumentation leitet jedoch das Bestehen einer sozialen Institution (hier: der Gemeinschaft) von ihrer funktionalen Wichtigkeit (hier: für die Plausibilität von Glaubensvorstellungen für das Individuum) ab, was dem funktionalistischen Fehlschluss entspricht, den Hempel „affirming the consequent" nennt.[53] Das Argument schließt „funktionale Äquivalente" nicht aus, das

---

50 Vgl. Wohlrab-Sahr, Individualisierung, 34.
51 Vgl. Lüddeckens/Walthert, Ende.
52 Vgl. für eine Diskussion dieser Frage auch Baker, Social.
53 Vgl. Hempel, Logic, 314. Aufgrund ihres Vermeidens dieses Fehlschlusses ist es die nichtfunktionalistische Weberianische Tradition in der Religionssoziologie, die Säkularisierungstheorien formulieren und sogar Religion als den Ausgangspunkt ihres eigenen Niedergangs thematisieren konnte.

heißt, dass auch andere Zusammenhänge als ein gemeinschaftliches Kollektiv zu diesen Glaubensvorstellungen führen könnten, weshalb nicht auf dessen Bestand geschlossen werden kann. Aufgrund dieses Mangel solcher funktionalistisch-deduktiver Erklärungsmuster muss ein anderer Weg gesucht werden, um zu erklären, wieso die Gemeinschaft ICF trotz des starken Individuumsbezugs und ausbleibender Sakralisierung des Kollektivs bestehen kann.

Die Perspektive auf Ritual und Emotion eröffnet einen Blick auf die Strukturen, die die Gemeinschaft trotz individualisierter Semantik reproduzieren: Die Individuen tragen als Teil eines rhythmisch durchritualisierten Kollektivs zur Formation der Gemeinschaft bei. Wie mit Collins gezeigt, findet dies unabhängig von den von den Individuen bewusst verfolgten Zwecken statt. Die Teilnehmenden werden emotional in die erfolgreiche rituelle Interaktion hineingezogen und werden im Laufe ihrer Teilnahme stillschweigend in den Prozess der Produktion von Symbolen integriert.[54]

Selbst wenn die Individuen bloß persönliche Unterhaltung oder individuelle Erlösung suchen, reproduzieren sie durch ihre Teilnahme am Ritual die Semantiken und Strukturen der Gemeinschaft. Das Praxiskonzept Pierre Bourdieus erlaubt es, diese Reproduktion von Gemeinschaft begrifflich zu fassen: Wie Collins und Barbalet sich einig sind, kalkulieren Individuen oft nicht rational zwischen verschiedenen Handlungen und Emotionen.[55] Individuelles Handeln ist zwar ein zentraler Bestandteil von Ritualen, ist aber nicht durch Reflexivität des Einzelnen angeleitet, sondern durch die Struktur der Interaktion. Dieser rituelle Komplex kann im Sinne Bourdieus als Praxis charakterisiert werden,[56] eine Aktivität, die jenseits von Bewusstheit und Entscheidung des Individuums reproduziert wird und in diesem Fall als Aktivität zur Hervorbringung bzw. Bestätigung eines bestimmten „emotional regime" führt.[57] Als Praxis verläuft diese Reproduktion von Gemeinschaft unabhängig davon, was der symbolische Gehalt ist, der von den Individuen erkannt und anerkannt wird.[58] Durkheims Beobachtung, dass die Aborigines glauben, ihren Gott zu verehren, dieser Gott aber wiederum für den Klan selbst steht,[59] kann auch auf ICF angewendet werden: Das Individuum und seine persönliche Beziehung zu Jesus wird auf der expliziten und symbolischen Seite zelebriert, tatsächlich führt dieses Feiern aber zu einer Bestätigung und Reproduktion von Gemeinschaft. Während ein Aborigine geglaubt haben mag, dass es um die spirituellen Wesenheiten und das

---

54 Vgl. Riis/Woodhead, Sociology.
55 Vgl. Barbalet, Emotion, 23.
56 Vgl. Bourdieu, Sens.
57 Vgl. auch Barbalet, Emotion, 23.
58 Eine solche Perspektive zeigt, dass Praxistheorie von der Integration eines Konzepts von Emotion profitieren könnte. Vgl. Schatzki, Practices, 302.
59 Vgl. Durkheim, Formes, 295.

Totemsystem geht, steht im symbolischen Zentrum des ICF das Individuum und seine persönliche Entscheidung für Jesus, doch wie die Ritualanalyse zeigt, führt dies, genau wie die Verehrung von Totemwesen, zur nicht intendierten Konsequenz der sozialen Solidarität.[60]

4.3. Disziplin vs. Affektivität

Die letzte zu diskutierende Spannung ist diejenige zwischen normativer Disziplin und emotionaler Affektivität. Durch Handeln, das durch affektive Entscheidungen geprägt ist, streben Individuen unmittelbare Gratifikation im Moment an, während bei der Befolgung einer Disziplin evaluative Standards in die Entscheidungsfindung einfließen und auf Kosten affektiver Spontaneität berücksichtigt werden.[61]

Diese Unterscheidung zwischen der unmittelbaren Gratifikation und der Befriedigung, die durch die Befolgung von Regeln erreicht wird, gibt Webers Charakterisierung des Idealtyps des „affektuellen Handelns" wieder. Insbesondere die auf vorehelichen Geschlechtsverkehr und Drogenkonsum bezogenen Restriktionen weisen auf die Betonung der Disziplin im ICF hin. Die normativen Gebote scheinen gerade gezielt Themen zu betreffen, die durch ein hohes affektuelles Potenzial gekennzeichnet sind. Die affektiven Möglichkeiten von Drogen und Sexualität werden restringiert, da sie nicht mit den moralischen Regeln vereinbar sind.[62]

In einem Kontinuum zwischen moralischer Disziplin und Affektivität ist ICF näher bei ersterer zu platzieren.[63] In Mary Douglas' Typologie ist die Gemeinschaft sowohl hoch auf der „grid" als auch der „group"-Achse einzuordnen, eine

---

60 Dies funktioniert unterhalb des „threshold of the awareness" der Beteiligten und wird, gemäß Durkheim, vom Soziologen, der es besser weiß, erkannt. Doch diese rituelle Praxis kann ihrerseits Teil eines diskursiven Bewusstseins werden: Die Celebration gewinnt an symbolischem Wert, gerade weil sie als erfolgreiche Aktivität erfahren wird und nimmt damit eine wichtige Rolle im Selbstverständnis der Gemeinschaftsmitglieder wahr. Dadurch wird es für sie attraktiv, an diesem Erfolg teilzuhaben und z. B. bei der Organisation ehrenamtlich mitzuwirken. So kann diese Form von Praxis nicht nur das Durchschnittsmitglied integrieren, sondern auch den Kern hochgradig motivierter Mitglieder.
61 Vgl. Parsons/Shils, Values, 84.
62 Natürlich kann die Entscheidung, sich diesen Gratifikationen zu verweigern, ihrerseits emotional attraktiv sein, doch gerade neue Mitglieder oder Mitglieder mit Zweifeln dürften eine Spannung zwischen unmittelbarem individuellen Wollen und gemeinschaftlichem Sollen empfinden – eine Spannung, die sich dadurch verstärkt, dass die entsprechenden kommunalen Vorschriften von der breiteren Gesellschaft nicht geteilt werden.
63 Damit ist dieses Fallbeispiel mit Webers These des asketischen Protestantismus kongruent, der als Ursprung der umfassenden religiösen Kontrolle der Affekte durch religiöse Disziplin gekennzeichnet ist. Vgl. Weber, Sekten; vgl. auch Gerhards, Handeln.

Konfiguration, die durch „a routinized piety towards authority and its symbols; beliefs in a punishing, moral universe, and a category of rejects" geprägt ist.[64] Entsprechend ausgerichtete Religionsgemeinschaften geben sich nicht mit der bloßen affektiven Einbindung von Mitgliedern zufrieden, gefordert ist Disziplin.

Spannungen zwischen Affektivität und Disziplin sind zu erwarten, insbesondere da junge Leute die Hauptadressaten von ICF sind und dessen Regeln sich gerade auf diejenigen Lebensbereiche beziehen, die in ihrem Lebensabschnitt besonders wichtig und emotional besetzt sind. Im Hinblick auf die von Mitgliedern geforderte Zurückweisung affektiv attraktiver Möglichkeiten vermutet Mustafa Emirbayer eine Lücke in Collins' Theorie: „Collins seems to ignore those cases in which normative commitments (as structured by collective symbols) direct actors away from situations promising the highest-energy-yields – precisely those situations that would predictably be of greatest appeal to them."[65] Eine wichtige Qualifizierung, die diese scheinbar paradoxe Situation zu verstehen erlaubt, liefert Barbalet:[66] Die Unterscheidung zwischen Affektivität und affektiver Neutralität ist nicht identisch mit der Unterscheidung zwischen emotional und nicht-emotional. Disziplin und normative Weisungen sind nicht als Ausbleiben von Emotionen zu verstehen, da die Befolgung von Regeln ebenfalls Emotionen hervorrufen kann, z. B. Befriedigung oder Gefühle der Überlegenheit. Die Opposition zwischen Affektivität und affektiver Neutralität leitet sich aus Unterschieden bezüglich der bewussten Reflexion evaluativer Standards ab, nicht aus Unterschieden im Maß an Emotion per se. Eine affektive Wahl basiert auf den emotionalen Aussichten der unmittelbaren Situation, die von allen anderen Faktoren isolierte Vorteile eröffnet und die ohne reflexive Referenz auf allgemeine Standards erfolgt.

In einem Ritual wie dem hier beobachteten ist der Gegensatz zwischen affektiver Gratifikation und Disziplin umgedreht: Diejenigen Handlungsoptionen, die affektbasiert und emotional unmittelbar ergiebig sind, stimmen mit den Regeln der Gemeinschaft überein.[67] Affekt und Disziplin sind nicht länger einander ausschließende Alternativen, da die Entscheidung für das eine nicht mit Einbußen hinsichtlich des anderen einhergeht. Die paradigmatische Beziehung zwischen Jesus und dem Individuum, die letzteres im Rahmen des Rituals empfindet ist damit doppelt bestätigend. Diese Kongruenz zwischen Affekt und Norm ist entscheidend für die Erfahrung von Vertrauen – diese doppelte Gra-

---

64 Douglas, Natural, 87.
65 Emirbayer, Durkheim, 120.
66 Vgl. Barbalet, Emotion.
67 Durch harmonische Interaktion der Ritualteilnehmer zeigen diese einander gegenseitig, dass sie richtig liegen. Vgl. Durkheim: „L'homme qui fait son devoir trouve, dans les manifestations de toute sorte par lesquelles s'expriment la sympathie, l'estime, l'affections que ses semblables on pour lui." Durkheim, Formes, 302.

tifikation kann wieder bestätigt werden, wenn Liebe und Beziehung nach dem Modell dieser vorbildlichen Beziehung und in Übereinstimmung mit den darin gelebten Vorstellungen gelebt werden. Während Barbalet zwischen „self-attention", die aus der Befolgung von Disziplin abgeleitet wird und die Handlungsmöglichkeiten des Individuums restringiert einerseits und „confidence", die das Individuum im Gegenteil dazu darin fördert, „den eigenen Weg zu gehen"[68] andererseits unterscheidet, findet sich im Beispiel eine Vereinigung des Gegensatzes: „Self-attention" und „confidence" stimmen überein. Damit wird das emotionale Regime der Gemeinschaft aus dem Ritual hinaus in die Schlafzimmer der Mitglieder getragen. Die emotionale Identifikation mit den gemeinschaftlichen Symbolen kann so den affektiven Versuchungen und der kognitiven Differenz dieser Regeln zur Gesellschaft etwas entgegen setzen.

Eine Anmerkung ist wichtig: Das Maß der Konformität der ICF-Mitglieder die Einschränkungen des außerehelichen Geschlechtsverkehr betreffend, ist unbekannt. Dieser Mangel an Information besteht sowohl auf wissenschaftlicher Ebene, als auch auf der Ebene der rituellen Interaktion. Die rituelle Kommunikation der Celebrations bietet keine Kapazität für individuelles Zeugnis bezüglich der Befolgung oder Nicht-Befolgung der kommunizierten Regeln. Während das Individuum hochgradig emotional in die rituelle Interaktion involviert wird, ist diese Kommunikation unempfindlich hinsichtlich der individuellen Hintergründe und Gedanken (z. B. schlechtes Gewissen) während des Ritualvollzugs. Für die affektive Zelebrierung von Disziplin im Ritual ist es einerlei, ob „true love" tatsächlich wartet oder eben nicht. Die hier analysierte Produktion von kollektiver Effervezenz funktioniert, so lange die Körper sich konform zu den rituellen Strukturen verhalten. Gerade weil die postulierten Werte und Normen in modernen Gesellschaften prekär sind und mit Verstößen zu rechnen ist, sind damit Rituale ein sicherer Weg, Individuen zu integrieren. Ritueller Erfolg ist zuverlässig, weil Referenzen auf Zweifel oder Devianz strukturell ausgeschlossen werden.

5. Schluss

Collins' Theorie der Interaktionsrituale erlaubt die Identifizierung derjenigen Mechanismen, die zur rituellen Produktion von Solidarität in religiösen Gemeinschaften führen. Entscheidende Variablen sind der „mutual focus of attention", die Interaktivität des rituellen Geschehens, sowie die darauf basierende Emotionalität der Interaktion und die mit Emotionen „aufgeladenen" Symbole. Um diese Produktion von Symbolen im Ritual und dessen Rolle als Teil eines umfassenderen emotionalen Regimes zu verstehen, muss jedoch über Collins'

---

68 Barbalet, Emotion, 86.

Modell hinausgegangen werden. Das vorliegende Fallbeispiel der Produktion von religiöser Gemeinschaft lässt sich als erfolgreicher ritueller Umgang mit drei Spannungsfeldern verstehen: (1) Der Spannung von Transzendenz und Immanenz, die über eine vereinfachte und umfassend ritualisierbare religiöse Botschaft aufgefangen wird, (2) der Spannung von Individuum und Kollektiv, die das Ritual durch die „nicht intendierte Konsequenz" der Solidaritätsproduktion aufhebt und (3) der Überbrückung der Spannung zwischen Disziplin und Affektivität, die über die Verknüpfung von Vertrauen in die moralischen Vorschriften der Gemeinschaft mit Selbstvertrauen erreicht wird. Die im ICF angetroffene und für die evangelikale Bewegung typische Konfiguration religiöser Rituale und Semantiken ist eine Möglichkeit des erfolgreichen Umgangs mit diesen Spannungen und eine Ausgangslage für das Bestehen religiöser Gemeinschaft in moderner Gesellschaft.

Literaturverzeichnis

Barbalet, Jack M., Emotion, Social Theory, and Social Structure. A Macrosociological Approach, Cambridge 1998.
Bell, Catherine, Ritual. Perspectives and Dimensions, New York/Oxford 1997.
Berger, Peter L., The Desecularization of the World: A Global Overview, in: Berger, Peter L. (Hg.), The Desecularization of the World. Resurgent Religion and World Politics, Washington 1999, 1–18.
Bloch, Maurice, Symbols, Song, Dance and Features of Articulation. Is Religion an Extreme Form of Traditional Authority?, in: Bloch, Maurice, Ritual, History and Power: Selected Papers in Anthropology, London 1989, 19–45.
Bourdieu, Pierre, Le sens pratique, Paris 1980.
Chaves, Mark, American Religion. Contemporary Trends, Princeton 2011.
Collins, Randall, Stratification, Emotional Energy, and the Transient Emotions, in: Kemper, Theodore D. (Hg.), Research Agendas in the Sociology of Emotions, Albany 1990, 27–57.
Collins, Randall, Interaction Ritual Chains, Princeton/Oxford 2004.
Collins, Randall, The Micro-sociology of Religion. Religious Practices, Collective and Individual, in: The Association of Religion Data Archives. Guiding Paper Series (2010).
de Roest, Henk / Stoppels, Sake, Evangelikalisierung in den Kirchen – Zwischenbilanz zur Eröffnung einer Diskussion, in: Pastoraltheologie 101 (2012), 260–279.
Douglas, Mary, Natural Symbols: Explorations in Cosmology, New York 1973.
Durkheim, Emile, Les formes élémentaires de la vie religieuse. Le système totémique en Australie, Paris 1990.
Emirbayer, Mustafa, Useful Durkheim, in: Sociological Theory 14 (2/1996), 109–130.
Fath, Sébastien, Evangelical Protestantism in France. An Example of Denominational Recomposition?, in: Sociology of Religion 66 (2005), 399–418.
Geertz Clifford, Religion as a Cultural System, in: Clifford Geertz, The Interpretation of Cultures. Selected Essays, New York 1973, 87–125.

Gerhards, Jürgen, Affektuelles Handeln – Der Stellenwert von Emotionen in der Soziologie Max Webers, in: Weiss, Johannes (Hg.), Max Weber heute. Erträge und Probleme der Forschung, Frankfurt am Main 1989, 335–357.

Goffman, Erving, Encounters. Two Studies in the Sociology of Interaction, Indianapolis/ New York 1961.

Hempel, Carl G., The Logic of Functional Analysis, in: Hempel, Carl G., Aspects of Scientific Explanation. And Other Essays in the Philosophy of Science, New York/ London 1965, 297–330.

Kluckhohn, Clyde, Value and Value-Orientations in the Theory of Action, in: Parsons, Talcott / Shils, Edward A. (Hg.), Toward a General Theory of Action, Cambridge/ Massachusetts 1962, 388–433.

Kunz, Ralph, Von der Zucht zur Wucht. Die Stagnation traditioneller Freikirchen und der Boom des freikirchlichen Erlebnismilieus, in: Schaaf, Susanne / Mettner, Matthias (Hg.), Religion zwischen Sinnsuche, Erlebnismarkt und Fundamentalismus. Zu Risiken und Nebenwirken von ICF und anderen christlichen Trendgemeinschaften, Zürich 2004, 16–22.

Luhmann, Niklas, Die Religion der Gesellschaft, Frankfurt am Main 2002.

Parsons, Talcott, The Structure of Social Action. A Study in Social Theory with Special Reference to a Group of Recent European Writers, New York 1949.

Parsons, Talcott, Pattern Variables Revisited. A Response to Robert Dubin, in: American Sociological Review 25 (4/1960), 467–483.

Parsons, Talcott / Shils, Edward A., Values, Motives, and Systems of Action, in: Parsons, Talcott / Shils, Edward A. (Hg.), Toward a General Theory of Action, New York 1953.

Parsons, Talcott, Religion in Postindustrial America. The Problem of Secularization, Social Research 41 (2/1974), 193–225.

Parsons, Talcott, On Building Social System Theory. A Personal History, in: Parsons, Talcott, Social Systems and the Evolution of Action Theory, New York/London 1977, 22–76.

Riis, Ole/Woodhead, Linda, A Sociology of Religious Emotion, Oxford/New York 2010.

Schatzki, Theodore R., Practices and Actions. A Wittgensteinian Critique of Bourdieu and Giddens, in: Philosophy of the Social Sciences 27 (1997), 283–308.

Shibley, Mark A., Contemporary Evangelicals: Born-Again and World Affirming, in: Annals of the American Academy of Political and Social Science 558 (1998): 67–87.

Staub, Mats, Prediger und Showmaster Gottes. Theatrale Aspekte von „Multimediagottesdiensten" des International Christian Fellowship. Im Vergleich zu evangelisch-reformierten Predigtgottesdiensten in Zürich, in: Kotte, Andreas (Hg.), Theater der Nähe. Welttheater, Freie Bühne, Cornichon, Showmaster Gottes. Beiträge zur Theatergeschichte der Schweiz, Zürich 2002, 427–550.

Tönnies, Ferdinand, Gemeinschaft und Gesellschaft. Grundbegriffe der reinen Soziologie. 3., unveränd. Aufl. des Neudrucks der 8. Aufl. von 1935, Darmstadt 1991.

Walthert, Rafael, Ritual, Individuum und religiöse Gemeinschaft. Das International Christian Fellowship Zürich, in: Lüddeckens, Dorothea/Walthert, Rafael (Hg.), Fluide Religion. Neue religiöse Bewegungen im Wandel. Theoretische und empirische Systematisierungen, Bielefeld 2010, 243–268.

Walthert, Rafael, Emotion, Ritual, and the Individual. The Production of Community in Evangelicalism, in: Journal of Religion in Europe 6 (1/2013), 90–119.

Weber, Max, Wirtschaft und Gesellschaft. Grundriss der verstehenden Soziologie, Tübingen 1972, 329–332.
Weber, Max, Die protestantischen Sekten und der Geist des Kapitalismus, in: Max Weber, Gesammelte Aufsätze zur Religionssoziologie I, Tübingen 1988, 207–236.
Wohlrab-Sahr, Monika, Individualisierung. Differenzierungsprozess und Zurechnungsmodus, in: Beck, Ulrich / Sopp, Peter (Hg.), Individualisierung und Integration. Neue Konfliktlinien und neuer Integrationsmodus?, Opladen 1997, 23–35.
Wright, Bonnie / Rawls, Anne Warfield, The Dialectics of Belief and Practice. Religious Process as Praxis, in: Critical Sociology 31 (1–2/2005), 198–211.

Hans Gerald Hödl

Aladura: Ritualwandel in Westafrikanischen Kirchen

Die in Yorùbásprachigen Gebieten Westafrikas[1] entstandenen Aladura-Kirchen[2] werden in der Klassifikation Afrikanischer Religionen unter verschiedenen Bezeichnungen, die das Akronym „AIC"[3] ergeben, eingeordnet. Wie wohl insgesamt im Fall der AIC, kann man ihre Entstehung als einen Prozess religiösen Wandels interpretieren, der eine Reaktion auf die Situation der Kolonialherrschaft und die Stellung darstellt, die in dieser Zeit afrikanische Mitglieder in den Missionskirchen inne hatten. Mit diesem religiösen Wandel ging auch ein

---

1 Die Bezeichnung „Yorùbá" stammt von den Haussa, den nördlichen Nachbarn des Yorùbá-Königreiches Ọyọ, und wurde zunächst nur für die Ọyọ (auch „Yorùbá proper" genannt: Johnson, History, 16; Forde, Yoruba, 32) benutzt (Peel, Encounter 283). Die verschiedenen, jeweilige Dialekte des „Yorùbá" sprechenden Ethnien verstanden sich, trotz Sprachgemeinschaft, gemeinsamer kultureller Charakteristika und des geteilten Abstammungsmythos vom Gründer des Königreiches Ifé, Oduduwa, nicht als Teil einer übergreifenden Volksgemeinschaft. Kollektivbezeichnungen für Yorùbásprachige entstanden erst in Diasporasituationen in Brasilien, Kuba, Sierra Leone (Peel, Encounter, 283ff). Peel hat in seiner Studie dargelegt, dass ein „Yorùbá-Nationalismus" erst unter dem Einfluss der christlichen Mission in der 2. Hälfte des 19. Jhs. entstanden ist. Er unterscheidet dabei die christliche Idee einer Nation von der muslimischen Idee der *Umma*, die Nationen transzendiert (l.c, 279ff). Demnach würde hier religiöser Wandel einen tiefgreifenden sozialen und politischen Wandel bedingt haben.
2 „Aladura" bedeutet „Besitzer des Gebetes"; das Wort spielt auf die zentrale Rolle des Gebetes und die dem gesprochenen (Gebets-)Wort zugeschriebene Kraft in diesen Kirchen an.
3 Dieses Akronym hat unterschiedliche Bedeutungen. Zunächst stand es für „African Independent Churches" – was die Unabhängigkeit von Missionskirchen betont (Turner, Typology, 17, unterscheidet zwischen „autonomous" – was eine Beziehung zu einer „Mutterkirche" anzeigt und „independent"; für ihn ist eine independent African church „founded in Africa, by Africans, and primarily for Africans". Im Zuge der Migrationen von AIC-Mitgliedern ab den 1960ern, die zu Gemeindegründungen in Europa und Nordamerika führten, sprach man von „African Indigenous", „African Initiated", schließlich „African Instituted Churches". Wegen deren globaler Ausbreitung hat Ter Haar vorgeschlagen, von „African International Churches" zu sprechen (vgl. Harris, Diaspora, 3). Gegen diese Klassifizierung argumentiert Surgy, L'Église, 15, der den Terminus „église independante" nur auf Kirchen anwendet, die direkt aus einem Konflikt mit einer Missionskirche hervorgegangen sind. Diese Definition ist enger als die von Turner angebotene, die Surgy nicht berücksichtigt.

deutlicher ritueller Wandel einher, der vor allem im verstärkten Einbezug westafrikanischer kultureller Ausdrucksmittel in die christlichen Rituale besteht. In diesem Aufsatz wird zunächst die Geschichte der Aladura-Kirchen in Hinblick auf die Frage der bestimmenden Faktoren für deren Entstehung skizziert und dann etwas näher auf die rituellen Praktiken der jüngsten unter diesen, der Himmlischen Kirche Christi eingegangen.[4]

1. Vorläufer der Aladura-Kirchen in Westafrika

Klaus Hock unterscheidet zwischen exogenen und endogenen Faktoren für religiösen Wandel. Erstere wirken von außen auf eine Religion ein und führen so zu deren Transformation, letztere entstehen im Gebiet der jeweiligen Religion selbst. Zusätzlich unterscheidet Hock zwischen „religiösen" und „kontextuellen" Faktoren, die religiösen Wandel bedingen und bemerkt, dass die Trennung dieser Faktoren eine mehr theoretische Angelegenheit ist, da in der religiösen Realität „die Ursachen des Religionswandels" einander „in mannigfaltiger Form" bedingen und „vielfach ineinander verwoben" sind.[5]

Wie im Falle der Ausbreitung des Islam in West- und Ostafrika[6] entsteht Kontakt mit dem Christentum in Westafrika zunächst über Handelsbeziehungen. Allerdings kommt es – mit Ausnahme portugiesischer Missionierung im Königreich Benin (im 16. Jahrhundert)[7] – erst ab der Mitte des 19. Jahrhunderts zu missionarischen Bemühungen christlicher Kirchen im Osten Westafrikas durch die anglikanische Kirche,[8] die presbyterianische Church of Scotland und

---

4 Im Folgenden als „HKC" abgekürzt. Gottesdienste der Kirche habe ich 09.2007, 09.2008, 09.2009, 09.2011 und 09.2012 in Lomé, Togo, 09 & 10.2011 in und um Abomey, Benin besucht, in der Gemeinde in der Mittelgasse in Wien in den Jahren 2009–2013.
5 Hock, Einführung 44f.; Zitat 45.
6 In Westafrika ist der Transsaharahandel ab dem 8 Jh. u.Z. als exogener und kontextueller Faktor für die „Islamisierung Afrikas" zu nennen (Robinson, Societies, 28; Davidson, West Africa, 29–31; 136–139), in Ostafrika der Seehandel entlang der ostafrikanischen Küste im indischen Ozean (Robinson, Societies, 32–35; Collins/Burns, Sub-Saharan Africa, 99–101).
7 In den Königreichen Alladah und Wydah (Ouidah), heute in der (nicht am Gebiet des historischen Königreiches Benin gelegenen) Republik Benin, dem westlichen Nachbarn des Yorùbásprachigen Teils Nigerias gelegene Gebiete, gab es im 17 Jh. Missionsversuche spanischer und französischer Kapuziner und Dominikaner (Sanneh, Christianity, 32–34; Law, Slave Coast, 153–155).
8 Über das Yorùbáland sagt Johnson, History, 39: „Christianity was introduced by the [Anglican; HGH] Church Missionary Society in 1843", während lt. Comstock, Change, 2, 1846 die ersten christlichen Missionare dorthin kamen. Peel, Encounter, 124, schreibt: „Mission started in earnest in 1846 […]".

methodistische Missionare. Die katholische Kirche war v. a. im südöstlichen, von Igbo-Sprachigen bewohnten Teil des heutigen Nigeria aktiv und erfolgreich.[9]

Als erster Moment in der Entstehung unabhängiger afrikanischer Kirchen wird in der Literatur die Einrichtung der United Native African Church (UNAC) 1891 genannt, eine Reaktion auf die Übernahme der von dem afrikanischen Bischof Samuel Ajayi Crowther geleiteten und von afrikanischen Mitarbeitern betreuten Niger Mission durch englische Geistliche des anglikanischen Church Missionary Service (CMS). Dabei wird auf das autokratische Verhalten englischer Bischöfe den afrikanischen Geistlichen gegenüber als Faktor für Schismen hingewiesen.[10] War der religiöse Wandel von einem autochthonen afrikanischen Religionssystem[11] zu anglikanischem Christentum auf eine exogene religiöse Initiative (CMS) zurückzuführen, handelt es sich zum Zeitpunkt der Etablierung der UNAC um einen endogenen religiösen Faktor, der durch einen exogenen politischen Faktor bedingt erscheint, den Beginn der britischen Kolonialherrschaft in diesem Teil Westafrikas. Etwas früher (1888) war es mit der Gründung der Native Baptist Church zu einer ersten Abspaltung von der Baptistischen Kirche gekommen.[12] Diese und ähnliche spätere Abspaltungen führen zu afrikanischen, von den Mutterkirchen separierten Denominationen, ohne dass ein wirklicher religiöser Wandel im Sinne abweichender Glaubensüberzeugungen oder ritueller Praxis stattfindet. Lt. Peel haben Neuerungen nur auf organisatorischem Gebiet stattgefunden, indem die anglikanische Episkopalordnung mit dem Prinzip methodistischer Konferenzen verbunden wurde. Dies stelle eine Angleichung an die politische Verfassung der Yorùbá-Königreiche dar, in denen die Macht des sakralen Königtums durch andere politische Instanzen[13] eingeschränkt gewesen ist.[14] Hier ist lt. Peel das Prinzip der Herauslösung der religiösen Essenz des Christentums aus europäischen kulturellen Ausdrucksweisen und seiner Einfügung in die Yorùbá-Kultur am Werk, wobei er die liturgischen Änderungen gering veranschlagt.[15] Der religiöse Wandel, der damit im Yor-

---

9 Turner, Church, 1–3.
10 Vgl. Turner, Church, 4; Peel, Aladura, 55 ff.; ausführlich: Sanneh, Christianity, 169–173; 176.
11 Man kann bei der „traditionellen" Religion der Yorùbá nicht von einer „Religion" im Sinne eines mehr oder minder einheitlichen Sets von Überzeugungen, Riten, Ethos usw. sprechen, sondern muss eher von einem kultischen Milieu ausgehen, das auf einer gemeinsamen kulturellen Matrix aufbaut. Vgl. etwa Peel, Encounter, 88–122.
12 Sanneh, Christianity, 174 begründet diese u. a. mit einem gesteigerten Gefühl der Eigenständigkeit der afrikanischen baptistischen Kirche durch Kürzung von Zuwendungen der Mutterkirche infolge des Amerikanischen Bürgerkrieges, der zugleich „the liberation of American slaves" erreicht und „self-reliance among African Churches" erleichtert hätte; das zeige, „[…] how African Chistianity […] is interlocked with events in the wider world".
13 Diese waren als (Ältesten)Rat oder (Geheim)Bund organisiert; vgl. Morton-Williams, Ogboni, bes. 363 f.
14 Peel, Aladura, 56.
15 Peel, Syncretism, 129.

ùbáland von 1888 bis 1920 eintritt, trüge somit zwar Züge von Inkulturation, wäre aber noch nicht tiefgreifend.[16]

Demgegenüber scheint der religiöse Wandel, der mit der Entstehung der Aladura-Kirchen verbunden ist, ausgeprägter. Diese zweite Welle „afrikanischer Reaktion auf Fremdherrschaft"[17] wurde v. a. von prophetisch-charismatischen Predigern getragen.[18] Diese sind nach Peter Beyer wohl zentral für autochthone afrikanische Christentümer, die er eher als „spontaneous outgrowths of prophetic impulses on the part of indigenous Christian Africans" denn „deliberate schismatic movements resulting from frustration of working within the confines of the missionary churches" ansieht.[19] Er bezieht sich auf Mary Douglas, die Reinheitsvorstellungen in bestimmten Kulturen aus deren zugrunde liegenden (sozialen) Klassifikationsgittern erklärt, die jeweils innerhalb einer Kultur als selbstverständlich genommen werden. Damit bringt er – die Kategorie „Synkretismus" als Kriterium für die Reinheit einer religiösen Praxis innerhalb eines religiösen Stratums betreffend – die Frage nach den Machtverhältnissen zwischen jenen, die für sich eine reine Form der Religion beanspruchen, und denen ins Spiel, die als „Synkretisten" im Sinne einer Vermischung von rein/unrein angesehen werden.[20] Dieses Verhältnis habe sich postkolonial verändert, was sich etwa in der Aufnahme von AIC in den Weltrat der Kirchen zeige. Wir beobachten

---

16 Ähnlich wie „Synkretismus" wird „Inkulturation" in verschiedener Weise gebraucht (vgl. Hödl, Inkulturation). Inwiefern Aladura-Kirchen als „synkretistisch" zu bezeichnen sind, hängt vom Verständnis von „Synkretismus" ab; während Surgy, L'Église, 15, dies in Bezug auf HKC kategorisch ablehnt und die Kirche als „purement chrétienne" bezeichnet, halten Adogame/Kuponu, Terrorism, 308, gegen Peel an dem Begriff fest, der die Parallelen zwischen Aladura-Ritualen und traditioneller Religion für „zufällig" hält und feststellt: „Aladura pentecostalism is not a syncretism" (Peel, Syncretism, 134). In diesem Punkt weicht die Selbstwahrnehmung der HKC (als rein christlicher Kirche) von der Fremdwahrnehmung ab: Mitglieder anderer Kirchen haben in vielen Gesprächen, die ich geführt habe, HKC im Prinzip als „oberflächlich christlich, in der Tiefe Vodu" genannt (so ein katholischer Priester in Lomé, September 2009, persönliche Mitteilung. Ähnliches habe ich von einer Anhängerin einer Pfingstkirche gehört oder von katholischen FreundInnen). Für einen Versuch, das zu erklären, vgl. Hödl, Power, 41–45.
17 „[...] a second, internal wave of African reaction to foreign domination" (Sanneh, Christianity, 180).
18 Sanneh, Christianity 180, spricht von „Charismatic Churches and Prophet movements", Peel, Aladura 57–61 beschreibt das Wirken von „early prophets" als eigentlich für die Ausbreitung des Christentums in Westafrika verantwortlich, wobei er besonders auf Moses Orimolade eingeht (s. u. S. 55 in diesem Band). Amadi, Continuities, 75, unterscheidet zwischen „mission seceded churches", die im liturgischen und doktrinären Muster ihren Mutterkirchen folgen, und „prophetic churches", die bei Ablehnung von Westafrikanischen Traditionellen Religionen (in der Folge: WATR) Elemente aus diesen in ihr religiöses Leben einbauen.
19 Beyer, Purity, 38.
20 Weil die Klassifikationsgitter der Gesellschaft, deren Mitglieder die machtvollen Positionen besetzen, zur Anwendung kommt. Es geht nicht nur darum, ob afrikanische Christen Leitungsfunktionen übernehmen, sondern wie das „Wesen des Christentums" definiert wird.

demnach bei der Entstehung von AIC einen Prozess der Verlagerung der Deutungshoheit über das genuin Christliche.[21]

Entsprechend findet sich in der Frühzeit der genannten prophetischen Bewegungen eine deutliche Abgrenzung von Seiten der Missionskirchen und der Kolonialverwaltung bis hin zur strafrechtlichen Verfolgung der Propheten. Ähnlich wie Simon Kimbangu in Belgisch-Kongo, der 30 Jahre im Gefängnis verbracht hat,[22] wurde etwa der aus Liberia stammende Gründer der Harrist Church in Côte d'Ivoire, William Wadé Harris (1850–1929), 1915 verhaftet und des Landes verwiesen.[23] Auch der im Niger-Delta erfolgreich missionierende Garrick Braide kam, nachdem er von der Bevölkerung als „Prophet" bezeichnet worden war, in Konflikt mit der Kirchenleitung und der Kolonialverwaltung und verbrachte seine letzten zwei Lebensjahre (1916–1918) hauptsächlich im Gefängnis.[24] Turner schildert relativ detailliert die Situation, in die die anglikanische Kirche durch das prophetische Wirken Braides kam, der u. a. westliche Medizin ablehnte und Heilung nur durch Gebet predigte,[25] und dessen Badewasser von Anhängern sogar als heilsam angesehen wurde.[26] Gibt es auch keine direkte historische Verbindung zwischen Braides Anhängern und den Aladura-Kirchen, kann seine Bewegung aufgrund der zentralen Bedeutung von Gebet und Heilungen (Riten zur Wende einer Not), der Berichte über Geistheilungen und der strikten Ablehnung traditioneller Kulte (mitsamt der Zerstörung von Kultgegenständen) als Vorläufer dieser Kirchen angesehen werden.

---

21 Für die gegenwärtige Situation wäre zu fragen, inwiefern durch die Mission pfingstlerischer Gruppen US-amerikanischer und europäischer Prägung eine erneute Verlagerung stattfindet. So sprechen Adogame/Kuponu, Terrorism, 307, in Hinblick auf neo-pentekostale Bewegungen von einer dritten Welle christlicher Unabhängigkeit in Afrika mit betont antisynkretistischer Haltung.
22 Am 3. 10. 1921 zum Tode verurteilt, starb er, nach Umwandlung der Strafe in lebenslängliche Haftstrafe am 12. 10. 1951 im Gefängnis (Jules-Rosette, Kimbangu, 301).
23 Tasie, Awakening, 298; Harris war jedoch zuvor schon drei Mal in Liberia aufgrund seiner politischen Aktivitäten zu Gefängnisstrafen verurteilt worden. Es handelt sich dabei um einen Konflikt mit einer afrikanischen, keiner kolonialen Regierung. Weiters ist Harris während seines dritten Gefängnisaufenthaltes 1910 durch den Engel Gabriel zum Propheten Gottes berufen worden (Tasie, Awakening, 296f.; Paulme, Deima, 15).
24 Tasie, Awakening, 303f. Sanneh, Christianity, 182ff. bemerkt, dass James Johnson, ein patriotischer afrikanischer Bischof, das Eingreifen der Kolonialverwaltung gegen Braide initiierte.
25 Aladura, 6–8; Nigerien, 116f. Bei ihm: „Braid".
26 Sanneh, Christianity, 182: „The water in which he washed was collected and dispensed as containing magical properties".

2. Die „klassischen" Aladura-Kirchen

Direkte Vorläufer der ersten Aladura-Kirchen sind Gebetsgruppen, die sich in den 1920er Jahren aus dem Rahmen der Missionskirchen gelöst haben und zu eigenständigen kirchlichen Organisationen geworden sind, den „klassischen" Aladura-Kirchen: *Faith Tabernacle, Church of the Lord (Aladura)* und *Cherubim & Seraphim*.[27]

FT geht auf die aufgrund eines Traumes von Joseph Shadare (gest. 1961) und aufgrund von Visionen seiner Verwandten Sophia Odunlami (später Ajayi) 1918 gegründete Gebetsgruppe *Precious Stone Society* zurück, deren Ziel spirituelle Heilung war[28] und deren Mitglieder sowohl die traditionellen Heilungsriten als auch europäische Medizin zugunsten der Heilung nur durch Gebet ablehnten. Die Gruppe kam zunächst unter den Einfluss einer Heiligungskirche aus Philadelphia, *FT*,[29] die ebenso medizinische Eingriffe ablehnt. Lt. Crumbley gab es jedoch auch starke doktrinale und rituelle Differenzen, die zur durch Spaltungen in der Philadelphia-Kirche mitverursachten Trennung geführt haben können,[30] nach der sich der nigerianische *FT* für kurze Zeit mit der kanadischen Pfingstgemeinde „*Faith and Truth Temple of Toronto*" verband, die sieben Missionare nach Nigeria sandte, von denen alle außer C. R. Myers in Lagos starben.[31] Spannungen mit letzterem führten bald zur Auflösung der Bindung an die kanadische Kirche.[32]

Im Jahr 1930 entstand eine Erweckungsbewegung, in der Joseph Ayo Babalola (1904–1959), der seit 1929 Mitglied von *FT* war, eine zentrale Rolle spielte.[33] In dieser Zeit entstanden viele kleine Aladura-Bewegungen. Diese wurden insgesamt von der Kolonialverwaltung als gefährlich eingestuft. Wohl als Reaktion darauf verband sich *FT* mit der auf eine walisische Erweckungsbewegung zu-

---

27 In Folge als FT, CoL und C&S angeführt.
28 In der Literatur wird auf die Influenza-Epidemie in diesem Jahr verwiesen (Peel, Aladura, 62; Turner, Church, 9; Sanneh, Christianity, 185).
29 Von der sie den Namen übernommen hat. Gegen Turners Einschätzung nennt Mitchell, 312 die Kirche „avowedely anti-pentecostal".
30 Sie nennt u. a. die Ablehnung der Zungenrede durch die Philadelphiakirche und deren nüchterneren liturgischen Stil im Vergleich zur nigerianischen Kirche mit „dance, drumming and bell-ringing" (Crumbley, Spirit, 32). Sie stellt die Beziehungen der nigerianischen Kirche zu FT, Philadelphia, genau dar. FT missionierte selbst nicht in Nigeria, sondern verteilte nur Traktate (31–33).
31 Außer Myers überlebten auch dessen Frau und Tochter. Ein Konfliktpunkt zwischen ihm und dem nigerianischen *Faith Tabernacle* war, dass Myers seine Frau medizinisch behandeln ließ und nicht vollständig auf den Glauben vertraute (Turner, Church, 14).
32 Turner, Church, 13f.; Sanneh, Christianity, 185; Peel, Aladura, 69.
33 Zu Babalola s. Sanneh, Christianity, 185f.; Peel, Aladura, 70, 91–95; Turner, Church, nennt ihn „the central and most famous figure in the whole aladura movement" (16f.) und „the most famous prophet" (25) der Bewegung.

rückgehenden britischen *Apostolischen Kirche*, und als es zu einer Abspaltung von dieser kam,[34] bildete der von Babalola geleitete Mainstream des *FT* die *Christ Apostolic Church*, eine der bedeutendsten charismatischen Kirchen Nigerias.[35]

Ähnlich wie im Fall von Garrick Braide sind in der Entwicklung dieser Kirche charismatisch-prophetische Persönlichkeiten zentral, und es wird großes Gewicht auf Heilungsriten gelegt, wobei sowohl traditionelle Kulte wie „westliche" Medizin abgelehnt werden. Die Gemeinschaft, die sich aus dem missionskirchlichen Rahmen gelöst hat, sucht durchaus Anschluss an charismatisch ausgerichtete Kirchen nordamerikanischer und europäischer Provenienz („weiße" Kirchen). Das Verhältnis zu diesen ist konfliktiv und nicht dauerhaft. Es entwickelt sich somit eine eigenständige Form westafrikanischen Christentums, die zwar gemeinsame Züge mit „Faith-Healing-Churches" bzw. aus Erweckungsbewegungen hervorgegangenen „Revivalist Movements" im angloamerikanischen Raum trägt, aber letztlich keine gemeinsame Basis mit diesen findet. Interessanter Weise scheint das aber diesfalls genau daran zu liegen, dass die „weißen" Kirchen den Reinheitsvorstellungen der Mitglieder von FT (Nigeria) nicht entsprechen, nämlich dem ausschließlichen Vertrauen auf die Macht des Gebetes.[36] Umgekehrt wird von europäisch-theologischer Seite aus (wie schon von den Missionskirchen)[37] die Bedeutung der lokalen Propheten und der Heilungsriten in dieser und ähnlichen Kirchen kritisiert.[38]

Männer und Frauen mit besonderen spirituellen Gaben sind auch zentral in der Geschichte der beiden anderen großen Aladura-Kirchen, die mit der Erweckungsbewegung Anfang der 1930er Jahre verbunden sind. Schon aus der

---

34 Während die britische *Apostolic Church* (die eigene Gemeinden durch Missionsarbeit bildete) eine volle Affiliation wollte, bestand *FT* auf Eigenständigkeit. Letztere Kiche legte den Fokus weniger auf Geisttaufe wie erstere, die im Gegensatz zu *FT* medizinische Eingriffe zuließ und nicht auf Geistheilung und den Gebrauch heiligen Wassers alleine vertraute (Peel, Aladura, 111 f.; Crumbley, Spirit, 36).
35 Sanneh, Christianity, 194; Turner, Church, 30 ff.
36 Ähnlich (ohne Rekurs auf Reinheitsvorstellungen) fasst dies Turner, Church, 33, zusammen.
37 Paradigmatisch für das Verhältnis der Missionskirchen zum prophetisch orientierten autochthonen Christentum ist die von Harris, Diaspora, 43, wiedergegebene Erzählung eines C&S Mitglieds über seinen in den 20er Jahren des 20. Jhs. zum CMS konvertierten Onkel: „He used to be […] saying visions to the people. He didn't mean to split off, he meant to bring something in. But they shouted him out". Sie bemerkt, so sei es auch den Gründern der ersten Aladura-Kirchen ergangen.
38 Turner, Nigerien, 123, schreibt etwa: „Die eingeborenen pfingstlichen Heilungskirchen […] behaupten, daß der Heilige Geist ihnen helfe, aller menschlichen Not zu begegnen. Zu oft bedeutet das direkte Offenbarung durch Träume, Visionen und ekstatische Erfahrungen, durch das Charisma des Propheten mit wenig […] Beziehung [zu] […] Jesus Christus. [Christus] ist manchmal einfach ein überdimensionierter Heiler, Lehrer und Prophet. Darum können diese pfingstlichen Erscheinungen leicht in Formen heidnischer Wahrsagerei abgleiten […] oder […] Heilungsheime, in denen Gebet, Fasten und heiliges Wasser nur neue Formen der alten Zauberei sind".

Kindheit des Gründers der CoL, Josiah Olunowo Oshitelu (1902–1966) werden besondere spirituelle Erfahrungen berichtet, die die Eltern dazu veranlassten, einen Orakelpriester aufzusuchen, der ihm eine große Zukunft prophezeite, in der er sowohl Europäer als auch Afrikaner anführen werde.[39] Nach Besuch einer anglikanischen Schule war er ab 1919 als Lehrer (später auch Katechist) in kirchlichen Schulen tätig.[40]

Aufgrund von Visionen und dem Gefühl, von Hexen verfolgt zu ein, ließ er sich im Mai 1925 beurlauben und suchte einen „elder" in einem Dorf nahe von Erukute (wo er damals lebte) auf. Dieser erklärte die Visionen als Zeichen göttlicher Berufung und sagte ihm, dass er durch Gebet, Fasten und Glauben an Gott die Krise überwinden werde. Er wies ihn an, alle traditionellen Medizinen und Zaubermittel zu vernichten. Im Verlauf seiner Kur durch Gebet und Fasten hatte Oshitelu Auditionen, die er in an die 10.000 Eintragungen in seine Journale penibel dokumentierte. Er hielt fortan bestimmte Speisetabus ein und richtete einen eigenen Platz für seine persönlichen Gebete ein. Dieses Verhalten brachte ihn in Konflikt mit dem Church Council, das ihn wegen seiner „erroneous beliefs and teachings" suspendierte.[41]

Er entwickelte ein eigenes Schriftsystems und begann nach einer Zeit verschiedener Offenbarungen 1929 seine Tätigkeit als Prediger.[42] Zunächst war er in engem Kontakt mit *FT*, so dass man von einer eigenständigen Kirche wohl erst nach dem Bruch mit dieser Kirche im Jahr 1931 sprechen kann. Dieser Bruch war einerseits durch Oshitelus Kampagnen gegen Hexen bedingt, aber auch durch die esoterisch-gnostischen Lehren, die er (wohl unter Einfluss nordnigerianischer Varianten des Islam, aber auch mit Bezug auf Rosenkreuzertum und Kabbalah) vertrat, etwa seine Verwendung von „heiligen Namen", mit denen Wunder vollbracht werden könnten.[43] Lt. Turner und Sanneh brachte es die Kirche nie auf eine hohe Anhängerschaft,[44] doch durch erfolgreiche Mission in anderen westafrikanischen Ländern[45] und mit Niederlassungen in den USA und Großbritannien zählt die Kirche, Mitglied des Ökumenischen Rates der Kirchen, heute ungefähr 3,6 Millionen Mitglieder in verschiedenen Ländern.[46]

---

39 Turner, Church, 35.
40 Turner, Church, 37f.; Probst, Literacy, 482f.
41 Turner, Church, 38–41; Ray, Aladura, 287f.; Probst, Literacy, 483; Sanneh, Christianity, 186.
42 Turner, Church, 41ff.
43 Turner, Church, 22–25; Sanneh, Christianity, 186; Probst, Literacy, 483f.
44 Turner, Nigerien, 119; Sanneh, Christianity, 188, nennt für 1962 3000 Mitglieder in Nigeria.
45 Für die Ausbreitung der Kirche über Nigeria hinaus dürfte Adeleke Adejobi hauptverantwortlich zeichnen: Turner, Church, schildert die Ausbreitung der Kirche in Sierra Leone, Liberia und Ghana sehr detailliert, zusammengefasst wird Adejobis Tätigkeit (inkl. GB) 197–207 gewürdigt.
46 Siehe Eintrag „Kirche des Herrn (Aladura) in aller Welt" auf der Hompage des ÖRK (zuletzt besucht: 06.11.2015).

C&S geht wie FT auf einen Gebetskreis zurück, wie bei FT und CoL stehen charismatische Persönlichkeiten, Visionen und Heilungsriten im Zentrum der Bewegung, die zunächst überkonfessionell organisiert gewesen ist und sich erst im Laufe der Zeit zu einer eigenen Kirche entwickelt hat.[47] Moses Orimolade Tunolashe (~1879–1933), Leiter einer Gebetsgruppe in Lagos, gelang es 1925, Christiana Abiodun Akinsowons (1907–1993) bei der Fronleichnamsprozession (an der sie als Nichtkatholikin teilnahm) eingetretene lang anhaltende Trance zu lösen. Aufgrund der in ihrer Trance empfangenen Visionen begann Abiodun (später: Emmanuel) Gebete und heiliges Wasser zu Heilungszwecken anzubieten.[48]

In einer Vision von Engeln empfingen Abiodun und Orimolade den Namen *Seraphim* für ihre Gebetsgruppe, den sie zwei Jahre später in *C&S* änderten. Orimolade wurde aufgrund der zentralen Bedeutung des Gebetes in der von ihm und Abiodun geführten Bewegung *Baba Aladura* (Betender Vater) genannt. Lt. Sanneh erfüllte das Gebet zwei Funktionen, die in der „traditionellen" Religion der Yorùbá zentral sind: einesteils das Erlangen konkreten Nutzens, andernteils Orientierung am Lebensweg.[49] Das ist, wie in den anderen Aladura-Kirchen, der augenfälligste rituelle Wandel gegenüber den Missionskirchen: die direkte Ausrichtung rituellen Handelns auf Zwecke im „Diesseits", für deren Erfüllung neben der Kraft des Gebetes Visionen und Träume wichtig sind, was eine starke Ausrichtung des gesamten rituellen Lebens auf „Riten zur Wende einer Not" ergibt.[50]

Dies erklärt sich aber erst auf der Grundlage der dahinter stehenden Kosmologie. Die Ablehnung traditioneller Medizinen und Zaubermittel (und zum Teil *westlicher* Medizin) geht nicht einher mit einer Suspendierung des Welt-

---

47 Sanneh, Christianity, 191; Harris, Diaspora, 43, nennt schon 1925 als das Jahr, in dem die Bewegung „[was] forced out of mainstream congregations into independency", was nicht ganz mit der Darstellung bei Sanneh vereinbar ist. Lt. Peel, Aladura, 75, ist aus der „informal organization" erst nach dem Bruch zwischen Orimolade und Abiodun 1929 eine formelle geworden, was eine Kirchengründung für 1929 impliziert.
48 Peel, Aladura, 71f.; Sanneh, Christianity, 190.
49 Sanneh, Chistianity, 191; für ersteres sind die òrìṣà, die „Gottheiten" zuständig, für letzteres das vom babalawo (Vater des geheimen Wissens), dem Orakelpriester, ausgeführte Ifá-Orakel, ein hochkomplexes Divinationssystem; Horton benutzt zur Erklärung solcher Parallelen die Unterscheidung zwischen Religionen, die den Aspekt Erklärung, Vorhersage und Kontrolle alltäglicher Ereignisse mit Kommunikation verbinden, und solchen, die, wie das westliche Christentum, Religion auf Kommunikation reduzieren. WATR verbinden beide Aspekte und haben einen starken Anteil von „diesseitiger" (this-worldly) Kommunikation. Mit diesem Schema lässt sich die starke Betonung von Riten zur Wende einer Not in den Aladura-Kirchen erklären, die sie deutlich vom Christentum der Missionskirchen unterscheidet. Vgl. Horton, Conversion, 95–98; ders., Patterns, 192; genauere Diskussion des Modells: Hödl, Power, 43f.
50 Zu diesem Konzept vgl. Bell, Ritual, 115–120.

bildes, innerhalb dessen diese Medizinen und Zaubermittel Sinn machen: als Abwehr böser Geister und Mittel gegen durch diese und Hexerei verursachte Schäden. Wie sich im Rekurs auf Hexerei bei Oshitelu zeigt, wie man an den Heilungsriten in *FT* und *C&S* sehen kann, geht es weniger darum, eine neue Erklärung dafür, wie Unglück, Krankheit und Misserfolg verursacht werden, zu geben, als alleine im Glauben an Christus diese abzuwehren. Von den afrikanischen Predigern aus gesehen handelt es sich somit um eine reine Form des Christentums. Aus der Sicht der Missionskirchen und ihrer TheologInnen handelt es sich insofern um Synkretismus, als die Mittel, mit denen dies bewerkstelligt wird, funktionale und strukturelle Ähnlichkeiten zu den „traditionellen" afrikanischen Religionen aufweisen. Es stehen sich zwei verschiedene Auffassungen darüber gegenüber, was die „Reinheit" der Lehre und Praxis im Christentum ausmacht.

3. Die Himmlische Kirche Christi[51]

Dies lässt sich auch an der rituellen Praxis der jüngsten der großen Aladura-Kirchen ablesen. Im Jahr 1947 in Porto Novo, Benin, gegründet, trägt die *HKC* viele gemeinsame Charakteristika mit den Aladura-Kirchen, weshalb sie auch als eine solche geführt wird,[52] obwohl sie nicht, wie andere Aladura-Kirchen in den 20er und 30er Jahren des 20. Jhs. und auch nicht als Abspaltung von einer dieser Kirchen entstanden ist. Sie geht zurück auf Visionen, die ihr Gründer, Samuel Bileou Oshoffa, 1947 in einem dreimonatigen Aufenthalt in den Wäldern der Lagune bei Porto Novo (währenddessen er eine vollständige Sonnenfinsternis erlebte) hatte. Er galt als tot, und nach seiner Rückkehr wirkte er viele Wunder, etwa Totenauferweckungen. Es steht somit – wie bei den bereits genannten Kirchen – eine charismatische Persönlichkeit am Ursprung der Kirche.[53] Eine bemerkens-

---

51 Offizielle französische Bezeichnung „Église du Christianisme Céleste", englisch „Celestial Church of Christ", Yorùbá „Ijo Mimo Ti Kristi Lati Orun Wa" („Die heilige Kirche Christi vom Himmel oben"). In Österreich ist die Kirche als Verein mit dem Namen „Celestial-Verein zur Förderung der Himmlischen Kirche Christi – Mitteleuropa" eingetragen.

52 Nicht nur religionswissenschaftlich: Meiner Erfahrung zufolge sprechen Menschen in Togo und Benin oft einfach von „Aladura" wenn sie eine Gemeinde oder Anhänger der HKC meinen.

53 Zu Oshoffas Biographie und der Frage, inwieweit sein Charisma „westafrikanisch" ist, vgl. Hödl, Power, 19–22; s.a. Adogame, Celestial, 21–26; De Surgy, L'Église, 16–23. Hackett, 30 Years, diskutiert die Frage, ob Webers Unterscheidung von persönlichem Charisma und Institutionalisierung des Charisma auf die Kirche zutrifft. Sie verwendet das soziologisch deskriptive (an Offenheit/Geschlossenheit der Umwelt gegenüber orientierte) Church-Sect-Paradigma, das von Troeltsch entwickelt und von Bryan Wilson und Roy Wallis ausformuliert wurde. Ihr zufolge ist der charismatische Elan der Kirche in eine mehr strukturierte Organisation kanalisiert worden (175).

werte Parallele zur Kindheit von Oshitelu besteht darin, dass sich bei beiden die Vermutung nahelegt, sie seien vom Ifá-Orakel als sogenannte „abiku" identifiziert worden. Demnach wären die beiden der traditionellen Weltsicht gemäß als besonders mit der spirituellen Welt verbundene Personen anzusehen gewesen.[54]

Äußerlich verbindet die HKC das Tragen von weißen Soutanen mit der Aladura-Bewegung, in der religiösen Praxis sind es die Betonung der Macht des Gebetes, die religiösen Valenzen von Visionen und Träumen, die Ablehnung der traditionellen afrikanischen Kulte und die zentrale Bedeutung von Riten zur Wende einer Not, die als Gemeinsamkeiten mit den älteren Aladura-Kirchen gelten. Ebenso wie C&S lehnt die HKC westliche Schulmedizin aber nicht ab.[55]

Zunächst fällt das intensive rituelle Leben in der Kirche auf. Neben sehr ausgedehnten Sonntagsgottesdiensten[56] sind weitere Wochentage durch wöchentliche Riten hervorgehoben. Dazu kommen Gebete und Rituale, die nicht einem rituellen Kalender folgen, sondern anlassbezogen durchgeführt werden. Der Sonntagsgottesdienst besteht aus drei großen Abschnitten, die idealer Weise von einer Eröffnungs- und einer Schlussprozession gerahmt werden. Vor Beginn des Gottesdienstes wird der Raum, in dem dieser stattfindet, mit Gebeten, Weihrauch und Weihwasser gereinigt. Es folgt ein Einzug der Gemeinde, in hierarchischer Ordnung, die Frauen durch den linken Eingang, die Männer durch den rechten. Frauen sitzen auf der (in Blickrichtung Altarraum) linken Seite, Männer auf der rechten, Gäste (Nichtmitglieder) hinten, dann einfache Mitglieder, höherrangige weiter vorne (obwohl es in konkreten gottesdienstlichen Situationen durchaus Bewegung in den Reihen gibt). Der gottesdienstliche Raum ist längsseitig nach Genderkategorien geteilt, von hinten nach vorne nach spiritueller Hierarchie, indem die – bezogen auf die liturgische Aktivität – passiveren TeilnehmerInnen das hintere Drittel einnehmen[57] und die beiden vorderen Drittel von den liturgischen SpezialistInnen besetzt werden. In der Mitte, auf der in Richtung Altarraum linken Seite, befindet sich der Ambo, von dem aus die Bibellesungen, die Ankündigungen, die Predigt und alles, was die

---

54 Unter àbíkú werden Kinder, die „geboren sind, um zu sterben", verstanden. Eine Folge von Kindestod wird als wiederholtes Erscheinen desselben Geistes, der mit der Geisterwelt besonders verbunden war, verstanden. Zum Konzept vgl. Beyer, Spirit; Thompson-Drewal, Yoruba, 59; zu Oshitelu Turner, Independent, 35; zu Oshoffa Hödl, Power, 21.
55 Hackett, 30 Years, 173.
56 Die Gottesdienste, an denen ich teilgenommen habe, dauerten nie weniger als 3 Stunden, oft bis zu 5 Stunden; nach dem offiziellen Schluss des Gottesdienstes verbleiben Mitglieder in den Räumlichkeiten der Kirche und es werden z. T. noch Gebete abgehalten oder Rituale mit einzelnen Personen durchgeführt.
57 Auch hier nach Status von BesucherIn zu avanciertem Mitglied von hinten nach vorne gereiht.

Leitung der Zeremonie betrifft, durchgeführt werden.[58] Auf der in Richtung Altarraum rechten Seite befindet sich der Chor (Sängerinnen und Musiker), der die längsseitige Aufteilung nach Geschlecht durchbricht. Der Altarraum selbst ist durch ein Geländer vom übrigen Raum abgegrenzt und darf (jedenfalls während des Gottesdienstes) nur von (kultisch reinen, höherrangigen) Männern betreten werden. Während bestimmter Teile des Gottesdienstes ist der Eingang zum Kultraum durch zwei Kreuze versperrt: in der Theorie (meinen Beobachtungen zufolge nicht immer in der Praxis) kann man dann den Raum weder verlassen noch betreten. Das hat, wie die Reinigungsriten vor Beginn, den Zweck, böse Geister draußen zu halten. Es wird ein *reiner*, heiliger Raum mittels ritueller Maßnahmen etabliert. Die Herstellung dieses geschützten Raumes ist in der Literatur zur HKC öfter thematisiert und in Bezug zur Yorùbá-Kosmologie gebracht worden.[59]

Neben der schon angesprochenen räumlichen Teilung dieses „geschützten" Raumes muss auch die zeitliche Abfolge der Liturgie für eine strukturale Analyse herangezogen werden: Der Gottesdienst ist in drei große Teile geteilt, die sich von stärker ritualisierten (restringierten) Formen zu Beginn zu freieren, individuellen Ausdrucksweisen Raum gebenden, entwickeln. Der erste, in der Regel ca. einstündige Teil besteht aus Gebeten, deren genau festgelegte Abfolge in jedem Gottesdienst, den ich besucht habe, identisch war. Diese werden durch Gesänge unterbrochen. Kniet die Gemeinde während der Gebete (klassische Gebetshaltung: Stirne am Boden), stehen die Mitglieder während der Zwischengesänge. Entsprechend ist während der Gebete der Eintritt zum Kultraum durch die genannten Kreuze verwehrt, die Gesangsteile bilden die liminalen Phasen des Austausches zwischen Außen- und Innenraum. Der Austausch, der Übergang zwischen Räumen steht insgesamt im Zentrum der liturgischen Bemühungen – er spielt sich zwischen dem heiligen, reinen Raum der göttlichen Präsenz und dem Raum der Alltagswelt der Mitglieder ab, die ja nach spiritueller Initiation ferner oder näher zu dem Allerheiligsten im Altarraum positioniert sind, der als der Raum der Gegenwart der himmlischen Liturgie gedacht ist.[60]

Diese räumliche Aufteilung gibt die Hierarchie der Kirche wieder, die nach Nähe zum Charisma organisiert ist. Dieses ist in seiner Vollgestalt im Altarraum anwesend, wo sich der für den Pastor-Gründer reservierte Stuhl befindet und sich während des Gottesdienstes nur höherrangige Mitglieder aufhalten.[61] Im zweiten Teil des Gottesdienstes stehen die Prediger im Mittelpunkt, die Ankündigungen, Bibellesungen und die Predigt vortragen. In nahezu allen von

---

58 Die Rollen werden sowohl innerhalb eines Gottesdienstes als auch von Gottesdienst zu Gottesdienst verschieden verteilt, wie in den Ankündigungen jeweils mitgeteilt.
59 Vgl. insg. Adogame, Aiye; s.a. Ray, Aladura, 271–275.
60 Man beachte den Namen der Kirche im Yorùbá: „Kirche vom Himmel oben".
61 Olupona, Ondo, 70.

mir besuchten Gottesdiensten hat sich die Predigt hauptsächlich auf die Bibellesung bezogen.[62] Dabei wird nicht nur über die Verse geredet, sondern einzelne Verse werden wiederholt in Erinnerung gerufen, mittels einer Art „Call and Response"-Technik: der Prediger nennt die Stelle und ruft die Gemeinde auf, diese in ihren Bibeln zu suchen. Wer am schnellsten ist, darf sie dann vorlesen.[63] Danach wiederholt der Prediger die Stelle oder eben den Vers, den er hervorheben will, und beginnt seine Auslegung, oft mit weiteren Wiederholungen der für seine Predigt zentralen Bibelverse.

Auf diesen mittleren „Wortgottesdienst" folgt eine Kollekte in drei Teilen, wobei die Spenden zuerst mit in an Stangen befestigten Säcken,[64] dann in Form von mit Geld gefüllten Kuverts in Boxen mit Schlitzen gegeben werden,[65] am Schluss in Schalen, Schüsseln oder auf Tellern.[66] Dieser Vorgang wird von Musik begleitet, die Sitzordnung löst sich leicht auf, durch mehrmalige Aufforderung, noch zu spenden, kann sich das in die Länge ziehen. In einigen der von mir besuchten Gottesdiensten gab es zwischen dem Predigtteil und der Kollekte[67] eine Art liminaler Phase, in der zu einer Art „Hymnenmedley" der Band relativ ekstatisch gesungen und getanzt wurde und auch Mitglieder in Trancen fielen. Insgesamt ereignen sich Trancen meiner Beobachtung nach eher gegen Ende des Gottesdienstes,[68] meist in der abschließenden Danksagung.[69]

---

62 Mit der Ausnahme zweier Gottesdienste in Abomey (29.09.2011) und Ahuankamé (02.10.2011) am Gedenktag des Gründers resp. am Sonntag danach, mit Predigt über Oshoffa.
63 Mitunter entwickelt sich dabei ein kleiner Wettkampf zwischen den Anwesenden.
64 Der „Klingelbeutel", mit einer vorne affichierten brennenden Kerze; eine Frau sammelt auf der Frauenseite, ein Mann auf der Männerseite zur Musik von Chor und Band (meist: Schlagzeug, Trommeln, Bassgitarre und Keyboards). Die Absammelnden bewegen sich zwischen „Gehen" und „Tanzen". Olupona, Ondo, 72, gibt als Zweck dieser Kollekte einen Reisefonds für die Evangelisten an.
65 Dabei handelt es sich um den „Zehnten".
66 Letzteres jedenfalls in der Gemeinde „La grâce divine" in Lomé; in der Gemeinde in der Mittelgasse in Wien werden kleine Körbchen aus Plastik verwendet (es wird offensichtlich für unterschiedliche Zwecke gesammelt), in die die Gemeindemitglieder ihre Münzen verteilen. Olupona, Ondo, 72, nennt als Zweck dieser Sammlung den „building fund".
67 Die ich dem Mittelteil in der dreiteiligen Grobstruktur der Messe zurechnen würde.
68 Zwei Auszüge aus meinen Feldtagebüchern dazu: 1. „Frau taumelt in der Mitte auf Pfosten zu, wird gerade vor Aufprall geschützt [...]. Sie kniet dann dort ziemlich lange, windet sich und wird zuerst von zwei Mitgliedern gehalten, später von einer, an dem Tuch, das sie um die Hüfte gewickelt hat. [...], es ergibt sich eine kleine Diskussion mit den Mamans, sie bleibt dann dort, bis man sie wieder wegzubringen versucht. Schließlich kommt ein Woli mit einem weißen Tuch mit zumindest einem blauen Kreuz draufgestickt, es wird ihr umgebunden, sie wird zur Seite geführt." (25.09.2011; Paroisse La Grâce Divine, Rue Koula, Tokoin Tamé, Lomé). 2. „Bei der a[ction]d[e]g[râce] wird ziemlich heftig getrommelt und getanzt und zwei Mädchen aus dem Chor fallen in Trance, die erste ziemlich heftig, windet sich lange am unbetonierten Boden, bis sie schließlich hinaus getragen wird auf den Betonteil. Vor dem Auszug wird sie dann aus dem Tempel hinaus und zum Jardin getragen, an dessen Eingang (im Schatten der Bäume) sie noch länger liegt, Schreie ausstoßend" (02.10.2011; Paroisse St. Daniel in Ahuankamé, ein kleines

Diese schließt strukturell und funktional stark an WATR an. Sie ist nicht nur allgemeine Danksagung der Gemeinde,[70] sondern besteht aus individuellen Danksagungen von Mitgliedern, die das abgelegte Zeugnis mit konkreten Gaben verbinden.[71] Es wird für Hilfe Gottes in alltäglichen Situationen gedankt. Diese Hilfe wird in der Regel unter Inanspruchnahme der Dienste der HKC erlangt, deren priesterliche Reihen in den unteren Rängen dreigeteilt sind: das visionäre Priestertum der „Woli" (Frauen und Männer), das Predigeramt, das von Männern ausgeübt wird und schließlich die „Allagba", die einfachen Mitglieder, die weder das Charisma der VisionärInnen noch das des Predigers besitzen. Die unteren Ränge haben jeweils vier Stufen, weiter können Frauen (und alle Allagba) nicht aufsteigen. Die höheren Ränge (der Evangelisten) werden von Männern, die entweder Prediger oder Visionäre sind, ausgeübt. Die Ränge in der Hierarchie werden einerseits durch die Farben des Chorhemdes resp. der Soutane ausgedrückt, andererseits sind sie (was die „Ölungen" betrifft) durch die Anzahl der auf den Schärpen, die um die Hüften getragen werden, aufgestickten Kreuze ablesbar.[72]

Das visionäre Priestertum, das sowohl Männern als auch Frauen offensteht, ist das deutliche Pendant zu den Orakelsystemen in WATR.[73] VisionärInnen können spontane Visionen haben, die sich auf die Situation der Kirche, von Gemeindemitgliedern oder auch von Außenstehenden beziehen, die anwesend sind.[74] Es gibt auch eine KlientInnenstruktur, was bedeutet, dass Außenstehende gezielt zu

---

Dorf ca. 30 Min. mit Moped von Abomey entfernt; ich war der erste „Yowo" [Weiße], der jemals in dieser Gemeinde war – diese Trance habe ich auf Video dokumentiert).
69 Französisch „action de grâce".
70 Wie etwa in einem Erntedankgottesdienst.
71 Aus dem Feldtagebuch: „Dargebracht werden eine Schüssel mit Bohnen [...], eine Schüssel mit Mais und Zucker, St. Michel, Kerzen und irgendwelche Tücher [...]. Es wird mir erklärt, dass eine der vier Frauen, die Dankesgaben bringen, durch Gottes Gnade schwanger geworden ist." (02.10.2011; Paroisse St. Daniel in Ahuankamé). Am 20.09.2009 brachte in der Paroisse La Grâce Divine, Rue Koula, Tokoin Tamé, Lomé ein junger Mann als Dank dafür, dass er eine Lebenskrise überwunden hatte, einen Ziegenbock (auf Video dokumentiert). Bei der Danksagung nehmen die Evangelisten, die den Gottesdienst geleitet haben, ca. in der Mitte des Raumes (vor dem Ambo) gegenüber der Gemeinde Aufstellung, die zur Musik tanzend, kaum merklich (sehr langsam) sich auf die Evangelisten zu bewegt, vorne diejenigen, die Gaben darbringen.
72 Zur hierarchischen Struktur vgl. Henry, Force, 118–131; Adogame, Ranks, geht genau auf die äußeren Abzeichen der Grade ein.
73 Vgl. die zitierten Ausführungen von Sanneh, Christianity, zu C&S, o., S. 55 u. Anm. 49.
74 Auszug aus Feldtagebuch: „[...] als alle wieder auf ihren Plätzen sind [...] [erklärt] der chargé, dass zwei Vision[ärinn]en „messages" übermittelt worden seien. Die erste Mama[n] hat mehrere allgemeine Punkte über das sexuelle Verhalten. Die zweite [...] wird nach allgemeinen Ausführungen sehr direkt und attakiert den minist[r]e (von der Musikabteilung) wegen sexueller Anbandelungen. [...] Nach ihrer sehr aggressiven Rede gibt der chargé de[m] ministre die Möglichkeit, Stellung zu nehmen, der will aber nicht, lacht nur". (Paroisse La Grâce Divine, 31.08.2008).

VisionärInnen der HKC gehen können, um Aufschluss über Maßnahmen, wie sie ein aktuelles Problem lösen können, zu bekommen. Wie im Ifá-Orakel dem Divinator wird auch hier der VisionärIn das Problem, um das es geht, nicht mitgeteilt.[75] Während in den Orakelsystemen der WATR Geomantie mit verschieden Hilfsmitteln betrieben wird, die bestimmte Figuren erzielt, die interpretiert werden, sitzt in der HKC die VisionärIn der KlientIn (die eine erleuchtete Kerze in den Händen hält) gegenüber und sucht in einer Art stiller Trance Ursache und Lösung für das Problem der KlientIn.[76] Wie in Vodun-Kulten wird eine rituelle Lösung für das Problem gefunden. Diese wird in der HKC auf einem offiziellen Dokument vermerkt.[77] Wie in Vodun-Kulten wird nicht nur ein Ritual durchgeführt, sondern von der KlientIn auch erwartet, dass sie nach erfolgreicher Lösung des Problems Gott (in den Vodun-Kulten: dem jeweiligen Vodun) Dankbarkeit in Form einer Opfergabe erweist.[78]

Der Ort von entsprechenden Visionen im Gemeindeleben kann also der Gottesdienst sein, es kann aber auch außerhalb desselben zu solchen kommen. Visionen, die zu genauen Diagnosen und Anweisungen zu rituellen Vorkehrungen führen, stellen eine Form kontrollierter Trance dar, und wie in den WATR handelt es sich um einen Lernprozess, der zu kontrollierter Anwendung des Charismas führt.[79] Trancen verschiedener Art kennzeichnen das rituelle Leben in der HKC. Die genannten kontrollierten Trancen, die zu Visionen führen, können mit unterschiedlichen körperlichen Dissoziationsprozessen (von deutlich sichtbarem motorischen Kontrollverlust über kurze Absenzen zu Eingebungen, die von keinen äußerlich sichtbaren Merkmal begleitet sind) einhergehen.

In meiner Feldforschung habe ich neben diesen Formen von Trancen, die zu Visionen führen, sanfte Formen beobachtet, die in der Literatur in die Nähe des „Shakertums" gerückt werden,[80] und auch sehr heftige Formen, die in katalep-

---

75 Dies war bei allen Divinationen mit dem Fá-Orakel (01. 2009: Lomé, Togo; 09.2009, 09.2012: Togoville, Togo), die ich beobachtet habe oder die für mich gestellt wurden, so. „Fa" ist „Ifá" in Fon und Ewe.
76 S. Abbildung 1, unten S. 58.
77 Auf einem solchen „fiche de reportage" stehen Name und Adresse der Gemeinde, Name des Gemeindeleiters (chargé); eingetragen werden Datum, Name des Klienten und der Visionärin, sowie die Ingredienzien für das Ritual und der Ablauf desselben. S. Abbildung 2, unten S. 59 – der „fiche" eines für mich am 14.09.2008 durchgeführten Rituals; vgl. Hödl, Power, 29–33. Abbildungen auch bei De Surgy, L'Église, 319–322.
78 S. o. Anm. 71; im o., Anm. 77 genannten Ritual gab es einen Teil, in dem ich zu Gott beten sollte und ihm versprechen, was ich tue, wenn mein Problem gelöst wird (ausdrücklich wurde mir gesagt, dass das nur zwischen Gott und mir ist).
79 Zur Diskussion von Christine Henrys Ansicht, dass hier keine Parallele zu WATR vorliegt, vgl. Hödl, Power, 42f.
80 So Olupona, Ondo, 63 (Anm. 35). Die Shaker sind eine aus dem englischen Quäkertum hervorgegangene spiritistisch orientierte Denomination in den USA, die heute nahezu ausgestorben ist. Vgl. Ahlstrom, History, 492–494.

tische Zustände münden.⁸¹ Das kann auch BesucherInnen betreffen, wie in WATR, in denen unkontrollierte ekstatische Zustände von KultteilnehmerInnen als Zeichen der „Berufung" durch einen Òrìṣà oder Vodun gedeutet werden, während KultadeptInnen gelernt haben, diese Zustände zu kontrollieren. Der Unterschied in der Interpretation sollte aber nicht unterschlagen werden: sind es in den WATR verschiedene Mächte, die von Medien Besitz ergreifen, wird die Geistinhabation in WATR durch die HKC als dämonische Besessenheit interpretiert,⁸² während die in Trance empfangenen Visionen der Mitglieder als vom Heiligen Geist stammend angesehen werden.

Es findet sich mithin ein Weltbild, das stark von der Dualität böser Mächte und dem reinen, heiligen Raum der göttlichen Präsenz, die vor diesen bösen Mächten schützt, geprägt ist. Das zeigt sich auch in bestimmten Gebetsaktivitäten, die dem Kampf gegen böse Mächte gewidmet sind.⁸³ Insgesamt beruht dies, wie in den oben besprochenen Aladura-Kirchen, darauf, dass die Funktion der WATR von einer christlichen Kirche übernommen wird, die die Macht des Gebetes an Stelle der Beschwörungen und Rituale der WATR setzt, die eine einzige spirituelle Kraft als siegreich anerkennt, die Kraft des Geistes Gottes und mithilfe dieser Heilungsrituale durchführt, die denen der WATR funktional entsprechen. Es handelt sich um ein Christentum auf einer westafrikanischen kulturellen Matrix, das mit der Betonung von Heilungsriten und der Macht des Heiligen Geistes Parallelen zum pentekostalen Christentum aufweist.⁸⁴

Zu den Missionskirchen scheint sich aber ein Widerspruch aufzutun, der sich schon in den Konflikten mit den ersten Aladura-Kirchen und deren Vorläufern findet: die Betonung des persönlichen Charismas (des Gründers und der VisionärInnen), der direkte Bezug auf die Lösung alltäglicher Probleme in einer

---

81 S. o. Anm. 68; ein Beispiel für sanftere Formen aus meinem Feldtagebuch: „die große Frau mit dem gelben Kopftuch mit den kleinen Medaillons dran hat während eines Gebetes am ganzen Körper erheblich gezittert" (25.09.2011; Paroisse La Grâce Divine).
82 Lt. Feldtagebuch hat mir am 08.09.2007 ein Gemeindemitglied (m.) in Lomé, Togo in einem Interview gesagt, dass die Kirche mit „eau bénite" die Kraft der Dämonen aus den Kultobjekten der WATR austreiben könne, und dass kath. Priester, die nicht mehr die Macht des Exorzismus besäßen, nächtens heimlich zur HKC kämen, um Exorzismen an ihren Mitgliedern durchführen zu lassen.
83 Einen solchen „spirituellen Kampf" habe ich am 29.09.2011 in Abomey beobachtet. Das Feldtagebuch sagt: „Zeigen mir [..] den jardin (desert) und den Pierre St. Michel, [...] dort wird der combat durchgeführt (was in der Nacht dann auch geschieht nach der Messe, S[imon] erklärt mir, dass das der Kampf gegen die mauvaises esprits sei". Es handelte sich dabei um intensiv vorgetragene freie Gebete einer Gruppe von Mitgliedern. Zum Pierre St. Michel vgl. Hödl, Power, 30f.
84 So hat mir ein Evangelist der Kirche in der Wiener Gemeinde Mittelgasse am 08.12.2013 erklärt, HKC sei eine charismatische Kirche, die aus Afrika stammt, aber keine AIC. Darin zeigt sich m. E. eine Reaktion auf die „Diasporasituation" und eine damit verbundene Anpassung.

„magischen" Weltsicht, die in religiösen Ritualen Manipulation über Kommunikation zu stellen scheint. Wir finden einen deutlichen rituellen Wandel gegenüber den Missionskirchen, der über die ansatzweise Inkulturation der frühen Phase, die auf afrikanisierte Organisations- und Leitungsformen abzielte, deutlich hinausgeht. Einen Teil ihres Wachstums an Mitgliedern verdankt die HKC ihrer Ausbreitung in Migrationsländern. Hier mag die Attraktivität der Kirche für Mitglieder der ersten Generation darin liegen, dass ihre rituelle Aktivität auf einer westafrikanischen kulturellen Basis (einer von guten und bösen Geistern bevölkerten Welt, in der Missgeschicke als Folgen des Einflusses negativer Kräfte, Zauberei und Hexerei erklärt werden) aufruht, aber doch klar christliches Gepräge trägt.

4. Schlussüberlegungen

Äußere und innere Faktoren für religiösen Wandel sind in der hier erzählten Geschichte nicht immer leicht zu trennen. Dass Aladura-Kirchen in ihrer Frühzeit durchaus Anschluss an angloamerikanische evangelikale oder pfingstlerische Gemeinden suchen, hat wahrscheinlich mit den sozialen und politischen Bedingungen der Kolonialzeit zu tun. Dass Heilungskirchen während einer Epidemie entstehen, ist eine Antwort auf einen der Religion selbst äußerlichen Faktor, ist aber insoweit religiös motiviert, als ein religiöses Mittel zur Heilung gesucht wird und andere Wege abgelehnt werden. Nicht alle der dargestellten Kirchen sind aber rigide in der Ablehnung nichtreligiöser Mittel zu Heilungszwecken.

Jedenfalls aber ist der augenscheinlichste rituelle Wandel in diesen Christentümern die starke Betonung von Riten zur Wende einer Not. Zu diesen *rites of affliction* kann man, wie Catherine Bell, auch Reinigungsriten zählen.[85] Sind Reinigungsriten in den Aladura-Kirchen zwar in ihrem Kern auf die Herstellung eines reinen liturgischen Raumes bezogen, und somit die Voraussetzung für kommunikative und kommutative Riten (*rites of communion and exchange*), so sind diese, wie mit Bezug auf Robin Hortons Theorie gesagt werden kann, doch im Wesentlichen diesseitsorientiert, weil sie eben auf Bewältigung des täglichen Lebens abzielen. Die genannte Verlagerung des Schwerpunktes ritueller Aktivitäten, die es mit sich bringt, dass Träume, Visionen und eigene Reinigungs- und Heilungsriten eine starke Rolle im rituellen Leben dieser Kirchen spielen, weist deutliche funktionale und strukturelle Äquivalenz zu WATR auf.

Deshalb erscheint diese Form des Christentums für die Mitglieder der Missionskirchen als eine unreine Form, die mit „Zauberei", „Magie" und ähnlich

---

[85] Bell, Ritual, 118 ff.

pejorativ bewerteten Elementen durchsetzt ist. Für die Mitglieder der Aladura-Kirchen besteht aber gerade darin die Reinheit ihres Christentums, dass sie in diesen Situationen auf die Kraft des Gebetes und des Heiligen Geistes allein vertrauen. Inkulturation meint in diesem Zusammenhang also deutlich mehr, als den Einbau afrikanischer Elemente (Tanz, Trommeln, Gesang) in den vorgefertigten liturgischen Rahmen der Missionskirchen. Evangelikale oder pfingstlerische Kirchen, die auf andere Art und Weise Heilungsriten in den Mittelpunkt stellen, sind darum eine Alternative für die AnhängerInnen der Aladura-Kirchen und ähnlicher afrikanischer Christentümer, weil sie dem Reinheitskriterium der afrikanischen Christen entsprechen, aber ohne die deutlichen strukturellen Äquivalenzen zu WATR.

Ein Forschungsdesiderat bleibt es m. E. auch, zu untersuchen, wie Mitglieder der zweiten Generation dieser Kirchen in einem westlich-christlichen Kontext, in dem die kosmologischen Voraussetzungen von WATR kaum geteilt werden, zu den rituellen Praktiken, die sich aus jenen ergeben, stehen. Meine Hypothese ist, dass auf die erste Inkulturation, die auf die europäische Mission reagierte, eine zweite als Reaktion auf die Diasporasituation in Europa und Nordamerika folgen wird.

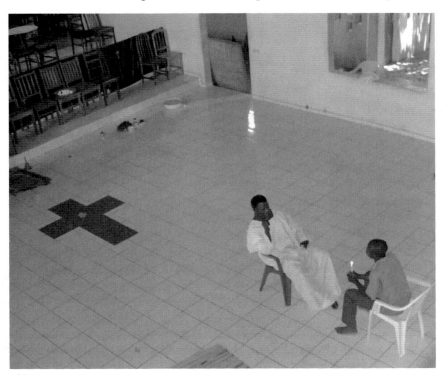

Abb. 1

Abb. 2

Literaturverzeichnis

Adogame, Afe, Celestial Church of Christ. The Politics of Cultural Identity in a West African Prophetic-Charismatic Movement, Frankfurt u. a. 1999.

Adogame, Afe, Aiye loja, orun nile. The Appropriation of Ritual Space-Time in the Cosmology of the Celestial Church of Christ, in: Journal of Religion in Africa 30 [2000], 3–29.

Adogame, Afe, Ranks and Robes. Art Symbolism and Identity in the Celestial Church of Christ in the European Diaspora, in: Material Religion. The Journal of Objects, Art and Belief 5 [2009], 10–32.

Adogame, Afe / Kuponu Selome, Spiritual Terrorism Beyond Borders. African Pentecostalism Culural Synthesis in Local-Global Space, in: Adogame, Afe / Echtler, Markus / Vierke, Ulf: Unpacking the New. Critical Perspectives on Cultural Syncretization in African and Beyond, Wien u. a. 2008, 305–330.

Ahlstrom, Sidney E., A Religious History of the American People, New Haven – London ²2004.
Amadi, Gabriel I. S., Continuities and Adaptations in the Aladura Movement. The Example of Prophet Wobo and his Clientele in South-Eastern Nigeria, in: Hackett, Rosalind I. J., New Religious Movements in Nigeria, Lewiston, NY, 1987, 75–91.
Beier, Uli, Spirit Children among the Yoruba, in: African Affairs 53 [1954], 328–331.
Bell, Catherine, Ritual. Perspectives and Dimensions, New York / Oxford 1997.
Beyer, Peter, Purity as Hybridization. Religio-Cultural Syncretisms in the Context of Globalization, in: Adogame, Afe / Echtler, Markus / Vierke, Ulf, Unpacking the New. Critical Perspectives on Cultural Syncretization in African and Beyond, Wien u. a. 2008, 27–46.
Collins, Robert O. / Burns, James M., A History of Sub-Saharan Africa, New York ²2014.
Comstock, Gary Lynn, The Yoruba and Religious Change, in: Journal of Religion in Africa, 10 [1979], 1–12.
Crumbley, Helen Deidre, Spirit, Structure and Flesh. Gendered Experiences in African Instituted Churches among the Yoruba of Nigeria, Madison 2008.
Davidson, Basil, A History of West Africa 1000–1800, Essex 1981.
De Surgy, Albert, L'Église du Christianisme Celeste. Un exemple d'Église prophétique au Benin, Paris 2001.
Forde, Daryll, The Yoruba-Speaking Peoples of South-Western Nigeria, London 1951.
Hackett, Rosalind I. J., Thirty Years of Growth and Change in a West African Independent Church. A Sociological Perspective, in: Hackett, Rosalind I. J., New Religious Movements in Nigeria, Lewiston, NY, 1987, 161–178.
Harris, Hermione, Yoruba in Diaspora. An African Church in London, New York 2006.
Henry, Christine, La force des anges. Rites, hièrarchie et divination dans le Christianisme Celeste (Bénin), Turnhout 2008.
Hock, Klaus, Einführung in die Religionswissenschaft, Darmstadt ³2008.
Hödl, Hans Gerald, Inkulturation. Ein Begriff im Spannungsfeld von Theologie- Religions- und Kulturwissenschaft, in: Klieber, Rupert / Stowasser, Martin, Inkulturation. Historische Beispiele und theologische Reflexionen zur Flexibilität und Widerständigkeit des Christlichen, Münster u. a. 2006, 15–38.
Hödl, Hans Gerald, By the Power of the Holy Ghost. The Blurred Line between „Liturgy" and „Magic" in the Rituals of the Celestial Church of Christ, in: Hood, Ralph Jr. / Motak, Dominika, Ritual. New Approaches and Practice Today, Kraków 2011, 19–50.
Horton, Robin, African Conversion, in: Africa: Journal of the International African Institute 41 [1971], 85–108.
Horton, Robin, Patterns of Thought in Africa and the West. Essays on Magic, Religion and Science, Cambridge / New York 1997.
Johnson, Samuel, The History of the Yorubas. From The Earliest Times to the Beginning of the British Protectorate, Cambridge e.a. 2010 (Reprint der Originalausgabe, London 1921).
Jules-Rosette, Bennetta, Kimbangu, in: EncRel 8, New York 1987, 301f.
Law, Robin, The Slave Coast of West Africa 1550–1750. The Impact of the Atlantic Slave Trade on an African Society, Oxford 1991.
Mitchell, Robert Cameron, Review of: Turner, Harold W., African Independent Church, in: Journal for the Scientific Study of Religion 7 [1968], 311–313.

Morton-Williams, Peter, The Yoruba Ogboni Cult in Ọyọ, in: Africa. Journal of the International African Institute 30 [1960], 362-74.
Paulme, Denise, Une religion syncrétique en Côte d'Ivoire. Le culte „deima", in: Cahiers d'Études Africaines, Vol. 3, Cahier 9 (1962), 5-90.
Peel, J. D. Y., Aladura. A Religious Movement among the Yoruba, London 1968.
Peel, J. d. Y., Syncretism and Religious Change, in: Comparative Studies in Society and History 10 [1968], 121-41.
Peel, J. D. Y., Religious Encounter and the Making of the Yoruba, Bloomington-Indianapolis 2003.
Probst, Peter, The Letter and the Spirit. Literacy and Religious Authority in the History of the Aladura Movement in Western Nigeria, in: Africa. Journal of the International African Institute 59 [1989], 478-95.
Ray, Benjamin C., Aladura Christianity. A Yoruba Religion, in: Journal of Religion in Africa 23 [1993], 266-291.
Robinson, David, Muslim Societies in African History, Cambridge u. a. 2004.
Sanneh, Lamin, West African Christianity. The Religious Impact, Maryknoll 1983.
Tasie, G. O .M., Christian Awakening in West Africa 1914-18. A Study in the Significance of Native Agency, in: Kalu, O. U., The History of Christianity in West Africa, London – New York 1980, 293-308.
Thompson-Drewal, Margaret, Yoruba Ritual. Performers, Play, Agency, Bloomington 1992.
Turner, Harold W., African Independent Church I. The Church of the Lord (Aladura), Oxford 1967.
Turner, Harold W., A Typology for African Religious Movements, in: Journal of Religion in Africa 1 [1967], 1-34.
Turner, Harold W., Nigerien, in: Hollenweger, Walter J., Die Pfingstkirchen. Selbstdarstellungen, Dokumente, Kommentare, Stuttgart 1971, 115-124.

Verwendete Internetseite

https://www.oikoumene.org/de/member-churches/church-of-the-lord-aladura-world wide (letzter Zugriff: 06.11.2015).

2. Zentrale ritualdynamische Prozesse im Christentum

Kirstine Helboe Johansen

Weddings in the Church of Denmark – Traditional and Modern Expectations of an Efficacious Ritual

1. A Successful Ritual?

In the lives of ordinary church members, Christianity is first and foremost expressed through rituals. An examination of rituals, therefore, provides us with primary access to European Christianity as a lived religion.[1] The most prevalent religious actions are the life-cycle rituals, that is, baptism, confirmation, wedding, and the funeral; but rituals are also an integral part of personal piety whether conducted at home or in the church room. It is pivotal to examine all these different types of rituals in order to understand the multiple expressions of lived Christianity and the sometimes problematic relations between lived Christianity and the established churches. Similarly, changes within present day European Christianity cannot be properly understood without perceiving these changes in ritual practices.

In the Church of Denmark, which is my primary field of study, the problematic relations between lived Christianity and the established Church often comes to the fore in the context of weddings and funerals.[2] Though most weddings and funerals are well taken care of, there seems to be latent disagreement pertaining to who determines what is permitted in the ritual. Which types of songs and music are appropriate? How much may be changed to make the ritual fit the individual wishes of the participants?

The Scandinavian Churches, and possibly the Church of Denmark in particular,[3] are special cases because of the close connections that exist between state

---

1 A term promoted by both sociologist Meredith McGuire (McGuire 2008) and practical theologian Wilhelm Gräb (Gräb 2000; Gräb 2006) with slightly different connotations. The term lived religion refers to religion as it is represented in the lives of individual human beings. Studying Christianity as lived religion means studying different Christianities of different people without judging the theological validity or soundness of it.
2 In Denmark a church wedding includes the juridical wedding. About 30 per cent of all weddings are church weddings and almost 90 per cent of the deceased have a church funeral.
3 Nielsen and Kühle 2011.

and Church and the high degrees of membership. Nevertheless, I surmise that this latent disagreement between the established Churches and an individual and independent, lived Christianity, especially with respect to comprehensive life-cycle rituals is commonly recognized within European Churches which are all part of modern, secularised societies.

From the ritual perspective, different understandings of the criteria for good ritual seem to lie at the heart of the problem. Roughly put, the problem that sets the frame lingers on the issue: Is ritual best when it accords with time-honoured ritual form and expresses doctrinarian theology, or is it best when it expresses individual hopes and ideas of the ritual participants? What is a successful ritual today?

As pointed out by British anthropologist Harvey Whitehouse[4] among others, rituals can be separated into two major groups. Either they are performed with high frequency and minimal arousal or they are performed with low frequency and high arousal. Sunday service obviously belongs to the first category with important exceptions such as Christmas and Easter Sunday, whereas comprehensive life-cycle rituals belong to the second category. The successfulness of the two types of ritual should not to be judged on the same merits.

From the ritual perspective, Sunday service has as its primary goal to restate the symbolic universe of Christianity and to secure that the ritual participants through their performance indicate their support to the universe as a living and thereby normative religion.[5] Conversely, the primary goal of large life cycle rituals consists in efficaciousness in the sense that they have to secure the experience of something which – based on the ritual creating a meeting between God and the ritual participants – changes in the lives of the ritual participants.[6]

The two types of rituals are not basically different;[7] but in life-cycle rituals it is of particular importance that individual life stories are integrated in the Christian narrative and the church room, because this type of rituals is to transform the individuals' lives and thereby manifest the relevance of Christianity as their lived religion.

Sunday service faces its own challenges in modern Europe,[8] but for the present purpose my focus is on comprehensive life cycle rituals. A successful lifecycle ritual is efficacious to the extent that it refers to a symbolic universe or put more plainly: a ritual has to make a change and endow that change with meaning. Different ritual theories have tried to capture the special structures and capabilities of rituals in divergent ways.

---

4 Whitehouse 2004, 63–118.
5 Rappaport 1999, 23–58; Rappaport 1979; Johansen 2009.
6 Sørensen 2007a, 281–300; Johansen 2014.
7 Johansen 2013.
8 Johansen 2013.

2. Ritual Theories in Time and Societal Context

Scholarly study of rituals has a long and well-established history and has been of immense importance in the ongoing examination of religion in its manifold expressions. The aim of ritual theories is not to judge whether or not a ritual is successful. The purpose of these theories is to provide a description of the roles, actions and artefacts a ritual consists of and what its theological meaning and social function amount to; but each description of rituals is also a possible way of ascertaining the quality of a given ritual: what are the right actions to be performed in this ritual and can they be moderated? What is the right theological meaning of a ritual, and how is it affected by changing conditions? What is the intended social function of a ritual and to which extent does it achieve its intended outcome? In other words, theoretic examinations of rituals are not only descriptions but also evaluations of the primary characteristics of rituals on the basis of which one may discuss the quality of a given ritual. The history of the scholarly study of rituals not only reveals different perceptions of rituals; it also reveals that these different understandings reflect the religious and societal values dominant at the time. Therefore, I distinguish between two trajectories of theories of rituals. First, there are traditional theories of rituals, which, despite important internal differences, almost all take their point of departure from well-established religions with a strong tradition and religious guilds. Secondly, there are recent theories of ritual which predominantly take their point of departure from the single, religious human being.

2.1. Traditional Theories of Religion

Within this group, I cluster together time-honoured theories of ritual which exhibit diverse conceptions of rituals and are, therefore, traditionally seen as being in basic disagreement. Based on field studies among different types of – often illiterate – tribal religion, these thinkers have developed general theories of rituals with respect to their function, meaning or communicability.

Durkheimian tradition focuses on the ability of rituals to support social coherence by creating a collective feeling of effervescence[9] or communitas.[10] Through rituals, groups of people – and through them society itself – replay the structures of society or its inversion such as, for instance, in carnival and, thereby, uphold these structures as cultural boundaries. The interest in the function of ritual as contributing to the stabilization of societies is supplemented and to some degree

---

9 Durkheim 1995, 208–225.
10 Turner 1969, 131–165.

challenged by theories of ritual that examine ritual with respect to its meaning and seek to interpret rituals as a type of language in its own right.

Victor Turner, Edmund Leach, Claude Lévi-Strauss and Clifford Geertz are important representatives of this trajectory of scholarship.[11] Since the primary analogy to rituals in this perception is language,[12] rituals are first and foremost studied as a symbolic expression which brings the meaning of ritual to the centre of attention. Ritual is understood as an expression of the symbolic, religious universe and is studied to clarify what traditional or theological meaning it upholds. The strong focus on the meaning of ritual, however, may lead to a conflation of the theological meaning of a ritual intended by the religious guilds with the actual meaning of a ritual ascribed to it by the ritual participants.

Based on the observation that the study of ritual meaning had a bias towards the communicability of rituals, research moved to study rituals based on their form. Primary representatives of this trajectory of thinking were Catherine Bell,[13] Caroline Humphrey and James Laidlaw[14] and Frits Staal.[15] From this perspective, ritual is characterized by the actions it consists of and has no implicit meaning. Different ritual participants have different understandings of the meaning of a given ritual, wherefore it becomes impossible to emphasise ritual as a conveyor of inherent meaning. Ritual actions are a sequence of performances that must be done in the proper way and order, not because there is a special meaning to them, but because they traditionally have been conducted in this manner. Ritual is not communication, it is performance.

There have also been theorists who search a middle ground and try to highlight the combination of social function, symbolic communication and distinct form as the special characteristics of ritual. One of the primary representatives of this line of scholarship is the late American anthropologist Roy A. Rappaport, who, in the wake of Durkheimian tradition insists on understanding ritual from its "obvious aspects".[16] Ritual is seen as a performance of specific actions with indefinite origin. It is a type of communication that transfers messages with regard to basic truths of the symbolic system (canonical messages) and the relations between ritual participants and the symbolic system (self-referential messages).[17] Without the same universalistic intention British anthropologist Mary Douglas makes a similar claim, when she endorses the view that ritual participants are "signal posts", because through ritual participation they em-

---

11 Bell 1997, 39–43 & 62–68.
12 Bell 1992, 61.
13 Bell 1992.
14 Humphrey and Laidlaw 1994.
15 Staal 1979, 2–22.
16 Rappaport 1979, 173–221.
17 Rappaport 1999, 24.

body the basic symbolic meanings of the ritual. Thereby, the ritual participants themselves become representatives of these symbolic meanings.[18] Ritual is not communication in the same way as language; but it does have communicative abilities in a unique combination of bodily performance and symbolic meaning.

Though these classic and well-established ritual theories immensely differ from each other in many respects – a circumstance I have only been able to name here – they, nevertheless, have a common point of departure in a classical understanding of religion which constitutes the context in which ritual is examined. This understanding is empirically supported by studies on small-scale, indigenous cultures and – based thereupon – the same attributes are ascribed to larger, North-Western cultures.

The basic tenets are that religious rituals are part of a traditional, well-established religion which includes most if not all of the surrounding society; therefore, there is a direct relationship to a collective group of people which is part of the society and, thereby part of the religion. Additionally, the traditional, well-established religion is characterized by an institutionalised religious guild which is taken to be authoritative with regard to both ritual procedures and meanings.[19] Although difficulties emerge, when theories built upon empirical findings in small-scale, indigenous, often illiterate cultures are too easily applied to studies of rituals within larger, modern cultures, for a long time some parallels between indigenous and North-Western modern cultures were obvious. They were largely monocultural societies with well-established all-pervading Churches and the general societal values were characterized by fixed norms and expectations regarding different ages, sexes and social groups.[20] This characterisation of Western cultures changed slowly during the 20th Century culminating in the so-called subjective-turn in late 1960s and early 1970s.[21] Societal values are now characterized by individuality,[22] authenticity,[23] de-traditionalization, and the right and obligation to choose one's own lifestyle and career. Society itself is characterized by its fluidity,[24] the plurality of religions and worldviews, multi-ethnicity and secularisation.[25]

This change of values and societal characteristics has been thoroughly studied

---

18 Douglas 1975; Douglas 1996, 72–91.
19 This is not to say that they have no interest at all in the individual, but it is not the primary interest.
20 Woodhead 2004, 333–341.
21 Taylor 1991, 25–31; Heelas and Woodhead 2005, 2–5.
22 Heelas and Woodhead 2005; Bauman 2000, 53–90.
23 Taylor 1991, 25–31.
24 Bauman 2008, 1–15.
25 Beckford 1989, 74–128; Wilson 1966, 1–85.

and well-documented by sociology and sociology of religion, but at a more indirect level it is also mirrored in recent theories of ritual.

2.2. Recent Theories of Ritual

Though the interest in the collective dimensions of ritual has not vanished, recent studies tend to focus on the individual as ritual subject. These perspectives on ritual have not yet gained the same solidity as the well-established theories of ritual, but they point in the same directions as many studies in sociology. To understand ritual, it is decisive to examine how it is individually relevant and attractive, and how rituals adapt to a socio-cultural context, where the individual makes her or his own religious and ritual choices in an effort to express authentic selfhood.

Cognitive Science of Religion[26] has brought attention to the basic individual processing involved in religion and in ritual actions. This field of studies does not deny the importance of religious groups, but it insists that groups are made of individuals which have to find it attractive to be part of a religious group. Ritual studies from this perspective focus on different aspects of the individual processing.[27] Due to the fact that cognitive theories of religion focus on individual processing, the underlying criteria for evaluating the successfulness of a ritual also have a bearing on the individual. A ritual may be regarded as successful, if it creates the physiological reactions indispensable for individuals in order to experience the ritual as efficacious and relevant.

Cognitive Science of Religion is not interested in the special societal situation that characterizes late modernity. Cognitive scientists are interested in basic and inherent human cognitive tendencies that are appealed to and activated in ritual actions; but by turning to the individual as the explanatory point of departure for ritual actions, they exhibit their intertwinement with a socio-cultural context

---

26 Cognitive Science of Religion developed in the 1970s as the humanities witnessed an empirical turn. New breakthroughs within neuroscience created new possibilities for studying human cognitive processing. Cognitive Science of Religion focuses on the study of evolutionary evolved human cognitive abilities and seeks to understand religion as constrained by these general cognitive capacities. In the late 20th and early 21st century the cognitive approach to the study of religion has become more widespread and specialized with an increased use of experimental methods and divergent views on the human cognition, its limits and the understanding of religion it entails. Important researchers within this trend are Stewart Elliott Guthrie, Dan Sperber, Pascal Boyer, Harvey Whitehouse, Thomas Lawson and Robert McCauley (Boyer 2001; Boyer 1993; Guthrie 1980, 181–203; Guthrie 1993; Whitehouse 2004, 321–35; McCauley and Lawson 2002; Sperber 1975; Whitehouse 2004).
27 See for instance: Konvalinka 2011; Boyer and Liénard 2006; Liénard and Boyer 2006; Schjødt 2009; Schjødt et al. 2008; Sørensen 2007a; Sørensen 2007b.

in which connections between groups and individuals can no longer be taken for granted and are not determined by birth. In other words, knowledge about rituals gained through cognitive theories, field-studies and experiments may always have been true; but these methods of research are of particular relevance in a context, where the individual has the option to choose otherwise if the traditional ritual procedures do not appear satisfactory.

The increased importance of individual attraction and authenticity has explicit influence on rituals developed within new age and holistic spiritualties. Thereby, some of the classic characteristics of ritual seem to change.

French-Canadian anthropologist and ritual theorist Michael Houseman has studied first-blood rituals[28] within new age groups and compared them to folkloristic traditions.[29] Through a detailed description of a selected ritual, Houseman concludes that new age rituals and established rituals share a common ground by their reference to tradition:[30] both seek to refer to religious and ritual traditions that shed an ancient light on the ritual procedures; but they do so in different ways. In traditional rituals, the goal is to re-enact former ritual performances by performing the same actions as people did before: the rituals refer to one established tradition they are part of that represents an authoritative symbolic universe; but ritual actions and symbols are multivalent and open for interpretation during the course of a ritual. In New Age rituals, the relation to tradition is characterized by creative adaptation. The goal is not to re-enact a traditional ritual but to revoke the feelings that people have had in former re-enactments of a similar ritual. To attain this, it may be necessary to draw on different traditions and make use of very explicit symbols that are explained during the ritual. The same picture is given in a small study of New Age naming rituals[31] that also include a multitude of traditions and are characterized by explicit interpretations during the ritual procedures.

To cut the matter short, traditional rituals refer to a single tradition[32] with established symbols that are left open for interpretation in a convergence be-

---

28 Ritual that celebrates a young girl's first period.
29 Houseman compares a traditional menstrual slap which is part of some middle-European and Balkan folklore traditions with an American, New Age first-blood ritual. Whereas the folklore tradition has a multitude of explanations for the same ritual action, the New Age ritual includes a multitude of traditions but every step in the ritual is given a specific interpretation (for further details see Houseman 2007, 31–48).
30 That rituals are first and foremost characterized by building relations to former generations is the basic tenet in *Naven or the Other Self. A Relational Approach to Ritual Action* by Michael Houseman and Carlo Severi (Houseman and Severi 1998).
31 Høeg 2008, 161–179.
32 Even though no tradition is in a strict sense a tradition but always a conglomerate of traditions, the established tradition are generally conceived of as a tradition whereas new forms of religiosity are understood to constitute a mixture of traditions.

tween the representation of the symbolic universe in words, actions and iconic ornamentation and the individual participant. New Age rituals refer to a specific feeling the guiding ritual participant seeks to evoke among the ritual participants by drawing on different religious traditions and explaining the symbols used. The important matter is not to enact a specific ritual but to evoke specific feelings in order for the ritual experience to be authentic. Both types of rituals are meant to be efficacious in the sense that they are to attain a change in the lives of the participants, but they differ with respect to the methods to attain this change.

2.3. Modern Ritual Characteristics in Established Church Institutions

The ritual perceptions so patently explicit in New Age rituals are also represented in more widespread ritual actions which indicate that the movement from rituals as part of tradition to rituals as individual expressions of the relation to tradition is not confined to New Age religion.

In a study of the immediate ritual actions that followed the terrorist attack in Oslo and at Utøya on July 22. 2011, Norwegian sociologists of religion Olaf Aagedal, Pål Ketil Botvar and Ida Maria Høeg present ritual actions that combine traditional religious institutions and individual expressions of grief and sorrow.[33] Though the Church of Norway hosted the official memorial service and in many ways was represented as the main religious institution, the primary church activity was "open church" often in connection with rose processions which were organized through social media such as Facebook. The immediate ritual reactions were not special church services as it could have been, but a mixture of rituals conducted in the precincts of the well-established church room, collective processions springing from social media, and individual expressions of grief.

The same tendencies are elicited by Konrad Merzyn in his study of church wedding. Traditional church wedding is understood in close relation to the personal life history into which it is integrated[34] and accordingly, to a large degree the quality of the minister is evaluated by his or her ability to establish connections to the personal life story of the wedding couple.[35] The individual reasons for choosing a church wedding are combined with the established Church, just as individual expressions of grief were combined with the established Church in the reactions to the terror-attack in Norway. Thus, the wedding ritual includes both public and personal dimensions:

---

33 Aagedal, Botvar, and Høeg 2013.
34 Merzyn 2010, 204.
35 Merzyn 2010, 274.

Aus dieser Perspektive lässt sich der Traugottesdienst verstehen als öffentliche Inszenierung einer wechselseitigen Selbstfestlegung, die das feierliche Versprechen beider Partner zur Darstellung bringt.[36]

As Jan Hermelink points out in his discussion of church membership, this insistence on choosing the established religious institution for *personal* reasons and in *personal* ways not only characterizes large life-cycle rituals but is also a basic condition in the relationship between the churches and their members. People wish to decide for themselves when and in which ways they show their active engagement with the Church and they want to insist on their right to be in disagreement with the Church.[37]

Based on these few examples, I wish to emphasize the necessity of analysing established church rituals from both traditional and recent ritual theoretical perspectives, because perceptions of church rituals seem to draw on ritual characteristics elicited by different types of ritual theories.

2.4. Moving from Descriptions to Expectations

Ritual theories that describe both traditional and new age rituals are exactly descriptions; but theories are not models of the world, they are models for the world[38] and, thereby, also constitute a limited representation of the world encapsulated by the theory in question. In this manner, every theory involves a prior judgement on what to focus on.

Without ascribing personal sentiments on ritual to the ritual theoretician in question, any ritual theory may be traced back to ritual expectations that are most likely to be satisfied by the type of rituals captured by the given theory.

Traditional theories of rituals which describe rituals as being characterized by their social functions, established meaning and specific form may be traced back to ritual expectations which focus on the ritual as part of the traditional social order, as expression of a particular meaning, and as including particular ritual performances during its liturgical order. Based on these expectations, a successful ritual is exactly characterized by achieving its social function, expressing the established meaning, and including the proper ritual actions. I call the expectations such a ritual is built upon "traditional ritual expectations", since they are most likely to be satisfied in traditional, established rituals.

New age theories of rituals which describe rituals as individually determined, expressing authentic opinions, and characterized by creative adaptation may be

---

36 Merzyn 2010, 214.
37 Hermelink 2008, 45–61.
38 Geertz 1996, 109–29.

translated into ritual expectations which focus on the personal meaning of and relation to the ritual, and the ability of the ritual to express authentic feelings and experiences in a ritual form that has been construed with this particular purpose in mind. Based on these expectations, a successful ritual is characterized by being individually constructed, expressing authentic feelings, and drawing on the different religious and cultural traditions deemed essential in order to achieve this goal. I call these expectations "modern ritual expectations".

This backtracing from theoretical descriptions to personal expectations is indispensable, since the aim is to study modern ritual practice as lived religion. This type of study cannot be conducted by studying the ritual script alone, but must investigate the ritual expectations as expressed in discussions of what a good ritual is nowadays.

3. Established Church Rituals – Traditional Ritual Forms and Part of Individual Lives and Opinions

European value surveys have shown that people increasingly relate to religious matters on an individual scale.[39] They may describe themselves as religious or even Christian, but at the same time they do not believe in central church dogmas such as, for instance, the resurrection. They believe in God as a force rather than as a personal god.[40] In Denmark, the influence of modern values characterizing the subjective-turn does not necessarily result in people leaving the established Church. Though membership and ritual participation is mostly in decline, the decline in membership and practice is not as widespread as the influence of modern religious values. This tendency is sometimes captured in a transcription of Grace Davie's famous dictum: In Denmark people are not "believing without belonging"[41] they are belonging while believing in something else.

The majority of people in Denmark are members of the Church of Denmark[42] and their engagement in life-cycle rituals is widespread. At the same time, most

---

39 The characterization of religion as individualized is sometimes presented as an opposition to theories of secularisation and specifically as a challenge to theories of individual secularisation, see for instance Pollack and Pickel 2007; Pollack 2000; Wohlrab-Sahr and Krüggeler 2000. For the present purpose a thorough discussion of the different positions will be a digression. Therefore, I simply wish to state that I do not see individualization as being in opposition to personal secularisation in the sense that the characterization of modern religion as individualized also implies the claim that personal religion is growing. Describing modern religion as individualized is part of studying the way religion is expressed in a secular age in which religion is a personal choice (Taylor 2007).
40 Lüchau 2005.
41 Davie 1994, 4–5.
42 79,1 per cent in January 2013 (http://www.folkekirken.dk/om-folkekirken/).

people in Denmark who describe themselves as Christians do not believe in a personal god. It seems that Danish mainstream religion is a mixture of, on the one hand, established religious institutions and practices and, on the other hand, modern religious values. The spread of modern religious values to large percentages of the population implies that a full understanding of the impact of modern religious values cannot be completed without paying heed to mainstream religiosity. The full-blown modern types of religion and religiosity are only the tip of the iceberg. The same situation may be expected with respect to the study of ritual procedures. Just as modern religious values have had immense influence on established religious values within established religious institutions, one may expect modern ritual values to impact established ritual procedures.

3.1. Hypothesis – a Traditional Wedding in My Own Way

My larger framework of inquiry is focused on the impact of modern religious values on the part of mainstream religiosity which still finds its home in the established churches. On the basis of this well-documented influence, I shall examine to which extent the same movement is occurring with respect to sentiments on rituals held by people representing mainstream religiosity and practising established rituals. Based on this theoretical foundation, the question is to which extent church members express their expectations to rituals in categories which mirror traditional theories of ritual and to which extent they express their expectations in categories which reflect modern theories of ritual. Is a successful ritual primarily represented as consisting in "the right meaning and performance" or in terms of "the right feeling"? The group of people in focus is church members and, therefore, I do not expect them to have a dominant representation of modern ritual values as could be expected in the case of studying New Age rituals. On the contrary, I expect representatives of mainstream religion to express both types of ritual expectations sometimes supplementing each other and sometimes in contrast to each other.

Since ritual procedures in the Church of Denmark are officially authorized,[43] the influence of modern ritual expectations on the ritual form will emerge very slowly and not be officially visible, until new ritual procedures are authorized.[44]

---

43 By the Queen of Denmark. According to the constitution of Denmark from 1849 § 6 the king is the official head of the Church of Denmark (http://www.euoplysningen.dk/upload/application/pdf/0172b719/Constitution%20of%20Denmark.pdf%3Fdownload%3D1).
44 The authorization is very specific with respect to Sunday service and pertains also to baptism and the wedding ritual. Confirmation is an elaboration of the traditional Sunday service, whereas the funeral ritual is less specific in its regulations (http://www.folkekirken.dk/fi

Even though the established rituals are officially authorized, rituals in the Church of Denmark do change; but the types of rituals that change are special types of services such as, for instance, special services for young children and their families or services focusing on silence and reflection. These types of rituals are created by the Church for its members and even though attendants are different from and sometimes more populous than the attendants at a traditional Sunday service, special services are still not as prevalent as life-cycle rituals. An examination of these types of ritual may show changes in the perception of rituals with regard to what type of rituals the church personal expects the members to be interested in; but it does not constitute a study of the mainstream representation of rituals in itself. Rituals related to life-cycles are the most widespread religious practice in Denmark. Whereas baptism is part of traditional Sunday service and, therefore, leaves little room for the key ritual participants – the parents of the baptismal child – to have any influence on the ritual procedures, weddings and funerals are another matter. In both cases the ritual is conducted as a special service for the bridal couple or the bereaved, and they are invited to select hymns and sometimes particular pieces of music. In this manner, the wedding and the funeral are joint ventures with both the minister and a broad sample of members as active agents in the preparation of the ritual. Even though the influence of modern ritual expectations will have a very limited influence on the final ritual procedures, it is highly likely that different ritual expectations will be visible in the conversation which predates and prepares the ritual. It may reveal both traditional and modern expectations to ritual as represented by the wedding couple as well as the minister.

Primarily for ethical reasons,[45] I have chosen the wedding ritual as case-study for examining the representation of traditional and modern ritual expectations among mainstream religious members and ministers of the Church of Denmark. My expectation is that conversations between ministers and wedding couples

---

leadmin/files/nyhedsbilleder/Liturgi_-_engelsk.pdf). Since the liturgical order of a church wedding is rather strictly regulated, a study of the influence of modern ritual expectations on traditional rituals cannot be conducted by studying performed wedding rituals.

45 The other life-cycle rituals have been deselected for different reasons. Baptism is mostly part of Sunday service with little influence given to parents of the baptismal child; in confirmation the primary ritual participants are teenagers which would make the examination a study of teenage religious expression rather than mainstream religiosity; funeral is so widespread – almost 90 per cent of the deceased have a church funeral – that an alternative to church funeral is almost invisible which makes the choice of a church funeral a non-choice. Additionally, there are obviously important ethical considerations when interviewing people in grief. The church wedding has alternatives – primarily civil wedding or non-wedding – but at the same time it is still a widespread practice – about 30 per cent of the weddings are church weddings. This makes the choice of a church wedding a real choice and the happy occasion makes the ethical considerations easier.

preparing the wedding will show arguments and maybe also disagreement which represent both types of ritual expectations.[46]

3.2. Weddings in the Diocese of Aarhus 2012

The study was conducted from spring until autumn in 2012 in the diocese of Aarhus and included both monitoring of the conversations between ministers and wedding couples and semi-structured interviews with both ministers and wedding couples.

The participants are a representative sample of eight ministers (male/female, younger/older[47], rural/urban parishes) and the wedding couples whom the ministers conducted wedding ceremonies for during the given time period or chose to invite in case of several weddings. The guidelines given to the ministers in the selection of the wedding couples were primarily first-time weddings, younger couples and couples characterized by mainstream religiosity.[48] The sample includes 13 wedding couples since some parishes or ministers only had one wedding in the given time period.

---

46 In recent years, both Simone Fopp and Konrad Merzyn have conducted empirical studies covering church wedding (Merzyn 2010; Fopp 2007). Drawing on the thinking of Ulrike Wagner-Rau (Wagner-Rau 2000), Fopp investigates the wedding as a room of blessing (Segensraum) (61–107) and within this framework Fopp discusses the wedding both as ritual (108–157) and as part of the wedding couples' life stories (158–211). Merzyn examines the wedding ceremony based on a series of research questions which enable him to discuss the wedding ceremony as ritual with respect to the civil wedding ceremony (249–265), the role of the minister (265–284) and the understanding of wedding as both promise and blessing (284–310). Both Fopp and Merzyn conduct their study through interviewing bridal couples. Though both studies touch upon the wedding ceremony as ritual, the key matter is the wedding ceremony itself and the many practical theological dimensions connected to it. In my case the wedding is a case study pointing to a larger investigation of the changes within religiosity and the perceptions of religious actions.

47 Younger was defined as born after 1970. Older was defined as born before 1950. This definition was made to place the ministers solidly on each side of the subjective-turn and thereby be able to see whether the societal values they had grown up with had an impact on their views on rituals.

48 The sample of wedding couples was under much less control than the sample of ministers since I chose for the ministers to invite the wedding couples. The alternative – to let wedding couples reply to an advert or be found through social networks – would contain an increased risk of finding wedding couples with special interests. My interest was to pick them as average as possible. In most cases the selected parish or minister only had a few weddings in the given time period and the wedding couples were simply selected because they were there. I did not screen either ministers or wedding couples for their values or religiosity. The ministers were chosen outside of organized church fractions and thereby placed in theological middle ground. Similarly, the wedding couples were requested to be mainstream religious, which was explained as outside of organized church groups. Only one couple fails to meet this criterion.

The collected data was coded by independent coders with deductive codes reflecting respectively the traditional expectations to ritual and the modern expectations to ritual. The deductive coding was supplemented by two types of inductive coding that appeared prevalent in the material. One is the influence of practical matters on special wishes for the ritual, but most explicit and widespread was the tendency to assign importance to particular characteristics ascribed to the church wedding in opposition to other types of weddings. This clearly expressed an understanding of the church wedding as the real wedding.

For the present purpose, I shall go into the general picture which characterized the wedding couples. Since the selection criteria have not included education, the wedding couples are not equally represented in different types of education. As apparent in figure 1 more participants have middle long or longer educations than no or shorter educations.

Figure 1: Distribution of wedding couples based on education and parish

Education/parish	Rural	Urban
Short/non	3	1
Ba/Ma	3	6

This mirrors the general picture that the church wedding has an overweight of well-educated and well-of church members. It also mirrors the general characteristic that urban areas have more people with higher education. This discrepancy, however, is of minor importance in the present study, since my interest has not been to examine religion in different societal layers but to focus on changes within mainstream religion that take place within the established churches. Nevertheless, the difference in education has important ramifications with respect to the influence of modern ritual expectations.

The coding reveals expressions of both traditional and modern ritual expectations and a general understanding of the church wedding as something "being something more" with special capabilities.

3.3. An Efficacious Wedding

The special characteristics of church wedding as the true wedding were often referred to as solemnity, seriousness and "this special feeling" which seems to cover the informants' inability to express in detail what they find particular about the church wedding. These types of connotations have been coded together as basic expressions of the wedding as efficacious action, because the different types of statements all focus on church wedding as the true way of getting married.

A bride expresses it in the following way:

> ... briefly we discussed if we should be married quietly now and then wait a few years before we had the big party and so on, and that was not an option for me, that I could not, for me it all belongs together, the other thing that would be kind of fake for me, or not be connected. We can always have a big party, but you cannot always be married.[49]

Another simply states:

> To me a wedding is more valid in church, precisely why, that I am not able to answer

This sense that a church wedding is just more right and will make them feel more married is expressed strongly in all interviews and in average 25 per cent of the coded statements belong to this category.[50] This addresses the basic abilities of ritual as I have described in the beginning of this article. Rituals are part of the constant reaffirmation of a given religion as a living and normative religion, but with respect to the relevance for individual participants it is even more important that the ritual is efficacious and creates a room, where the transcendent agent may touch upon individual lives and make changes: In this case from couple to truly married couple.[51]

3.4. Traditionalists and Selective Traditionalists

Although no couples solely express traditional ritual expectations or solely express modern ritual expectations, traditional ones are more prevalent, as one could have expected, since these wedding couples seek an established religious institution. An overweight of modern ritual expressions would most likely have induced them to find alternatives to church wedding. Despite this general representation of both types of ritual values, the wedding couples group in two categories with different characteristics. One group has a strong prevalence of traditional ritual expectations. More than 50 per cent of the coded statements express traditional ritual expectations, whereas less than 11 per cent of the coded statements express modern ritual expressions. This group is named "traditionalists". They emphasize the Church as the place for the grand moments in life and wish for the ritual to be recognizable.

---

49 All citations from interviews are translated into English by me.
50 The same consideration is reflected in Wagner-Rau 2002.
51 Fopp has an excellent discussion of wedding as *rite de passage* and concludes that even though wedding may not be a classic rite of passage it is still seen as transformative in the lives of the bridal couples, but they decide for themselves what type of change wedding effects (Fopp 2007, 108–151). The same understanding is apparent in my material with a tendency to understand church wedding as changing the couple from "a young couple with a couple of children" to "a solid couple with house and jobs".

One groom puts it this way:

> ...when you have your children baptized and expect for them to have their confirmation, then you use the church anyway. Even though we are not strong believers ... then it is anyway the place, when it is the big thing, then the church is there ...

Asked to describe the most important part in the wedding service, one bride insists on including it all:

> Yes, it is all of it ... and that is why you cannot begin to rewrite it or anything, because the church is something very traditional, so you cannot change that, then it would not be the same ...

When the traditionalists speak of the ritual in categories of modern expectations of ritual, they primarily focus on their personal choice of specific elements in the ritual or emphasize that it is their own choice to be traditional.

Reflecting on the hymns they chose, a bride says:

> Of course you want something that you can relate to and that you know but then again maybe there are feelings connected to some of the hymns, so of course there are some things you want to bring out and some things that you do not want so much, but actually I think we found some good ones.

The bride obviously reflects on what they want and do not want in relation to hymns, but she has no strong sense of what direction she wants to take. In contrast, several of them state that what they want is tradition and that they actively have chosen it.

A groom says:

> Well, they [their parents] do not want to force us to anything. It is not at all them that have said: should you not get properly married. Not at all. It is 100 per cent us.

The traditionalists want the traditional ritual and do not wish to change anything but they are aware that having a traditional wedding is a choice which they have made. In addition, they have a predilection for the ritual to be personal and reflect their wishes, but they can do that within the given form and the named preference is secondary to having a traditional wedding.

Another group has a more equal distribution of ritual expectations, with the difference between statements coded as traditional ritual expectations and modern ritual expectations being less than 20 per cent. This group is named "selective traditionalist" since the impact of modern ritual expectations primarily results in an insistence on the right to pick and choose from the traditional elements.

One groom addresses this characteristic when he states that:

> ... it is important [for us] that it is in a church and therefore, it is personal in the sense that it is something we have chosen and we have also chosen the hymns. A big part of it kind of follows the procedures and that is fixed beforehand but it is us that chose the

package. We know that a big part of the package, 80 per cent of the package, was there. We could choose it or not, but we chose it

The groom is aware of his limited possibilities of changing the ritual, they bought a package, but he strongly emphasizes that they have chosen it and this makes it personal. This tendency to focus on the personal and trying to give a fixed ritual a personal touch is also evident in wishes to integrate special music pieces into the wedding ritual.

Referring to a wedding with elements they like to integrate into their own wedding, a groom says:

… and then they went out to that song [a song by the band Queen]. It was just in their spirit and I thought, that it was just, now it was evident that it was precisely them that went out. It shined through that it was their spirit, what they wanted in a very nice way, and I thought that would be a nice thing for us to do as well.

The selective traditionalists want a traditional wedding but unlike the traditionalists they are eager to make their own personality and views explicit during the ritual through the choice of minister, special hymns, songs or music pieces.

Figure 2a shows the distribution of traditionalists and selective traditionalists on rural and urban parishes. Unsurprisingly, the selective traditionalists are primarily found in urban parishes. Similarly, figure 2b shows the relation between ritual types and education and reveals an even stronger tendency for selective traditionalists to have longer educations.

Figure 2a: Distribution of wedding couples based on type and parish

Ritualtype/parish	Rural	Urban
Traditional	4	1
Selective	1	4
Non-categorized	1	2

Figure 2b: Distribution of wedding couples based on type and education

Ritualtype/education	Short/non	BA/MA
Traditional	4	1
Selective	0	5
Non-categorized		3

Both types are equally representative – each includes five wedding couples – but they do not only differ in their views on the wedding ceremony as primarily traditional or predominantly traditional in a personal way. They also differ with respect to parish and education, thereby giving a strong picture of selective traditionalists being well-educated and living in urban areas. This is not surprising, since one would expect urban citizens and people of higher education to adapt easier to new values and tendencies.

Figure 2a and 2b also include three non-categorized couples. These three couples fall in between the criteria set to differentiate between traditionalists and selective traditionalists. They have moved away from the strictly traditional, but their expressions of modern ritual expectations are not strong enough to categorize them as selective traditionalists either.[52]

Though with respect to the degree to which a personal element in the wedding ceremony is important, the two groups share the wish for having their personal views or life stories included in their wedding.

One couple expresses it as follows:

> ... but she [the minister] is also somehow a communicator for us and to the others. She also talks a little on behalf of us and acquaints herself with us and what is important for us, and that is a support on a day like that.

This is also underlined by Merzyn, who especially points to the evaluation of the minister as dependent on personal interest in the story of the wedding couple.[53] This supports the initial understanding of life-cycle rituals as representing a living religious universe that becomes immediately relevant for the individual participants when it is related to their unique lives.

4. Conclusion

Though a case-study of ritual expectations among 13 bridal couples is neither verification nor falsification of the general thesis that modern ritual expectations exert influence on mainstream religiosity in the established churches, this study shows divergent expectations of the wedding ritual that, to some degree, depend upon education and local area. Whereas some bridal couples are fully satisfied, if they are allowed to choose hymns, and the minister shows an interest in their personal life story, others are more eager to determine the feeling that is expressed during the ritual especially through choice of music. Nevertheless, the most prevalent difference does not pertain to changes or supplements of the ritual. It concerns the way the couples argue when asked to elaborate on their views on their wedding. Both groups have chosen an established ritual but for the selective traditionalists it is of immense importance that it was their personal choice, because it expresses their visions of a real wedding. Not just because it is tradition. So far modern expectations to ritual surface in ways of arguing, but to a much lesser extent in the actual ways of performing the ritual.

---

52 A full analysis of the different expressions of ritual expectations and the relations between the different groups will appear in an upcoming empirical article.
53 Merzyn 2010, 265 ff.

References

Aagedal, Oluf / Botvar, Pål Ketil / Høeg, Ida Maria (eds.), Den offentlige sorgen. Markeringer, ritualer og religion etter 22. juli, Oslo: Universitetsforlaget 2013.

Bauman, Zygmunt, Liquid Modernity, Cambridge: Polity Press 2000.

Beckford, James A., Religion and Advanced Industrial Society, London: Unwin Hyman 1989.

Bell, Catherine, Ritual Theory, Ritual Practice, New York: Oxford University Press 1992.

Bell, Catherine, Ritual. Perspectives and Dimensions, New York: Oxford University Press 1997.

Boyer, Pascal, Religion Explained: The evolutionary origins of religious thought, New York: The Perseus Books Group 2001.

Boyer, Pascal, Cognitive Aspects of Religious Symbolism. Cambridge: Cambridge University Press 1993.

Boyer, Pascal / Pierre Liénard, Why Ritualized Behavior? Precaution systems and action parsing in developmental, pathological and cultural rituals, in: Behavioral and Brain Sciences 29 (06/2006), 595–650.

Davie, Grace, Religion in Britain since 1945: Believing without belonging, Oxford: Blackwell 1994.

Douglas, Mary, Do dogs laugh? A cross-cultural approach to body symbolism, In: Implicit meanings. Essays in anthropology, London and Boston: Routledge & Kegan Paul 1975, 83–89.

Douglas, Mary, Natural Symbols: Explorations in cosmology, London: Barrie & Rockliff: The Cresset Press. Second edition 1996.

Durkheim, Emile, The Elementary Forms of Religious Life [Formes élémentaires de la vie religieuse], New York: Free Press 1995.

Fopp, Simone, Trauung – Spannungsfelder und Segensräume. Empirisch-theologischer Entwurf eines Rituals im Übergang (Praktische Theologie heute), Stuttgart: Verlag W. Kohlhammer 2007.

Geertz, Armin W., Begrebet religion endnu engang. Et deduktivt forsøg, in: Chaos: Dansk-Norsk Tidsskrift for Religionshistoriske Studier 26 (1996), 109–129.

Geertz, Clifford, The Interpretation of Cultures: Selected essays, New York: Basic Books 2000.

Gräb, Wilhelm, Religion als Deutung des Lebens. Perspektiven einer praktischen Theologie gelebter Religion, Gütersloh: Gütersloher Verlagshaus 2006.

Gräb, Wilhelm, Lebensgeschichten – Lebensentwürfe – Sinndeutungen: Eine praktische Theologie gelebter Religion, Gütersloh: Gütersloher Verlags-Haus 2000.

Guthrie, Stewart Elliott, Faces in the Clouds: A new theory of religion, Oxford: Oxford University Press 1993.

Guthrie, Stewart Elliott, A Cognitive Theory of Religion, in: Current Anthropology 21 (2/1980), 181–203.

Heelas, Paul / Woodhead, Linda, The Spiritual Revolution. Why religion is giving way to spirituality. Religion and spirituality in the modern world, Oxford: Blackwell Publishing 2005.

Hermelink, Jan, Kirchenmitgliedschaft in praktisch-theologischer Perspektive, in: Kirchenmitgliedschaft. Zugehörigkeit(en) zur Kirche im Wandel., eds. Johannes

Zimmermann, Claus Dieter Classen and Hans Martin Harder, Neukirchen-Vluyn: Neukirchener Verlag 2008, 45–61.

Høeg, Ida Maria, "elkommen til oss" ritualisering av livets begynnelse, Bergen: Det historisk-filosofiske fakultet, University of Bergen 2008.

Houseman, Michael, Menstrual Slaps and First Blood Celebrations: Inference, simulation and the learning of ritual, in: Learning religion. Anthropological approaches, Eds. David Berliner, Ramon Sarró, New York Oxford: Berghahn Books 2007, 31–48.

Houseman, Michael / Severi, Carlo, Naven or the Other Self. A relational approach to ritual action, Leiden Boston Köln: Brill 1998.

Humphrey, Caroline / Laidlaw, James, The Archetypal Actions of Ritual: A Theory of Ritual, Illustrated by the Jain Rite of Worship, Oxford: Clarendon Press 1994.

Johansen, Kirstine Helboe, Højmesse – mellem stadfæstelse og virkningsfuldhed, in: En gudstjeneste – mange perspektiver. Eds. Kirstine Helboe Johansen, Jette Bendixen Rønkilde, Frederiksberg: Forlaget Anis 2013, 63–89.

Johansen, Kirstine Helboe, Den nødvendige balance: En ritualteoretisk og praktisk teologisk analyse af højmessen mellem magi og symbol, Det Teologiske Fakultet, University of Aarhus 2009.

Johansen, Kirstine Helboe, Magic Rituals in the Contemporary Sunday Service in the Church of Denmark, in: Divination, Magic, and Their Interactions: New Perspectives and Texts. Eds. Anders Klostergaard Petersen and Jesper Sørensen. Brill 2014.

Konvalinka, Ivana. Interacting Minds, Brains, and Bodies: Behavioural, neural, and physiological mechanisms of joint action in social interaction, University of Aarhus 2011.

Liénard, Pierre / Pascal Boyer, Whence Collective Rituals? A cultural selection model of ritualized behavior, in: American Anthropologist 108 (4/2006), 814–827.

Lüchau, Peter, Danskernes gudstro siden 1940'erne, in: Gudstro i Danmark. Eds. Morten Højsgaard, Hans Raun Iversen, København: Anis 2005, 31–58.

McCauley, Robert N. / Lawson, E. Thomas, Bringing Ritual to Mind: Psychological foundations of cultural forms, Cambridge: Cambridge University Press 2002.

McGuire, Meredith B., Lived Religion. Faith and practice in everyday life, Oxford New York: Oxford University Press 2008.

Merzyn, Konrad, Die Rezeption der kirchlichen Trauung. Eine empirisch-theologische Untersuchung. Arbeiten zur praktischen Theologie, Eds. Wilfried Engemann, Christian Grethlein, Jan Hermelink, Leipzig: Evangelische Verlagsanstalt 2010.

Nielsen, Marie Vejrup / Kühle, Lene, Religion and State in Denmark: Exception among exceptions, in: Nordic Journal of Religion and Society 24 (2/2011), 173–88.

Pollack, Detlef, Wiederkehr des Religiösen? Neue religiöse Bewegungen im Kontext des religiösen und gesellschaftlichen Wandels, in: Sociologia Internationalis 38 (1/2000), 13–45.

Pollack, Detlef / Pickel, Gert, Religious Individualization or Secularization? Testing hypotheses of religious change – the case of eastern and western Germany, in: The British Journal of Sociology 58 (4/2007), 603.

Rappaport, Roy A., Ritual and Religion in the Making of Humanity (Cambridge studies in social and cultural anthropology 110), Cambridge: Cambridge University Press 1999.

Rappaport, Roy A., The Obvious Aspects of Ritual, in: Ecology, Meaning and Religion, Berkely, California: North Atlantic Books 1979, 173–221.

Schjødt, Uffe, The Neural Substrates of Prayer: Toward an experimental neuroscience of religion, Aarhus: Graduate School of Theology and the Study of Religion, University of Aarhus 2009.
Schjødt, Uffe / Stødkilde-Jørgensen, Hans / W. Geertz, Armin / Roepstorff, Andreas, Rewarding Prayers, in: Neuroscience Letters 443 (3/2008), 165.
Sørensen, Jesper, Acts that Work: A cognitive approach to ritual agency, in: Method & Theory in the Study of Religion 19 (2007a), 281–300.
Sørensen, Jesper, A Cognitive Theory of Magic. Cognitive science of religion series, Plymouth: AltaMira Press 2007b.
Sperber, Dan, Rethinking Symbolism. Cambridge studies in social anthropology, Cambridge: Cambridge University Press 1975.
Staal, Frits, The Meaninglessness of Ritual, in: Numen XXVI (1979), 2–22.
Taylor, Charles, A Secular Age. Cambridge, Massachusetts, and London, England: The Belknap Press of Harvard University Press 2007.
Taylor, Charles, The Ethics of Authenticity, Cambridge, Massachusetts, and London: Harvard University Press 1991.
Turner, Victor, The Ritual Process. Structure and Anti-structure, Ithaca and New York: Cornell University Press 1969.
Wagner-Rau, Ulrike, Segensraum. Kasualpraxis in der modernen Gesellschaft, Stuttgart 2000.
Wagner-Rau, Ulrike, Segen und Magie in der Trauung, in: Zwischen Schwellenangst und Schwellenzauber. Kasualpredigt als Schwellenkunde, Eds. Erich Garhammer, Heinz-Günther Schöttler und Gerhard Ulrich, Darmstadt 2002, 155–159.
Whitehouse, Harvey, Modes of Religiosity: A cognitive theory of religious transmission (Cognitive science of religion series), Walnut Creek: AltaMira Press 2004.
Wilson, Bryan R., Religion in Secular Society: A sociological comment (The new thinker's library 15), London: C. A. Watts 1966.
Wohlrab-Sahr, Monika / Krüggeler, Michael, Strukturelle Individualisierung vs. autonome Menschen, oder: Wie individualisiert ist Religion? Replik zu Pollack/Pickel: Individualisierung und religiöser Wandel in der Bundesrepublik Deutschland, in: Zeitschrift Für Soziologie 29 (3/2000), 240–244.
Woodhead, Linda, An Introduction to Christianity, Cambridge: Cambridge University Press 2004.

Online references

http://www.folkekirken.dk/om-folkekirken/ (April 22. 2014).
http://www.folkekirken.dk/fileadmin/files/nyhedsbilleder/Liturgi_-_engelsk.pdf (April 22. 2014).
http://www.euoplysningen.dk/upload/application/pdf/0172b719/Constitution%20of%20Denmark.pdf%3Fdownload%3D1 (April 22. 2014).

Johann Pock

Traumhochzeit, individuell angepasst? Das (katholische) Hochzeitsritual im Wandel

Ein Ehepaar fragt bei mir an: Sie möchten mich als „ihren Traupriester" haben. Ich kenne das Paar recht gut und sage zu. Das Trauungsgespräch dient einerseits der Erstellung des Trauungsprotokolls, vor allem aber dem grundsätzlichen Gespräch über ihre Vorstellungen von der Trauung und der Ehe – und schließlich auch der Klärung, in welcher Form die Trauung gestaltet werden soll. Nachdem ich seit fast 25 Jahren solche Gespräche führe, stelle ich einen deutlichen Wandel bei diesen Gesprächen fest: Obwohl die Paare heute üblicherweise mit weniger regelmäßiger Gottesdienstpraxis kommen, wollen immer mehr von mir gar nicht so sehr die liturgischen, rituellen Formen erfahren, die eine katholische Eheschließung ausmachen, sondern bringen verstärkt ihre eigenen Vorstellungen mit. Diese haben Sie aus persönlichen Erfahrungen von Trauungen, aus Filmen oder aus dem Internet entwickelt. Und immer häufiger kommen dabei rituelle Elemente zur Sprache, die nicht genuin zum katholischen Trauungsritual gehören.

Eine zweite Erfahrung entnehme ich aktuell meiner Heimatdiözese Graz-Seckau: Ein Paar wird von einem befreundeten Priester in einer barocken, oststeirischen Kirche getraut, die nicht seine eigene Pfarrkirche ist. Die Hochzeitsliturgie inklusive der Lieder ist mit ihm abgesprochen (und entspricht auch üblicher Praxis in der Diözese). Dazu gehören populäre, nicht explizit kirchliche Lieder. Am Ende des Gottesdienstes stürmt der Ortspfarrer in die Sakristei, weist seinen Kollegen zurecht und erteilt der Musikgruppe Auftrittsverbot in der Kirche, da diese Lieder „Gotteslästerung" seien.[1]

Eine weitere Erfahrung ist ein Bericht in der „Zeit" über die „Ehe light" – eine niederschwellige Form eines Ehevertrags, der dann fast ohne rituelle Elemente auskommt (falls man nicht das Unterschreiben eines Vertrags auch als Ritus bezeichnen möchte). Es ist eine Form, die in Frankreich mittlerweile (2014) von

---

1 Vgl. http://www.kleinezeitung.at/s/steiermark/oststeier/peak_oststeier/4752894/Pollauberg_Pfarrer-wies-nach-Trauung-Musiker-zurecht [19.06.2015].

41 % der Paare gewählt wird und auch in den Nachbarländern wie der Schweiz Aufmerksamkeit erregt.[2]

Schließlich zeigt ein Blick auf diverse Angebote im Internet, wie vielfältig mittlerweile die Hochzeitszeremonien geworden sind. Ein Anbieter wirbt z. B. mit humanistischen, religiösen und interreligiösen Zeremonien und einer „Trauung, in der die Hochzeitsgäste innerlich berührt sind und sich die Gäste nicht langweilen"[3] (wobei mitschwingt: im Gegensatz zu den üblichen kirchlichen oder standesamtlichen „Normal-Trauungen").

Vor diesem Hintergrund stellen sich viele Fragen: Wie weit kann (oder muss) man den Wünschen heiratswilliger Paare nachkommen? Wo sind die Grenzen in den Änderungen oder Adaptionen des „klassischen" bzw. im Rituale vorgesehenen Trauungsrituals? Was ist aus pastoralen Gründen möglich und nötig – und welche Formen sind dem, was sich in der Trauung (als sakramentalem rituellen Geschehen) ereignet, nicht mehr förderlich?

Wenn Rituale als „Abfolge von religiösen Handlungen [zu] verstehen [sind], die zu bestimmten Gelegenheiten in gleicher oder ähnlicher Weise ausgeführt werden und deren Ablauf durch mündliche oder schriftliche Tradition festgelegt oder kodifiziert ist"[4], so macht gerade diese (enge) Definition den Spannungsbogen auf: Denn Änderungen wären hier nicht vorgesehen; bzw. müsste geklärt sein, wer aus welchen Gründen solche Änderungen an Ritualen vornehmen darf.

In diesem Beitrag geht es mir aber einerseits um die Frage nach den Hintergründen für geänderte Rituale, andererseits aber auch um die dahinterliegende pastoraltheologische Fragestellung, was diese Situation für die Kirche und ihr (sakramentenpastorales) Handeln bedeutet. Zunächst müssen daher die Rahmenbedingungen dieses Wandels geklärt werden – einerseits die soziologischen Gegebenheiten, andererseits die theologischen Grundkoordinaten der (katholischen) Trauungsliturgie. In diesem Beitrag wird dann versucht, die zentralen Themen herauszuarbeiten, die derzeit zum Trauungsritual diskutiert werden, und mögliche Schritte im Umgang mit diesen Veränderungen zu benennen.

1. Relativismus versus Biographieorientierung – soziologischer Wandel als theologische Herausforderung

Die gesellschaftliche Analyse spricht seit vielen Jahren von einer verstärkten Individualisierung der Lebensformen, verbunden mit dem Wunsch und dem Zwang, vieles im Leben, das früher selbstverständlich vorgegeben war, selbst zu

---

2 Jäggi, Ehe light.
3 Vgl. http://www.zeremonie.at/freie-trauung/referenzen/ [20.7.2016].
4 Hödl, Ritual, 664.

wählen und zu gestalten. Damit ergibt sich aber ein grundsätzliches Problem aller sakramentlichen Feiern: Die Spannung zwischen den kirchlichen Erwartungen und dem, was die unterschiedlichen Akteure der Feier damit verbinden.

Ein Grund könnte im Wandel der religiösen Kultur liegen, da für viele „gerade die religiöse Dimension ihrer Ehe mit der kirchlichen Trauung keineswegs mehr identisch"[5] ist. Gleichzeitig haben unterschiedliche Milieus auch unterschiedliche Vorstellungen von Ritualen. Daher meint Hochschild zu Recht: „Wie man dann noch einen ... milieuadäquaten Gottesdienst inszenieren können soll, wo doch schon der Familienvater unter einer gewissen Milieuambiguität leidet, scheint überaus fraglich."[6]

Hochschild weist bereits im Jahr 2000 auf die „Biographiebedeutsamkeit von Ritualen"[7] hin. Gleichzeitig schafft die Individualisierung jedoch „eine neue Unübersichtlichkeit ritueller Vollzüge, weil sie diese im Prisma des Individuums zerstreut, ohne sie gänzlich aufzulösen".[8] Und er plädiert daher für eine daraus folgende rituelle Differenzierung:

> Der Einzug der religiösen Individualisierung in den Katholizismus spätestens in den 90er Jahren führt somit dazu, daß man von einer differenzierten Zugehörigkeit ausgehen muß, die eine ebenso differenzierte Teilnahme an rituellen Vollzügen zur Folge hat.[9]

Für die katholischen Rituale, die sehr genau geregelt sind, stellen solche individuellen Anpassungen jedoch eine ziemliche Herausforderung dar. Stellvertretend für die kritischen Positionen gegenüber solchen Änderungen von traditionellen Ritualen, vor allem bei den sakramentalen Feiern, steht hier Riccardo Pane, der angesichts der liturgischen „Experimente" von einem „Triumph des Subjektivismus und des Relativismus" spricht, der besonders bei Trauung und Begräbnis festzustellen sei:

> Ich heirate, und ich erwarte mir, dass das ‚Titellied' meiner Trauung aus den Noten meines Lieblingsliedes besteht, zu dem ich meinen ersten Kuss gegeben habe, und ich richte mir die Kirche nach meinem Geschmack her, nicht nach den Erfordernissen der Liturgie.[10]

---

5 Kuschel, Wozu kirchlich heiraten, 97.
6 Hochschild, Funktionswandel, 15.
7 Ebd., 24. Vgl. dazu Wohlrab-Sahr, Biographie und Religion; Gabriel, Ritualisierung in säkularer Gesellschaft.
8 Hochschild, Funktionswandel, 23.
9 Ebd., 32.
10 „Mi sposo, e pretendo che la ‚colonna sonora' del mio matrimonio sia costituita dalle note del mio cantate preferito, sulle quali ho dato il primo bacio, e arredo la chiesa secondo il mio gusto e non secondo le esigenze della liturgia." (Pane, Liturgia creativa, 145, übers. v. JP).

Dass es eine Grenze geben muss in der individuellen Ausgestaltung der Liturgie, ist weitgehend Konsens. So weist Kuschel auf die Extremform hin, „daß eine Kirche, die sich als Kulisse für ein ‚Fest aus Kapital und Eleganz' anbietet oder mißbrauchen läßt, ‚Blasphemie', Gotteslästerung betreibt und damit das verrät, wofür sie angetreten ist."[11] Und er bringt die Vorbehalte gegenüber zu großen Zugeständnissen beim Trauungsritual zum Ausdruck – mit der klaren Option, dass die Kirche nicht gewissermaßen als „Theaterkulisse" missbraucht werden darf:

> Die Kirche ist gut beraten, wenn sie öfter auch einmal *Widerstand* leistet gegen eine platte Funktionalisierung des kirchlichen Eheritus, die der Steigerung bürgerlicher Feierlichkeit und Festlichkeit dienen soll. Aus Angst, auch noch die letzten ‚Kunden' zu verlieren, geht die Kirche heute oft genug zu viele Kompromisse ein. Sie stellt sich den Paaren als Service-Unternehmen zur Verfügung, welche die Kirche mißbrauchen, um ihre bürgerliche Feier ein wenig festlicher zu gestalten. Inhaltlich und spirituell hat man sich längst von der Kirche verabschiedet, aber, der Konvention gehorchend, benutzt man die Kirche als Theaterkulisse für eine effektvolle Selbstinszenierung. Mit Vorliebe sucht man sich für Trauungen Kirchen in besonders lauschiger Umgebung aus: Burgkirchen, Waldkapellen, Wiesenkirchlein, die dem Auftritt mit den Hochzeitsgästen den besonderen Flair verleihen. Von Bindung an eine Gemeinde keine Spur mehr. Die Kirche muß lernen, in diesen Fällen mehr Nein zu sagen als früher.[12]

Zugleich aber sagt er auch, dass jede kirchliche Trauung, die von einem Paar gewünscht wird, das bisher dem Leben der Kirche fremd gegenüberstand, eine pastorale Chance darstellt. Damit wird jedenfalls dem Rechnung getragen, was das II. Vatikanum (in Sacrosanctum Concilium 77f) verlangte, nämlich „die Verbindung dessen, was in der Liturgie gefeiert wird, mit dem Leben der Feiernden".[13] Dazu ist es aber auch nötig, mehr von dem zu wissen, was Paare sich überhaupt von der Trauung erwarten. Die Dissertation von Konrad Merzyn (2010 in Göttingen) stellt eine der wenigen empirischen Arbeiten im deutschsprachigen Raum zum Trauungsverständnis von (in diesem Fall evangelischen) Paaren dar.[14]

Die Ausgangslage ist für Merzyn, dass es trotz der besonderen Wertschätzung für Kasualien bei evangelischen Christen dennoch einen starken Rückgang kirchlicher Trauungen festzustellen gibt. Er bezieht sich dabei auf eine EKD-Statistik, die einen Rückgang von 103.627 Trauungen im Jahr 1990 (in Deutsch-

---

11 Kuschel, Wozu kirchlich heiraten?, 104.
12 Ebd., 103.
13 Stuflesser/Winter, Gieße deine Gnade aus, 46.
14 Es gibt außerdem noch eine Arbeit der Soziologin Rosemarie Nave-Herz (1997), die sich intensiv mit Familiensoziologie beschäftigt hat. Auch wenn dieser vorliegende Beitrag auf katholische Trauungsliturgie abzielt, so teilen sich die christlichen Kirchen die Frage nach dem adäquaten Umgang mit der Individualisierung.

land) auf 54.017 im Jahr 2007 feststellt. 2013 waren es noch gut 45.000.[15] Als Gründe nennt er (und das gilt in der Form auch für die katholische Kirche):

> Neben Staat und Kirche etablieren sich gerade im Bereich der Hochzeit zunehmend kommerzielle Ritualanbieter, die auch Funktionen der kirchlichen Trauung übernehmen. Durch massenmediale Inszenierungen von Trauungen und einen wachsenden Markt von Hochzeitsmessen, der Dienstleistungen jeder Art im Kontext der Heirat anbietet, bekommt das lange Zeit bestehende Ritenmonopol der Kirche Konkurrenz sowohl in Bezug auf die ästhetische Gestaltung als auch in Bezug auf die sinnstiftenden Interpretationen der Eheschließung. Ob es im Rahmen der Heirat zu einer kirchlichen Trauung kommt, wird gegenwärtig mehr denn je als Option bedacht.[16]

Dies kann nun in zwei Richtungen gedeutet werden: einerseits als Bedeutungsverlust der kirchlichen Trauungsriten; andererseits aber auch in den Fällen, wo auch eine kirchlicher Ritus explizit gewünscht wird, als Bedeutungsgewinn, da man trotz anderer Alternativen bewusst diese kirchliche Form wünscht – dann aber mit individuell angepassten Elementen des Ritus.

Die These von Merzyn ist, dass es sich um einen lebensgeschichtlichen Übergang handelt „in den Status hoher Verbindlichkeit und Verantwortlichkeit".[17] Daher ist der Trauungsgottesdienst „öffentliche Inszenierung einer wechselseitigen Selbstfestlegung, die das feierliche Versprechen beider Partner zur Darstellung bringt".[18] Er belegt dies u. a. damit, dass ein

> monofaktorieller Erklärungsansatz ... der Komplexität der in den Interviewerzählungen wahrnehmbaren Eigentheorien der Paare nicht ausreichend gerecht [wird]. Durchgängig spielen neben lebensstilspezifischen Präferenzen auch andere Parameter wie z.B. die gemeinsame Beziehungsgeschichte, individuelle lebensgeschichtliche Deutungsmuster oder die Dynamik der Familiensysteme eine wichtige Rolle für die jeweiligen Deutungen der kirchlichen Trauung.[19]

Der soziologische Blick zeigt somit einen deutlichen Wandel in den Zugängen der Heiratswilligen zum Trauungsritual. Eine katholische Sakramentenpastoral (und wohl auch eine evangelische Kasualien-Pastoral) muss auf diese Änderungen reagieren.

---

15 https://www.ekd.de/statistik/amtshandlungen.html [20.8.2015]: 45.249 Trauungen, darunter 24.084 von evangelisch/evangelischen Paaren sowie 21.034 von Paaren mit mindestens einem evangelischen Partner. In Österreich gab es 2014 11.332 katholische Trauungen, 2003 waren es 12.545. Vgl. http://www.katholisch.at/kirche/meldungen-zur-kirchenstatistik-4733 [10.05.2016].
16 Merzyn, Rezeption der kirchlichen Trauung, 9.
17 Ebd., 209.
18 Ebd.
19 Ebd., 342.

2. Sakramententheologische Begründung des anthropologischen Ansatzes der Trauung

Die Problematik im Umfeld der Trauung wird für Katholik_innen dadurch verschärft, dass die Ehe hier, anders als in den evangelischen Kirchen, ein Sakrament darstellt. Sabine Demel bringt die sakramentenpastorale Herausforderung auf den Punkt:

> Es ist höchste Zeit, daß das Wissen um die weiterhin schwindende kirchliche Bindung und religiöse Verankerung in weiten Teilen der christlichen Bevölkerung zu neuen Formen der Sakramentenpastoral führt, soll dem stetig zunehmenden Bedeutungsverlust kirchlichen Lebens für den Alltag des einzelnen wie auch der Öffentlichkeit Einhalt geboten werden.[20]

An dieser Stelle muss nicht alles angeführt werden, was liturgie-theologisch mit der katholischen Trauung verbunden wird und was das Trauungsrituale vorschreibt;[21] es kann jedoch nicht ohne einen Blick auf das katholische Sakramentenverständnis verstanden werden. Urs Baumann findet dabei einen diakonischen Ansatz, der für Veränderungen im Ritualbereich hilfreich ist:

> Wollen wir die von gläubigen Christinnen und Christen vor Gott und der christlichen Gemeinde bestätigte Ehe als Sakrament verstehen, dann macht die Rede davon nur Sinn, wenn dieses Sakrament sich ganz und gar parteiisch im Dienste der Menschen versteht, deren Leben es bewahren und beschützen soll.[22]

Stuflesser und Winter thematisieren hingegen die Frage, „ob die Form der liturgischen Feier für das Zustandekommen des Sakramentes wesentlich ist oder nicht".[23] Und davon ausgehend, „inwiefern die liturgische Trauung überhaupt als Sakramentenfeier verstanden werden kann, oder ob nicht vielmehr die gottesdienstliche Handlung ‚nur' für einen vertraglich bereits geschlossenen Ehebund den Segen Gottes erbittet."[24]

Sie stellen meines Erachtens zu Recht fest, dass einerseits die Ehe als Lebensform, vor allem auch, „insofern sie durch ein Sakrament begründet wird", in einer tiefen Krise steht. Angesichts von Scheidungsraten und einer größeren Vielfalt „familialer und nicht-familialer Lebensformen" sehe sich die Pastoral „einem Bündel von Problemen gegenüber, die auch das Zusammenspiel von liturgischer Feier der Trauung und deren Vor- und Nachbereitung auf der einen und dem gesamten Leben der Eheleute und der Gemeinden auf der anderen Seite

---

20 Demel, Gegen die Nivellierung, 212.
21 Vgl. Die Feier der Trauung in den katholischen Bistümern des deutschen Sprachgebietes.
22 Baumann, Glaubenssache, 4.
23 Stuflesser/Winter, Gieße deine Gnade aus, 46.
24 Ebd.

berühren".²⁵ Und sie referieren das Modell einer gestuften Sakramentalität, wie es Sabine Demel ausformuliert:

> Die erste Stufe, die man als anfanghaft sakramental bezeichnen könnte, und die zweite Stufe, die das Vollsakrament der Ehe darstellt, unterscheiden sich durch ihre Dichte und Explizität als Abbild der Liebe Gottes zu den Menschen bzw. zur Kirche. Die erste Stufe des Ehesakraments ist ein Abbild der schöpfungsmäßigen Liebe und Treue Gottes zu den Menschen; die zweite Stufe ist *das* Abbild der in Tod und Auferstehung Jesu Christi geschenkten Liebe und Treue Gottes zu seiner Kirche.²⁶

Die Kernhandlung der Trauungsliturgie ist für sie die „benedictio nuptialis" – also der Segen über die Ehe. Dieser ist sowohl im universalkirchlichen wie auch im deutschsprachigen Rituale ein unverzichtbares Element der Trauungsliturgie.

> Anliegen und Inhalt des Großen Gebetes über den Brautleuten ist das aktuelle Lebensereignis, dass ein Mann und eine Frau einander gefunden haben und die Ehe eingehen wollen. Dieses Ereignis wird als Handeln Gottes selbst gedeutet und proklamiert und die Fortsetzung des Heilshandelns in der Gegenwart und auf Zukunft hin erbeten.²⁷

Die Menschen verbinden mit ihrer Beziehung Heilserwartungen, die das weit übersteigen, was Menschen füreinander leisten können. Baumann spricht von einer „transzendenten Dimension menschlicher Liebe"²⁸ bzw. einer darin zu findenden religiösen Sehnsucht.

Dieser Ansatz korreliert mit Aussagen der Deutschen Bischöfe in ihren Überlegungen zur „Sakramentenpastoral im Wandel". Für sie hat das „gemeinsame Lebensprojekt Ehe ... einen eigentümlichen Überschuss an Erwartungen und Verheißungen",²⁹ den weder das Jawort vor dem Standesbeamten noch die gemeinsame Zukunft einzuholen vermögen. Bei der kirchlichen Trauung ginge es nun „darum, Mann und Frau ihre gemeinsame Lebensgeschichte aufzuschließen als Horizont möglicher Heilserfahrung, als Ort konkreter Erfahrung der Nähe Gottes."³⁰

Wenn man aber die gemeinsame Lebensgeschichte als so zentral ansieht, kann man bei einer Trauung nicht so tun, als ob das Paar nicht schon lange zusammen wäre. Angefangen vom getrennten Einzug bis hin zu vielen Texten, die von der Offenheit für Kinder sprechen (wobei inzwischen wohl die Mehrheit der Brautpaare bereits mit Kindern kommt), wäre hier eine Änderung bzw. An-

---

25 Ebd., 47.
26 Vgl. Demel, Die sakramentale Ehe, 74f. Ein solches gestuftes Modell bräuchte dann spezifische Formen eines „Ehekatechumenats".
27 Stuflesser/Winter, Gieße deine Gnade aus, 60.
28 Baumann, Glaubenssache, 5.
29 Dt. Bischofskonferenz, Auf dem Weg zum Sakrament der Ehe, 33.
30 Ebd.

passung an die Realität notwendig. Und auch die Zivilehe ist in ihrer Wertigkeit neu zu sehen. Nach Baumann „wirkt es zunehmend töricht, bei einer kirchlichen Trauung so zu tun, als seien die Brautleute nicht schon rechtmäßig verheiratet."[31] Die kirchliche Trauung ist ja keine Wiederholung der zivilen Trauung, sondern hat einen eigenständigen religiösen Sinn, gewissermaßen „eine wichtige *religiöse Entlastungsfunktion*", und bietet an, „aufzuzeigen, wo ihre Hoffnung, geliebt zu werden und zu lieben, eine letzte Antwort finden kann."[32]

Da es die Aufgabe der Trauungsliturgie ist, die gesamte Beziehungsgeschichte des Paares in das rituelle Geschehen einzubeziehen und durch die Riten aufzuschließen und zu begleiten, steht im Zentrum (im Gegensatz zur zivilen Trauung) nicht der Vertrag, sondern das Bekenntnis bzw. der Bundesschluss vor Gott.

> Das Glücken der Liebe ist mithin nicht eine Leistung, die man sich gegenseitig erbringt, sondern für Mann und Frau letztlich ein Geschenk jenes Vertrauens, mit dem sie sich gemeinsam in Gott bergen. ... Eheliche Gemeinschaft wird damit in gewisser Weise zu einer Zielvorstellung, zu einem Lebensprojekt, das nicht fertig vom Himmel fällt.[33]

Merzyn kann aus einer Untersuchung bestätigen: „In den Interviews zeigt sich durchgängig die hohe Relevanz des Trauversprechens und des Segens für die Eigentheorien der getrauten Paare."[34]

Ein neues Moment in der Sakramententheologie stellt schließlich eine Achtsamkeit auf die Unterschiedlichkeit der Geschlechter dar. Monika Kaudewitz sieht gerade im Zusammenkommen des Unterschiedlichen, Individuellen, das Sakramentale begründet:

> Der Mann wird seinen individuellen, einzigartigen, männlichen Weg der Individuation gehen, die Frau wird einen anderen, ihren weiblichen, eigenen Entwicklungsweg gehen. Dennoch können beide in gegenseitiger Achtung, Freiheit und Liebe ihren Weg Hand in Hand gehen. ... Die Ehe ist somit ein Sakrament, das tief mit dem Lebensweg beider Menschen verknüpft ist und als existentielle ‚Wegscheidung' einen zentralen spirituellen Stellenwert hat.[35]

---

31 Baumann, Glaubenssache, 6.
32 Ebd.
33 Ebd., 7.
34 Merzyn, Rezeption der kirchlichen Trauung, 284.
35 Kaudewitz, Weiblicher Individuationsprozess, 116.

3. Symbol- und ritualtheoretische Begründung der Notwendigkeit von (veränderten) Trauungsriten

Ein Ratgeber der Diözese Linz zu Paar-Ritualen[36] greift einen Aspekt auf, der häufig vergessen wird: dass nämlich das Trauungsritual nicht alleine da steht, sondern im Kontext von unterschiedlichsten Ritualen von Paaren, die ihr Leben begleiten, zu sehen ist. Beate Schlager-Stemmer verweist darauf, dass dieses Thema auch auf Internetseiten „psychologisch, religiös und soziologisch eine breite Beachtung findet".[37] Rituale werden als Stärkung der Beziehung angesehen, als wichtig für die Liebe. Beziehungsratgeber kommen ohne das Thema der Rituale nicht aus. Es lassen sich dabei vielfältige Formen der Ritualisierung beobachten.

> Diese ‚Gesellschaftsriten' dienen der Selbstvergewisserung und Identitätsfindung, der Lebenskontingenzbewältigung und nicht zuletzt der Erfahrung, als Individuum in eine höhere Wirklichkeit eingebunden zu sein. Daraus ist zu schließen, dass es, neben dem Bedürfnis nach Religion, ein allgemeines Bedürfnis nach Ritualisierung und Transzendierung des Lebens gibt, dem profane Ersatzriten wegen ihrer Immanenz nur unzureichend Rechnung tragen können.[38]

Dass man eine Trauung nicht nur theologisch, sondern auch von ihren rituellen Elementen her ernst nehmen muss, scheint daher selbstverständlich zu sein. Und es ist Karl Gabriel zuzustimmen, wenn er feststellt:

> Die Tendenzen der Revitalisierung volks- und familienreligiöser Ritualisierungen fordern die Kirche dazu heraus, die sozialen und anthropologischen Funktionen des Rituals nicht puristisch abzuwerten, sondern als symbolischen Ausdruck einer alltags- und bedürfnisnahen Glaubenspraxis ernster zu nehmen als bisher.[39]

Die Trauung stellt ein Ritual am Übergang in das Eheleben dar und wird üblicherweise unter die sogenannten „Passageriten" gezählt – und vermehrt nicht mehr primär als Sakrament, sondern als biographisch verortetes Ritual angefragt. So betont z. B. Hochschild, dass viele heute nicht in eine Gemeinschaft integriert werden wollen, vielmehr wollen sie „Passageriten im eigentlichen Sinne des Wortes: *rites de passage*, also im Vorbeigehen, sei es biographisch oder geographisch".[40] Zugleich wird es häufig auch nicht mehr als Übergang verstanden, sondern als Ritual, das einen schon länger (privat) gelebten Beziehungsstatus öffentlich bestätigt:

---

36 Zwei trauen dem Leben, hg. v. Pastoralamt Linz.
37 Vgl. ebd., 4.
38 Lätzel, Gottesdienste mit Kirchenfernen, 8.
39 Gabriel, Ritualisierung, 12.
40 Hochschild, Funktionswandel, 34.

> Nicht ein Übergang (vom Stand der Ledigen zu den Verheirateten) werde rituell vollzogen, sondern die bereits gelebte Realität der Paarbeziehung werde besiegelt und öffentlich bestätigt, die Trauung sei deshalb als ‚rite de confirmation' zu deuten. Die Entscheidung zu heiraten werde dabei vielfach kindorientiert getroffen, ausgelöst also durch den Wunsch nach einem Kind oder eine bereits bestehende Schwangerschaft.[41]

Merzyn hinterfragt diese These jedoch: „Ist die Auflösung der Dimension des Übergangs in die der Bestätigung der bereits gelebten Realität auch im Blick auf die Funktion der kirchlichen Trauung als Ritual empirisch überhaupt zu belegen?"[42]

Hochschild unterscheidet schließlich zwei (neue) Kategorien von Riten, ausgehend von der Zielrichtung derselben: Er meint, dass es jetzt nach innen „Vermeidungsriten" gibt, nach außen (in Richtung „Sympathisanten") jedoch „Zuvorkommenheitsriten".

> Im Gegensatz zum Milieukatholizismus organisiert der Katholizismus von heute unter der Einflußnahme des Phänomens religiöser Individualisierung die Funktion seiner Rituale nicht mehr exklusivisch, sondern inklusivisch. Statt Abgrenzung nach außen ist eine Öffnung gefragt – freilich ohne seine Identität preiszugeben, denn an was sollte man noch (von außen) anschließen (können), wenn das Angebot selbst unbestimmt und profillos, mit anderen Worten: nicht (wieder-)erkennbar wäre.[43]

Gerade beim Trauungsritus ist somit ein Spagat zu machen zwischen Abgrenzung und Öffnung. Dies geschieht zum einen durch die Freiheit in der Wahl von Liedern und Texten, zum anderen aber auch durch eine explizite Erschließung von Symbolen oder durch Verwendung neuer Symbole. Sehr hilfreich wird erlebt, „wenn Texte, Lieder, Bilder, Musikstücke und Symbole, zu denen das Paar selber eine Beziehung hat, den Gottesdienst bereichern."[44] Und Koch betont, dass gerade Symbole wieder im Aufwind sind:

> Vielleicht als Gegenbewegung zu der immer noch um sich greifenden Überbetonung des Rationalen und des Zweckdenkens gibt es heute, besonders bei jungen Menschen, eine neue Wertschätzung von Gesten und andern Zeichen, in denen sich personale Akte ausdrücken und verwirklichen.[45]

Merzyn nimmt dazu den Ansatz von Wagner-Rau auf, die eine lebensgeschichtsbezogene Deutung der Kasualpraxis von einer Theologie des Segens her entwickelt.

> Der kirchlichen Trauung als Segensraum verstanden kommt somit ebenfalls eine dreifache Bedeutung zu: Menschen mit ihren Biographien werden darin gewürdigt und

---

41 Merzyn, Rezeption der kirchlichen Trauung, 14. Vgl. Nave-Herz, Die Hochzeit.
42 Merzyn, Rezeption der kirchlichen Trauung, 15.
43 Ebd., 35.
44 Stutz/Merz-Abt, Trauung feiern, 23.
45 Koch, Sakramentale Symbole, 25.

erfahren Wertschätzung. Sie werden befreit von dem latenten Zwang, das Leben aus sich heraus mit Sinn und Erfüllung zu versehen. Und schließlich werden sie erinnert an die Angewiesenheit menschlicher Existenz und beschenkt mit der Verheißung von Zukunft.[46]

Und Merzyn folgert daraus.

> Möglicherweise steigert also nicht nur die zunehmende Nivellierung sozialer Passagen das Bedürfnis nach einer den Anfang in einem nichtalltäglichen Ritual wiederholenden Beschwörung, sondern die kirchliche Trauung dient auch der wirkungsvollen Inszenierung eines lebensgeschichtlichen Übergangs, nämlich den in hohe Verbindlichkeit und Verantwortlichkeit.[47]

Damit Rituale aber zu den unterschiedlichen Lebensgeschichten passen, bedarf es der Veränderung und Variation. Dies widerspricht jedoch dem „Anspruch auf Perfektion in Übergangsritualen", wie ihn Van Gennep und Turner vertreten. So ist Axel Michaels zuzustimmen, wenn er deren Ansätze weiterführt:

> Denn Rituale, auch lebenszyklische Übergangsrituale, sind trotz aller Formalität, die sie haben, ja haben müssen, offen für Anpassungen, Variationen und Neuschaffungen. In dieser Fähigkeit, das Neue zu integrieren, ohne das Alte aufgeben zu müssen, liegt ihre eigentliche Kraft.[48]

Rituale und symbolische Handlungen sind nicht für sich selbst da; sie dienen den Menschen. „In den entscheidenden Augenblicken des Lebens greifen Menschen nach *Symbolen und Riten*, um zu unterstreichen, daß diese Momente sich aus der banalen Alltagswirklichkeit herausheben."[49] Dabei sind manche kirchliche Riten in den allgemeinen Ritualschatz der Menschen übergegangen (und kommen, teilweise transformiert und durch neue Elemente ergänzt, von dort wieder zur Kirche zurück):

> Dabei ist es auffällig, daß Rituale und Symbole sich selbst im nichtkirchlichen Raum bewahrt haben. Auch wer nichtkirchlich heiratet, gestaltet gerade diesen Anlass besonders feierlich, greift gerade hier zu ganz bestimmten Formen und Symbolen: eine besondere Kleidung, ein Ring, eine Treue- oder Liebeserklärung, Musik, Tanz oder Reden.[50]

Daraus folgt, dass gerade den Symbolen und den einzelnen rituellen Elementen des Trauungsgottesdienstes im Gespräch mit den Brautpaaren verstärkte Aufmerksamkeit zu widmen ist – was eine hohe Ritenkompetenz von den Leiter-

---

46 Ebd., 21. Vgl. Wagner-Rau, Segensraum.
47 Merzyn, Rezeption der kirchlichen Trauung, 31.
48 Michaels, Geburt – Hochzeit – Tod, 238.
49 Kuschel, Wozu kirchlich heiraten?, 107.
50 Ebd.

Innen der Feiern verlangt, denn es kann auch nicht das Ziel sein, „mit möglichst viel ‚Action' den Gottesdienst zur Show zu machen".[51]

4. Liturgie im Dienst der Vielfalt des Lebens

Einen der wichtigsten Gründe für die Adaptierung liturgischer Rituale angesichts individualisierter Biographien sehe ich im diakonischen Moment der Liturgie.[52] Daher stimme ich Redtenbacher zu, wenn er (in Ausfaltung des Begriffs „Ritendiakonie", der von Zulehner geprägt worden ist)[53] sagt:

> Ritendiakonie, die ansetzt bei der transzendenten Offenheit des immer schon gegebenen anthropologischen Ritualbedürfnisses und in diese Situation hinein das Wort von Gott sagt und damit dem gefeierten Ritual eine christlich gedeutete Richtung gibt, ist eine große Chance.[54]

Sie darf nicht ein beliebiges gesellschaftliches Ritenservice sein – und sie ist zu verstehen als Gottes-Dienst, als Diakonie Gottes an den Menschen.

Aus diesem Verständnis heraus ist es möglich, Menschen das christliche Trauungsritual anzubieten, die offensichtlich mit christlichen Inhalten nicht vertraut sind. Denn:

> Auch wo gar nicht mehr christlich geglaubt wird, traut man dem Ritual Sinnreserven für das eigene Leben zu. Man wendet sich dann meist noch an die Kirche und erinnert sich ihrer uralten Ritenkompetenz, die ihr geschichtlich zugewachsen ist.[55]

Gründe für einen diakonischen Ansatz liegen daher einerseits in einem Verständnis des Trauungsrituals als „Fenster zu Sinnfindung und Transzendenz"[56] – also als einer Möglichkeit, mit Hilfe der Feier einen tieferen Sinn des Gefeierten zu erfahren. Zum anderen aber auch als unmittelbarer Dienst an den Menschen und dem, was ihnen wichtig ist.

Gleichzeitig gibt es hier auch den Einwand, dass bei aller diakonischen Einstellung die Liturgie selbst nicht als reines Ritual verstanden werden kann, denn:

> Die dichteste und höchste Diakonie geschieht, wo die Liturgie im Vollzug des Ritus den Menschen die lebendige Begegnung mit dem befreienden Heilshandeln Gottes in Christus nicht nur erschließt, sondern zuwendet. Tut und will sie das nicht oder nur undeutlich, gibt sie die identitätsstiftende Kraft ihrer Sendung preis.[57]

---

51 So die richtige Warnung von Stutz/Merz-Abt, Trauung feiern, 23.
52 Vgl. dazu vor allem Pock, Gottesdienste „im Vorhof der Heiden".
53 Vgl. Zulehner, Ritendiakonie.
54 Redtenbacher, Ritendiakonie, 28 f.
55 Ebd., 22.
56 Vgl. Odenthal, Liturgie als Ritual.
57 Redtenbacher, Ritendiakonie, 23.

Haunerland hat 2006 versucht, die Anliegen der Ritendiakonie mit jenen der authentischen Liturgie zu verbinden. Ein gesellschaftlich erwarteter Ritenservice dürfe nicht dazu führen, dass der Kirche zugemutet wird, nicht mehr von Jesus Christus zu sprechen oder vom dreifaltigen Gott; denn dann müsste sie sich diesem Ansinnen verweigern. Da sich die Kirche nicht auf die „kleine Herde" zurückziehen dürfe, müsse die authentische Feier der Kirche daher „im rechten Sinne attraktiver, anziehender, glaubwürdiger"[58] sein. Die Riten müssen im Ansatz verständlich sein. Die Kirche muss sich mit ihrer Verkündigung vor allem nach außen wenden. Daher muss sie sich auch denen zuwenden, wo noch ein Rest an Offenheit für den Glauben da ist. D. h. auch wenn die Menschen vielleicht „nur" ein Ritual nachfragen, ist in diesem Wunsch vielleicht doch auch ein tieferes Bedürfnis verborgen. Die subjektive Bedeutung, die einer bestimmten liturgischen Feier von den Menschen gegeben wird, ist auch in der Geschichte der Liturgie nicht immer ident mit dem, was die Kirche damit verbindet, wobei aber die beiden Bedeutungen sich nicht widersprechen dürfen. Als Vorschlag meint Haunerland daher, dass bei Anlassgottesdiensten zumindest einige Glaubende mitfeiern sollten, die als TrägerInnen des Gottesdienstes da sind und gewissermaßen die Gesamtgemeinde „vertreten".

Sabine Demel stellt in ähnlicher Weise fest, dass die kirchliche Trauung „allmählich ihres religiösen Inhaltes entleert worden [ist,]… so daß die kirchliche Trauung nur noch als Showeffekt und Unterhaltung der und für die Hochzeitsgesellschaft dient."[59] Damit ist die Frage nach dem Verhältnis von religiös-kirchlichem Inhalt der Trauung und dem Bedienen von Bedürfnissen der Menschen gestellt. Dies ist aber keine neue Entwicklung, sondern schon zumindest seit den 1970er Jahren feststellbar.

Da Sakramente ja nicht um ihrer selbst willen, sondern als Heilsmittel für die Menschen gefeiert werden, gehört somit der Dienst an dem, was Menschen brauchen, auch zum *religiösen* Gehalt dessen, was in der Trauung gefeiert wird: die Segnung eines Bundes, der ein Abbild des (Liebes-)Bundes Gottes mit den Menschen darstellt. Sehr oft wird dabei auf den Epheserbrief verwiesen, der davon spricht, dass der Mann „Vater und Mutter verlassen und sich an seine Frau binden" (Eph 5,31) wird. Und weiter heißt es: „Dies ist ein tiefes Geheimnis; ich beziehe es auf Christus und die Kirche." (Eph 5,32) Dass aber ein gewisser „Geheimnischarakter" einer Feier (also etwas, was nicht rational erklärbar ist; was das unmittelbare Verstehen übersteigt) nicht den Bedürfnissen von kirchlich wenig interessierten Personen widerspricht, zeigt Ebertz sehr gut, wenn er sagt:

> Wer euphemisierend sagt, dass die Kirche nicht Interessen oder Bedürfnisse befriedigt, sondern Geheimnisse feiert, sollte freilich nicht verkennen, dass das Feiern von Ge-

---

58 Haunerland, „Die Kirche befriedigt nicht Erwartungen", 60.
59 Demel, Gegen die Nivellierung, 209.

heimnissen ebenfalls nicht interesselos geschieht und ein interesseloses Geheimnis ja niemanden interessiert.[60]

Ein Eingehen auf Wünsche der Paare hat letztlich ja auch einen „missionarischen" Aspekt, indem das je eigene Sinnangebot einer religiösen Gemeinschaft in der Feier deutlich wird.

> Ein auch dem Fremden verständlicher Gottesdienst (oft ‚niederschwellig' genannt) wirkt missionarisch, weil er die Möglichkeit bietet, die christliche Botschaft zu transportieren und be-geist-ernd zu wirken, und er wirkt diakonisch, weil er Suchende nicht ausschließt, sondern ein Forum für ihre Fragen bildet.[61]

Und so ist für Lätzel das Potential der christlichen Rituale nicht zu unterschätzen:

> Das christliche Leben verfügt in seinen Ritualen über die Möglichkeiten, die Menschen in der heutigen Zeit mit ihrer Sehnsucht und ihrer Sinnsuche ganzheitlich anzusprechen und auf den Leben spendenden Gott zu verweisen, der jeden Menschen annimmt.[62]

Schließlich bedeutet ein ritendiakonischer Ansatz auch, dass es in der Sakramentenkatechese und im Gestalten von Gottesdiensten einen neuen Blick braucht: Nicht nur jenen von der „rechten Feier des Gottesdienstes", gespeist von den Erfahrungen über Jahrhunderte, sondern auch den Blick der Menschen, die zu den Gottesdiensten kommen oder die Rituale nachfragen.[63] Dazu aber sind vermehrt empirische Studien zu aktuell gefeierten Liturgien und Ritualen notwendig, die in vielen Fällen meines Erachtens noch ein unerfülltes Desiderat darstellen.

5. Neue kirchliche (Übergangs-)rituale im Bereich der Beziehungen

Im Blick auf Rituale für die öffentliche Konstituierung bzw. Bestätigung von Beziehungen hat sich in den letzten Jahrzehnten einiges getan, und die katholische Trauungsliturgie passt für viele nicht mehr. So plädiert Ralph Sauer schon 1991 für spezifische Liturgien für Fernstehende und neue Formen kirchlicher Feierpraxis:

---

60 Ebertz, Anpassung, 20. Vgl. hingegen den Beitrag von Haunerlandt, der explizit sagt: „Die Kirche befriedigt nicht Erwartungen, sie feiert Geheimnisse."
61 Lätzel, Gottesdienste mit Kirchenfernen, 9.
62 Ebd., 10.
63 Vgl. Pock, Gottesdienste „im Vorhof der Heiden", 256.

> [Wir] müssen mutig neue Wege mit denen beschreiten, die sich durch die traditionellen Riten nicht mehr im Innersten angesprochen fühlen, aber dennoch ein Verlangen verspüren, zu bestimmten Zeiten und zu bestimmten Gelegenheiten aus dem alltäglichen Ablauf der Dinge herauszutreten, um mit Hilfe von heiligen Zeichen und besonderen Worten ihr Leben in einen größeren Sinnzusammenhang einzubetten.[64]

Mittlerweile bieten viele Handreichungen und Werkbücher für unterschiedliche Feiern anlässlich von Trennung, Scheidung oder auch in der öffentlichen Feier einer neuen Partnerschaft Modelle zur Gestaltung der Feiern an.[65]

Auf zwei Formen, die sich (häufig auch ökumenisch) entwickelt haben, soll hier kurz eingegangen werden: Segensfeiern für Personen, die nicht kirchlich heiraten können (weil eine der beiden Personen schon kirchlich verheiratet war) und Gottesdienste zu Trennung und Scheidung. Dazu kommt eine vermehrt gewünschte Verbindung von Taufe und Trauung – die sogenannte „Traufe".

5.1. Segensfeiern

Im Blick auf den Wandel im Trauungsritual ist vor allem die zunehmende Feier mit Personen, die nicht mehr eine sakramentale Ehe eingehen können, bedeutsam. Zumeist laufen diese Feiern unter dem Begriff von „Segensfeiern". Kranemann stellt fest: „Solche Segensfeiern sind längst geübte Praxis, in einzelnen Fällen werden auch Vorlagen für solche Rituale durch Bistümer angeboten."[66]

Gerade diese Segensfeiern stellen eine interessante Verbindung von pastoralen Herausforderungen und liturgischen „Experimenten" dar. Denn einerseits wird seit Jahrzehnten (und nicht zuletzt bei der jüngsten Bischofssynode 2015 zu Ehe und Familie) die Bedeutung einer Pastoral für Wiederverheiratete Geschiedene betont – gleichzeitig ist aber eine „zweite Heirat" noch weit außerhalb des im katholischen Raum Möglichen. Daher erstaunt es auch nicht, wenn Kranemann feststellt: „Die Liturgiewissenschaft hat sich um dieses spezifische Problem ... noch keine Gedanken gemacht."[67] Gleichzeitig gibt es aber den Wunsch nach kirchlicher Begleitung gerade auch in diesen Situationen, trotz mancher Steine, die Geschiedenen in den Weg gelegt werden:

> Menschen mit einer gescheiterten Ehe stehen in der Kirche vor erheblichen Problemen. Viele deuten das persönlich so, dass ihnen die Kirche Partizipationsmöglichkeiten

---

64 Sauer, Liturgie für Fernstehende, 566.
65 Vgl. exemplarisch Breitenbach, Die Liebe leben; Kampmann, Hochzeit – Ehe – Partnerschaft; Stutz/Merz-Abt, Trauung feiern.
66 Kranemann, Liturgischer Katechumenat, 171.
67 Ebd.

verschließt. Bemerkenswert ist, dass solche Menschen dennoch bei der Kirche ... um Rituale in solcher Lebenssituation nachsuchen.[68]

Nach Ottmar Fuchs liegt der Grund solcher Nachfrage in einem „tiefen Vertrauen in die kirchlichen Rituale", in die damit verbundene Gnadenzusage und die Wirkung dieser Rituale. Kranemann spricht von den Segensfeiern als einem schwierigen Terrain.[69]

> Gerade solche Feiern verdeutlichen, dass neue Rituale nicht unverbindlich sein dürfen. Sie gehören nicht in eine Grauzone kirchlichen Lebens, sondern müssen sorgfältig seelsorglich begleitet und theologisch wie ästhetisch reflektiert begangen werden.[70]

Zu diesen Segensfeiern gehören mittlerweile aber vermehrt Gottesdienste für Paare, die aus unterschiedlichen Gründen nicht geheiratet haben oder heiraten können. Interessant ist diesbezüglich z.B. das Modell einer Segnung einer Patchworkfamilie, womit eine immer häufiger anzutreffende Familienform ebenfalls in einem liturgischen Rahmen gewürdigt wird.[71]

5.2. Ökumenische Gottesdienste zu Trennung und Scheidung[72]

Wenn wir von Ritualen an Lebensübergängen sprechen, so stellt nicht nur die Hochzeit einen solchen Übergang dar, sondern auch eine Scheidung bzw. Trennung eines Paares, ob verheiratet oder unverheiratet. Es handelt sich dabei um existenzielle Erschütterungen, die sowohl die persönliche Gefühlswelt als auch die sozialen Kontexte betreffen. Üblicherweise sind in diesen Phasen psychologische, aber auch kirchliche Beratungsstellen hilfreich.

Manfred Belok zeigt auf, dass die Diskussion über kirchliche Rituale bei Trennung bzw. Scheidung in den USA in den 1970er Jahren, in Europa in den 1990er Jahren begann,[73] wobei schon Arnold van Gennep Scheidungszeremonien bzw. Scheidungsriten kannte.[74] Scheidungsrituale sind jedoch sehr kritisch zu sehen; das Thema ist eher am Ort der Seelsorge anzusiedeln, weniger als öffentliches Ritual bzw. als Gottesdienst. Hahn stellt die Frage, welches Signal ein solches Ritual aussendet: „Rituale [...] bringen den christlichen Glauben zum

---

68 Ebd.
69 Vgl. ebd., 172.
70 Ebd., 173.
71 Vgl. Kampmann, Werkbuch, 165–168.
72 Vgl. zum Folgenden vor allem Belok, Trennung und Scheidung.
73 Hier ist vor allem die Dissertation von Andrea Marco Bianca zu nennen: Rituale bei Trennung und Scheidung, publiziert 2002. Vgl. auch Hahn, Kasualien, 48–50; Feifel, Segnung eines Paares, das sich trennt.
74 Vgl. Van Gennep, Übergangsriten.

Ausdruck. Sie helfen etwas zu verarbeiten und bewirken etwas".[75] Was bewirken jedoch Trennungs-Zeremonien – und welches Moment christlichen Glaubens wird dabei ausgedrückt? Auch dazu gibt es keine Studien.

Seit 1998 gibt es alljährlich ein Gottesdienstangebot für getrennt Lebende in Stuttgart, vorbereitet durch wechselnde Teams (PfarrerInnen, PädagogInnen, EheberaterInnen), unter dem Titel: „Wenn Wege sich trennen. Ökumenischer Gottesdienst für getrennt Lebende und Geschiedene und ihre Angehörige". Seit 2003, im Nachgang zum ökumenischen Kirchentag in Berlin, ist das Team ökumenisch.[76]

Das Signal, das mit solchen Angeboten ausgesendet wird, ist pastoral sehr wichtig: Denn damit wird deutlich, dass das Leben der Menschen nicht geradlinig verläuft; dass Scheitern und Trennungen nicht den Ausschluss aus der Gemeinschaft der Glaubenden bedeuten. Ganz im Gegenteil: Wenn Rituale eine stabilisierende Funktion in schweren Zeiten bedeuten, ist es sogar die Pflicht einer Kirche, die sich dem „Heil der Seelen" verschrieben hat, solche Rituale anzubieten.

5.3. Taufe und Trauung – die „Traufe"?

Die Verbindung mehrerer Sakramente ist ja nicht unüblich. Vor allem die Eucharistiefeier wird mit fast allen Sakramenten verbunden (außer Taufe, Buße). In den letzten Jahren ist aber vermehrt eine Verbindung von Trauung und Taufe festzustellen – wobei die Taufe nicht dem Brautpaar, sondern deren Kindern gespendet wird. Der (zugegeben etwas unglückliche) Begriff der „Traufe" zeigt diese Verbindung an.[77] Dies hängt mit einer Veränderung des Hochzeitsrituals zusammen. Es ist vermehrt

> kein Schwellenritual mehr, sondern übernimmt eine andere Funktion: Manchmal sind gemeinsame Kinder der Anlass, Hochzeit und Taufe werden dann in einem gefeiert. Manchmal dient die Feier der Hochzeit als eine Art Bestätigung und Besiegelung des bereits Gelebten. Aufgrund der ‚gelungenen Erprobungsphase' macht das Paar den Schritt, seine Beziehung öffentlich für verbindlich zu erklären.[78]

Im Blick auf die Durchführung der Rituale wäre hier zu analysieren, welche Interpretation der Taufe hier sichtbar wird, je nachdem, an welcher Stelle der

---

75 Hahn, Kasualien, 49f.
76 Vgl. http://www.drs.de/service/presse/a-wenn-wege-sich-trennen-00003365.html [15.7.2015].
77 Vgl. http://www.hochzeit.com/5904/hochzeit-als-traufe-feiern-tipps-fuers-heiraten-mit-taufe/ [27.2.2016].
78 Kampmann, Werkbuch, 43. Vgl. auch Nüchtern, Vom Schwellen- zum Vergewisserungsritual.

Trauung diese eingefügt wird: In den Wortgottesdienst-Teil; im Anschluss an die Trauung (vor den Fürbitten); an den Schluss (nach einer möglichen Eucharistiefeier)? In welcher Form wird bei den Texten auf beide Sakramente eingegangen?

In der katholischen Trauungsliturgie spielen ja die Kinder immer noch eine wesentliche Rolle (wenn auch nicht mehr so zentral) – in der Offenheit für die Kinder, die von den Ehepartnern gegeben sein muss; in der Erklärung, Kinder, „die Gott schenken will", anzunehmen und christlich zu erziehen. Wenn nun gleichzeitig die Taufe von Kindern gefeiert wird, müssten sich auch die Trauungstexte entsprechend ändern, um der aktuellen Situation zu entsprechen.

6. Konsequenzen für das (katholische) Trauungsritual

„Wer heiratet, läßt sich auf ein Experiment mit unsicherem Ausgang ein."[79] Gerade diese Unsicherheit verlangt nach Begleitung, und dies noch mehr in individualisierten Zeiten. Das wiederum erfordert ein hohe Kompetenz von jenen, die solche Begleitung und Rituale anbieten: Priester, Diakone, RitualbegleiterInnen. Denn „es geht um nichts weniger als um den Schritt vom leblosen Ritualismus zur lebendigen Feier. Dabei gilt es, die je eigene Subjekthaftigkeit der potentiellen Mitfeiernden wahr- und ernstzunehmen, auch in ihrer (vermeintlichen) Defizienz."[80]

Ein mehrfacher Spagat ist daher im Blick auf den Wandel des Trauungsrituals notwendig. Im Folgenden benenne ich einige Grundsätze für gewandelte Trauungsrituale, ohne Anspruch auf Vollständigkeit.

6.1. Verstehbar und magisch

Die liturgischen Erneuerungen im Gefolge des II. Vatikanums hatten u. a. das Ziel, den Menschen die Liturgie verstehbarer zu machen und sie als aktive TeilnehmerInnen des liturgischen Geschehens zu sehen. Dies geschah zum einen durch die Möglichkeit (und inzwischen übliche Form), Gottesdienste in der Muttersprache zu feiern. Zum anderen geschah dies durch die größere Rollenvielfalt in Gottesdiensten sowie durch Liturgiekreise, die die Vorbereitung von Gottesdiensten vom Priester weg auf viele interessierte Personen aufteilten.

Das „Verstehbarkeitspostulat" wurde bereits von Victor Turner kritisiert,[81]

---

79 Baumann, Glaubenssache, 5.
80 Koch, Sakramentale Symbole, 105.
81 Vgl. Turner, Ritual.

und Hochschild stellt zu Recht fest: „Wo alles verstehbar sein soll, vollzieht sich keine Transformation mehr, es kommt zur rituellen Entleerung und zur Degradierung der Messe als Zeremonie."[82] Im Blick auf die Veränderungen im Trauungsritual ist somit darauf zu achten, dass sie Rituale und nicht Zeremonien sind – dass sie im besten Sinn des Wortes „transformativ" sind:

> Im Ritual erlebt man Ereignisse – im wahrsten Sinne des Wortes, denn sie wandeln die Wirklichkeit desjenigen, der das Ritual vollzieht, in einem Wort: sie sind transformativ. Zeremonien hingegen verändern keine Wirklichkeit, sondern zeigen diese lediglich an, sie sind: indikativisch.[83]

Gleichzeitig betont Hauschildt: „Der Kasus Hochzeit drängt zur Magie. Sich mittels dieser inszenierten Magie seines Entschlusses zur Ehe zu vergewissern, ist eine gewisse Hilfe. Es ist ein ‚symbolisches Kapital' für das Leben danach."[84] Die Menschen suchen somit nach etwas „Transzendentem", nach dem, was nicht sofort erklärbar ist. Ulrike Wagner-Rau entdeckt in diesen Entwicklungen „etwas von einem erhöhten Bedürfnis nach einem ‚Abwehrzauber' ..., der die Angst vor dem Scheitern der Ehe bannen soll".[85]

6.2. Traditionell und individuell

Dass viele Menschen auch ohne besonderen Kirchenbezug auf die traditionelle Form kirchlicher Trauung zurückgreifen, hat sicher damit zu tun, dass Tradition Halt gibt. So ist Hochschild zuzustimmen, wenn er sagt:

> Das zentrale Bezugsproblem der Ritualisierung als solcher stellt die Unsicherheit und Instabilität menschlichen Handelns angesichts stets gegenwärtiger anderer Möglichkeiten dar. Aus ethnologischer Sicht beispielsweise dienen Riten der technischen Überwindung von Angst.[86]

Der Wunsch nach Segen stellt gewissermaßen ein „symbolisches Kapital" dar.[87] Dieses darf nicht belächelt oder aufgrund fehlender kirchlicher Anbindung abgelehnt werden. Wagner-Rau ist Recht zu geben, wenn sie sagt:

> Vielmehr ist es die Aufgabe derer, die das Ritual gestalten, diese Wünsche in einem Rahmen zur Geltung zu bringen, in dem sie in die lebensstärkenden Potentiale der christlichen Tradition eingebunden sind, ja, diese vielleicht in manchen Fällen neu zu

---

82 Hochschild, Funktionswandel, 17.
83 Ebd.
84 Hauschildt, Kirchliche Trauungen, 32; vgl. dazu Reichertz, ‚Traumhochzeit'.
85 Wagner-Rau, Segen und Magie in der Trauung.
86 Hochschild, Funktionswandel, 27.
87 So mit Wagner-Rau, Segen und Magie in der Trauung, 159.

aktualisieren helfen und in der Kommunikation mit ihren Inhalten eine spezifische und erkennbare Bedeutung gewinnen.[88]

Denn gerade der Segen vermag eine heilsame „Unterbrechung" darzustellen, indem Chancen und Konfliktpotentiale der bisherigen Beziehungsgeschichte aufgegriffen werden: „Der Segen birgt die Verheißung, dass nicht nur wiederholt werden muss, woran die Elterngeneration gelitten hat."[89] Und der Segen ist eine Zusage – und bedeutet, dass das Heil weder selbst geschafft werden kann noch muss. Gerade weil viele Paare heute im Ritual eine Bestätigung oder Ermutigung suchen, aber auch eine Garantie für das Gelingen der Partnerschaft, ist sehr sensibel mit ihren Wünschen umzugehen. Wagner-Rau berichtet aus ihrer Erfahrung:

> Wenn im Gespräch dieser Wunsch nicht geachtet wird, kommt es schnell zum Verstummen oder zu aggressiven Kommunikationsmustern. Genauso konfliktreich wird es, wenn die rituellen Inszenierungswünsche des Paares – die Wünsche nach schützender Magie – von vornherein abschlägig beschieden werden.[90]

Man könnte es auch mit den Worten von Michael Ebertz als „aktive Anpassung" verstehen:

> Diese sucht kommunikative Anschlussfähigkeit, ohne ihr Proprium – ‚das Skandalon ihrer Verkündigung' – preiszugeben; sucht kommunikative Gestaltung, um vorgefundene Lebenswelten und Lebensformen (= Milieus) auch zu interpretieren, neu- und umzuinterpretieren, zu verändern und neu zu schaffen, freilich immer nur als einladendes ‚Angebot' (und Chance zum eigenen Lernen und Umlernen).[91]

Und Ebertz macht hier die wichtige Unterscheidung, dass es nicht um eine platte Angleichung an alle Wünsche der Menschen geht; vielmehr braucht es (im Sinne einer Inkulturationsarbeit) sehr wohl die Frage, wie man die eigene Botschaft und ihre Ausdrucksformen (zu denen die Sakramente gehören) mit den aktuellen Verstehens- und Erlebensbedingungen der Menschen abgleicht:

> Während die theologische Anpassungsarbeit in Richtung Differenzierung der religiösen Botschaft gegenüber ‚den sich ständig erneuernden und von den ursprünglichen Adressaten in ihren religiösen Interessen und ihrer Weltsicht grundverschiedenen Rezipienten' strebt, muss die theologische Angleichungsarbeit aber auch die ‚Suche nach dem größten gemeinsamen religiösen Nenner zwischen den unterschiedlichen Kategorien von Rezipienten' betreiben, um die Einheit und Gleichheit der Botschaft in und trotz aller Differenzierung und Wandelbarkeit in ihrer Treue zum Ursprung zu behaupten.[92]

---

88 Ebd.
89 Ebd., 158.
90 Wagner-Rau, Segen und Magie in der Trauung, 156.
91 Ebertz, Anpassung, 38.
92 Ebd., 39.

6.3. Sprachgewandt und stilsicher

Sehr häufig nehmen Brautpaare Anstoß an traditionellen Formeln und Sprachmustern. So wird die Formel „Bis der Tod uns scheidet" gerne abgeändert in: „Solange wir leben / du lebst"; oder statt „scheiden" wird „trennen" gesagt – oder der Satz wird (absichtlich oder unabsichtlich) ganz weggelassen.

Ein wichtiges Element von Ritualen sind die literarischen Texte, die dabei verwendet werden. Während die katholische Trauungsliturgie eine biblische Lesung und ein Evangelium vorsieht, finden sich immer häufiger nicht nur in den Segensfeiern, sondern auch in den sakramentalen Trauungen Texte, die aus der Literatur genommen sind oder auch Texte, die aus dem Internet bezogen werden. Mittlerweile schon zu „Klassikern" geworden sind Texte von Khalil Ghibran, wo der Prophet über „die Ehe" spricht, oder auch Auszüge aus dem Kleinen Prinzen von Antoine de Saint Exupéry, mit dem Satz: „Du bist ein Leben lang verantwortlich für das, was du dir vertraut gemacht hast."

Während dies mittlerweile gängige Praxis bei vielen Feiern ist, gibt es aber auch die Haltung, dass das Einfügen von nichtbiblischen Texten in die Liturgie eine „unverzeihliche Änderung der liturgischen Wahrheit"[93] darstellt.

Gleichzeitig muss es aber nachdenklich machen, wenn viele Menschen ihre Gefühle und Hoffnungen eher in Gabalier-Liedern oder poetischen Texten ausgedrückt finden als in biblischen Texten oder kirchlich vorgegebenen Formeln. Hier sehe ich eine große Herausforderung für die Formulierung von Gebeten, Texten und Liedern, die beiden Ansprüchen gerecht werden: jenen der Menschen mit ihren Gefühlen, und jenen der Kirche mit ihren Traditionen. Ein wechselseitiges kategorisches Ablehnen von beiden Seiten führt hier jedenfalls nicht weiter.

6.4. Diakonisch und ökumenisch

Immer wieder wird von Liturgen beklagt, dass sie nur mehr „Zeremonienmeister" sind. Hier hat Kristian Fechtner einen interessanten Zugang, wenn er von „Co-Inszenierungen" spricht. Konkret geht es darum, im Traugespräch mit den Beteiligten ihre inszenatorischen Wünsche auf ihre symbolischen Deutungen und theologischen Aussagen hin anzuschauen.[94]

Und Jan Hermelink schlägt vor, die kirchliche Trauung unter dem Paradigma der Dienstleistung zu betrachten und den Prozess der Vorbereitung des Trau-

---

93 Pane, liturgia creativa, 146f: „un'imperdonabile alterazione della verità liturgica".
94 Vgl. Fechtner, 2003, 135.

gottesdienstes als „Koproduktion' zwischen Anbieter und Nutznießer einer Dienstleistung" zu verstehen.[95]

Gegenüber anderen Kasualien zeichnet sich die kirchliche Trauung unter anderem durch eine starke Konventionsgebundenheit aus. Nahezu jedes Paar orientiert sich in Fragen der Gestaltung der eigenen Hochzeit an sozial oder medial vermittelten Bildern, die teils unverändert imitiert und reinszeniert, teils als unpassend abgelehnt werden. In der affirmativen (‚das gehört einfach dazu') und kritischen (‚das ist uns zu kitschig') Auswahl aus dem gängigen Repertoire finden die Heiratenden eine adäquate Form zur Repräsentation der eigenen Individualität.[96]

Lätzel erarbeitet einige Kennzeichen von gottesdienstlichen Angeboten für Kirchendistanzierte:

Solche Formen sind offen für die Distanz, sind verständlich, inkulturieren sich in die Gesellschaft, bieten einen alternativen Raum in der Erlebnisgesellschaft, sind ganzheitlich gestaltet, unterstützen die Identitätssuche der Menschen, sind theologisch wie soziologisch reflektiert, haben experimentellen Charakter.[97]

Im Sinne der in Pt. 4 angesprochenen „Ritendiakonie" ist es jedenfalls eine zentrale pastoral-liturgische Aufgabe, neue Formen zu entwickeln, die sich am Leben der Menschen und ihren Erwartungen an kirchliche Rituale ebenso orientieren wie an den jahrhundertealten liturgischen Erfahrungen der Kirche.

Die in diesem Beitrag verwendeten Beispiele sind nicht nur dem katholischen Bereich entnommen. Gerade bei den neuen Ritualen gibt es mittlerweile einen regen Austausch zwischen evangelischen und katholischen Traditionen und eine gegenseitige Beeinflussung. Einige Beispiele solcher Beeinflussungen in Richtung katholischer Liturgie seien hier noch genannt.

So gibt es bei der katholischen Liturgie einen verstärkten Wunsch von Paaren, gemeinsam in die Kirche einzuziehen. Dies wird auch unter dem Moment des Ernstnehmens der Situation zu sehen sein, dass die Paare häufig schon seit vielen Jahren zusammen sind und es für viele gekünstelt erscheint, nun plötzlich so zu tun, als kämen sie erstmals zusammen.

Aber auch die mögliche Übergabe der Tochter durch den Vater am Beginn der Trauungsliturgie fällt vermehrt weg (dies zumeist mit dem Verweis auf überkommene patriarchale Formen). Dazu kommen die immer komplexeren Familienkonstellationen mit der Frage: Wer sollte denn nun mit der Braut nach vorne zum Altar gehen?

Waren früher die Texte in der Verantwortung des Priesters, bringen die Paare heute vermehrt selbst formulierte Segensgebete mit, wodurch diese zumeist

---

95 Merzyn, Rezeption der kirchlichen Trauung, 35f.
96 Ebd., 215.
97 Lätzel, Gottesdienste mit Kirchenfernen?, 20.

persönlicher werden. Die Verantwortung des Priesters/Diakons ist es dann, mit den Paaren an und mit diesen Texten zu arbeiten, damit sie „liturgietauglich" sind.

7. Schlussfolgerungen für Pastoraltheologie und Ritualforschung

Die in diesem Beitrag gesammelten Wahrnehmungen und Interpretationen von Änderungen im Umfeld des katholischen Trauungsrituals stellen schließlich einen mehrfachen wissenschaftlichen Auftrag dar, der hier nur angedeutet werden kann.

So steht eine genauere Analyse aller Sakramente mit Hilfe von ritualtheoretischen Zugängen an: Zum einen die empirische Erforschung der konkreten Ritualvollzüge; zum anderen die theologische Deutung der Änderungen: Was ist genuiner Ausdruck eines mündigen Volkes Gottes – und was entspringt einer möglichen zeitlich bedingten Mode? Welche rituellen Elemente dienen dazu, den Sinn des jeweiligen Sakraments besser und verstehbarer auszudrücken? Und wo braucht es auch das Hochhalten von vielleicht nicht immer auf den ersten Blick verstandenen rituellen Ausdrücken?

Im Blick auf den Forschungsansatz des vorliegenden Buches lässt sich festhalten, dass es mehrere Gründe für den Wandel des Trauungsrituals (bzw. zumindest so mancher Elemente desselben) gibt – angefangen bei den veränderten Lebensbedingungen der Menschen; über die Möglichkeit, anhand der modernen Medien unterschiedliche rituelle Formen kennenzulernen (und damit das jahrhundertelange Ritenmonopol der religiösen Anbieter vor Ort zu durchbrechen); bis hin zu den Veränderungen beim Anbieter selbst (in diesem Fall die katholische Kirche): eine veränderte Sicht auf den Menschen und ein Wandel im Bild der Ritenverantwortlichen (die nicht mehr nur die Priester sind) sind nur zwei zentrale Momente dieses Wandels.

Literaturverzeichnis

Andere Gottesdienste. Erkundungen und Reflexionen zu alternativen Liturgien, im Auftrag der Liturgischen Konferenz hg. v. Jochen Arnold, Gütersloh 2012.

Baumann, Urs, Glaubenssache? Ehe heute als Sakrament verstehen, in: Lebendige Seelsorge 52 (1/2001), 4–8.

Belok, Manfred, Ökumenische Gottesdienste zu Trennung und Scheidung. Pastoraltheologische Anmerkungen zu einer sich etablierenden Praxis, in: Michael Durst / Hans J.

Münk (Hg.), Zwischen Tradition und Postmoderne. Die Liturgiewissenschaft vor neuen Herausforderungen, Freiburg/Ch. 2010, 228–261.

Bianca, Andrea Marco, Rituale bei Trennung und Scheidung, Bern 2002.

Breitenbach, Roland, Die Liebe leben. Modelle für die Trauvorbereitung und für Traupredigten, Stuttgart 2012.

Cöllen, Michael, Rituale für Paare, Stuttgart 2003.

Demel, Sabine, Die sakramentale Ehe als Gottesbund und Vollzugsgestalt kirchlicher Existenz. Ein Beitrag zur Diskussion über die Trennbarkeit von Ehevertrag und Ehesakrament, in: Karl-Theodor Geringer / Heribert Schmitz (Hg.), Communio in Ecclesiae Mysterio (FS Winfried Aymans), St. Ottilien 2001, 61–81.

Demel, Sabine, Gegen die Nivellierung der kirchlichen Trauung und für ein Ernstnehmen der Ehe auch als Schöpfungswirklichkeit. Zum Anliegen einer Stufung des Ehesakraments, in: Regina Ammicht-Quinn / Stefanie Spendel (Hg.), Kraftfelder. Sakramente in der Lebenswirklichkeit von Frauen, Regensburg 1998, 206–225.

Die Feier der Trauung in den katholischen Bistümern des deutschen Sprachgebietes, hg. im Auftrag der Bischofskonferenzen Deutschlands, Österreichs und der Schweiz u. a., 2. Aufl., Zürich u. a. 1992.

Ebertz, Michael N., Anlassgottesdienste. Anpassung statt Angleichung – Anpassung und Angleichung, in: Heiliger Dienst 60 (1/2006), 18–39.

Fechtner, Kristian, Kirche von Fall zu Fall. Kasualpraxis in der Gegenwart – eine Orientierung, Gütersloh 2003.

Feifel, Heribert, Segnung eines Paares, das sich trennt, in: Christiane Bundschuh-Schramm (Hg.), Ich will mit dir sein und dich segnen. Segensfeiern und Segensgesten, Ostfildern 1999, 74–78.

Fuchs, Ottmar, „Unbedingte" Vor-Gegebenheit des Rituals als pastorale Gabe und Aufgabe, in: Theologische Quartalschrift 189 (2009), 106–129.

Fuchs, Ottmar, Neue Gottesdienstformen im Horizont der Sakramentalität (in) der Kirche, in: Eberhard Amon / Benedikt Kranemann (Hg.), Laien leiten Liturgie. Die Wort-Gottes-Feiern als Aufgabe und Herausforderung für die Kirche, Trier 2013, 11–54.

Gabriel, Karl, Ritualisierung in säkularer Gesellschaft. Anknüpfungspunkte für Prozesse der Inkulturation, in: Stimmen der Zeit 212 (1994), 3–13.

Grün, Anselm, Geborgenheit finden – Rituale feiern. Wege zu mehr Lebensfreude, Zürich 1997.

Hahn, Udo, Kasualien (Gütersloher Taschenbücher 689: Grundbegriffe Christentum), Gütersloh 2002.

Hahne, Werner, Nach der Authentizität der Liturgie gefragt. Kritische Bemerkungen zum Rituale-Boom, in: Diakonia 30 (1999), 81–87.

Haunerland, Winfried, „Die Kirche befriedigt nicht Erwartungen, sie feiert Geheimnisse". Vorüberlegungen zu einer diakonischen Gottesdienstpraxis, in: Heiliger Dienst 60 (1/2006), 49–63.

Hauschildt, Eberhard, Kirchliche Trauungen zwischen Magiebedürfnis und Interpretationschance. Zu den Beiträgen von Jo Reichertz und Martin Dutzmann, in: Praktische Theologie 88 (1999), 29–33.

Hermelink, Jan, Praktische Theologie der Kirchenmitgliedschaft, Göttingen 2000.

Hochschild, Michael, Funktionswandel christlicher Rituale, in: Herbert Poensgen (Hg.), Rituelle Experimente, 12–37.

Hödl, Hans Gerald, Ritual (Kult, Opfer, Ritus, Zeremonie), in: Johann Figl (Hg.), Handbuch Religionswissenschaft, Innsbruck u. a. 2003, 664–689.

Jäggi, Sarah, „Ehe light". Ein Mustervertrag fürs Leben, in: http://www.zeit.de/2015/14/ehe-light-frankreich-schweiz [20. 8. 2015].

Kampmann, Monika (Hg.), Hochzeit – Ehe – Partnerschaft. Das große Werkbuch für Gottesdienst und Gemeindearbeit, Ostfildern 2013.

Kaudewitz, Monika, Weiblicher Individuationsprozess und Sakramente, in: Regina Ammicht-Quinn / Stefanie Spendel (Hg.), Kraftfelder. Sakramente in der Lebenswirklichkeit von Frauen, Regensburg 1998, 106–120.

Koch, Günter, Sakramentale Symbole. Grundweisen des Heilshandelns Gottes, Regensburg 2001.

Kranemann, Benedikt, Ein liturgischer Katechumenat? Neue Chancen für Riten und Rituale, in: Martin Kirschner / Joachim Schmiedl (Hg.), Liturgia – Die Feier des Glaubens zwischen Mysterium und Inkulturation (Katholische Kirche im Dialog 2), Freiburg u. a. 2014, 160–175.

Kuschel, Karl-Josef, Wozu kirchlich heiraten? Das Sakrament der Ehe, in: Jürgen Hoeren (Hg.), Wo Gott uns berührt. Der Lebensweg im Spiegel der Sakramente, Freiburg-Basel-Wien 1993, 94–110.

Lamberigts, Mathijs, Die Reform der Liturgie, in: Liturgia – Die Feier des Glaubens zwischen Mysterium und Inkulturation, hg. v. Martin Kirschner / Joachim Schmiedl (Katholische Kirche im Dialog 2), Freiburg-Basel-Wien 2014, 80–105.

Lätzel, Martin, Gottesdienste mit Kirchenfernen? Differenzierungen, in: Ders. (Hg.), Räume öffnen. Gottesdienste feiern mit kirchlich Distanzierten. Ein Werkstattbuch (Konkrete Liturgie), Regensburg 2005, 7–31.

Merzyn, Konrad, Die Rezeption der kirchlichen Trauung. Eine empirisch-theologische Untersuchung (Arbeiten zur Praktischen Theologie 46), Leipzig 2010.

Michaels, Axel, Geburt – Hochzeit – Tod. Übergangsrituale und die Inszenierung von Unsterblichkeit, in: Ders. (Hg.), Die neue Kraft der Rituale, Heidelberg ²2008, 237–260.

Nave-Herz, Rosemarie, Die Hochzeit. Ihre heutige Sinnzuschreibung seitens der Eheschließenden. Eine empirisch-soziologische Studie, Würzburg 1997.

Nüchtern, Michael, Vom Schwellen- zum Vergewisserungsritual. Eine Standortbestimmung zum Traugottesdienst anlässlich der neuen Trauagendenentwurfs der UEK, in: Pastoraltheologie 94 (2005), 160–174.

Odenthal, Andreas, Liturgie als Ritual. Theologische und psychoanalytische Überlegungen zu einer praktisch-theologischen Theorie des Gottesdienstes als Symbolgeschehen (PTHe 60), Stuttgart 2002.

Odenthal, Andreas, Reiche Liturgie in der Kirche der Armen? Zum Über-Fluss gottesdienstlichen Handelns im Kontext einer diakonischen Pastoral, in: Theologische Quartalschrift 193 (2013), 282–290.

Pane, Riccardo, Liturgia creativa. Considerazioni irrituali su alcune presunte applicazioni della riforma liturgica, 2. ed. riveduta e ampliata, Bologna 2012.

Pock, Johann, Gottesdienste „im Vorhof der Heiden"? Pastoraltheologische Überlegungen zur Liturgie zwischen gefeiertem Mysterium und Ritendiakonie, in: Heiliger Dienst 67 (2013), 246–258.

Reichertz, Jo, ‚Traumhochzeit' – Magie und Religion im Fernsehen, in: Praktische Theologie 88 (1999), 2–15.

Sauer, Ralph, Brauchen wir eine Liturgie für Fernstehende?, in: Katechetische Blätter 116 (1991), 562–567.

Schütze, Stefan, Die Kasualie Trauung im Wandlungsprozess. „Alternative Trauungen" und „Lebensfeiern" durch „Freie Theologen" als Herausforderung für kirchliches Handeln, in: EZW Materialdienst 2005 / Nr. 3, 102–111.

Sekretariat der Deutschen Bischofskonferenz (Hg.), Auf dem Weg zum Sakrament der Ehe. Überlegungen zur Trauungspastoral im Wandel (Die deutschen Bischöfe 67, 28.9.2000), Bonn 2000.

Siebenrock, Roman, „Ihr seid ein Brief Christi, …". Gotteskrise – Kirchenkrise – Glaubenskrise: Eine Orientierung, in: Liturgia – Die Feier des Glaubens zwischen Mysterium und Inkulturation, hg. v. Martin Kirschner / Joachim Schmiedl (Katholische Kirche im Dialog 2), Freiburg-Basel-Wien 2014, 59–79.

Stuflesser, Martin / Winter, Stephan, Gieße deine Gnade aus. Segen – Feiern des bleibenden Zuspruchs Gottes (Grundkurs Liturgie 6), Regensburg 2006.

Stutz, Pierre / Merz-Abt, Thomas, Trauung feiern. Ehe-Werkbuch mit Gottesdienstmodellen, Luzern 1999.

Turner, Victor, Ritual, Tribal and Catholic, in: Worship 50 (1976) 504–526.

Van Gennep, Arnold, Übergangsriten (Les rites de passage), Frankfurt/M. – New York 1986.

Wagner-Rau, Ulrike, Segen und Magie in der Trauung, in: Erich Garhammer / Heinz-Günther Schöttler / Gerhard Ulrich (Hg.), Zwischen Schwellenangst und Schwellenzauber. Kasualpredigt als Schwellenkunde (ÖSP 3), München 2002, 155–159.

Wagner-Rau, Ulrike, Segensraum. Kasualpraxis in der modernen Gesellschaft, 2., völlig überarb. u. erw. Aufl., Stuttgart 2008.

Wohlrab-Sahr, Monika, Biographie und Religion: zwischen Ritual und Selbstsuche, Frankfurt/M. 1995.

Zulehner, Paul Michael, Ritendiakonie, in: Benedikt Kranemann / Thomas Sternberg / Walter Zahner (Hg.), Die diakonale Dimension der Liturgie, Freiburg 2006, 271–283.

Zwei trauen dem Leben. Rituale für Paare, hg. v. Pastoralamt Linz. Liturgiereferat Mitten im Leben (Mitten im Leben Heft 7), Linz 2010.

Verwendete Internetseiten

http://www.drs.de/service/presse/a-wenn-wege-sich-trennen-00003365.html [15.7.2016].

http://www.hochzeit.com/5904/hochzeit-als-traufe-feiern-tipps-fuers-heiraten-mit-taufe/ [27.2.2016].

http://www.katholisch.at/kirche/meldungen-zur-kirchenstatistik-4733 [10.05.2016].

http://www.kleinezeitung.at/s/steiermark/oststeier/peak_oststeier/4752894/Pollauberg_Pfarrer-wies-nach-Trauung-Musiker-zurecht [19.06.2015].

http://www.zeremonie.at/freie-trauung/referenzen/ [20.7.2016].

https://www.ekd.de/statistik/amtshandlungen.html [20.8.2015].

Geovanne Bustos

Die kreative Interaktion zwischen Evangelium und Kultur durch die „Dynamische Äquivalenz"

Der Autor vertritt die These, dass eine „Dynamische Äquivalenz" eine kreative Interaktion zwischen dem christlichen Glauben und der Kultur ermöglicht. Aus dieser Interaktion, welche im dynamischen Prozess eines Dialogs geschieht, entsteht *Inkulturation*. Inkulturation hat ihre Wurzeln bereits in der biblischen Tradition und der Kommunikation Gottes mit den Menschen, die im Verständnis des Christentums letztgültig in Jesus Christus geschah und durch die Kraft des Heiligen Geistes weitergeführt wird. Das Konzept „Dynamische Äquivalenz" wird als Weg zur Inkulturation der Frohen Botschaft für die Kirche in Papua Neuguinea dargestellt; Inkulturation wird dabei als zentral für das Handeln der Kirche bzw. für die in der Pastoral handelnden Personen in Papua Neuguinea angesehen.[1]

1. Einführung

Meine zehnjährige Tätigkeit in der Pastoral hat mich zur Frage der Inkulturation geführt, um einen möglichen Weg zu suchen, der nicht auf einem Gegensatz zwischen dem christlichen Glauben und der Kultur vor Ort aufbaut. Im Jahre 2003 hielt Prof. Anscar J. Chapungco, OSB einen Workshop, in welchem er uns zur „spannenden" und zugleich „herausfordernden" Arbeit der Inkulturation einlud. Ein Jahr später hat mich eine konkrete Erfahrung verändert. Nach dieser Inkulturationserfahrung betrachtete ich meine pastorale Arbeit anders und fing als Steyler Missionar an, die Kultur der Menschen vor Ort nicht nur mit anderen Augen zu betrachten, sondern daraus zu lernen und vor allem sie zu schätzen. Es

---

1 Dieser Beitrag stellt die grundsätzlichen Thesen einer Dissertation vor, die im Mai 2014 von der Kath.-Theol. Fakultät der Universität Wien als Dissertation angenommen wurde, unter dem Titel: „Dynamische Äquivalenz. Ein pastoraler Weg zur Inkulturation der Karfreitagsliturgie am Beispiel eines Rituals aus dem Chambri See Gebiet der östlichen Provinz Sepik von Papua Neuguinea". Vgl. dazu auch den jüngsten Beitrag: Bustos, Bikman and the text in context.

war eine Erfahrung der Umkehr. Seitdem beschäftigt mich die Frage der Inkulturation. Ich verstehe jetzt, dass immer die Herausforderung besteht, gemeinsam mit den Menschen nach Wegen zu suchen und so ihren christlichen Glauben auf Basis ihrer eigenen Kultur auf lebendige Art und Weise zu feiern.

2. Warum braucht es Inkulturation?

Die Rede von Inkulturation ist in der römisch-katholischen Kirche und in den wissenschaftlich-theologischen Diskursen ziemlich neu. Wir finden sie in einigen lehramtlichen Dokumenten (wie „*Evangelii Nuntiandi*") oder auch in offiziellen päpstlichen Äußerungen. Mit Papst Paul VI. beginnt die Thematisierung von Inkulturation, insbesondere durch seine Wertschätzung anderer Kulturen. Noch stärker und bereits spezifischer zeigt sich die Thematisierung von Kultur und Glaube bei Johannes Paul II. Auf seinen verschiedenen Reisen um die Welt und seiner Begegnung mit den Völkern und der Vielfalt der verschiedenen Kulturen spricht er immer wieder von der Wertschätzung dieser Vielfalt. Auch in den Konstitutionen des Zweiten Vatikanischen Konzils finden wir weitere Beispiele, wie „*Lumen Gentium*", „*Ad gentes*", „*Gaudium et Spes*" mit besonderer Betonung der pastoralen Tätigkeit der Kirche in der Moderne, „*Apostolicam actuositatem*", „*Sacrosanctum Concilium*" mit Bezug auf die Liturgie. Viele Dokumente des Zweiten Vatikanischen Konzils sprechen direkt oder indirekt von der Wichtigkeit des Dialogs. Auch lehramtliche Dokumente (wie die Enzyklika „*Ecclesiam suam*") befassen sich mit dieser Thematik. Am 6. August 1964 schreibt Papst Paul VI. darin, dass die Heilsgeschichte ein fortlaufender Dialog zwischen Gott und der Menschheit ist.[2] In diesem Sinne sollte auch die Kirche diesen Dialog weiterführen:[3] „Die Kirche muss zu einem Dialog mit der Welt kommen, in der sie nun einmal lebt." Der Papst hebt noch etwas Wesentliches hervor: „Die Kirche macht sich selbst zum Wort, zur Botschaft, zum Dialog."[4] Auch Papst Johannes Paul II. schrieb in seiner Enzyklika *Novo Millennio Ineunte* über die Wichtigkeit einer inkulturierten Verkündigung des Wortes Gottes. Dabei lud er alle Christen ein, eine konkrete und effektive Antwort auf die Notwendigkeit der Inkulturation der Frohen Botschaft zu geben.[5] Das kann nur im Dialog geschehen. Als Voraussetzung jeden Dialogs gilt die Wahrnehmung und Förderung des Lebensrechtes aller fremden Kulturen und deren Lebensstile. Damit dies gelingen kann, ist die Bereitschaft der Kirche gefordert, aus der

---

2 Vgl. Papst Paul VI., Ecclesiam suam, 8–11.
3 Vgl. Dupuis, Unterwegs, 245. Siehe Dupuis' Einstellung über den interreligiösen Dialog, besonders das Kapitel 14, in: Ders., Unterwegs, 491–525.
4 Papst Paul VI., Ecclesiam suam, 27 f.
5 Vgl. NMI 40.

Geschichte und der Begegnung mit den Menschen unterschiedlicher Kulturen zu lernen.

Der Exklusivitätsanspruch des Christentums, das sich von Anfang an als „universal" verstand, wird sich nur im Respekt gegenüber den anderen verwirklichen, in der Dynamik eines Dialogs mit der Welt und der Vielfalt der Kulturen in dieser Welt, welche das universale Heil aller Völker zeigt.[6] In ihrer Sendung, die Völker dieser Erde zu evangelisieren, begegnet die Kirche immer unterschiedlichen Kulturen in den unterschiedlichen Völkern, zu denen sie sich gesendet weiß. Auch diese evangelisierten Völker dürfen nun der Kirche eine neue Gestalt geben, die der „Universalität" entspricht.[7]

> Die Universalität des Evangeliums kann durch die Haltung der Christinnen und Christen in der Welt ausgedrückt werden. Diese Haltung kann sich in der Frage nach der Dynamik der Leitung durch den Heiligen Geist Gottes zeigen, in der Frage nach der eigenen Nachfolge und in der Offenheit zum Dialog.[8]

In der Thematik der Inkulturation stoßen wir auf die Beziehung von Glaube und Kultur im konkreten Pastoraleinsatz der Kirche vor Ort,[9] besonders in den nichteuropäischen Kulturen. In der Auseinandersetzung damit sind wir herausgefordert, die Verkündigung der Frohbotschaft immer wieder anders zu betrachten und neu zu reflektieren.[10] In der Begegnung mit anderen Menschen, Kulturen, Völkern und deren Traditionen hat sich allmählich das Konzept entwickelt und somit im Laufe der Zeit zu einem tieferen Verständnis geführt, nämlich von *Adaptation* zu *Akkommodation*, von *Indigenisation* zu *Lokalisation*, von *Kontextualisation* (1971) zu *Inkulturation* (1974). Alle diese Konzepte beabsichtigen auf unterschiedliche Weise, das Evangelium Jesu Christi den Menschen zu verkünden. Diese Verkündigung nimmt den Kontext, die Lebenssituation der heutigen Menschen, welche sich in unserer globalisierten Welt oft sehr rasch ändert, ernst. Angesichts der ständigen Veränderung stellt sich die

---

6 Siehe Offb. 7,9.
7 Vgl. Peelman, L'Inculturation, 29.
8 Caero, Herr, 19.
9 Inkulturation ist nicht nur eine Aufgabe der Experten, noch der Kirche der sog. dritten Welt, sondern all jener, die dem Auftrag Jesu treu bleiben wollen und allen Gläubigen das Evangelium der gegenwärtigen Zeit entsprechend und aktuell präsentieren. Inkulturation des Glaubens schafft kein Mensch allein, es ist die Aufgabe aller Getauften. Es geht um „eine neue Sprache der Verkündigung, die den Menschen von heute erreicht. Gefordert ist eine Deutung der Welt von heute aus dem Geist Jesu, die für die Menschen der Gegenwart Orientierung, Entscheidungshilfe, Hoffnung und Trost anbietet." (Kirche In, Respekt, 12, 03/2012) In RM 54 ist dasselbe Thema angesprochen: „ (…) Schließlich muss die Inkulturation das ganze Volk Gottes und nicht nur einige Experten einbeziehen, denn es ist bekannt, dass das Volk Gottes über den ursprünglichen Glaubenssinn nachdenkt, was nie aus dem Blick verloren werden soll."
10 Vgl. Peelman, L'Inculturation, 29.

Frage, ob die Kirche ihrem Auftrag, allen Menschen die Botschaft des Evangeliums als *eine frohe Botschaft* zu verkündigen, gerecht werden kann. Ist angesichts ständig wechselnder Realitäten eine zeitgemäße Verkündigung überhaupt möglich? Erfahren die Menschen die christliche Botschaft als ‚relevant' für ihr Leben?[11] Die Bischöfe von Papua Neuguinea äußerten in diesem Kontext den Wunsch nach einer echten Inkulturation des Evangeliums in die Kultur der Menschen ihres Landes.

2.1. Die Frage der ‚Inkulturation' im Kontext von Papua Neuguinea

Bei der Ozeanien-Synode 1998 haben die Bischöfe in ihrer Versammlung die Bedeutung von „Inkulturation" besprochen und die Konsequenzen für die Kirche dieses großen Kontinents und für die Kirche in Papua Neuguinea überlegt. Die Bedeutung der Inkulturation zeigt sich in folgender Aussage:[12]

> The *process* of inculturation is the *gradual way* in which the Gospel is incarnated in the various cultures. On the one hand, certain cultural values must *be transformed* und purified, if they are to find a place in a genuinely Christian culture [...]. Inculturation is born out of *respect* for both the Gospel and the culture in which it is proclaimed and welcomed.[13]

Die obige Auffassung sieht Inkulturation als einen *dynamischen Prozess*, der durch den Dialog mit einer Kultur ausgelöst wird und sich immer neu entfaltet.[14] Weil dieser Prozess nicht statisch ist, braucht er den ständigen Dialog, der eine entscheidende und unverzichtbare Rolle spielt. Er ist ein Schlüsselkonzept für einen gelungenen inkulturierten Prozess. Dieser garantiert einerseits die Wertschätzung der Kultur, erlaubt aber auch die *Transformation* jener Elemente, welche nicht mit den christlichen Werten vereinbar sind.

Die Bischöfe verstanden die Dynamik dieses Prozesses als etwas, was sich allmählich entwickelt. Es ist keine festgelegte oder starre Dynamik, sondern eine *kontinuierliche*. Die Frohbotschaft wird *inkarniert im partikularen Kontext*, nämlich in der Kultur der Menschen vor Ort. Mit *Respekt*[15] sollten Glaube und Kultur einander begegnen, um diesen Inkulturationsprozess, welcher immer wieder zu den Werten der Kultur führt, zu realisieren.

---

11 Vgl. Bevans, New Directions, 5; Zocca, Reflections, 72; Arbuckle, Earthing, 18.
12 Für meine Untersuchung betrachte ich diese Definition als sehr umfassend und hilfreich. Die kursiv gedruckten Stichworte sind eigene Hervorhebungen, um die Wichtigkeit des Prozesses der Inkulturation zu betonen und im Zusammenhang mit dem Kontext Papua Neuguineas darzustellen.
13 Papst Johannes Paul II, Ecclesia, 316.
14 Vgl. Roest Crollius, Diskussion, 19.
15 Siehe NMI 40.

Es geht um eine Verpflichtung zur Förderung des Lebensrechtes der fremden Kulturen[16] und der Bewahrung ihrer Identität, die sowohl eine persönliche wie auch eine soziale Dimension hat. Die Identität bleibt immer in Spannung mit dem Aneignungsprozess und zugleich mit dem Entfaltungsprozess. Sie kann weder empfangen noch vermittelt werden. Sie muss erworben werden und bleibt niemals fixiert und statisch.[17]

In diesem Zusammenhang haben drei Päpste (Johannes XXIII., Paul VI. und Johannes Paul II.) darauf hingewiesen, dass die Kirche sich nicht mehr allein mit der westlichen Kultur identifizieren darf. Die Kirche muss die Gestalt der Völker vor Ort und den Ausdruck ihres Glaubens annehmen, durch einen interkulturellen aktiven Dialog.[18] Bei Johannes Paul II.[19] zeigt sich eine immer stärkere Überzeugung, dass jedem Menschen und jeder Kultur Respekt und Aufmerksamkeit gebührt und die spezifischen Werte jedes Volkes respektiert werden sollen. Er sah in der Notwendigkeit der Inkulturation und der totalen Treue zur Verkündigung des Evangeliums keinen Gegensatz. Glaube kann in der Tradition der Kirche verwurzelt bleiben und doch das Angesicht der vielen Kulturen und Völker tragen, in denen der Glaube verkündet wird.[20] Die Bereitschaft zum Dialog wird die Zukunft der Kirche und der Menschheit prägen in ihrer Bemühung um die Evangelisierung der Kultur und die integrale Förderung der Würde aller Menschen.[21]

Es geht um ein wechselseitiges Verhältnis zwischen der christlichen Botschaft und der Vielfalt der Kulturen in den bestimmten sozio-politischen und religiösen Situationen, wo das Evangelium eine inspirierende und transformierende Kraft sein kann. Das Ergebnis des Verhältnisses zwischen Evangelium und Kultur stellt eine Bereicherung für die universale Kirche dar.[22]

Die Frucht eines gelungenen Dialogs wird sich immer in der konkret-pastoralen Situation der Kirche vor Ort als eine artikulierte Antwort zeigen. Dieser Dialog führt unbedingt zu einem geschwisterlichen Miteinander und zu einem gemeinsamen Austausch des Sich-gegenseitig-bereichern-Lassens von der Erfahrung und den Einsichten der anderen,[23] denn: „Alle sollen lernen, aufeinander zu hören, die Anliegen der anderen ernst zu nehmen und über allen

---

16 Vgl. Hilpert, Inkulturation, 14.
17 Vgl. Bischofberger, Identität, 209.
18 Vgl. Peelman, L'Inculturation, 28.
19 „John Paul II is the first Pope to speak explicitly of inculturation, and for him it has become a common expression." Carrier, Evangelizing, 64.
20 NMI 36–37.
21 Peelman, L'Inculturation, 18f.
22 Feldtkeller, Inculturation, 504.
23 Vgl. Mette, Praktische Theologie, 22.

Verschiedenheiten von Ansichten und Meinungen die grundlegende Einheit nicht aus dem Blick zu verlieren."[24]

3. Die Methode der Inkulturation: Die dynamische Äquivalenz

Anscar Chapungco schlägt in seinem Buch „Liturgical Inculturation" drei Methoden zur Inkulturation vor: creative assimilation, creative invention und dynamic equivalence. Die Dynamische Äquivalenz besteht darin, ein Element der römischen Liturgie zu ersetzen durch das, was in der lokalen Kultur dieselbe Bedeutung oder denselben Wert hat. „Dynamic Equivalence consists in *replacing*[25] an element of the Roman liturgy with something in the local culture that has an equal meaning or value."[26]

Eine Dynamische Äquivalenz steht nicht allein, sondern ist immer mit anderen Elementen verbunden. Dies verlangt, dass die rituellen und symbolischen Elemente der römischen Liturgie sorgsam studiert und beachtet werden. Dadurch kann erreicht werden, dass sich die Lebenserfahrungen, die Werte und die Tradition in ihrer Sprache und in ihren Ritualen der eigenen kulturellen Formen spiegeln.[27] Das ist sehr entscheidend, denn die Identität, welche für jedes Volk etwas Wesentliches ist, muss gewahrt bleiben.[28] Identität gewinnt eine tiefere Bedeutung, wenn durch die Begegnung Differenzen erfahrbar gemacht werden.[29] Da Dynamische Äquivalenz einen unmittelbaren Kontakt zur Kultur erzielt, wird

---

24 Müller, Pastoraltheologie, 95.
25 Hervorhebung des Autors – um darauf aufmerksam zu machen, dass es bei dieser Arbeit nicht darum geht, ein Element der römischen Liturgie zu ersetzen, sondern dem christlichen Glauben das Äquivalent in der Kultur der Menschen vor Ort zu finden, um den christlichen Glauben „relevant" und „bedeutungsvoll" zu präsentieren. „Relevanz", „Bedeutung" wird immer die Herausforderung der christlichen Verkündigung in jeder Kultur sein, in welcher die christliche Botschaft verkündet wird. Er schlägt die Beschreibung der Dynamischen Äquivalenz auf folgende Weise vor: „Dynamic equivalence consists in finding an element, an idea or a concept of the Roman liturgy which in the local culture has an equal meaning." Diese Definition könnte die Dynamische Äquivalenz für die Absicht dieser Arbeit am besten darstellen. Das Anliegen des Autors besteht darin, durch das „Bikman"-Ritual eine tiefere Bedeutung des christlichen Glaubens erfahrbar und sie in der Liturgie neu erlebbar zu machen.
26 Chapungco, Liturgical Inculturation, 37.
27 Vgl. ebd., 38.
28 Chauvet schreibt, dass die Identität immer mit einer kulturellen sozialen Symbolik verbunden und ein Erbe der Tradition ist: „Une identité se tire toujours d'une symbolique culturelle er sociale, laquelle est nécessairement héritée d'une tradition." Chauvet, Le parcours, 417.
29 Asurmendi benennt den Grund seiner These und schreibt: „Il ne serait pas nécessaire de parler d'identité si la différence et l'altérité ne faisaient pas partie des composantes essentielles de l'humain." Asurmendi, Identités bibliques, 405.

das Verhältnis von Kultur und Glaube im dynamischen Prozess realisiert. Das heißt, sie kann einen neuen Zugang zur Liturgie vermitteln, wobei die Liturgie durch Sprache, Ritual und Symbol die christliche Botschaft zu verkünden sucht.[30] Sie wird im Leben der versammelten Gemeinde ihre Erfahrung vom Leben, ihre menschlichen Werte und ihre Sitten als lebendige Bilder der Taten Gottes in der konkreten Geschichte der Menschen wachrufen. Beim Verwenden dieser Methode müssen die sprachlichen, rituellen und symbolischen Elemente der römischen Liturgie beachtet werden. Gleichzeitig müssen die Menschen ihre Lebenserfahrungen, ihre Werte und ihre Tradition in ihrer Sprache und ihren Riten zum Ausdruck bringen und wieder finden können.

Die Methode ist ‚dynamisch' aufgrund ihrer Beziehung zur Kultur. Im Verhältnis von Kultur und Glaube entsteht eine neue Form der Erfahrung in der Liturgie, deren Sprache, Riten und Symbole sich miteinander verbinden. Sie wird im Leben der versammelten Gemeinde ihre Erfahrung vom Leben, ihre menschlichen Werte und ihre Sitten als lebendige Bilder der Taten Gottes in ihrer konkreten Geschichte wachrufen. Diese Methode kann sehr kreativ verwendet werden, besonders dort, wo es um die Gesten (Knien, Beugen, Aufstehen, usw.) geht, welche einen starken symbolischen Wert beinhalten. In diesem Sinne kann die Methode der dynamischen Äquivalenz sehr bedeutsam sein, um liturgischen Gesten eine dem Leben nähere Bedeutung zu verleihen.[31]

Dynamische Äquivalenz ist ein Prozess, durch den ein Element der Kultur eine neue Bedeutung gewinnt, indem es aufgegriffen wird, um christlichen Glauben lebendig und tief zu feiern. Dies macht den Zugang zu einer lebendigen Erfahrung des Glaubens möglich, und zur selben Zeit bewahrt sie positive Elemente der Kultur in der Dynamik der Reziprozität und des gegenseitigen Respekts.[32] Dadurch kann erreicht werden, dass das Evangelium eine wirkliche Frohe Botschaft für die Menschen von Papua Neuguinea wird.

Die Dynamische Äquivalenz eröffnet den Vertretern der Inkulturation eine neue Perspektive im Finden neuer Wege der Inkulturation, sowohl in der Feier der Sakramente als auch in der Verkündigung des Wortes Gottes.

Dadurch kann die Methode der Dynamischen Äquivalenz sehr bedeutsam

---

30 Nach Meinung einiger Experten kann die Methode „Dynamische Äquivalenz" kritisiert werden, da mit dem Wort „dynamisch" eine ständige Änderung verbunden wird; dies widerspricht jenen Elementen, die als göttliche Einsetzung gelten. Chapungco greift diesen Einwand auf: „On the whole dynamic equivalence has been able to produce satisfactory results. It has safeguarded the liturgical tradition contained in the Roman rite, enriched it, and integrated it with the culture of the people. But dynamic equivalence is not a self-regulating method." Chapungco, Liturgies of the Future, 36; siehe dazu auch SC 21.
31 Vgl. Chapungco, Liturgical Inculturation, 38–40.
32 Vgl. ders., Liturgies of the Future, 31.

sein, um liturgischen Gesten eine lebendigere kulturelle Bedeutung zu verleihen.[33] In diesem Zusammenhang schreibt Chapungco:

> Liturgical inculturation may be described as the process whereby the texts and rites in worship by the local church are so inserted in the framework of culture, that they may absorb its thought, language, and ritual patterns [...]. Inculturation allows the people to experience in the liturgical celebration a ‚cultural event' whose language and ritual forms they are able to identify as element of their culture.[34]

„Cultural event" kann nur geschehen, wenn ein Element der Kultur in der liturgischen Feier nicht als fremd erfahren wird.[35] Vom bisher Gesagten ergeben sich nun folgende Fragen: Wie realisiert sich diese Dynamische Äquivalenz im Konkreten? Wie kann sie in der Praxis konkret umgesetzt werden?

Der folgende Abschnitt beschreibt diese kreative Verbindung zwischen Kultur und Glaube durch die Dynamische Äquivalenz.[36]

Die Dynamische Äquivalenz	
Die Kultur Papua Neuguineas	Der christliche Glaube
– Die Suche nach der Fülle des Lebens – die Gutpela Sindaun-Vorstellung – Die „Dema Mythen" – die Selbsthingabe der Dema, um „das Leben" zu ermöglichen (Opferaspekt) – Die Person und die Eigenschaft des „Bikman"	– Jesus, der das Leben in Fülle anbietet (Joh 10,10; Apg 4,12) – Die Selbsthingabe Jesu für das Leben aller und der Welt (Joh 10,17–18; 12,24; Hebr 9,12); die biblische Vorstellung dieser Opferhingabe des Gottesknechtes in Jes 53. – Jesus, der perfekte Mann (Hebr 7,26–28), Erlöser der Menschen und des gesamten Kosmos (Phil 2,6–11; Kol 1,14–20) – der Kosmische Jesus

---

33 Vgl. ders., Liturgical Inculturation, 38.
34 Vgl. ders., Liturgies of the Future, 29.
35 „Liturgy must not impose on culture a meaning or bearing that is intrinsically alien to its nature... Examples of how the church inculturated the liturgy can be found in practically every area of culture: language, rituals, feasts, gestures, music and dance, sculpture, and architecture. What is remarkable in these examples is that the church respected the dynamics and laws of culture." Ders., ebd. 31.
36 Bei der Entwicklung der Reflexion dieses Abschnitts bezieht sich der Autor hauptsächlich auf verschiedene Beiträge von Dr. Ennio Mantovani, welcher sich mit der Thematik auseinandergesetzt hat.

4. Das Ritual „Bikman" aus Chambri und die Karfreitags-Liturgie – das schöpferische Zusammenwirken durch die dynamische Äquivalenz

Das Ritual in der kreativen pastoralen Erfahrung der Gemeinde[37]

4.1. Die Beschreibung des „Bikman"-Rituals

Das Ritual ist ein Abschiedsritual, das dem christlichen Glauben ganz gut entspricht. Es hat mit dem Tod eines wichtigen Mannes/einer wichtigen Person in der Gemeinde zu tun und stellt die Art und Weise dar, wie die Menschen ihre Trauer, ihren Schmerz und ihren tiefen Respekt über den Verlust einer wichtigen Person öffentlich zum Ausdruck bringen.

Bei diesem Ritual stellen die Angehörigen eines Verstorbenen einen hölzernen Kasten bereit. Dieser ist ungefähr 2 Meter hoch und 3 Meter lang und wird aus dem Holz der Palme hergestellt. Der Kasten wird mit bestimmten Blättern und Blüten geschmückt, wobei den einzelnen Blättern eine unterschiedliche traditionelle Bedeutung zukommt. Dieser Kasten ist mit vier Seilen an der

---

37 Thomasz Górka, Karwoche 2004 in der Chambri Pfarrei.

Dachkonstruktion befestigt und schwebt einen Meter über dem Boden. Am Beginn des Rituals versammelt sich die Trauergemeinde um diesen Kasten, in welchen der Leichnam des Verstorbenen gelegt wurde. Ein Mann setzt sich zu dem Verstorbenen in den Kasten. Er hat die Aufgabe, eine entsprechende traditionelle Trauermusik mit Bambusflöte zu spielen. Nun wird der Kasten von einem auserwählten Mann in Schwingung gesetzt und muss dabei sorgfältig in Balance gehalten werden. Der Mann, der im Kasten beim Leichnam des Verstorbenen sitzt, fängt zu diesem Zeitpunkt an, die traditionelle Trauermusik zu spielen. In diesem Augenblick des Rituals werden alle Beteiligten äußerst still und lassen die Musik in ihr Inneres einwirken. Auf der Seite sitzen schwarz gekleidete Frauen mit tonbemalten Gesichtern als Zeichen ihrer Trauer. Diese Frauen beginnen zu weinen. Sobald die versammelte Gemeinde die Frauen weinen hört, fühlt sie sich ganz tief davon berührt und beginnt auch zu weinen.

Das Spielen der traditionellen Musik macht diesen Augenblick der Feier zu einem ganz besonderen. Alt und Jung und sogar ganz kleine Kinder sind mit Herz und Seele ganz bei der Sache. Ein zusätzliches emotionales Element kommt hinzu, wenn nun mit den traditionellen Buschtrommeln (Garamut) die Nachricht über den Tod des Menschen getrommelt und dadurch für eine weite Umgebung hörbar wird.

Der Vollzug des Rituals zeigt, dass dieser Ritus zur Verkündigung der Botschaft vom Leiden und Sterben unseres Herrn Jesus Christus herangezogen werden kann. Da das Ritual aus ihrer eigenen Kultur stammt, werden die Menschen leichter und direkt angesprochen, wenn es nun auch zur liturgischen Feier der Kartage verwendet wird. So steht der Inhalt des christlichen Glaubens klar vor ihnen und auch ihre Sinne werden durch ihr Ritual berührt.

4.1.1. Das schöpferische Zusammenwirken beider Rituale

Das Ritual wurde damals in die Karfreitag-Liturgie mit der Absicht eingefügt, der gesamten feiernden Gemeinde den Sinn des Leidens und Sterbens Jesu besser zu vermitteln. Die Feier war ein beeindruckendes Erlebnis und ein gelungenes Beispiel der *participatio actuosa* aller Teilnehmer. Aus dieser Erfahrung könnten auch zukünftig erneuerte Ansätze der Verkündigung für die christliche Gemeinde und die gesamte Kirche Papua Neuguineas erwachsen. Die Teilnahme und der unmittelbare Einsatz der Gemeinde und der Mitarbeiter am Vollzug des Rituals waren nur erfolgreich aufgrund des Gespräches und der Bereitschaft, sich aktiv auf das Geschehen einzulassen. Ihr Einsatz hat den Menschen eine neue Glaubenserfahrung ermöglicht und diente zur selben Zeit der Bekräftigung ihrer eigenen Identität durch die Verwendung eigener kultureller Elemente im kirchlichen Ritus. Die Darstellung des Rituales war also nicht nur eine bedeutsame Erfahrung ihres christlichen Glaubens. Die Menschen erfuhren vielmehr einen neuen und bewussten Zugang zur eigenen Kultur durch eine kreative Verbindung, realisiert in einer Dynamischen Äquivalenz. Kultischer und kirchlicher Ritus werden miteinander verbunden und helfen so, den Glauben zu verkünden. Man erreicht ein tieferes Verständnis des Paschageheimnisses und der österlichen Botschaft, indem das Ritual des „Bikman" in die Karfreitagsliturgie aufgenommen wird.[38] Das Pascha Christi wird auf zwei verschiedenen Ebenen gegenwärtig: einerseits in der Liturgie und in den Sakramenten, andererseits auch in der persönlichen Existenz.[39] Die folgende Abbildung stellt diese beiden Ebenen gegenüber:

Das Karfreitag-Ritual (Liturgie/ Sakramente)	Das Bikman Ritual (Existenz)
Trauer, Erinnerung an die Passion Jesu Christi	Trauer, Erinnerung an den „Bikman"
Der Ablauf der Liturgie – Die Liturgie des Wortes Gottes – Kreuzverehrung – Kommunion	Der Ablauf des Rituals – Die Personen – Die Elemente – Die Symbole
Vermittlung des christlichen Glaubens	Das Ergebnis dieses Abschiedsrituales

Die Intention der sakramentalen Heilszeichen liegt darin, dass „der ganze Mensch mit seiner Not und Freude, mit seinem innersten Fühlen und seiner Sehnsucht vom göttlichen Leben ergriffen wird."[40]

Genau um diese Ergriffenheit geht es in der Feier beider Rituale, und von daher ist es naheliegend, eine Verknüpfung beider zu suchen. Die Dimension der Trauer der Gemeinde beim Abschied eines „Bikman" kann gut in die Liturgie des Karfreitags übertragen werden. Auf diese Weise wird in der Erzählung des Leidens Jesu eine emotionale und existentielle Berührtheit geschaffen, welche den Feiernden eine größere Nähe zum leidenden Herrn ermöglicht.

Auf diese Weise wird die feiernde Gemeinde im gesamten Ablauf der Liturgie mit all seinen Elementen vom bloßen Zuhörer zu einem emotional beteiligten Teilnehmer.

---

38 Der Autor hat bewusst darauf geachtet, das „Bikman"-Ritual im Rahmen der Karfreitagsliturgie harmonisch einzubauen. Sein Anliegen war auch, Störungen oder Änderungen der vorgeschriebenen Liturgie zu verhindern. Er achtete darauf, dass die römische Liturgie mit dem erwähnten Ritual eine Einheit bildet.
39 Vgl. Cantalamessa, Das Oster-Geheimnis, 114.
40 Müller, Pastoraltheologie, 176.

4.1.2. Die Person und die Eigenschaften eines „Bikman"

Der traditionelle Führer integriert und belebt die sozialen Erfahrungen des Gemeinschaftslebens.[41] Dies weist auf die Wichtigkeit der Rolle eines traditionellen Führers hin. Im gesamten Raum Ozeaniens wie z. B. Melanesien, Mikronesien und Polynesien ist die Rolle solcher Personen „kinship-based".[42] Jedoch kann ein traditionelles Führerbild von einem Land zu einem anderen und von Ort zu Ort variieren. Chao macht darauf aufmerksam, dass der Status und die Macht in enger Beziehung stehen zu Blutsverwandtschaft, Mitgliedschaft eines Klans und dem Alter (Seniorität).[43] Während in der Gesellschaft von Polynesien und Mikronesien die Position eines Führers vererbt wird[44] – aufgrund der direkten Abstammung von mythischen Vorfahren –, kann es in Papua Neuguinea aufgrund der Vielfalt der Kultur durchaus anders sein. Aufgrund von besonderen Leistungen bzw. Verdiensten kann eine Führungsposition erlangt werden.[45] „Eine Erbfolge oder eine göttliche Berufung in die Nachfolge eines B.M. [Bikman] gibt es nicht. Die Söhne eines B.M. mögen ihrem Vater nacheifern und seine Nachfolge anstreben [...]".[46] Eine Garantie der Nachfolge durch Erbfolge ist nicht gegeben.

Jede Gesellschaft, bis hin zur Basis der kleinen Gemeinde bzw. des Klans oder eines Stammes, hat einen „Bikman". Seine Rolle besteht darin, das politische und soziale Leben im Netz von Beziehungen zueinander und auch außerhalb der Gemeinschaft zu regulieren und für das Wohlergehen zu sorgen. Die Harmonie ist ein Grundprinzip und ein wichtiger Wert der Gesellschaft.[47] Alles, was Beziehungen schwächt, verschlechtert oder zerstört, muss durch das Eingreifen des Führers wieder hergestellt werden. Hermann Strauß zeigt alle diese Charakteristika eines „Bikman" und schreibt: „Das Beste, was man ihnen allen nachsagen kann, ist, dass sie gütig und freundlich sind; sich um ihre Leute kümmern, um ihr Wohlergehen wirklich besorgt sind; dass sie friedlich sind und die Gemeinschaft nicht hitzköpfig und leichtfertig in kriegerische Verwicklungen hineinziehen. Zum Leben, Schaffen und sich Vermehren braucht man das gute Einvernehmen und den Frieden."[48]

Ein traditioneller Bikman kann durch folgende Charakteristika beschrieben werden:[49]

---

41 Vgl. Rath, The Big Man, 1.
42 Lewis, Taboo and Kinship, 62.
43 Vgl. Chao, Leadership, 127.
44 Vgl. Saib, Big Man, 133.
45 Vgl. Tumu, A View of Enga Culture, 21.
46 Jaeschke, Bedeutung und Einfluss des „Big-man", 162.
47 Vgl. Chao, Leadership, 132.
48 Zitiert nach Jaeschke, Bedeutung und Einfluss des „Big-man", 161f.
49 Vgl. Chao, Leadership 133–140; Seib, Big Man, 132–150.

- sein Charisma zur Führung;
- seine Fähigkeit zur Stiftung des Friedens;
- seine Fähigkeit zum Überzeugen anderer für Kooperation und gegenseitige Verpflichtungen;[50]
- seine Erfahrungen und Weisungen für das Wohlergehen der Gemeinschaft;
- seine Fähigkeit zur Weitergabe[51] dessen, was er erlangt und besitzt;
- seine rhetorische Gabe zum Reden[52] bei wichtigen Anlässen wie Versöhnungsfeier und wichtige Kulturfeste (z. B. Schweinefest bei den Hochländern und Yamsfest bei den Küstenmenschen,);
- seine Bereitschaft, sein ganzes Leben lang für die Gemeinschaft einzustehen.

Diese Charakteristika gelten auch für Führungspersonen im Hochland, welche wie folgt beschrieben werden:

> In the past a man could make a good name for himself in several ways: through being a war leader, a ritual expert, a good mediator and above all, a person skilled in public speech and ceremonial exchange. Being a good fighter or a ritual expert alone was not enough to maintain status as a true ‚big man', however, without ability in public speech, mediation and exchange. A true big man had to back his words with actions, be generous and display a certain degree of honesty and modesty. He should not only be concerned with his own status, but also that of the clan as a whole. Most of these qualities are still required of leaders today, although involvement in the public service, government and cash economy also play a role. Today as in the past, there is a greater competition between men for making a name becoming ‚big man' (*kamongo*) and such status is often not long-lasting.[53]

Alle diese Charakteristika der Person eines „Bikman" werden insbesondere in der traditionellen Gesellschaft am Ost-Sepik mit dem Aspekt der sozialen Gleichheit ergänzt. Chao drückt dies so aus: „[…] no one is supposed to rise above others in wealth or power."[54]

Die Wesensmerkmale einer so beschriebenen Führerperson stehen in großer Ähnlichkeit zur diakonischen Dimension, die auch Jesus von sich und seinen Nachfolgern verlangt hat, wenn er von sich sagt, dass er nicht gekommen sei, sich bedienen zu lassen, sondern um zu dienen.

---

50 Rath betont diesbezüglich: „One way is to see him as one who creates new traits or patterns, or who, through the weight of his influence, secures popular acceptance of cultural items from outside the village sphere." Rath, The Big Man, 5.
51 Vgl. Jaeschke, Bedeutung und Einfluss des „Big-man", 164.
52 Vgl. ebd., 163.
53 Tumu, A View of Enga Culture, 21.
54 Chao, Leadership, 133.

Christlicher Dienst richtet sich nach Jesu Prinzipien und

> Kirche ist aber nur Geistgeschöpf, insoweit ihre Gemeinschaft zeugnisvermittelt ist, insofern ihre mediale Sichtbarkeit den Geist noch bezeugt, der sich durch sie mitteilen will [...] dem Geist Jesu Christi auf der Spur zu bleiben und hier und jetzt aus ihm zu leben.[55]

4.2. Das „Bikman" Ritual von Chambri im Rahmen der Karfreitagsliturgie

Wie kann die römisch-katholische Liturgie ihre pastorale Dimension sichtbarmachen angesichts verschiedener Ausdrucksformen von Glaubenserfahrungen? Narokobi meint, dass die universale Dimension der katholischen Kirche konkrete Gestalt annimmt, indem sie sich durch Elemente der lokalen Kultur bereichert wie z. B. im Liedgut, im Ritual und in der Liturgie. Die lokale Kirche in Papua Neuguinea darf auf keinen Fall nur durch das Wirken der Auslandsmissionare bestimmt sein.[56] Das heißt, Katechisten, Ordensmänner und Ordensfrauen, Priester, Laien und Pastoral-MitarbeiterInnen tragen dazu bei, das Universale im Lokalen zu vollziehen. Die *participatio actuosa*, von der die Liturgiekonstitution mehrmals spricht (z. B. SC 14–19), muss auch Teil der Glaubenspraxis der Kirche Papua Neuguineas sein. Die aktive Teilnahme und Mitarbeit der Laien am Gottesdienst und an anderen wichtigen Feiern des Kirchenjahres ist etwas sehr Charakteristisches und Wichtiges. Die Papuas erleben Kirche, indem sie mittun und partizipieren. Die neue Erfahrung der kleinen Gemeinden von Chambri, die sie durch die angesprochene Feier machen durfte, kann einen neuen und verstärkten Impuls zu einer inkulturierten Verkündigung geben, indem die Anwendung von Elementen der lokalen Kultur (insbesondere das Ritual des „Bikman") auch von anderen Gemeinden aufgegriffen wird.

Das Chambri Ritual des Todes des „Bikman" und der damit verbundene Prozess der Trauer aller Mitbeteiligten – die christliche Gemeinde, die anderen benachbarten Gemeinden, andere Stämme und die Verwandtschaft des Verstorbenen[57] – bietet eine konkrete pastorale Möglichkeit, den christlichen Glauben zu verkündigen. Alle Mitbeteiligten erfahren bei der Durchführung des Rituals den tieferen Sinn ihres christlichen Glaubens. In Jesus Christus wird das Ritual eine neue Dimension bekommen, welche den kulturellen Ausdrucksformen der Menschen entspricht. Ihre kulturelle Identität wird von der christlichen Perspektive her betrachtet[58] und dadurch wird ihre christliche Identität vertieft.

---

55 Werbick, Warum die Kirche vor Ort bleiben muss, 30.
56 Vgl. Narokobi, Catholic Church, 183–185.
57 Zur Vertiefung siehe das erste Kapitel der Dissertation des Autors.
58 Zaborowski, Vom Geschehen des Rituals, 329.

Da ihre existenzielle Erfahrung im Lichte ihres Glaubens an Jesus Christus betrachtet wird, festigt sich ihre Identität als Christen und zugleich als Melanesier. Ihr Melanesier-Christ-Sein festigt sich und gibt Zeugnis von der universalen Dimension der Kirche in der lokalen Kirche, in der konkreten Situation der Kirche vor Ort wie es *Evangelii Nuntiandi* betont: Durch die Begegnung mit der frohen Botschaft soll eine Erneuerung der Kultur geschehen.[59]

4.2.1. Der Karfreitag: Gedenken des Herrenleidens

Die Liturgie kann eine umso tiefer wirkende Kraft auslösen, je mehr sie auf die konkrete menschliche Erfahrung Bezug nimmt. Weber meint gerade in diesem Zusammenhang, dass die Erfahrung vom Leben und Sterben eine Grunderfahrung der menschlichen Existenz ist und dass Gläubigen diese Existenzfrage im Rahmen des Pascha bzw. des Mysteriums des Leidens Jesu gedeutet werden soll. Er versucht, wie auch Cantalamessa, neue Wege, neue Formen der Liturgie zu finden. Diese stehen im Gegensatz zu alten Bräuchen und versuchen, existentieller Ausdruck einer Heilssehnsucht zu sein.[60] Diese konkrete Erfahrung der menschlichen Sterblichkeit kann durch den christlichen Glauben den Menschen wieder neu ins Bewusstsein gebracht werden. Unabhängig von der Kultur, dem Status oder der Situation, ist diese Realität jedem bewusst: Leben und Tod. Die Kenntnis der Kultur und ihres Kontextes ist Voraussetzung für den Versuch, den christlichen Glauben in die konkrete Kultur der Chambri zu verkündigen. Die Erkenntnis dessen, dass das Ritual „Bikman" zur Verkündigung der Botschaft vom Leiden und Sterben unseres Herrn Jesus Christus herangezogen werden kann, dient dem Anfang einer neuen Annäherung zur Thematik der Inkulturation sowie einer neuen Praxis einer inkulturierten Verkündigung des christlichen Glaubens mittels kultureller Elemente und Symbole, die die Symbolik des christlichen Glaubens ergänzen können. Da jenes Ritual aus ihrer eigenen Kultur stammt, werden die Menschen leichter und direkter angesprochen, wenn dieses Ritual nun in der liturgischen Feier des Karfreitags aufgegriffen wird. So steht der Inhalt des christlichen Glaubens klar vor ihnen, und ihre Sinne werden durch das bekannte Ritual berührt. Die Verwendung des Abschiedsrituals eines wichtigen Mannes ihrer eigenen Kultur für das Sterben Jesu bringt den Menschen die Person Jesu Christi näher und macht ihnen deutlich, dass die Vorstellung einer idealen Person, eines „Bikman", in Jesus Christus seine Vollkommenheit erfährt. Die Anwendung des Rituals in der christlichen Perspektive hat den Menschen durch die Erfahrungen ihrer Kultur eine neue und tiefere Glaubenserkenntnis vermittelt: die Fülle der Offenbarung Gottes ist im Jesus-Ereignis geschehen. Das

---
59 Vgl. EN 20.
60 Vgl. Weber, Die Erlösung feiern, 112.

Gedenken eines wichtigen Mannes der Chambri Kultur war der beste Weg zur Verkündigung des christlichen Glaubens beim Gedenken des Leidens und des Todes unseres Erlösers, der mehr als ein „Bikman" ist und der durch seine Passion das „Erlösungswerk" Gottes vollendet hat.[61] Es handelt sich in diesem Kontext der Feier somit nicht mehr um das Verabschieden einer wichtigen Person der Gemeinde, sondern um den „Einen", dessen Name über allen Namen steht und allen Menschen die Erlösung schenkt: Jesus Christus. Ihre konkrete Erfahrung knüpft am „Geheimnis" des Glaubens an und bezieht sich auf ihre Kultur, mit der sie eine Brücke von der Welt des Menschen in die Weite der Welt Gottes schlagen.

In der Liturgie können alle Menschen, der einzelne sowie die Gemeinde, ihren gemeinsamen Ursprung und ihr kollektives Gedächtnis realisieren.[62] Das Ritual des „Bikman" kann von dieser Perspektive her betrachtet und daraus eine fruchtbare Interaktion zwischen dem christlichen Glauben und der Chambri Kultur gefördert werden. Die Karfreitagsliturgie bietet den entsprechenden Rahmen für eine solche neue Glaubenserfahrung. Die Gläubigen können durch die Feier des Leidens Jesu eine tiefere emotionale Erfahrung gewinnen, indem sie die ihnen bekannte Erfahrung des Abschiednehmens aus dem Ritual ihrer Kultur auf die Feier ihres Glaubens übertragen, womit auch eine Identität und Wertschätzung ihrer Kultur einhergeht.[63] Pock reflektiert über diese Realität und schreibt dazu:

> Sterben, Tod und Trauer kann man nicht primär akademisch abhandeln; vielmehr sind es Herausforderungen, denen sich ein jeder Mensch selbst mit seinem Wesen, seinen Erfahrungen, seinem Glauben zu stellen hat. Gleichzeitig ist jeder Mensch eingebunden in eine Gesellschaft und in deren Traditionen, Normen und Rituale. Beide Aspekte [...] haben eine große Bedeutung im Blick darauf, wie Sterben und Tod wahrgenommen werden und welche Formen von Trauer sich entwickeln können.[64]

---

61 Nach der Feier der Karfreitagsliturgie, in der wir das Chambri Ritual mit eingebunden haben, sagte der erste Katechist, Peter Kamangawi, im Sinne der gesamten Gemeinde folgendes: „So sollten wir immer feiern. Auf diese Art und Weise können wir unseren Glauben zelebrieren. Seht! Alle haben diese Feier verstanden und ganz tief miterlebt!" Er drückt offensichtlich aus, was in der Verkündigung geschehen sollte, nämlich, dass allen Christen, dank dieser Begegnung zwischen Glaube und Kultur, eine neue Einsicht in ihren christlichen Glauben geschenkt wird.
62 Vgl. Dalmais, Liturgy as Celebration, 18.
63 Der Autor ist der Meinung, dass das Ritual des „Bikman" von Chambri auf keinen Fall ein Verstoß gegen die allgemeine Regel der Liturgie, beschrieben in SC 22–46, ist. Durch den Vollzug dieses Rituals in der Liturgie öffnet sich für den Menschen eine neue Möglichkeit, seinen Glauben und seine Kultur wiederzufinden.
64 Pock, Wie finde ich Trost, 30.

4.2.2. Vor dem Gottesdienst: Der Kreuzweg

Die Volksfrömmigkeit ist etwas Populäres und Normales in der Kirche von Papua Neuguinea. Sie ist sehr beliebt und dies zeigt sich in einer immer sehr zahlreichen Teilnahme der Gläubigen an solchen Aktivitäten. Vor der Durchführung der für drei Uhr nachmittags angesetzten traditionellen Liturgie des Karfreitages findet in einigen Pfarren die traditionelle „Via Crucis" statt. Der Kreuzweg, Kreuzverehrung mit traditionellen Trauerritualen, gehören zur gewöhnlichen Karfreitagsliturgie der Religiosität des Volkes.[65] Der „Pilgerweg nach Golgota" an der Küste in der Madang Provinz, die Karfreitagsprozession im Simbu-Gebiet, die „Via crucis" von Kunjingini[66] und der „Rot Kruse" der Chambri Pfarre in der Ost Sepik Provinz sind Beispiele dafür. Diese Volksfrömmigkeit hat den Menschen dazu geholfen, ihren christlichen Glauben tiefer zu erleben. Sie ist eine lebendige Wirklichkeit der gesamten Kirche und somit auch in der lokalen Kirche, deren Ursprung „die beständige Gegenwart und das ständige Wirken des Heiligen Geistes im kirchlichen Umfeld [...] und Ausdruck eines wahren Verlangens nach Gott"[67] ist.

Der christliche Glaube gewinnt im Leben der Menschen eine tiefere Bedeutung, wenn ihre Kultur durch die christliche Erfahrung des Glaubens aufgegriffen wird. Christlicher Glaube übt einen tieferen Eindruck auf die Menschen aus, wenn er den traditionellen Formen entspricht. Die Gestalt Jesu und sein Leben werden dem Verständnis der Führungsrolle eines traditionellen Führers gegenübergestellt. Somit üben auch Jesu Worte eine tiefere Wirkung aus, wenn sie im Rahmen der Karfreitagsliturgie verkündet werden. „Denn auch der Menschensohn ist nicht gekommen, um sich dienen zu lassen, sondern um zu dienen und sein Leben hinzugeben als Lösegeld für viele" (Mk 10,46). Jesus spricht hier deutliche Worte zum Thema Herrschen und Dienen.[68] Die Darstellung des Leidens Jesu Christi, die dramaturgische Feier des „Rot Kruse" hilft den Menschen, den Sinn der Lesungen der Heiligen Schrift zu verstehen. Die Menschen greifen im liturgischen Feiern die alltägliche Erfahrung des Sterbens eines Gemeindemitgliedes auf, dessen Tod zutiefst betrauert wird.[69] Damit werden sie einem urmenschlichen Bedürfnis der Trauerfamilie und ihrer Angehörigen, der Hinterbliebenen und der ganzen Trauergemeinde gerecht. Das Verbunden-Sein mit dem Verstorbenen zeigt sich in besonderer Weise bei solchen Ereignissen.[70]

---

65 Siehe Steyler Missionschronik 2006, 86–89; 100–101.
66 Siehe Word PNG, No. 362, November 2010, 5.
67 Verlautbarungen des Apostolischen Stuhls 160, Volksfrömmigkeit, N. 61, 55.
68 Vgl. Lk 22,24–30.
69 Vgl. Sheppy, Death Liturgy and ritual, 11; Zulehner, Gott ist größer, 110 f.
70 Vgl. Franz, Begräbnisliturgie, 16 f.

Diese Verbundenheit mit den Verstorbenen über den Tod hinaus[71] ermöglicht allen Teilnehmern, in der Karfreitagsliturgie eine tiefe, berührende Erfahrung der Verbundenheit mit Jesus Christus zu erleben und den Sinn seines Todes zu verstehen. Durch das Verwenden eines ihrer Kulturelemente erfahren die Menschen den Sinn der Heiligen Schrift und Jesu Worte sowie das Ereignis des Kreuzes auf eine neue und vertiefte Weise: „Er ist der *Bikman tru tru*".[72] Diese Erfahrung der Gemeinde bietet angesichts von Tod und Trauer die beste pastorale Möglichkeit zur Verkündigung, einerseits in einem *existenziellen* Bereich und andererseits in dem *theologisch-soteriologischen* Bereich. Die Trauernden sollen durch die Verkündigung den Sinn des Lebens und des Todes verstehen. Trotz dieses schmerzlichen Ereignisses soll die Treue Gottes glaubwürdig erfahren und sollen die Menschen in ihrem Glauben gefestigt werden.[73]

> Es ist eine der größten Herausforderungen für den Glaubenden, wenn in bedrängender Lebenssituation angesichts des Todes die Verheißung der Treue Gottes, die dem Leben eines Menschen festen Grund und Perspektive gibt, schwankend wird wenn das Vertrauen auf Gott wie Sand zwischen den Fingern zerrinnt. Der Hintergrund, [...] ist das fortschreitende Auseinanderfallen der Einheit von Sein und Sinn, so dass der Riss zwischen der ‚fides quae' der Kirche und der ‚fides qua' der Menschen heute immer tiefer empfunden wird.[74]

Diese Einheit der beiden macht die Bedeutung der Vermittlung des christlichen Glaubens bewusst und gibt der Kultur und deren Traditionen einen Impuls, um Rituale im Licht des christlichen Glaubens[75] neu zu bedenken und zu betrachten. Kultur und Weltanschauung, Werte und Traditionen bleiben vom christlichen Glauben beachtet und wertgeschätzt, und dadurch gewinnen sie eine neue Perspektive in der Glaubenserfahrung des Paschamysteriums. „Das Potential des Christentums liegt dann darin, offen zur ‚Ritendiakonie' (Zulehner) und den ‚Knotenpunkten menschlicher Existenz' (Ratzinger) zu sein, zugleich aber eine ‚kontrafaktische' Deutung vor dem Hintergrund der jüdisch-christlichen Tradition einzutragen."[76]

---

71 Vgl. Bärsch, Der Toten gedenken, 142.
72 Die zweimalige Betonung eines Adjektivs auf Tok Pidgin entspricht dem Superlativ. D. h., wenn Jesus Christus als „Bikman tru tru" angesprochen wird, bedeutet dies, dass es keinen Größeren als ihn gibt (im Sinne von Phil 2,5–11).
73 Vgl. Schöttler, Predigen, 106 f.
74 Ebd., 110.
75 Dieser Sammelband und die Tatsache, dass sich viele Menschen direkt oder indirekt mit dem Rituale-Thema beschäftigen, unterstreicht die Relevanz von Ritualen im Leben der Menschen.
76 Odenthal, Religiöse Rituale, 23 f. „Das christliche Ritual, die Feier des Pascha-Mysteriums, knüpft an menschliche Erfahrungen an, die des Jesus von Nazareth. Sie werden zu geronnenen Erfahrung des Glaubens." Ders., Liturgie als Ritual, 220. Chapungco schreibt diesbezüglich: „At the bottom every liturgical rite contains, signifies, and celebrates the paschal

4.2.3. Beim Gottesdienst

Die Liturgie des Karfreitags erfolgt in drei vorgegebenen Schritten: dem *Wortgottesdienst mit seinen großen Fürbitten*, der *Kreuzverehrung* und der *Kommunionfeier*. Die Lesungen der Heiligen Schrift sind beim Gottesdienst vom Thema des Leidens und des Opfers geprägt. Das Gottesknechtslied (Jes 52,13–53,12) betont das Leiden des Gottesknechtes. Der Unschuldige leidet willig für die Schuld der Schuldigen, um die Offenbarung des Gottesheils für alle zu bewirken. Die zweite Lesung (Hebr 4,14–16; 5,7–9) blickt auf die Wirklichkeit der Inthronisierung Jesu Christi aufgrund seines „Ein-für-alle-Mal vollzogenen Opfers". Jesus Christus als Hohepriester kennt die Realität und die Nöte des menschlichen Lebens, und er kennt auch das Äußerste, die Erfahrung des Todes. Deswegen ist er fähig, mit uns Mitleid zu haben. Das lädt dazu ein, mit Zuversicht hinzugehen zum Throne der Gnade, und „damit Erbarmen und Gnade" zu erlangen.[77] Die Leidensgeschichte (Joh 18,1–19,42) nimmt besondere Themen in den Blick wie „die Stunde", Jesus als Richter und als König, seine Hingabe und sein freiwilliges Leiden. Die Passion ist keine Demütigung, sondern der Weg zur Verherrlichung. Das Kreuz ist kein Instrument der Qual, sondern der Thron zur Verherrlichung Jesu Christi.[78] Johannes sieht im Sterben Christi bereits seine österliche Erhöhung und das rettende Opfer des wahren Paschalammes.

Nach den Schriftlesungen und einer kurzen Homilie wird das Ritual des „Bikman" aufgegriffen und dargestellt. Dabei wird der traditionelle Ablauf des Rituals[79] in der Chambri Kultur mit allen dazu gehörenden traditionellen Elementen vor Augen geführt. Ochsman schreibt diesbezüglich: „Die Art und Weise, wie eine verstorbene Person bestattet wird, sagt viel über unser Verhältnis zum Tod aus. In den Feierlichkeiten, mit denen eine Gemeinschaft von einem ihrer Mitglieder Abschied nimmt, kommt durch Symbole und Metaphern zum Ausdruck, wie diese soziale Gruppe den Tod wahrnimmt."[80] Der Ausdruck der Trauer[81] beim Beschmieren des Gesichts und einiger Körperteile mit Ton, die Klänge der Flöte, das Weinen nach dem Schwingen der Truhe, die intensive Stille

---

mystery. But this same mystery is experienced in different ways and under different forms according to the meaning and purpose of each liturgical rite." Chapungco, Liturgies of the Future, 38.
77 Siehe den Kommentar in „Die neue Jerusalemer Bibel" sowie in „La Biblia", La Casa de la Biblia, EVD, Estella.
78 Siehe den Kommentar der „La Biblia", La Casa de la Biblia.
79 Ausführlich behandelt unter dem Abschnitt 1.1.2.3 der Dissertation des Autors.
80 Ochsmann, Trauerhilfe, 54.
81 Die Trauer gehört immer zu Verlust und ihr Ausdruck kann, abhängig von der Kultur, sehr verschieden sein: „Die Reaktionen, die auf Verlust einer emotional nahe stehenden Person folgen, sind zahlreich, vielfältig, individuell und zugleich universell. […] Es muss auch darauf hingewiesen werden, dass der Ausdruck der Trauer sowohl innerhalb als auch zwischen den Kulturen stark variiert." Ders., Trauerhilfe, 49.

zum Sich-Sammeln als Ausdruck des Respektes gegenüber dem verstorbenen „Bikman", der besondere Schlag der Buschtrommel, das Sich-Einfühlen in diese gesamte Feier, ermöglicht ein tiefes Erlebnis. Die existenzielle Dimension ihrer Trauer knüpft an die theologische soteriologische Dimension des christlichen Glaubens an, die in der Liturgie verkündet wird. Die traditionellen Eigenschaften eines wichtigen Mannes der Chambri Kultur sind gekennzeichnet von einem hohen Maß an Tugend und christlichen Werten. Jesus lädt seine Jüngerschaft zur Nachfolge in seine Spuren: „Ihr seid meine Jünger, wenn ihr tut, was ich euch auftrage. [...] Ich habe euch alles mitgeteilt, was ich von meinem Vater gehört habe" (Joh 15,14–14). In Jesus Christus ist das traditionelle Bild eines Mannes perfektioniert. Die Eigenschaften eines Menschen, sein Streben danach, den Menschen zu helfen, ihnen beizustehen und sich für was Wohl des einzelnen und der Gemeinde zur Verfügung zu stellen, verbinden ihn mit dem Idealbild eines Menschen, der vollkommen ist: der Geliebte, an dem Gott Gefallen hat, Jesus Christus (Mk 1,11). Die Dramatisierung der „Via crucis" und des Rituals des „Bikman" bilden eine Einheit in der liturgischen Feier, welche die Gemeinde durch die konkrete Teilnahme am Ritual und seiner Durchführung sowie durch das Hören der Lesungen der Heiligen Schrift mit einbezieht. Alle diese einfühlsamen Momente und das Sich-Sammeln durch die Lesungen der Heiligen Schrift führen die gläubigen Menschen zum Höhepunkt der Karfreitagsliturgie in der Kreuzverehrung.[82] Das Kreuz als zentrales Symbol für die Christen vermittelt das Erlösungsdrama des menschgewordenen Wortes Gottes, das die Welt des Menschen in die Welt Gottes einführen will. Gott ist in uns Menschen „verliebt" und will uns durch Jesus aus unserer Verstrickung in die Einengung und Ichverhaftung herausholen, um uns zur wahren Freiheit zu führen.

> Die Erlösung am Kreuz ist nicht die Rache des himmlischen Vaters, der aus Zorn über die Ablehnung seines Sohnes und seiner Botschaft Jesus zum Sündenbock macht und durch das unschuldige Opfer des Sohnes wieder versöhnt werden will. Jesus wird vielmehr zum Lamm Gottes im Sinne der Versöhnung. Er ist der radikale Versöhner, der noch im Sterben die Seinen und die ganze Menschheit bis zum Äußersten liebt.[83]

4.2.4. Die Kreuzverehrung

Nach dem Wortgottesdienst findet die Kreuzverehrung statt, und die Dramatisierung der Kreuzenthüllung stellt vor die Augen aller Gläubigen jenen, der den Juden ein Skandal, ein Ärgernis und den Heiden eine Torheit war.[84] Das Kreuz ist

---

82 Vgl. Huber, Ostern, 35.
83 Ebd., 38.
84 Vgl. Berger, Neues Pastoralliturgisches Handlexikon, 231; 1 Kor 1, 22.

Werkzeug des Todes und als solches „sperrig und widerständig".[85] Nun fließt jedoch in diese Sperrigkeit und Widerständigkeit die Ehrfurcht angesichts des Todes Jesu an so einem Kreuz. Durch die traditionelle Feier gewinnt das Kreuz eine neue Lebenssinndeutung. Die Kreuzenthüllung offenbart zugleich die Radikalität der Nachfolge, welche das Leiden und das Kreuz nicht verneint, sondern auch jenen begegnen wird, welche sich in die Nachfolge Jesu stellen. „Ich habe euch ein Beispiel gegeben, damit ihr so handelt, wie ich an euch gehandelt habe. Amen, amen ich sage euch; Der Sklave ist nicht größer als sein Herr, und der Abgesandte ist nicht größer als der, der ihn gesandt hat. Selig seid ihr, wenn ihr das wisst und danach handelt" (Joh 13,15–16). „Gott kreuzt die mit Hoffnungslosigkeit beschwerte Lebensbahn des Menschen. Gott durchkreuzt unseren todsicheren Weg ins Unheil."[86]

4.2.5. Die Kommunion

Im gesamten Ablauf der Liturgie „begründet ist eine *Kommunionspendung* am Karfreitag in dem gesamtösterlichen Charakter seiner Feier, die nicht ausschließlich auf den Kreuzestod schaut, sondern auf das Gesamtgeschehen der Erlösung."[87] Der Empfang der Kommunion hilft zur Vertiefung der Glaubenserfahrung in der Feier des Pascha-Mysteriums. Durch den Empfang des Leibes Christi erfahren wir die tiefste Verbundenheit mit Jesus selber. Gleichzeitig aber ist sie auch Ausdruck einer starken existentiellen Verbundenheit unter der Gemeinde der Gläubigen.

5. Kritische Prüfung liturgischen Handelns in der Pastoral

Wenn die Liturgie keine traditionellen Elemente der Kultur annimmt, verdurstet ihre Bedeutung. Menschen wollen den Sinn ihres Glaubens erfahren. Sie wollen die praktische Dimension fühlen durch konkrete Handlungen (Ritual, Zeichen, Worte, usw.), welche sie mit ihrer Lebensrealität verbinden. Sie wollen ihre Realität mit den Augen eines Gläubigen sehen, besonders in wichtigen Phasen des Lebens. Das Abschiednehmen in der Tradition der Chambri Menschen wirft ein neues Licht auf die traditionelle Karfreitagsliturgie, sie erfährt eine existenzielle Dimension in der Erfahrung von Trauer und der Klage.

Der gegenwärtige Vorwurf, dass die Totenliturgie zu österlich geprägt sei und

---
85 Lüke, Kursbuch Kirchenjahr, 144.
86 Ebd., 146.
87 Berger, Neues Pastoralliturgisches Handlexikon, 231.

der Trauer und Klage nicht genügend Raum gebe[88], trifft auf die Erfahrung der Chambri nicht zu. Dennoch ist es wichtig, dass ihr Totenritual und der Ausdruck von Trauer in ihrem Abschiednehmen von ihren Verstorbenen in der Verkündigung der christlichen Botschaft und im Licht des österlichen Geheimnisses geschehen. Die Dimension des Leidens, welches am Karfreitag in den Lesungen und den Gebeten stark betont ist, kann sich mit ihrer konkreten Lebenserfahrung beim Abschiednehmen von einem wichtigen Mann (Bikman) verbinden. Die Botschaft des Kreuzes erinnert uns immer daran, dass Leid und Tod nicht das Ende sind, sondern erst der Anfang des Lebens in Fülle. Gott relativiert das Leid und die Schmerzen und auch letztlich den Tod. Die Vermittlung dieses Glaubens an die Menschen aller Kulturen bleibt eine Herausforderung zu jeder Zeit angesichts alles Belastenden, Quälenden, Schmerzlichen, Leidvollen und Bedrückenden.[89]

Die Endlichkeit unseres Lebens wird von einer irdischen Realität zu einer geistlich-spirituellen Realität gehoben. Frohe Botschaft bleibt immer Frohbotschaft, wenn sie der aktuellen Realität der Menschen entspricht und zugleich herausfordert, darin Gottes Gegenwart immer neu zu erkennen. Richter verweist auf einige Aspekte, unter welchen die Liturgie kritisch geprüft werden muss: die Ausrichtung der jeweiligen Situation, emotionale Empfindung durch Gebet und Zeichen (Verzweiflung und Trauer), Verbindung zwischen Worten und Grunderfahrung durch Zeichen (Verweisung der Gottes Hoffnung durch Formen der Berührung).[90]

Eine Verkündigung, welche auf die konkreten existenziellen Fragen der menschlichen Situation blickt, findet leichter ein offenes Ohr. Diese existenzielle Dimension bereitet den Weg zur theologischen Verkündigung. Die Offenbarung verspricht die Gegenwart Gottes, in der alle Nationen, Menschen und Rassen mit dem Reichtum ihrer Kultur Gott und das Lamm anbetend versammelt sind. Menschen sind berufen, ihre Kultur und Traditionen, ihre Werte und Bräuche durch das Ereignis Jesu zu betrachten. Der Glaube an den Gekreuzigten ist die Einladung Gottes, der uns sagt: „Seht, ich mache alles neu" (Off 21,6). Durch den Tod Jesu will Gott alle Menschen an sich ziehen. Die neue Schöpfung Gottes geschieht im Glauben an Jesus Christus und im Lichte des Pascha-Geheimnisses. Das „Pascha Gottes", welches in der Bibel als der Übergang von den Lastern zur Tugend und von der Schuld zur Gnade bezeichnet wird, soll zum „Pascha des Menschen" werden.[91]

---

88 Vgl. Richter, Die christliche Sorge, 172.
89 Vgl. Huber, Ostern, 50.
90 Vgl. Richter, Die christliche Sorge, 179.
91 Vgl. Cantalamessa, Das Oster-Geheimnis, 114; siehe dazu auch 1 Kor 5,7; 2 Kor 5,14; Röm 6,1 ff.

6. Bedeutung für einen neuen pastoralen Zugang

Die Zeit, die Menschen und auch die Kultur ändern sich. Deshalb muss auch nach neuen Zugängen zur Feier des Glaubens gesucht werden.[92] Die Umsetzung der Methode der Dynamischen Äquivalenz in die konkrete Kultur von Papua Neuguinea anhand des oben genannten Rituals hat einen neuen Zugang zur Inkulturation eröffnet. Das Volk Gottes in Papua Neuguinea gewinnt einen neuen und erfrischenden Zugang zur Feier seines christlichen Lebens in den Sakramenten und in der Liturgie anhand der eigenen Kultur.

Die Suche danach, eine konkrete Verbindung zwischen christlichem Glauben und einer bestimmten Kultur herzustellen bleibt offensichtlich eine Herausforderung jeder Zeit in jeder Kultur, wo das Evangelium verkündet wird. Die Verbindung ergibt sich aus einer dynamischen Interaktion der konkret menschlich-kulturellen Erfahrung mit der religiösen Erfahrung des christlichen Glaubens. Diese Erfahrung bereichert die Identität als Melanesier und zugleich als Christen.[93] Diese kreative und gegenseitige Interaktion geschieht durch die Kraft des Evangeliums und zeigt sich als ein verbindendes Element, welches Glauben und Kultur erneuern kann. Sie führt zu einer interkulturellen Kommunikation und setzt als Basis einen Dialog voraus. Ohne Dialog findet keine Inkulturation des Evangeliums statt. Die Geschichte zeigt uns, dass Gott in der konkreten Geschichte jedes Volkes durch das Wirken des Heiligen Geistes am Werk ist. Diese fortlaufende Offenbarung Gottes verpflichtet uns, alle Menschen in der Vielfalt der unterschiedlichen Völker auf dieses Ereignis aufmerksam zu machen. Gott ist am Wirken und hört nicht auf, seine Liebe den Menschen mitzuteilen. Es ist die Aufgabe der Kirche, den Menschen zu helfen, diese Liebe Gottes in ihrer je eigenen Kultur und Weltanschauung zu entdecken und das Wort Gottes zu begreifen. Die Inkarnation Jesu Christi selber ist Modell eines jeden Bemühens um Inkulturation. Sie nimmt auf die konkrete geschichtliche Situation der Menschen Bezug, um in der jeweiligen Kultur die befreiende Botschaft Christi zu vermitteln. „Mit dem Kommen des menschgewordenen Gottessohnes in unsere Welt, hat Gott eine neue Heilsmöglichkeit eröffnet."[94] Die Kirche ist verpflichtet, wenn sie dem Auftrag Jesu treu bleiben will, die „Heilsmöglichkeiten" wach zu halten und die „Zeichen der Zeit" zu lesen, um dann entsprechend zu handeln. Papua Neuguineas Kirche versteht sich „alive in Christ", indem sie ihre Kultur und die Traditionen ihrer Vorfahren schätzt und pflegt, wie es in ihrer Konstitution steht. Die Vielfalt ihres kulturellen Erbes ist eine Bereicherung der universalen Kirche.

---

92 Vgl. Papst Benedikt XVI., Verbum Domini, 167 f.
93 Chapungco schreibt: „In virtue of this dynamic the interacting parties are able to retain their identity or essential features throughout the process of mutual enrichment." Chapungco, Liturgical Inculturation, 29.
94 Müller, Pastoraltheologie, 176.

So wie Europäer auf ihre Traditionen stolz sind, weil sie ihnen ihre Identität verleihen, so dürfen auch andere Völker auf ihr kulturelles Erbe stolz sein. Jene Elemente, die ein tieferes Verständnis des christlichen Glaubens zu vermitteln helfen, sollten in die Liturgie integriert werden. Dazu ist eine Unterscheidung notwendig, welche mit Hilfe der Laien-MitarbeiterInnen und der Gemeinde in Zusammenarbeit mit der Kirchenleitung getroffen werden muss.

Die gegenwärtigen Nöte und die Situation der Menschen sind ein Kriterium für den Prozess einer gelungenen Inkulturation. Die Freude der Gemeinde und ihre aktive Teilnahme an der liturgischen Feier sind ein Zeichen für eine echte Inkulturation der Frohbotschaft.

Literaturverzeichnis

Arbuckle, Gerald A., Earthing the Gospel. An Inculturation Handbook for Pastoral Worker, Orbis Books, Marykonll New York 1990.

Asurmendi, Jesús, Identités bibliques, in: Spiritus No. 205 (2011), 405–416.

Bärsch, Ludwig, Der Toten gedenken, in: Ansgar Franz u. a. (Hg.), Liturgie und Bestattungskultur, Deutsches Liturgisches Institut, Trier 2006, 140–152.

Benedikt XVI., Verbum Domini. Nachsynodales Apostolisches Schreiben Verbum Domini von Papst Benedikt XVI. über das Wort Gottes im Leben und Sendung der Kirche, Verlautbarungen des Apostolischen Stuhls Nr. 187, 30. September 2010.

Berger, Rupert, Pastoralliturgisches Handlexikon. Das Nachschlagwerk für alle Fragen, Freiburg i. Br. ³2005.

Bischofberger, Otto, Identität und Modernität in religionswissenschaftlicher Perspektive, in: Fritz Frei (Hg.), Inkulturation zwischen Tradition und Modernität. Kontexte-Begriffe-Modelle, Freiburg 2000, 209–233.

Bustos, Geovanne, Bikman and the text in context. Contextualizing the Gospel in Papua New Guinea, in: William Kenny Longgar / Tim Meadowcroft (Hg.), Living in the family of Jesus. Critical Contextualization in Melanesia and Beyond (Point Series No. 40), Melanesian Institute: Goroka 2016, 92–105.

Bustos, Geovanne, Dynamische Äquivalenz. Ein pastoraler Weg zur Inkulturation der Karfreitagsliturgie am Beispiel eines Rituals aus dem Chambri See Gebiet der östlichen Provinz Sepik von Papua Neuguinea, unveröff. Dissertation, Wien 2014.

Cantalamessa, Raniero, Das Oster-Geheimnis. Gedenken und Gegenwart, übersetzt von Gabriele Stein, Köln 2000.

Chao, M John Paul, Leadership, in: Whitman, Darrell (Hg.): An Introduction to Melanesian Cultures (Point Series No. 5), Melanesian Institut, Sat Pachar, Goroka, Papua New Guinea 1984, 127–148.

Chapungco, Anscar, Cultural Adaptation of the Liturgy, New York 1982.

Chapungco, Anscar, Liturgical Inculturation. Sacramentals, Religiosity, and Catechesis, A Pueblo Book, Minnesota 1992.

Chapungco, Anscar, Liturgies of the Future. The Process and Methods of Inculturation, New York 1989.

Chauvet, Louis-Marie, Le parcours de l'initiation chrétienne. Un façonnage d'identité, in: Spiritus 205 (2011), 417–429.

Dalmais, Irénée Henri, Liturgy as Celebration, in: Dwight W. Vogel, Primary Sources of Liturgical Theology, A Pueblo Book, Collegeville, Minnesota 2000, 18–26.

Dupuis, Jacques: Unterwegs zu einer Theologie des religiösen Pluralismus, in: Ulrich Winkler u. a., Theologie interkulturell, Salzburger Theologische Studien interkulturell 5, Band 38, Innsbruck-Wien 2010.

Episkopos: Respekt für Ratzinger, Mut dem Nachfolger, in: Kirche in. Das Internationale, christlich-ökumenische Nachrichtenmagazin, 27 (03/2013) 12.

Feldtkeller, Andreas, Inkulturation, in: LThK³, Band 5, Freiburg 1996, 503–506.

Franz, Ansgar u. a. (Hg.), Liturgie und Bestattungskultur, Deutsches Liturgisches Institut, Trier 2006.

Hilpert, Konrad: Inkulturation. Anspruch und Legitimation einer theologischen Kategorie, in: Konrad Hilpert / Karl-Heinz Ohling (Hg.), Der eine Gott in vielen Kulturen, Zürich 1993, 13–32.

Huber, Max, Ostern – Erinnerung an unsere Zukunft, Regensburg 2002.

Jaeschke, Ernst, Bedeutung und Einfluss des „Big-man"-Systems auf die Melanesische Gesellschaft und die Kirchwerdung in Papua Neuguinea, Sonntag Rogate 1977.

Kongregation für den Gottesdienst und die Sakramentenordnung. Direktorium über die Volksfrömmigkeit und die Liturgie, Grundsätze und Orientierungen (Verlautbarungen des Apostolischen Stuhls 160), 17. Dezember 2001, Bonn 2001.

La Biblia, La Casa de la Biblia, Editorial Verbo Divino, Estella 1992.

Levis, Ronald K., Taboo and Kinship in Sanio-Hiyowe Society, in: Marvin Mayers K. / Daniel D. Rath (Hg.), Nucleation in Papua New Guinea Cultures, International Museum of Cultures, Dallas (Texas) 1988, 61–69.

Lüke, Ulrich, Kursbuch Kirchenjahr. Leben im Rhythmus des Glaubens, Münster 2006.

Mantovani, Ennio, Divine Revelation and Religions of PNG. A Missiological Manual, The Melanesian Institute, Papua New Guinea 2000.

Mette, Norbert, Einführung in die katholische Praktische Theologie, Darmstadt 2005.

Müller, Josef, Pastoraltheologie. Ein Handbuch für Studium und Seelsorge, Graz 1993.

Narakobi, Bernard, The Catholic Church in Papua New Guinea, in: Philip Gibbs (Hg.), Alive in Christ. The Synod for Oceania und the Catholic Church in Papua New Guinea 1998–2005 (Point 30), Melanesian Institute, Sat Pachar, India 2006, 182–188.

Ochsmann, Randolph, Trauerhilfe. Bestattung und Rituale in deren Umfeld aus psychologischer Sicht, in: Ansgar Franz u. a. (Hg.), Liturgie und Bestattungskultur, Deutsches Liturgisches Institut, Trier 2006, 47–57.

Odenthal, Andreas, Liturgie als Ritual. Theologische und psychoanalytische Überlegungen zu einer praktisch-theologischen Theorie des Gottesdienstes als Symbolgeschehen, Stuttgart 2002.

Odenthal, Andreas, Menschheitsalte Religiöse Rituale im Raum der Kirche? Überlegungen zur „Rituellen Erfahrung" im Spannungsfeld von Religiosität und Christianität, in: Hans Gerald Hödl / Johann Pock / Teresa Maria Schweighofer (Hg.), Christliche Rituale im Wandel. Schlaglichter aus theologischer und religionswissenschaftlicher Sicht, Göttingen 2017, 213–233.

Papst Benedikt XVI., Verbum Domini. Nachsynodales Apostolisches Schreiben über das Wort Gottes im Leben und Sendung der Kirche (Verlautbarungen des Heiligen Stuhls 187), 30. September 2010, Bonn 2010.

Papst Johannes Paul II., Apostolisches Schreiben Catechesi tradendae, 16. Oktober 1979, in: AAS 71 (1979), 1277-1340.

Papst Johannes Paul II., Encyclical Letter on the Eucharist in its Relationship to the Church *Ecclesia de Eucharistia* (LCI Church Documents, Series 8), Goroka 2003.

Papst Johannes Paul II., Enzyklika Redemptoris Missio (Verlautbarungen des Apostolischen Stuhls 100), Bonn 1990.

Papst Johannes Paul II., Novo Millennio Ineunte (Verlautbarungen des Apostolischen Stuhls 150), Bonn 2001.

Papst Johannes Paul II., The Post-Synodal Apostolic Exhortation *Ecclesia in Oceania*, in: Philip Gibbs (Ed.), Alive in Christ. The Synod for Oceania und the Catholic Church in Papua New Guinea 1998-2005, Point 30, Melanesian Institute, Sat Pachar, India 2006, 299-357.

Papst Paul VI., Ecclesiam Suam. Die Wege der Kirche, 6. August 1964, Recklinghausen.

Peelman, Achiel, L'Inculturation. L'Église et les cultures, Paris 1998.

Pock, Johann, Wie finde ich Trost?, in: Heiliger Dienst 65 (2011), 30-41.

Rath, Donald D., The Big Man in Mengen Society, in: Marvin K. Mayers u. a., Nucleation in Papua New Guinea, IMC 23, Texas 1988, 1-12.

Reichardt, Ulfried, Globalisierung, Mondialisierung und die Poetik des Globalen, in: Ders., Die Vermessung der Globalisierung. Kulturwissenschaftliche Perspektiven, Heidelberg 2008, 1-47.

Richter, Klemens, Die christliche Sorge für die Toten im gesellschaftlichen Wandeln, in: Ansgar Franz u. a. (Hg.), Liturgie und Bestattungskultur, Deutsches Liturgisches Institut, Trier 2006, 159-183.

Roest Crollius, Arij A., Die ethnologisch-religionswissenschaftliche und missiologische Diskussion um En-und Inkulturation, in: Andreas Lienkamp u. a. (Hg.), Die Identität des Glaubens in den Kulturen. Das Inkulturationsparadigma auf dem Prüfstand, Würzburg 1997, 17-30.

Scheppy, Paul P.J., Death, Liturgy and Ritual. A Pastoral and Liturgical Theology, Ashgate, England 2003.

Scherer, James S. / Bevans, Stephen, Faith and Culture in Perspective, in: Dies. (Hg.), New Directions in Mission and Evangelization 3. Faith and Culture, Orbis, Maryknoll, New York 1999.

Schöttler, Heinz-Günther, Predigen in der schmerzenden Erfüllungslücke. Biblisch-homiletische Überlegungen angesichts von Tod und Trauer, in: Ansgar Franz u. a. (Hg.), Liturgie und Bestattungskultur, Deutsches Liturgisches Institut, Trier 2006, 107-126.

Seib, Ronald, Big Man - Great Man - Chief. Gesellschaftliche Stratifikation im Südpazifik, in: Herman Mückler u. a., Ozeanien, 18. bis 20. Jahrhundert, Verein für Geschichte und Sozialkunde & Promedia, Edition Weltreligionen 17, Wien 2008, 131-147.

Tumu, Akii u.a, A view of Enga Culture, KPI Publishing, Madang 1989.

Van Gennep, Arnold, Les Rites de Passage. Étude Systématique des Rites, Paris 1981.

Weber, Franz, Die Erlösung feiern. Karwoche und Ostern in Brauchtum und Volksliturgie, in: Diakonia 41 (2/2010), 112-118.

Werbick, Jürgen, Warum die Kirche vor Ort bleiben muss, Donauwörth 2002.

Whiteman, Darell, Melanesian Religions. An Overview, in: Ennio Mantovani (Hg.), An Introduction to Melanesian Religions (Point No. 6), The Melanesian Institute, Sat Pachar, Goroka ³1995, 87–121.

Word PNG, No. 362, November 2010.

Zaborowski, Holger, Vom Geschehen des Rituals, in: IKaZ 42 (2013), 327–339.

Zocca, Franco, Reflections on the Inculturation of the Catholic Church. Official Guidelines and Possible Models, in: Catalyst 32 (1/2002), Melanesian Institute, Goroka 2002, 67–92.

Zulehner, Paul M., Gott ist größer als unser Herz. Eine Pastoral des Erbarmens, Ostfildern 2006.

3. Inner- und postchristliche Transformationen und
   Entwicklungen von Ritualen

Teresa Schweighofer

Individuell und einmalig – Freie Rituale in Österreich

1. Einleitung

> Sie suchen einen Pastor zu einem besonderen Anlass? Bei uns müssen Sie nicht Mitglied einer Kirche sein. Es gibt keine Zeremonie von der Stange, und Sie können auch außerhalb kirchlicher Gebäude Ihre Zeremonie erleben![1]

Mit diesem Text wirbt die Agentur „Pastor2Go" auf ihrer Internetseite um KundInnen. Mittlerweile sind solche Angebote für maßgeschneiderte Zeremonien und Rituale keine Seltenheit mehr, vor allem das Internet bietet eine beinahe unübersehbare Vielfalt rund um die rituelle Gestaltung von besonderen Anlässen.

Zentrale Lebensereignisse werden seit jeher feierlich begangen und meistens sind auch spezielle Rituale damit verbunden: die Geburt eines Kindes, Erwachsenwerden, die Bindung zweier Menschen aneinander, der Abschied von Verstorbenen. Lange Zeit waren diese Ereignisse in Europa vorrangig mit Sakramenten bzw. Sakramentalien und Kasualien der christlichen Kirchen verbunden.[2] Das hat sich in den letzten Jahrzehnten jedoch geändert: Nun ist es nicht mehr selbstverständlich, wenn auch in manchen Gebieten noch üblich, an sog. Lebenswenden kirchliche Feiern abzuhalten.[3] Die Zeit des christlichen Ritenmonopols ist vorüber; oder mit den Worten einer der renommiertesten Agenturen für Trauerredner in Österreich gesprochen:

---

[1] http://pastor2go.de/ [abgerufen am 17.1.2014].
[2] Für den Kontext Österreich ist vor allem die römisch-katholische Kirche von Belang. Im Jahr 1950 wurden 94,76 % der Neugeborenen getauft, 72,34 % der geschlossenen Ehen wurden auch kirchlich getraut und 89,05 % der Verstorbenen kirchlich beerdigt. Vgl. Zahlen der Statistik Austria und der amtlichen Kirchenstatistik der Österreichischen Bischofskonferenz.
[3] Im Jahr 2012 wurden 61,61 % der Neugeborenen getauft, 32,04 % der geschlossenen Ehen kirchlich getraut und 66,89 % der Verstorbenen kirchlich beerdigt. Vgl. Zahlen der Statistik Austria und der amtlichen Kirchenstatistik der Österreichischen Bischofskonferenz.

Der ‚Lebenshilfemarkt' und ‚Zeremonialmarkt' wird längst nicht mehr von Institutionen bestimmt und reguliert. So sind auch Kirchen (als Großinstitutionen) nicht länger die Großanbieter in Sachen Weltanschauung, Sinnfragen und Lebensritualen.[4]

Religion und Spiritualität sind auf den Markt gekommen und damit wurden auch die traditionellen Religionsinstitutionen wie die Kirchen zu „religiösen Dienstleistern" neben anderen.[5] Dieser religionssoziologischen These, die bereits zu Beginn der 1990er Jahre aufgestellt[6] wurde, scheint heute keiner mehr widersprechen zu wollen. Rainer Bucher fasst die Situation so zusammen:

> Die Kirche muss sich heute unter Marktbedingungen behaupten: Sie ist auch bei den weitaus meisten ihrer eigenen Mitglieder unter einen permanenten Zustimmungsvorbehalt geraten, sie hat auch bei ihnen auf ihrem ureigensten Feld, jenem der Religion, ihr thematisches Monopol und eben auch viel Vertrauen verloren.[7]

Konsequenterweise betrifft das inzwischen auch die rituellen Bedürfnisse der Menschen: Auf dem „Zeremonienmarkt" hat sich vor allem für Lebensübergangsrituale ein neuer Dienstleistungszweig entwickelt: Freie Ritualbegleitung.

In diesem Beitrag werden erste Ergebnisse eines Forschungsprojektes, das die Arbeit Freier RitualbegleiterInnen in Österreich unter die Lupe nimmt vorgestellt. Da das Forschungsprojekt, aus dem diese Untersuchungsdaten stammen, weiter verfolgt wird, ist die Befragung noch nicht endgültig abgeschlossen und die hier präsentierten Zahlen sind als ein erster Zwischenergebnis zu sehen.

2. Freie RitualbegleiterInnen als Gegenstand der Forschung

Obwohl in Europa[8] seit spätestens Mitte des 20. Jahrhunderts erste Professionalisierungstendenzen im Feld Freier Ritualbegleitung zu beobachten sind[9], ist dieses Phänomen bisher wissenschaftlich kaum untersucht worden. In letzter Zeit finden sich erste Forschungsansätze hierzu. Im Bereich der Kultur- und Sozialanthropologie gibt es seit einigen Jahren wieder ein Interesse für Rituale und deren Veränderungen. Als Beispiel kann hier die intensive Forschungsarbeit

---
4 Homepage der Agentur Stockmeier: http://www.agentur-stockmeier.at/ [abgerufen am 15.3. 2013].
5 Vgl. Ebertz, Kirche im Gegenwind, 83–97.
6 Vgl. Dubach/Bovay (Hg.), Jede(r) ein Sonderfall?
7 Bucher, Neuer Wein in alte Schläuche?, 254. Vgl. auch Fetzer/Grabenstein/Müller, Kirche in der Marktgesellschaft. Famos/Kunz (Hg.), Kirche und Marketing.
8 In anderen Gebieten der Welt stellt sich die Situation grundlegend anders dar. Vgl. die zahlreichen Studien zur Ritualität auf anderen Kontinenten in der Sozial- und Kulturanthropologie.
9 Die Agentur Stockmeier vermittelt beispielsweise seit 1975 TrauerrednerInnen, vgl. http:// stockmeier.rivido.de/cms/DCber-uns/agentur-stockmeier.php.

des Sonderforschungsbereichs der Deutschen Forschungsgemeinschaft „Ritualdynamik – Soziokulturelle Prozesse in historischer und kulturvergleichender Perspektive"[10] genannt werden. Betrachtet man die einzelnen Teilprojekte dieses Forschungsbereichs näher, fällt auf, dass vor allem historische Perspektiven und die Ritualität in Asien im Fokus stehen: Acht der 21 Teilprojekte befassen sich mit Ritualen in Süd-Ostasien und weitere neun Teilprojekte mit Ritualdynamik in der Vergangenheit. Auch von den verbleibenden Forschungsprojekten beschäftigt sich keines mit der Frage neuer Übergangsrituale oder Freier Ritualanbieterinnen im europäischen Raum.

Ähnlich sieht die Situation innerhalb der „Ritual Studies", einem sehr jungen, interdisziplinären Forschungsgebiet, aus. Im Handbuch *Ritual und Ritualdynamik* behandelt zwar je ein Beitrag die Stichwörter „Ritualdesign"[11] und „Ritualmacher"[12], in beiden werden Freie RitualbegleiterInnen jedoch nur kurz erwähnt. Auch bei Thomas Quartier, der sich in seinem Buch „Die Grenze des Todes"[13] mit dem rituellen Umgang mit Toten beschäftigt, werden Freie RitualbegleiterInnen zwar erwähnt, aber als Gruppe nicht näher beschrieben oder zum Fokus der Forschung gemacht.

Das tat Marianne Kramer Abebe 1998 in Ihrer Akzessarbeit, in der sie sich mit Freien RitualbegleiterInnen in der Schweiz beschäftigte.[14] Ausgehend von einer Einzelfallstudie entwickelte sie einen kurzen Fragebogen, der von 14 der 24 angefragten Personen ausgefüllt wurde. Die Leitdifferenz ihrer Arbeit ist Innovation – Tradition und so fragt sie vor allem danach, wie sich „die grosse inhaltliche und strukturelle Freiheit" der freien Rituale „auf die Gestaltung der Rituale auswirkt".[15] Kramer Abebe kommt zum Schluss, dass „der Aspekt der Tradition nicht einfach auf[gegeben wird], sondern sie [die Beteiligten und RitualbegleiterInnen, Anm. T.S.] geben ihm einen anderen Stellenwert".[16]

Einen spezifischen Blickwinkel auf die österreichische Szene der Freien RitualbegleiterInnen nimmt Hilde Schäffler in ihrer Dissertation ein: Sie untersuchte professionelle HochzeitsplanerInnen in Österreich und beleuchtet die dabei abgehaltenen Rituale aus einer sozialanthropologischen Perspektive.[17] Im Zentrum steht dabei die gesamte Hochzeitsfeier inklusive der teilweise oft Monate dauernden Vorbereitungszeit und nicht nur das religiöse oder säkulare

---

10 Vgl. http://www.ritualdynamik.de/.
11 Ahn/Miczek/Zotter, Ritualdesign, 116–122.
12 Gengnagel/Schwedler, Ritualmacher, 165–170.
13 Vgl. Quartier, Die Grenze des Todes.
14 Vgl. Kramer Abebe, Aufbruch zu neuen Ritualen.
15 Ebd., 6.
16 Ebd., 59.
17 Vgl. Schäffler, Ritual als Dienstleistung.

Hochzeitsritual. Rituale an weiteren Lebensübergängen spielen in ihrer Untersuchung keine Rolle.

Alles in allem ist dieser expandierende Dienstleistungsbereich bisher jedoch Großteils unerforscht – eine theologische Reflexion fehlt völlig – und belastbare Daten zu dieser neuen Form der Ritualität sind Mangelware. Um diese Wissenslücke zu füllen wurde 2013 eine Internetbefragung unter den Freien RitualbegleiterInnen in Österreich gestartet.

3. Freie Ritualbegleitung in Österreich

Schon zu Beginn des Forschungsprojekts wurde deutlich, dass das Feld eine große Dynamik aufweist und es schwierig sein wird klare Abgrenzungen vorzunehmen. In Österreich gibt es keine gesetzlichen Regelungen, wer als Freie/r RitualbegleiterIn tätig sein darf. Zwar gibt es erste Ausbildungen und Kurse für Ritualbegleitung[18], eine Ausbildung ist jedoch keine verpflichtende Voraussetzung und auch ein allgemeines Berufsprofil fehlt bisher weitgehend.

Da auf keine gesetzliche Definition dieses Dienstleistungsbereichs zurückgegriffen werden konnte, musste eine erste eigene Begriffsbestimmung vorgenommen werden: Freie RitualbegleiterInnen sind Personen, die unabhängig von einer religiösen oder säkularen Institution Rituale bzw. rituelle Begleitung anbieten. Die hier verwendete Arbeitsdefinition von Ritual lautet: Rituale sind Handlungskomplexe, die bewusst durchgeführt werden und in denen symbolisch vermittelt Wirklichkeit gedeutet wird.[19] Das Wort „frei" bedeutet, dass nicht im Auftrag einer bestimmten religiösen oder säkularen Institution agiert wird. Somit fallen hauptamtliche MitarbeiterInnen institutionalisierter Religionen (z. B. Priester, PastorInnen, PastoralassistentInnen, Diakone etc.) nicht unter diese Kategorie, außer sie sind neben ihrer kirchlichen Anstellung auch als Freie RitualbegleiterInnen tätig. Ebenso werden StandesbeamtInnen in der Studie nicht berücksichtigt, obwohl sich bei vielen standesamtlichen Trauungen heute ein stark ritueller Charakter erkennen lässt.[20]

Da rituelle Begleitung in Österreich gewerberechtlich nicht eindeutig geregelt ist, war es nicht möglich auf ein offizielles Register zurückzugreifen.[21] Deshalb

---

18 Vgl. u. a. http://www.scatach.org/?page_id=46; http://www.ritualnetz.at/veranstaltungen/dem-leben-tiefe-geben-rituale-selbst-entwickeln-1.
19 Vgl. Brosius/Michaels/Schrode, Ritualforschung heute, 15.
20 Man denke an standesamtliche Trauungen, bei denen das Brautpaar in den Saal einzieht, der Standesbeamte eine Ansprache hält, Musik gespielt wird etc.
21 Die meisten gewerblichen AnbieterInnen tun dies im Rahmen der „Lebens- und Sozialberatung" für die ein Gewerbeschein notwendig ist oder haben das freie Gewerbe „Hilfestellung zur Erreichung einer körperlichen bzw. energetischen Ausgewogenheit" (häufig auch „Hu-

wurden die zu befragenden Personen durch eine umfassende Internetrecherche ausfindig gemacht. Die Stichprobenerhebung via Internet war möglich, weil die meisten der AnbieterInnen freier Rituale entweder einen eigenen Internetauftritt haben oder auf einer gemeinsamen Internetplattform ihre Dienste anbieten.[22] Natürlich kann nicht ausgeschlossen werden, dass es weitere AnbieterInnen ohne Internetauftritt gibt. Die angeschriebenen Freien RitualbegleiterInnen wurden deshalb gebeten, den Fragebogen an Bekannte, die in diesem Bereich tätig sind, weiterzuleiten.

Die ProbandInnen wurden per E-Mail angeschrieben und um ihre Teilnahme am Forschungsprojekt gebeten. Der Fragebogen umfasst 31 Fragen, die sich in 4 Abschnitte gliedern: Ritualangebot, durchgeführte Rituale, theoretischer Hintergrund und Ausbildung sowie Fragen zur Person. Er konnte über einen Link im Internet aufgerufen und ausgefüllt werden. Diese elektronische Möglichkeit wurde gewählt, da die RitualbegleiterInnen in ganz Österreich leben, es also im Rahmen der vorhandenen Ressourcen unmöglich war alle direkt zu befragen. Zusätzlich konnte durch das elektronische Verfahren auch die Anonymität am besten gewährleistet werden.

Von 128 kontaktierten Personen haben bis Anfang Februar 2014 48 Personen den Fragebogen soweit ausgefüllt, dass eine Auswertung sinnvoll war.[23] Das entspricht einer Rücklaufquote von 37,2 Prozent. Ziel dieser Befragung war es einen Überblick über die Freie RitualbegleiterInnenszene in Österreich zu bekommen; erste Ergebnisse werden im Folgenden dargestellt:[24]

3.1. Wer bietet freie Rituale in Österreich an?

Welche Menschen sind es, die diese Dienstleistung anbieten? Wirft man einen Blick auf die soziodemographischen Ergebnisse der Untersuchung, fällt zunächst die Geschlechterverteilung auf: Über dreiviertel der Fragebögen wurden von Frauen ausgefüllt. Diese Zahl ist vergleichbar mit der Geschlechterverteilung unter den angeschriebenen Personen, auch hier lag der Frauenanteil bei ca. 70 Prozent.

---

manenergetik" genannt) angemeldet. Der Begriff „Ritual" kommt jedoch in keinem der beiden Berufsbilder explizit vor. Vgl. http://public.wuapaa.com/wkstmk/2006/gewerbe/files/katalog.pdf; https://www.wko.at/Content.Node/branchen/vbg/Gewerbliche-Dienstleister/14_BerufsbildHumanenergethik_Beschl030706_FVASS_2.pdf.
22 Vgl. u. a. http://www.ritualnetz.at/; www.zeremonienleiter.com.
23 Zehn Befragte brachen den Fragebogen bereits nach wenigen Fragen ab, wodurch eine Aufnahme dieser Fälle in die statistische Auswertung nicht sinnvoll war.
24 Aufgrund des relativ kleinen Samples sind die Prozentangaben wenig signifikant, weshalb auf ausführliche Tabellen mit Prozentzahlen verzichtet wird.

Die Befragten sind zwischen 31 und 74 Jahre alt, wobei der Altersschwerpunkt bei 42 bis 52 Jahren liegt – 68 Prozent der Befragten liegen in diesem Altersbereich. 63 Prozent haben eine tertiäre Ausbildung abgeschlossen. Familienstand und Kinderanzahl wurden nicht abgefragt.

62 Prozent der Befragten sind neben Ihrer Arbeit als Freie RitualbegleiterIn zumindest in einem weiteren Beruf tätig, wobei besonders viele in den Bereichen Coaching, Bildung und im Sozialbereich tätig sind. Nur wenige haben Berufe in Technik und Wirtschaft.

Auf die Frage, ob sie Mitglied einer gesetzlich anerkannten Kirche bzw. Religionsgesellschaft sind, gaben 52 Prozent an, einem religiösen Bekenntnis anzugehören, 27 Prozent verneinten diese Frage und 21 Prozent enthielten sich einer Antwort. Die überwiegende Mehrheit derer, die Mitglied einer gesetzlich anerkannten Kirche bzw. Religionsgesellschaft sind, gehört der römisch-katholischen Kirche an (46 %). Die restlichen 6 Prozent sind Angehörige der evangelisch-lutherischen Kirche (4 %) oder der Buddhistischen Religionsgesellschaft (2 %). Rund 70 Prozent derer, die ohne religiöses Bekenntnis sind, waren früher Mitglied der römisch-katholischen Kirche, nur 4 Prozent waren nie Mitglied einer gesetzlich anerkannten Kirche bzw. Religionsgesellschaft.[25]

Die/der typische Freie RitualbegleiterIn wäre demnach – wenn man eine solche Gestalt skizzieren möchte – weiblich, Mitte vierzig und hoch gebildet. Sie würde in einem sozialen Beruf arbeiten und wäre Mitglied der römisch-katholischen Kirche.

3.2. Welche Ausbildungen haben die befragten RitualbegleiterInnen?

Auf die Frage nach der Ausbildung bzw. Qualifikation für die Arbeit mit Ritualen gaben 46 Prozent an eine einschlägige Ausbildung oder Qualifikation absolviert zu haben. 38 Prozent verneinten diese Frage und 16 Prozent gaben keine Antwort. Zu Art und Träger der Ausbildungen wurden sehr unterschiedliche Auskünfte gegeben. Am häufigsten wurden private Ausbildungen wie die Lehrgänge zu Ritualleitung und Ritualberatung des „Netzwerk Rituale Österreich"[26] angegeben. Da-

---

25 Laut der letzten Erhebung des Religionsbekenntnisses durch Statistik-Austria im Jahr 2001 gehörten 73,6 % der römisch-katholischen Kirche und 4,7 % einer evangelischen Kirche an. 0,1 % bekannten sich zur Buddhistischen Religionsgesellschaft und 14 % wurden als konfessionslos eingestuft. Vgl. http://www.statistik.at/web_de/statistiken/bevoelkerung/ volkszaehlungen_registerzaehlungen/bevoelkerung_nach_demographischen_merkmalen/ 022894.html. Laut der kircheninternen Statistik waren 2012 ca. 63 % Mitglied der römisch-katholischen Kirche in Österreich. Vgl. http://www.katholisch.at/site/article_detail_themen. siteswift?so=site_article_detail&do=site_article_detail&c=download&d=DREF-e81e1ae 1bdbfbe3ac9d479de.

26 Vgl. Angebote „Netzwerk Rituale Österreich", in: http://www.ritualnetz.at/veranstaltungen.

neben wurden auch kirchliche Ausbildungen für WortgottesdienstleiterInnen, LektorInnen, Exerzitienleitung oder geistliche Begleitung erwähnt. Aber auch nicht ritualspezifische Ausbildungen – wie zum Beispiel eine Ausbildung in Sozialpädagogik, systemischer Beratung, Mediation oder Stimmbildung – wurden als Ausbildungen, die für die Arbeit als RitualbegleiterIn qualifizieren, angegeben.

Weiters wurde explizit nach theologischer Ausbildung gefragt, worauf 35 % mit „Ja" antworteten. Eine Hälfte dieser Personen hat ein Theologiestudium abgeschlossen, die andere Hälfte hat eine Katholisch-Pädagogische Hochschule, das „Seminar für kirchliche Berufe" oder den „Theologischen Fernkurs" besucht.

3.3. Wie bezeichnen sich die AnbieterInnen freier Rituale selbst?

Da sowohl in der Sekundärliteratur als auch im Internet ganz unterschiedliche Begriffe für diesen neuen Dienstleistungszweig verwendet werden, wurden im Rahmen dieser Befragung auch die Selbstbezeichnungen erforscht. Dabei waren die Bezeichnungen RitualbegleiterIn, RednerIn, Freie/r TheologIn, RitualdesignerIn, ZeremonienmeisterIn und RitualistIn als Auswahl angegeben. Die Befragten konnten mehrere Bezeichnungen wählen und weitere Namen angeben. Knapp die Hälfte (48 %) wählte den Begriff RitualbegleiterIn, 15 Prozent bezeichnen sich als Freier Theologe/freie Theologin, zwölf Prozent verwenden den Ausdruck Redner/in und acht Prozent den Titel Zeremonienmeister. Zwei Bezeichnungen, die in der Literatur genannt werden, wurden von niemandem gewählt: RitualdesignerIn und RitualistIn. Als weitere Benennungen wurden Zeremonien- bzw. RitualleiterIn, RitualberaterIn bzw. -gestalterIn, Schamane/Schamanin und SeelsorgerIn angegeben. Dieses Ergebnis zeigt wiederum die Heterogenität des beforschten Feldes, bestätigt aber auch die Verwendung des Begriffs Freie RitualbegleiterIn als Sammelbezeichnung, da dieser Begriff die meisten Nennungen hat.

3.4. Welche Rituale werden angeboten?

Was das Angebot an Ritualen betrifft, zeigt sich ein eher homogenes Bild. So bieten ca. je dreiviertel der Befragten Rituale anlässlich einer Geburt (77 %), rund um Partnerschaft und Ehe (80 %) und anlässlich eines Todesfalls (73 %) an.

Darüber hinaus geben 77 Prozent an, Rituale zu weiteren Anlässen anzubieten, beispielsweise zu Beginn bzw. Ende der Fruchtbarkeit[27], zu Beginn oder am

---

27 Z.B. anlässlich der erste Menstruationsblutung bzw. des Klimakteriums bei der Frau oder

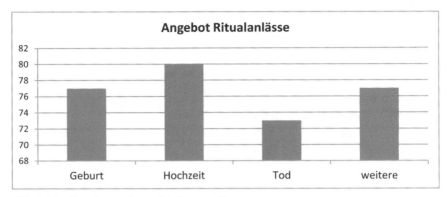

Abb. 1: Ritualangebot nach verschiedenen Anlässen

Ende einer Ausbildung bzw. des Berufslebens, anlässlich einer Trennung/Scheidung oder eines Abschieds. Auch Rituale rund um einen (runden) Geburtstag oder ein Ehejubiläum sowie bei Hauseinweihungen oder Grundsteinlegungen finden sich in den Repertoires. Zusammenfassen lässt sich dieses Angebot mit den Worten eines/einer ProbandIn: „Rituale für Menschen, die dem Umfeld, in dem sie leben, sichtbar machen wollen, eine Krise ist bewältigt, die Trennung wird bewusst und übereinstimmend vollzogen, ein neuer Lebensabschnitt beginnt, Neues im Leben wird begrüßt". Es scheint keine Lebenssituation zu geben, für die nicht das passende Ritual gefunden werden kann.

3.5. Wie hoch ist die Nachfrage nach freien Ritualen?

Angesichts dieser breiten Angebotspalette stellt sich die Frage, wie sehr diese Rituale in Anspruch genommen werden. Deshalb wurden die RitualbegleiterInnen zur durchschnittlichen Anzahl der Rituale, die sie innerhalb eines Jahres durchführen, befragt. Nimmt man alle in dieser Umfrage angegebenen Rituale zusammen, kommt man auf rund 1500 freie Rituale jährlich. Davon sind ca. 90 anlässlich einer Geburt, 240 Feiern sind freie Hochzeitsrituale und jährlich finden um die 900 Beerdigungs- und Abschiedsrituale statt. Weitere 244 Rituale werden zu nicht weiter ausdifferenzierten anderen Anlässen durchgeführt.

Auffällig ist, dass es große Unterschiede bei der Anzahl der jährlich durchgeführten Rituale gibt: Während einzelne Befragte angeben, dass sie zwischen 2 oder 3 Rituale jährlich durchführen, nennen andere 320 als jährlichen Durchschnitt. Sieht man sich die Daten genauer an, so lassen sich drei ungefähr gleich große Gruppen bilden: etwa ein Drittel führt 2 bis 7 Rituale pro Jahr durch, ein

---

Übergangsrituale vom Junge-Sein zum Mann-Sein etc.

Individuell und einmalig – Freie Rituale in Österreich

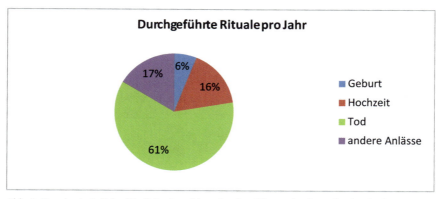

Abb. 2: Durchschnittliche jährliche Anzahl an durchgeführte Rituale nach Ritualanlässen

weiteres Drittel liegt bei 10 bis 20 Ritualen pro Jahr und ein weiteres Drittel leitet mehr als 20 Rituale jährlich. In dieser dritten Gruppe zeigt sich überdies, dass diejenigen Freien RitualbegleiterInnen mit einem besonders hohen jährlichen Durchschnitt die meisten dieser Rituale im Bereich rund um den Tod eines Menschen durchführen, es sich also um Beerdigungen oder Ähnliches handelt. Als Beispiel seien zwei exemplarische Fälle genannt: Von 320 Ritualen, die ein/e Freie/r RitualbegleiterIn im Jahr durchführt sind 270 Feiern Beerdigungen. In einem anderen Fall werden 100 Beerdigungen unter 150 Ritualen jährlich angegeben.

Der Großteil der Befragten leitet 2–3 Rituale anlässlich eines Todesfalls pro Jahr. Sieht man sich die weitere Verteilung an, dann liegt der jährliche Durchschnitt bei 3 Ritualen anlässlich einer Geburt und 7 Ritualen rund um Partnerschaft und Ehe. Dazu kommen 2–3 Rituale zu weiteren Anlässen. Es handelt sich also bis auf wenige Ausnahmen um recht überschaubare Größenordnungen.

Das spiegelt sich auch in den Antworten auf die Frage, ob man sich durch die Arbeit als RitualbegleiterIn den Lebensunterhalt finanzieren könne: 58 Prozent antworteten mit „Nein", 23 Prozent schätzten die Lage so ein, dass das vorstellbar wäre, 19 Prozent gaben keine Antwort.

3.6. Was kostet ein freies Ritual?

Gefragt wurde in diesem Zusammenhang auch, wieviel ein Ritual durchschnittlich kostet und wie sich die Preise zusammensetzen. Auch hier zeigt sich ein breites Spektrum, sowohl in der Berechnungsform als auch bei den angegebenen Kosten. Während ein Teil Pauschalpreise – meistens nach Ritual und Aufwand gestaffelt – angibt, berechnet ein anderer Teil die Kosten immer individuell nach dem tatsächlichen Aufwand und den benötigten Stunden. Der durchschnittliche brutto Stundensatz liegt hier bei 60 €. Bei den angegeben Pauschalpreisen zeigt sich ein Spektrum zwischen 30 € und 700 €, wobei die meisten AnbieterInnen zwischen 300 € und 400 € für ein Ritual verlangen.

Die Frage nach den Kosten wurde von den wenigsten Personen beantwortet. Knapp 40 Prozent enthielten sich der Antwort, oft mit dem Hinweis, dass es schwer sei einen Durchschnittspreis anzugeben, da die Rituale entweder zu unterschiedlich seien oder der Preis individuell verhandelt werde.

3.7. Aus welchen Gründen wählen Menschen das Angebot freier RitualbegleiterInnen?

Die Frage nach den Beweggründen ein freies Ritual als Ergänzung oder anstatt eines institutionell gebundenen Rituals in Anspruch zu nehmen, kann durch die hier erhobenen Daten nicht direkt beantwortet werden. Dazu müsste man die KundInnen befragen. In Ermangelung entsprechender Forschungsergebnisse wurde nach der Einschätzung und Erfahrung der Freien RitualbegleiterInnen gefragt. 73 Prozent der Befragten gaben an die Gründe ihrer KundInnen zu kennen, 6 Prozent verneinten das. 21 Prozent beantworteten diese Frage nicht. Diejenigen, die diese Frage bejahten, wurden in der Folge gebeten, die ihnen bekannten Gründe anzugeben. Die Angaben lassen sich folgendermaßen kategorisieren: Am häufigsten wurde „Unzufriedenheit mit kirchlichen Angeboten" oder allgemein die „Entfremdung von den etablierten Kirchen" angegeben (12-mal). Zehnmal wurde der Wunsch nach „individueller Betreuung" und neunmal die „große Gestaltungsfreiheit" als Grund vermutet. Weiters wurden Anliegen, für die sich noch kein Ritual etabliert hat, und die Persönlichkeit der Ritualbegleiterin/des Ritualbegleiters als Motiv für die Wahl eines freien Rituals genannt. Nur sechsmal wurde die angegeben, dass diese Form aufgrund der Unmöglichkeit, ein kirchliches Ritual durchzuführen, gewählt worden sei.[28] Als weitere Gründe wurden der Glaube an die Wirksamkeit des Rituals, der Naturbezug, ansprechende Werbung und der Wunsch nach Privatheit genannt.

---

28 Genannt wurden hier v. a. Paare, bei denen mindestens eine Person schon einmal verheiratet war und homosexuelle Paare.

3.8. Woran orientieren sich die Freien RitualbegleiterInnen in ihrer Arbeit?

Arbeiten die Freien RitualbegleiterInnen trotz institutioneller Ungebundenheit auf Basis bestimmter Konzepte und Weltanschauungen? Zu diesem Themenkomplex wurden zwei halboffene Fragen gestellt:
a) „Beziehen Sie sich in ihrer Ritualarbeit auf ein bestimmtes Ritualkonzept bzw. eine bestimmte Ritualtheorie und wenn ja, worauf?"
b) „Beziehen Sie sich in Ihren Ritualen auf eine spezifische Weltanschauung / Religion? Wenn ja, worauf?"

Auf die Frage a) antworteten 50 Prozent der Befragten mit „Nein", 33 Prozent mit „Ja" und 17 Prozent gaben keine Antwort.

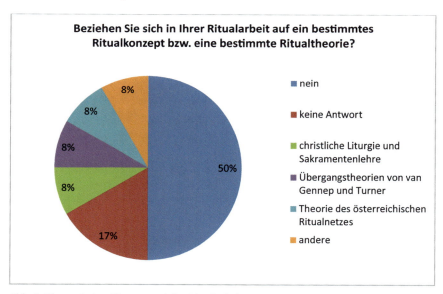

Abb. 3: Theoretischer Hintergrund der Ritualarbeit

Die 33 Prozent, die sich an einem konkreten Konzept orientieren, gaben zu je einem Viertel an, sich nach der Ritual- und Sakramentenlehre der katholischen Kirche, an den Theorien zu Übergangsritualen von Van Gennep bzw. Turner oder nach der nicht näher spezifizierten Theorie des „Netzwerkes Rituale Österreich" zu richten. Von den restlichen 8 Prozent wurden die „Vier Elemente", feministische Spiritualität, Schamanismus und das „europäische Lebens- und Medizinrad" als theoretische Hintergründe genannt. Diese Konzepte wurden nicht näher beschrieben oder definiert, weshalb sie uneindeutig bleiben.

Der geringe theoretische Bezug, der sich hier zeigt, deutet auf eine sehr pragmatische Herangehensweise vieler Freier RitualbegleiterInnen hin.

Was die Frage b) nach der weltanschaulichen oder religiösen Bezugnahme betrifft, geben wiederum 50 Prozent an, dass sie sich auf keine spezifische Weltanschauung oder Religion beziehen; 31 Prozent beziehen sich regelmäßig auf ein weltanschauliches System und 19 Prozent machten keine Angaben dazu.[29] Von den 31 Prozent, die sich an einer spezifischen Weltanschauung orientieren, beziehen sich 21 Prozent auf das Christentum und 10 Prozent auf „schamanistische" Glaubensvorstellungen. Daneben wurde einmal der Buddhismus als weltanschaulicher Hintergrund benannt.

Abb. 4: Bezugnahme auf Weltanschauung oder Religion in Freien Ritualen

3.9. Was ist den Freien RitualbegleiterInnen in ihrer Arbeit besonders wichtig?

Die Freien RitualbegleiterInnen wurden auch daraufhin befragt, was ihnen in ihrer Ritualarbeit am wichtigsten sei.[30] Am häufigsten, nämlich 23-mal, kamen Antworten die die Individualität und Einmaligkeit des Rituals unterstreichen. Annähernd gleich viele Nennungen (20-mal) gibt es im Hinblick auf Kunden-

---

29 Auch wenn sich die Prozentzahlen dieser beiden Fragestellungen ähneln konnte kein Zusammenhang zwischen den beiden Variablen festgestellt werden.
30 Die Antworten auf diese offene Frage wurden von der Autorin kategorisiert und zusammengefasst.

orientierung bzw. -zufriedenheit: „dass der Mensch seinen Ausdruck findet" oder „Anliegen des Kunden" sind vielen RitualbegleiterInnen wichtig.

18-mal kamen Antworten, die unter dem Stichwort „Unterstützung" subsumiert werden können: „Begleitung", „den Menschen ermöglichen sich auf seine/ihre Tiefe einzulassen" oder „klären". Nur einmal seltener (17-mal) wurde der Bereich Spiritualität genannt, häufig auch in Form von Umschreibungen wie „spirituellen Raum schaffen", „auf Tiefe einlassen" oder „Innenschau". Weiters wurden folgende Anliegen genannt: Struktur geben, Offenheit, Authentizität, Professionalität, feierlich und würdig, Freude am Tun, Emotionskanalisierung, Beteiligung, Gemeinschaft, Sichtbarmachung und Transparenz.

Es zeigt sich eine ganze Palette an Schwerpunkten und Anliegen, gemeinsam ist der Mehrheit der Befragten eine ausgeprägte KundInnenorientierung.

4. Resümee und Ausblick

Dieser kurze Überblick über Angebot und Hintergrund Freier RitualbegleiterInnen in Österreich zeigt, dass es sich um ein sehr vielseitiges Feld handelt, das eingehender zu untersuchen sich lohnt. Vor allem eine theologische Reflexion ist vor dem christlichen Hintergrund vieler AnbieterInnen notwendig. Die Kirchen und Religionsgesellschaften müssen sich verstärkt mit der Marktsituation, die auch für den Bereich der Rituale gilt, auseinandersetzen und eine theologisch fundierte Position entwickeln. Dass es dabei nicht nur um kirchenrechtliche sondern wesentlich auch pastoraltheologische Fragen geht, zeigen die angegebenen Gründe auf Seiten der KundInnen und die genannten Schwerpunkte der Freien RitualbegleiterInnen.

Für die geforderte theologische Reflexion braucht es eine stärker inhaltlich fokussierte Bestandsaufnahme, die sich mit Fragen nach der konkreten Umsetzung und den möglichen Grenzen der Kundenorientierung, dem grundsätzlichen Verständnis von Ritualen und der jeweiligen Lebens- und Weltdeutung beschäftigt. Diese inhaltliche Dimension wird derzeit mittels qualitativ-empirischer Interviews mit Freien RitualbegleiterInnen aus Österreich im Rahmen meines Dissertationsprojekts[31] an der Universität Wien näher beleuchtet. Ziel der empirischen Erhebungen ist eine fundierte Ausgangsbasis für die anschließende theologische Reflexion des Phänomens zu legen.

Auch weitere Forschungsdesiderate lassen sich erkennen: So braucht es für die umfassende Erforschung des Feldes auch den Blick auf die RezipientInnen,

---

31 Arbeitstitel: Freie RitualbegleiterInnen in Österreich. Eine pastoraltheologische Untersuchung zu Selbstverständnis und Tätigkeit Freier RitualbegleiterInnen und ihrer Bedeutung für Theologie und katholische Kirche.

die KundInnen. Diese auf ihre Motive, Wünsche und Einstellungen hin zu befragen, wäre ein sehr lohnendes pastoraltheologisches Unterfangen. Dadurch könnten die gegenwärtigen rituellen Bedürfnisse und Feierformen erhoben und aus diesen Ergebnissen Denkanstöße für die zukünftige Ritenpastoral gewonnen werden. Gleichzeitig wäre auch die nähere Betrachtung der durchgeführten Rituale in Form einer Aktionsforschung der Mühe wert. Ebenso gilt es das Phänomen in einem internationalen Vergleich, zumindest innerhalb von Europa, zu evaluieren. Dadurch ließen sich Rückschlüsse über die Bedeutung von Mehrheitsreligionen und -konfessionen eines Landes auf das Phänomen ziehen.

Dass es sich dabei um ein möglichst interdisziplinär anzulegendes Forschungsprojekt handelt, liegt auf der Hand. Dass sich die Theologie nicht aus diesem Forschungsfeld zurückziehen darf, gebietet nicht zuletzt die Selbstverpflichtung des Zweiten Vatikanischen Konzils, „Freude und Hoffnung, Trauer und Angst der Menschen von heute" (GS 1) als ureigenste Empfindungen wahrzunehmen. Es kann bei einer theologischen Interpretation des Phänomens nicht um ein Festschreiben von Konkurrenzverhältnissen gehen, sondern es gilt die Frage zu stellen, was die Kirche von Freien RitualbegleiterInnen für ihre Pastoral – für ihr Handeln in der Welt von heute – lernen kann.

Literaturverzeichnis

Ahn, Gregor / Miczek, Nadja / Zotter, Christof, Ritualdesign, in: Brosius, Christiane / Michaels, Axel / Schrode, Paula (Hg.), Ritual und Ritualdynamik. Schlüsselbegriffe, Theorien, Diskussionen (= UTB 3854), Göttingen 2013, 116–122.

Brosius, Christiane / Michaels, Axel / Schrode, Paula, Ritualforschung heute – ein Überblick, in: Diess. (Hg.), Ritual und Ritualdynamik. Schlüsselbegriffe, Theorien, Diskussionen (= UTB 3854), Göttingen 2013, 9–24.

Bucher, Rainer, Neuer Wein in alte Schläuche? Zum Innovationsbedarf einer missionarischen Kirche, in: Sellmann, Matthias (Hg.), Deutschland – Missionsland, Freiburg i. Br. 2004, 249–282.

Dubach, Alfred / Bovay, Claude (Hg.), Jede(r) ein Sonderfall? Religion in der Schweiz. Ergebnisse einer Repräsentativbefragung, Zürich 1993.

Ebertz, Michael: Kirche im Gegenwind, Freiburg i. Br. 1997.

Famos, Cla Reto / Kunz, Ralph (Hg.), Kirche und Marketing. Beiträge zu einer Verhältnisbestimmung, Zürich 2006.

Fetzer, Joachim / Grabenstein, Andreas / Müller, Eckart, Kirche in der Marktgesellschaft, Gütersloh 1999.

Gengnagel, Jörg / Schwedler, Gerald, Ritualmacher, in: Brosius, Christiane / Michaels, Axel / Schrode, Paula (Hg.), Ritual und Ritualdynamik. Schlüsselbegriffe, Theorien, Diskussionen (= UTB 3854), Göttingen 2013, 165–170.

Kramer Abebe, Marianne, Aufbruch zu neuen Ritualen. Eine Annäherung an die Praxis freiberuflicher RitualbegleiterInnen, unveröffentlichte Diplomarbeit Universität Bern 1998.

Quartier, Thomas, Die Grenze des Todes. Ritualisierte Religiosität im Umgang mit Toten, Berlin 2011.

Schäffler, Hilde, Ritual als Dienstleistung. Die Praxis professioneller Hochzeitsplanung, Berlin 2012.

Willim, Christian, Mit Zeremonie, aber ohne Kirche. Die „Hochzeitsredner" haben in drei Jahren für über 100 Brautpaare Zeremonienmeister gespielt, Der Kurier, 30.9.2013, 21.

Verwendete Internetseiten [alle zuletzt abgerufen am 17.1.2014]

http://www.agentur-stockmeier.at/.
http://www.pastor2go.de/.
http://www.ritualdynamik.de/.
http://www.ritualnetz.at/.
http://www.scatach.org/?page_id=46.
http://www.zeremonienleiter.com.

Brigitte Enzner-Probst

Frauenliturgien als Avantgarde neuer ritueller Gestaltungsräume und -prozesse im spätmodernen Kontext

Das Symposium „Der Wandel christlicher Rituale im Kontext einer pluralisierten Rituallandschaft" thematisiert eine spätmoderne Entwicklung, die die Praktische Theologie nicht übersehen darf.

Die innerhalb der Frauenliturgiebewegung verortete freie liturgische Praxis von Frauen in und am Rand der christlichen Kirchen in Europa kann, so ist meine Überzeugung, zu diesem Thema einen wichtigen Beitrag geben. Wie ich in meiner Habilitationsschrift belegen konnte, lässt sich die Frauenliturgiebewegung als Avantgarde neuer ritueller Bewegungen im Kontext einer spätmodernen Gesellschaft verstehen.[1]

In diesem Beitrag werde ich manche Passagen, etwa den Überblick über Geschichte, Thematik und Methodik von Frauenliturgien, nur kurz streifen, dafür die Beschreibung der Rituale selbst etwas ausführlicher bringen. Wichtig ist mir die ritualtheoretische Analyse der Besonderheit performativer Rituale. Schließen werde ich mit einem praktisch-theologischen Ausblick.

1. Einführung

1.1. Zur Geschichte, Thematik und Methodik von Frauenliturgien[2]

Vor mehr als 40 Jahren haben Frauen innerhalb der Kirchlichen Frauenliturgiebewegung (FLB) mit ihrer freien, performativen liturgischen Praxis begonnen und sie bis heute fortgeführt.[3] Beginnend in den 1970er Jahren in den USA, haben sie im deutschsprachigen Bereich ab den 1980er Jahren des 20. Jhs. eine experimentell-kreative Weise der Liturgiegestaltung etabliert, die auf die Ver-

---
1 Zum Ganzen vgl. Enzner-Probst, Frauenliturgien als Performance.
2 Vgl. dazu meine Habilitationsschrift: Frauenliturgien als Performance.
3 Vgl. das 20jährige Jubiläum der FLB in Graz und Linz, jeweils 2011.

änderungen der Spätmoderne antwortet und wichtige Impulse für eine Erneuerung und Ausweitung kirchlicher Ritualität gibt.

Die Frauenliturgiebewegung (FLB) begann in den 70er Jahren des vorigen Jahrhunderts in den USA. Die schwarze Bürgerrechtsbewegung, die Studentenrevolte in Berkeley, die säkulare Frauenbewegung hinterließen ihre Spuren auch im kirchlichen Milieu. Viele Frauen, die sich in einer der christlichen Denominationen verorteten, konnten sich mit den Forderungen dieser Zeit identifizieren. Es entstand eine Kirchliche (Zweite) Frauenbewegung, die ihrerseits die Ergebnisse der Ersten Frauenbewegung am Ende des 19. Jh.s aufnahm.

Frauen in den Kirchen, vor allem in der römisch-katholischen Kirche, beanspruchten Gleichberechtigung auch im kirchlichen Kontext. Sie forderten Mitgestaltungs- und Definitionsmacht in den theologischen Ausbildungsstätten und kirchlichen Gremien.

Mit einer Zeitverzögerung von etwa 10 Jahren wurde die Kirchliche Frauenbewegung auch in Europa rezipiert und entfaltete sich rasch. Im Folgenden beziehe ich mich auf die Entwicklung im deutschsprachigen Raum, d. h. auf die liturgische Praxis von Frauen in der Schweiz, in Deutschland und in Österreich. Ähnlich wie in den USA lässt sich innerhalb dieser Kirchlichen Frauenbewegung eine stärker politisch akzentuierte von einer spirituell-liturgisch orientierten Richtung unterscheiden.[4]

Das II. Vatikanische Konzil (11. Oktober 1962 bis 8. Dezember 1965) weckte seinerseits große Hoffnungen auf einen Systemwandel innerhalb der römisch-katholischen Kirche. Die Frustration über das Ausbleiben grundsätzlicher Veränderungen, etwa der Zulassung von Frauen zum Priesteramt, verstärkte die experimentelle Suche nach eigenen liturgischen Räumen, Formen, Themen und Methoden. „Wir Frauen *sind* Kirche – worauf warten wir noch?" fasste die Ökumenikerin Marga Bührig, Schweiz, diese selbstbewusste Haltung der Frauen zusammen. Frauen nahmen ihre liturgische Kompetenz in die eigenen Hände.

Von Anfang an ökumenisch konzipiert, kam der hauptsächliche Impuls anfänglich sehr deutlich aus der römisch-katholischen Kirche. Der Reformwunsch von Frauen war hier am stärksten, doch wurde die Frage nach einem rituellen Freiraum für eigenes liturgisches Experimentieren, frauenbezogene Themen und eine neue Form der Liturgie gerade auch von Protestantinnen aufgegriffen und mitgetragen.

Und erstaunlich Vielfältiges ist daraus entstanden! Seit über 50 Jahren gibt es unzählige Liturgiegruppen, die sich mit einer unwahrscheinlichen Kreativität ihre eigenen rituellen Räume geschaffen haben und diese immer neu füllen. Anfang 2011 war ich z. B. in Graz eingeladen, um das 20jährige Jubiläum der FLB

---

4 Vgl. Enzner-Probst, Frauenliturgien, Kap. IV, 71–126.

in Graz mitzugestalten und zu feiern.⁵ In Linz folgte das gleiche Jubiläum dann im Herbst 2011. In Ulm, in München, in Würzburg, in Norddeutschland, in den Niederlanden, besonders aktiv auch in der Schweiz haben Frauenliturgiegruppen über die Jahrzehnte hinweg ihre liturgische Praxis erprobt und an einigen Orten auch dokumentiert.

Dabei lassen sich unterschiedliche Kontexte unterscheiden. Es gibt Frauenliturgiegruppen in den Ortsgemeinden, die neben dem Hauptgottesdienst ihre eigene Liturgie gestalten. Es gibt Liturgiegruppen an den Universitäten (Aachen, Münster, München). Es gibt Liturgiegruppen eher am Rand von Kirche. Wichtig waren und sind außerdem die Bildungshäuser. Fast in jeder Tagung mit Frauenthemen werden auch liturgische Elemente mit eingebracht und gefeiert. Die Frauensynodenbewegung brachte viele Frauenliturgien hervor. Ebenso waren die evangelischen landeskirchlichen Frauengleichstellungsstellen in den 1990er Jahren wichtig, insofern sie im Rahmen der ökumenischen Dekade „Kirchen in Solidarität mit den Frauen" Dekadegottesdienste gestalteten und innerkirchlich an die Basis brachten.⁶

Thematisch interessant ist, wie ich in meiner Forschung zeigen konnte, dass die Mehrzahl der dokumentierten Frauenliturgien sich zunächst an *biblischen Themen* und Frauengestalten abarbeiten. Hier geht es um eine kritische Relecture der traditionellen Sichtweisen und Auslegungstraditionen. Starke Frauen, „böse" Frauen, namenlose Frauen in der biblischen und kirchlichen Tradition – ihnen gilt jetzt das vermehrte Interesse. Hinzu kommt eine wahrnehmbare Orientierung am *Kirchen- und Naturjahr*. Es folgt eine große Vielfalt von Liturgien, die sich der rituellen Gestaltung von *Übergängen in der Lebensgeschichte* widmen und biographische, seelsorgerliche Themen aufgreifen. *Symbol-Meditationen* und *Schöpfungsliturgien* ergänzen diese thematische Vielfalt.⁷

Es finden sich methodisch gesehen gerade am Anfang durchaus noch traditionelle liturgische Formen. Mit der Zeit gewinnen die liturgischen Frauengruppen jedoch Mut, eigene Wege zu gehen, zu experimentieren. Gerade die Studentinnengruppen erproben neue Ansätze. Ihnen allen ist gemeinsam, dass der Körper von Frauen eine zentrale Rolle spielt. Das, was kirchlicherseits bislang als Hindernis definiert wurde, wird nun zum zentralen Ausdrucksmedium liturgischer Praxis. Was dies für die liturgische Praxis insgesamt bedeutet, werde ich im 4. Abschnitt am Konzept von „Corporealität" näher beleuchten.

---

5 Vgl. dazu Enzner-Probst, „Eure Töchter werden prophetisch reden! (Joel 3,2)"; vgl. auch diess., Frauenliturgien als performatives liturgisches Geschehen.
6 Zu den Dekadegottesdiensten vgl. die Übersicht in Enzner-Probst, Frauenliturgien als Performance, 121–123.
7 Vgl. zur thematischen Vielfalt ebd., Kap. V.1., 136–178.

1.2. Ritualität im spätmodernen Kontext

Ohne an dieser Stelle in die Diskussion des Begriffs „Postmoderne" oder „Spätmoderne" einzutreten, lassen sich doch Stichworte nennen, die weniger eine Definition darstellen als vielmehr einen Strom neuartiger Phänomene und Erfahrungen beschreiben:
- Abbröckeln der hierarchisch organisierten Institutionen, Verlust der Glaubwürdigkeit monopoler Sinnagenturen, Kontextualisierung und Globalisierung des Lebens, Auflösen klarer Rollenschemata, Vielzahl von Lebensformen, Dekonstruktion von Geschlechtsrollen, Pluralität in Gesellschaft, Kunst, Kultur.
- Bricolage, Sampling, Mixing als neue Gestaltungsformen.
- Flexible Arbeitsformen, Patchwork-Familien, Vergemeinschaftung gerade von jungen Menschen in „Szenen", d. h. in befristeten Communities, die sich auch wieder auflösen.
- Fusion bislang getrennter Lebens-und Arbeitsbereiche: mobile Büros, Home-Office. Durchlässigkeit von privatem und öffentlichem Raum durch Facebook, Interaktivität im Netz, E-Commerce, Webcams.

Dabei nimmt die spirituelle Suche der Menschen, ebenso ihr Bedürfnis nach ritueller Verortung zu. Fundamentalismen gedeihen ebenso wie kreative Lösungsansätze, zu denen die FLB zu rechnen ist.

Heiner Keupp bezeichnet in seinem Konzept der Reflexiven Sozialpsychologie die gegenwärtige Zeit als „flüchtige Moderne".[8] Die Gesellschaft zeigt sich als „fluide Gesellschaft". Sie bietet dem Einzelnen oder den Gruppen keine stabilen Bezugspunkte mehr für die individuelle Identitätsarbeit, fordert den Subjekten umgekehrt jedoch eine nie endende Suche nach den richtigen Lebensformen ab.

Inwiefern antwortet die liturgische Praxis von Frauen innerhalb der FLB darauf? Sie artikuliert z. B. das Bedürfnis nach Differenzierung, nach Kontextualisierung durch die Vielzahl der Übergangsrituale an einzelnen Wendepunkten des Lebens.

Sie ist, wie viele „Szene-Milieus" der Spätmoderne, eher am Rand von Kirche angesiedelt. Sie mixt traditionelle Elemente mit Neuem, kreativ Erfundenem; christliche Glaubensinhalte mit solchen aus schamanischer, indigener Tradition. Gerade hinsichtlich der Gottesbilder und -namen findet eine interreligiöse Bricolage aus unterschiedlichen Elementen statt.

Die Verknüpfung von Arbeit/Alltag/Familie/Politik und Gottesdienst/Liturgie/Ritual ist den Frauenliturgien wichtig. Eine größere Durchlässigkeit der beiden Bereiche wird angestrebt.

---

8 Vgl. Keupp/Ahbe/Gmür u. a., Identitätskonstruktionen.

Wichtigstes Merkmal ist jedoch: Frauenliturgien betonen den Körper, die Corporealität und damit das präsente Sich-Zeigen und resonante Wahrnehmen. Frauenliturgien erproben vor allem den performativen, expressiven Modus des Ritualisierens. Dies findet sich wieder in der gegenwärtigen Musik- und Rap-Szene; in der Performance-Kunst, die mit Installationen, interaktiven Podien arbeitet.

Theologisch gesehen ersetzt der Bezug auf den Körper den traditionellen Bezug auf ein allgemein gültiges Gottesbild und ein davon abgeleitetes klares Weltbild. Das einzig Sichere ist in einer Welt des Übergangs, in einer fluiden Gesellschaft, die eigene Corporealität. Diese will jedoch, um erfahrbar zu sein, immer neu aufgeführt, gezeigt, gedeutet und verstanden werden. In diesem Sinn ist kulturelle, aber auch religiöse, rituelle Sinn-Arbeit immer corporeal verankert.

Wir sehen also, dass gerade in der Art und Weise, wie sich diese liturgische Praxis zeigt, Anliegen artikuliert werden, die für eine spätmoderne Gesellschaft, aber dann eben auch für eine Kirche in diesem Kontext wichtig werden. Sowohl in der Thematik wie vor allem in der performativen rituellen Methode zeigen sich Impulse, die für die individualisierte, pluralisierte Rituallandschaft symptomatisch sind. Gerade deshalb sind Frauenliturgien praktisch-theologisch mit besonderem Interesse zu reflektieren.

Damit dieser sehr allgemeine erste Überblick etwas konkreter wird, möchte ich im Folgenden zwei thematische Stränge innerhalb der FLB herausgreifen, sie jeweils im Überblick darstellen und sie dann anhand einer exemplarischen Liturgie konkreter beschreiben.

2. Performativ-seelsorgliche Rituale an lebensgeschichtlichen Übergängen

2.1. Überblick

Ein wichtiger thematischer Strang innerhalb der liturgischen Praxis von Frauen ist die seelsorgerliche Nutzung performativer Ritualität. „Rituelle Seelsorge",[9] d.h. die Begleitung von einzelnen wie von Gruppen und Gemeinschaften an Übergängen des Lebens durch performative Rituale/Liturgien, ist vor allem geeignet, bei der Neufindung des eigenen Weges, der Artikulation des nur Geahnten, des Gefürchteten wie Gehofften, zu helfen. Sie schaffen rituelle Räume, in denen sich das Innerste eines Menschen aussprechen und über unterschiedliche

---

9 Vgl. Enzner-Probst, Rituelle Seelsorge.

Medien ausdrücken kann. Alle Erfahrungen und Wechselfälle des Lebens, Hoch-Zeiten wie Erlittenes (Gewalt, Missbrauch) können heilsam und reinigend thematisiert werden. Ich nenne ausschnittartig nur einige Beispiele aus einer großen Vielfalt:
- Rituale und Liturgien zur Menarche und zur Menopause.
- *Croning Liturgies* – Liturgien zum 65. oder 70. Geburtstag einer Frau. Hier wird das Altern thematisiert und das pejorative „Crone" (altes Weib) neu mit Würde gefüllt. Eine Frau, die diesen Übergang bewältigt hat, ist eine „weise Alte", die geehrt und um ihren Segen gebeten wird![10]
- *Auszugs- und Einzugsrituale:* Immer wieder bitten Frauen beim Verlassen einer alten und beim Beziehen einer neuen Wohnung um Rituale. Sie helfen ihnen, die Lebensgeschichte, die mit der alten Wohnung verknüpft war, durchzuarbeiten und zu verabschieden und die neuen Räume und damit die neuen Möglichkeiten des kommenden Lebensabschnitts zu begrüßen.
- Trauungsrituale für lesbische Paare.
- Wichtig sind auch *Trennungs- und Scheidungsrituale*, ein Thema, das in der offiziellen kirchlichen Kasuallandschaft bislang noch sehr selten ist.
- *Rituale vor einer Operation:* Verabschiedung der „alten" Hüfte, Begrüßung der neuen, künstlichen Hüfte. Ritual zur Vorbereitung auf eine Operation an der Wirbelsäule.
- *Trauerritual* nach einer Brustkrebs-Operation; *Entlass-Rituale* für erwachsene Töchter und Söhne.
- *Trauer-Rituale* für PartnerInnen, FreundInnen und *Wut- und Zorn-Rituale* gegenüber verstorbenen Familienangehörigen, mit denen die Aufarbeitung von Konflikten nicht mehr erfolgen konnte.[11]
- Heilungsrituale nach Erfahrungen von Gewalt und Reinigungsrituale für einzelne oder für Gemeinschaften nach Missbrauchserfahrung.

Die Fülle der Beispiele lässt sich nicht abschließend darstellen. Alles im menschlichen Lebenslauf einer Frau kann und will ritualisiert werden, insofern es die persönliche, emotionale und lebensgeschichtliche Situation erfordert. Hoch-Zeiten und Trauer-Zeiten, Freude und Leid, Alltag und Fest – alles kann und will rituell gestaltet und damit in den Segensbereich des Göttlichen gebracht werden. Auffällig ist, dass es häufig Themen sind, die gesellschaftlich wie kirchlich als peinlich, als Tabu-Themen betrachtet werden. Frauenliturgien schaffen den Raum, damit diese Facetten der Lebenswirklichkeit von Frauen angeschaut, rituell gestaltet und gemeinsam gewürdigt werden können.

---

10 Vgl. dazu Enzner-Probst, Die Weisheit und das Alter ehren; ebenso Enzner-Probst, Celebrating Change: Croning.
11 Vgl. dazu Enzner-Probst, Trauer leben.

2.2. Exemplarische Beschreibung eines Abschiedsrituals

Frau N., etwa 45 Jahre alt, steht vor einer Hüftoperation. Gerade weil sie viel Sport betrieben hatte, war eine Hüfte in Mitleidenschaft gezogen worden. Trotz aller konservativen Maßnahmen wird eine Operation notwendig. Frau N. hat Angst davor. Sehr sorgfältig sucht sie sich die Klinik und den Operateur aus. Trotz der mentalen Bejahung dieses Eingriffs hat sie Angst und lehnt innerlich diesen Ersatz (künstliche Hüfte) ab. Durch ein Abschieds- und Willkommens-Ritual gelingt es, diese Situation symbolisch vorwegzunehmen, durchzuarbeiten und dadurch für die Operation auch innerlich bereit zu werden.

Vorbereitung des Rituals
Zunächst wird geklärt, was am Ende des Rituals wie als Ziel der Operation stehen soll. Dies ist in der Regel *ein Wunsch, ein Zielsatz*, der sowohl das Ritual wie später – life-stream – den Prozess der Operation steuert. Frau N. formuliert: „Ich wünsche mir, wieder ganz beweglich zu werden." Und übertragen auf ihr Leben, in dem sich viel Verhärtung manifestiert: „Ich wünsche mir, in Fluss zu kommen."

Vorbereitend sucht Frau N. für sich selbst, für den Zielsatz, wie für die wichtigsten Protagonisten im Verabschiedungsritual entsprechende *Symbole und legt diese im Raum ab*. So wird etwa je ein Symbol gelegt für die eigene Hüfte wie für die neue künstliche. Ein Symbol wird für den Partner gelegt wie auch für den Druck, der aus dieser Beziehung stammt. Der Sport, der für Frau N. zum Ventil geworden war, den sie aber überwertig gelebt hatte, wird ebenso mit einem Symbol im Raum repräsentiert.

Ablauf des Rituals
Die Begleiterin führt in das Ritual ein, benennt die einzelnen Schritte, formuliert einen klaren Anfang und Schluss. Sie ermutigt Frau N. immer wieder, sich sowohl über die Symbole wie über die Sprache zu „äußern", das, was ihr wichtig ist, nach außen zu bringen. Rituelles Subjekt ist die Person, die um das Ritual bittet. Aufgabe der Begleiterin ist, darauf zu achten, dass Innen und Außen ineinander „stimmen", der rituelle Prozess klar ist und die notwendige Zeit eingeräumt wird, um die einzelnen Schritte innerlich zu gehen.

Viel Zeit wird der liminalen Phase gewidmet, dem Durcharbeiten und Durchfühlen der Zeit der Unsicherheit, der Ängste, des Zweifels. Alles darf hochkommen, sich zeigen und symbolisch repräsentiert auch abgelegt werden.

So wird etwa im Ritual von Frau N. die lange Zeit der Unsicherheit, der Schmerzen, der konservativen Maßnahmen bis hin zur jetzt notwendig gewordenen Operation thematisiert.

Hier kann all das, was zur Abnutzung der Hüfte geführt hat und was in den Gesprächen vorher erarbeitet wurde (Druck, Leistung, immer stark sein müssen) benannt werden.

Ebenso wird die Hüfte bedankt für die vielen Jahre, in denen sie ihren Dienst klaglos getan hat! Der Dank schließt das Staunen über das Geschenk des Körpers mit ein.

Ebenso ist hier Raum, die Trauer über diesen Abschied zu verbalisieren. Versäumnisse werden plötzlich klar, Tränen fließen. Da ist die Erkenntnis, nicht besser für sich selbst gesorgt zu haben. Ebenso darf die Angst vor dem Risiko der Operation laut werden, die Angst, einen Fremdkörper in sich aufnehmen zu müssen.

Das Symbol der künstlichen Hüfte macht es Frau N. schließlich möglich, sich symbolisch-rituell mit ihr jetzt schon zu befreunden, sie zu spüren, anzunehmen, sie einzuladen, sie willkommen zu heißen.

Frau N. spricht in eigenen Worten aus, was ihr wichtig ist.

Am Schluss stehen Segensworte, bekräftigt durch eine Salbhandlung, in der der neue Zustand, die vorweggenommene neue Situation bestätigt wird. Segen wird erbeten für den ganzen Körper, für Seele und Geist von Frau N., für die Operateure, die Klinik, die Schwestern und Pfleger. Das rituelle Medium des Salböls macht Segen durch die Berührung, das Öl und den Duft für alle Sinne erfassbar.

Frau N. geht getröstet in die Klinik. Die Operation verläuft ohne jegliche Komplikation. Frau N. kann schon nach 3 Tagen entlassen werden und nach einer Woche beschwerdefrei gehen.

3. Rituelle Synchronisierungsprozesse von jahreszeitlichen Zyklen und eigener Lebensgeschichte

3.1. Überblick

Ein weiterer, wichtiger thematischer Bereich innerhalb der liturgischen Praxis von Frauen in der FLB ist auf die Schöpfung ausgerichtet. In vielfältiger Weise werden Drinnen und Draußen, werden der eigene corporeale Raum und der große Lebenszusammenhang der Natur/Schöpfung aufeinander bezogen. Es lassen sich 3 Gruppen von Schöpfungsliturgien unterscheiden, die diesen wechselseitigen Bezug in unterschiedlicher Weise gestalten:

In der ersten Gruppe von Liturgien werden Elemente aus der Natur/Schöpfung ausgewählt, um dadurch eine vorweg gegebene spirituelle oder menschliche Deutung zu transportieren. Hier dominiert die Sphäre der menschlichen Sinndeutung.

Die zweite Gruppe bringt Fragen von einzelnen oder einer Gemeinschaft in Bezug zu ähnlichen Prozessen innerhalb der Schöpfung/Natur. Hier herrscht ein dialogischer Austausch, greifen rituelle Synchronisierungsprozesse. Erkenntnisse auf der Ebene menschlicher Lebensgeschichte werden korreliert mit Erfahrungen, Einsichten aus dem Naturerleben, etwa der Jahreszeiten.

In einer dritten Gruppe dient der rituelle Raum dazu, der eigenen Würde der Elemente der Natur Ausdruck zu verleihen, ihre Klage hörbar zu machen.[12]

3.2. Exemplarische Beschreibung eines Rituals zu Lichtmess

Eine Meditationsgruppe, die sich einmal im Monat trifft, führt ein Ritual an Lichtmess durch. Dieses Ritual ist der 2. Gruppe zuzuordnen.

Der Winter herrscht noch vor, die Energie des Frühlings ist noch verborgen. Diese Energie des Frühlings kann sich rascher ausbreiten, wenn das Alte, Erstarrte losgelassen wird. Das Ritual macht bereit, dem Loslassen von Erstarrtem auch in der eigenen Lebensgeschichte zuzustimmen. Die Bitte um Verwandlung des Alten im Feuer, die Ausrichtung auf die Energie des Neuen, das ins Leben kommen will, schenkt Kraft, sich der kommenden Zeit mutig und getrost zu stellen

Ablauf des Rituals
Die Gruppe bereitet sich auf das Ritual durch eine Zeit des Schweigens im Meditationsraum vor.

Eine beschreibt die Bedeutung der Zeit, die nach der Wintersonnenwende folgt. Die dunkelsten Tage des Jahres sind vorbei. Das Neue ist aber noch nicht zu sehen. Das Feuer, die Energie des Neuen ist noch verborgen.

Damit es sichtbar werden kann, braucht es die innere Reinigung, das Loslassen von Altem, Verbrauchtem.

Auf weiße Zettel kann nun jede notieren, was sie für sich loslassen, im verborgenen Feuer der Winterzeit verwandelt sehen möchte. Die weißen Zettel kommen in eine Schale, die neben einer Kerze und dem Brighidkreuz in der Mitte steht.

Am Beispiel der Heiligen Brighid von Kildare (Irland), deren Namenstag an Lichtmess ist, wird erzählt, welche verwandelnde, heilende Kraft das Element des Feuers gerade jetzt hat. In ihrer Klostergemeinschaft wurde es bis ins 17. Jh. gehütet. In einer dreifachen Weise war das Feuer für Brighid und ihre Frauen wichtig und kann auch heute wichtig werden: als Kraft der Inspiration, als Verwandlungskraft, als Energie, um Neues zu gestalten.

Jede der Mitfeiernden ist nun eingeladen, auf roten Zetteln zu notieren, was sie sich von dieser Feuer- und Verwandlungskraft, die in der Natur/Schöpfung wirkt, wünscht, was an Inspiration, an Heilung und Neuem kommen soll. Diese roten Zettel nimmt jede für sich nach Hause mit.

Die Gruppe bildet eine Prozession vom Meditationsraum hinaus zum Feuerplatz. Eine trägt die Meditationskerze, eine andere die Schale mit den Zetteln, wieder eine andere das Brighid-Kreuz. Alle gehen schweigend hinaus zum Feuerplatz. Dort wird das Feuer am ausgedienten Adventskranz entzündet. Als das Feuer hell lodert, wirft eine nach der an-

---

12 Vgl. die Liturgie „Feuer, Wasser, Luft, Erde". Diese Liturgie findet sich wieder abgedruckt in Moltmann-Wendel/Enzner-Probst, Im Einklang mit dem Kosmos, 245–250.

deren ihre weißen Zettel aus der Schale ins Feuer. Einzelne Kanons werden gesungen, dazwischen herrscht Schweigen. Als das Feuer heruntergebrannt ist, wird ein Segenswort gesprochen und das Lichtmess-Ritual beendet.

4. Ritualtheoretische Analyse performativer Rituale

4.1. Rituelles Subjekt

Rituelles Subjekt ist die das Ritual erbittende Person oder die Gemeinschaft, die das Ritual gestaltet. Sie erbittet Klärung, Heilung, einen neuen Kontakt zu sich selbst.

Im Gegensatz zur tradierten kirchlichen Ritualität fehlen innerhalb der liturgischen Praxis von Frauen hierarchische Elemente weitgehend. Ritualleitung durch einzelne wie durch eine vorbereitende Gruppe haben dienende Funktion.

Deshalb ist der gegenseitige Segen oder die gemeinschaftliche Bitte um Segen die eigentliche Segensform, die den Schluss bildet und den Übergang in den Alltag darstellt.

Die Begleiterin oder die vorbereitende Gruppe haben dabei eine dienende Funktion. Sie schaffen den Rahmen, halten die Energie, achten auf einen klaren Anfang und Schluss und die Abfolge der einzelnen Schritte.

4.2. Rituelle Dynamik[13]

Tradierte Rituale folgen einer rituellen Dynamik, die wir als „outside-in" beschreiben könnten. Rituelle, symbolische Räume, z. B. Kirchenräume, sind vorgegeben. Sie wollen durch Lernen[14] angeeignet, internalisiert werden und bieten denjenigen, die darin zu Hause sind, ein hohes Maß an Geborgenheit. Sie artikulieren die regressiven Bedürfnisse von Menschen.

Performative Rituale dagegen betonen in die expressive Richtung. Sie wirken

---

13 Wenn ich im Folgenden den Gegensatz von tradierten und performativen Ritualen in ihrer je unterschiedlichen Dynamik beschreibe, bin ich mir bewusst, dass dies nur holzschnittartig geschehen kann, um die Differenz zu verstehen. In jedem tradierten Ritual sind immer auch performative Elemente enthalten. Ebenso werden performative Rituale, wenn sie häufiger im gleichen Kontext oder von der gleichen Gruppe gefeiert werden, zumindest was den Anfang und Schluss betrifft, rasch auch wieder zu „tradierten" Ritualen. Vgl. Volp, Die Kunst Gott zu feiern Bd. I u. II. Die Beschreibung der verschiedenen Erstarrungsstufen von Ritualen findet sich in II, 977.
14 Zum Beispiel im Religionsunterricht, KonfirmandInnenunterricht, in Konzepten der Kirchenraumpädagogik, vgl. dazu u. a. Rupp (Hg.), Handbuch der Kirchenpädagogik.

in der Ritualdynamik von „inside-out". Das Ritual gibt den inneren Bildern und Gefühlen, den Fragen und Bitten eine Form.

Kirchliche Kasualien stellen einen Schnittpunkt zwischen den beiden Ritualformen und rituellen Dynamiken dar und sind deshalb für die gegenwärtige Zeit von besonderer Bedeutung.

4.3. Bild – Symbol – Ritual

Dabei ist die Abfolge zu beachten, die sich aus der Dynamik des „inside-out" ergibt. Ein performatives, freies Rituals spricht die rituelle Expressivität und Kompetenz einer Person oder Gemeinschaft an. Diese werden ermutigt, nach innen zu gehen und ihre eigenen inneren Bilder über sprachliche, ästhetisch gestaltete oder materielle Symbole zu repräsentieren, nach außen zu bringen. In einem weiteren Schritt werden diese schließlich in eine symbolische Handlung, in einen rituellen Kontext zu integrieren. Insofern lassen sich die inneren Bilder, Gefühle als eigentlicher Quellgrund für performative, freie Rituale fassen.

4.4. Struktur und Prozess

Da es sich bei solchen performativen Ritualen um eine freie, fließende Form ritueller Gestaltung handelt, kann es keine vorgegebene Struktur des Rituals geben, in das die Inhalte dann nur eingefügt werden müssten. Statt einer vorgegebenen „Agende" zu folgen, entwickelt sich die Struktur einer Liturgie, eines Rituals im Prozess der Vorbereitung und entlang der Feier. Sie schmiegt sich dem rituellen Prozess wie auch dem Thema des Rituals an. Die Struktur entsteht sozusagen mit und im Prozess des Vorbereitens und Gestaltens und in Resonanz mit den Feiernden. Der liturgische Prozess modelliert das gewählte Thema, die sich entfaltende Struktur ab. Wichtige Markierungen werden von den das Ritual Vorbereitenden im Prozess eingebracht.

Der Vergleich mit dem Prozess eines gemeinschaftlichen Kochens oder Backens legt sich nahe: Nachdem alles vorbereitet ist, wird gemeinschaftlich gekocht und gebacken. Und anschließend wird das Gebackene oder Gekochte gemeinschaftlich verzehrt.[15]

---

15 Erst nachträglich lassen sich in solchen Liturgien die 4 Phasen von Übergangsritualen erkennen, wie sie Van Gennep als Krise – Abschied – liminale Phase – Vorwegnahme der neuen Situation beschrieben hat.

4.5. Präsenz und Resonanz

Eine solche Form des performativen Ritualisierens bedarf einer hohen Kompetenz an Einfühlung, an Präsenz und resonanter Kommunikation mit allen, die dieses Ritual feiern. Die corporeale Vorbereitung aller am Ritual Beteiligten, besonders aber der vorbereitenden Gruppe bzw. der Begleiterin ist eine wichtige Voraussetzung für das Gelingen performativer Rituale. Aber auch die gemeinsame Bereitung des rituellen Raumes, die Phasen der Stille und Sammlung vorher und zwischendurch sind für rituelle Gestaltung unerlässlich. Erst durch diese präsente Haltung kann sich resonante Kommunikation entfalten, kann der rituelle Prozess in Gang kommen.

Diese Haltung von Präsenz und Resonanz ist besonders wichtig, um Schöpfungsliturgien zu feiern. Indem Menschen wahrnehmen, dass sie Teil eines größeren Lebenszusammenhangs sind, dass sie und wie sie mit allem verbunden sind, werden sie achtsam in Bezug auf sich, aufeinander, aber auch auf den größeren Lebenszusammenhang, der sie umgibt. Der eigene leiblich-seelische Raum ist Teil eines umfassenderen corporealen Lebensraumes.

4.6. Die Bedeutung von Corporealität

Der Bezug auf den Körper ist deshalb für die FLB konstitutiv. Der Begriff „Körper" ist dabei jedoch eher irreführend. Es ist darunter eine leib-seelisch-geistige Ganzheit zu verstehen, die sich in einem ständigen Werde- und Vergehensprozess befindet. Um dies zu beschreiben, habe ich aus dem Englischen den Neologismus „Corporealität" eingeführt.[16] Erst eigentlich in der Verbform „Corporealisierung" bezeichnet er, was menschliche Existenz ist: nichts Statisches, keine Dreiteilung in Geist-Seele-Leib, sondern vielmehr ein immerwährendes ganzheitliches, vieldimensionales Sich-Zeigen, Entstehen, Wachsen und Vergehen. Gerade als ein solcher wirkender Lebensraum ist Corporealität für Frauen „heiliger Raum".

---

16 Vgl. zum Begriff „Corporealität" Enzner-Probst, Frauenliturgien, 65–68; Abschnitt 5. Corporealität als performative Kategorie – die Konsequenzen für das Körperkonzept in der liturgischen Praxis von Frauen, 301–363.

5. Konsequenzen für kirchliche Ritualität im spätmodernen Kontext

Welche Konsequenzen für die kirchliche Ritualität in einer sich immer stärker herausbildenden spätmodernen Gesellschaft lassen sich aus dem Gesagten ziehen? Ich kann dies nur noch in Stichworten andeuten.

5.1. Neue Kasualien

Angesichts der pluralen Kontexte, in denen Menschen in der heutigen Zeit leben, werden gerade die Kasualien als rituelle Räume, in denen sich diese Vielgestaltigkeit menschlicher Lebensgeschichte ausdrücken kann, immer wichtiger.

Es gilt also, zusätzlich zum tradierten Ritual des Sonntagsgottesdienstes, Räume zu schaffen für individuelle und gruppengemeinschaftliche performative Rituale. Ein Beispiel dafür könnte ein Labyrinth sein, das sowohl einzeln begangen werden kann wie auch dazu einlädt, an bestimmten Tagen gemeinschaftlich begangen zu werden. Bestimmte Themenimpulse können damit verknüpft werden. Regelmäßige Salbungs- und Segnungsgottesdienste können in den Kirchenräumen angeboten werden. Der Bedarf an solchen lebensgeschichtlich verankerten, differenzierten „Kasualien" wächst.

Es wäre sinnvoll, wenn in größeren Gemeinden besonders geschulte SeelsorgerInnen zur Verfügung stünden, um Rituale und Liturgien in der Begleitung von Menschen und mit ihnen zusammen an besonderen Übergängen des Lebens zu gestalten. Sie müssten in systemischer Seelsorge geschult sein und zugleich Erfahrung in performativer Ritualpraxis haben.

5.2. Das „ganze Leben" als Thema der Liturgie

Die liturgische Praxis von Frauen erinnert die Kirche in westlichen Gesellschaften daran, sich aus der „Komfortzone" des bürgerlichen Mittelstandes heraus zu begeben und sich den Themen des „ganzen Lebens" zu widmen: dem Alltag von Frauen, der Sexualität der Menschen, der Situation von alleinerziehenden Frauen und Männern, den Patchwork-Familien, den Geschiedenen, den verschiedenen Lebensformen. Ebenso müssen Erfahrungen von Gewalt, von Missbrauch und Beschädigung des Lebens ritualisiert werden, um den Stummen eine Stimme und den Ausgegrenzten, Beschämten ihre Würde wiederzugeben. Von der liturgischen Stilisierung des Symbol- und Handlungskanons muss es wieder Verbindungswege zum Alltag, zum ganz normalen Leben und Beruf von Menschen geben.

5.3. Expressivität und Regressivität

Kirche bewahrt als Gemeinschaft, die über viele Jahrhunderte existiert, einen Schatz tradierter Rituale, die in ihrem Eigenwert gewürdigt werden sollten. Tradierte kirchliche Rituale bieten mit ihrer vertrauten, wiederkehrenden Struktur Geborgenheit, Verlässlichkeit. Sie antworten auf die regressiven Bedürfnisse von Menschen. Sie sind wie Räume, in die sich Menschen, Gemeinschaften bergen können.

Performative Rituale bilden den andern Pol ab. Sie fordern die Expressivität und Gestaltungskompetenz von Menschen heraus. Sie helfen, dem noch Unfertigen, Geahnten, Zukünftigen in ihrem Leben jetzt schon eine symbolische Gestalt zu geben. Sie sprechen den „Möglichkeitssinn" an. Sie schaffen Räume, um im Kontakt mit sich selbst das Eigene, die Fragen, die Ängste, die Hoffnungen und Zweifel nach außen zu bringen, sie zu verbalisieren, sie zu symbolisieren und daraus eigene oder gemeinschaftliche Rituale und Liturgien zu gestalten.

Bewegende Beispiele finden sich im Kontext der Ökumenischen Dekade „Keine Gewalt gegen Frauen."[17]

5.4. Ein neuer Begriff von „Heiligkeit"

Dies bedeutet, die spirituelle Hierarchisierung und Wertung in Bezug auf das Leben aufzugeben. Es gibt keinen Bereich innerhalb menschlichen oder geschöpflichen Lebens, der per se schlechter oder heiliger wäre. Es ist das Leben selbst, das als heilig und gottgeschenkt zu würdigen ist. Jegliche Spaltung oder Wertung unterbricht diesen von Gott geschenkten Lebenszusammenhang. Alles, was durch Liturgie oder rituelle Handlungen gestaltet wird, dient dazu, dem Leben einen heilvollen Ausdruck zu geben, Verstrickungen zu lösen, Richtungen zu klären und Communio/Kommunikation wieder herzustellen.

Deutlich wird, dass Frauenliturgien einen anderen, einen weiten Begriff von „Heiligkeit" verwenden. Heilig ist, was dem Leben dient, was zu mehr Frieden, Gerechtigkeit und Versöhnung mit der Schöpfung führt. Leben lässt sich nicht teilen. Corporealität, der Prozess der immerwährenden Corporealisierung lässt sich nicht in einen heiligen oder unheiligen Bezirk aufteilen.

---

17 Vgl. etwa die in Enzner-Probst, Frauenliturgien, 208 beschriebene Liturgie zu „Die Namenlose/Tochter Jeftas".

5.5. Synchronisierung von Natur/Schöpfung/Mitwelt und menschlicher Corporealität als Beitrag zu einer neuen Schöpfungsspiritualität

Frauen wissen sich als co-creators des großen Lebenszusammenhangs, den wir Schöpfung oder Natur nennen. Mit ihrer eigenen performativ wirkenden Corporealität als Frauen wissen sie sich resonant verbunden mit dem heiligen Raum der Natur, des großen Lebenszusammenhangs. Natur/Schöpfung wird erfahren als ein großer, umgebender, heilsamer Lebensraum, der die gleichen Prozesse durchmacht, wie sie für jede einzelne wie auch für die Gemeinschaft immer wieder anstehen: Phasen der Reinigung und des Loslassens, der Vorbereitung, des Feuers, der Asche – und der Wiedergeburt und Erneuerung.

Besonders deutlich zeigt sich dies in den Schöpfungsliturgien in ihren drei unterschiedlichen Varianten. Gerade in der zweiten und dritten Gruppe wird die Einsicht deutlich, dass wir als Menschen selbst Teil eines größeren Lebenszusammenhangs sind, den wir nicht ungestraft verlassen, verletzen oder negieren können. Rituelle Synchronisierungsprozesse der eigenen, corporeal verfassten menschlichen Existenz mit dem umgebenden großen corporealen Schöpfungsraum helfen, dies wahrzunehmen, zu spüren, zu achten und respektvoller damit umzugehen. Insofern dienen solche Schöpfungsliturgien der Grundlegung einer lebendigen Schöpfungsspiritualität, die angesichts der ökologischen Krise überlebensnotwendig wird.

Gegen die Linearität und das Tempo des gesellschaftlichen Lebens, vor allem im Beruf, aber auch mehr und mehr in den Beziehungsstrukturen, zeigen sich hier neue Beheimatungsstrukturen, die nicht nur für spirituell und rituell interessierte Frauen, sondern darüber hinaus für viele Menschen wichtig werden.

6. Dekonstruktion und Rekonstruktion – Hermeneutik einer vieldeutigen Wirklichkeit

Ich fasse zusammen. Die liturgische Praxis von Frauen gibt seit mehr als vier Jahrzehnten wichtige Impulse für die liturgisch-rituelle Erneuerung unserer tradierten gottesdienstlichen Inhalte und Strukturen. In ihren vielfältigen Facetten, Ansätzen, Gestaltungsmodellen und kontextuellen Ausformungen antwortet die Frauenliturgiebewegung auf die Veränderungen einer spätmodernen Gesellschaft. Dies schlägt sich auch in ihrer theologischen Grundlegung nieder.

Aufgrund der corporealen Grundierung und Codierung aller Rituale und Liturgien als dem eigentlichen Ausgangspunkt werden tradierte, geschichtlich gewachsene Strukturen und Inhalte dekonstruiert und hinterfragt. Ämter, Hierarchien, Symbolwelten werden kritisch beleuchtet. Vernetzungs- und Leitungsstrukturen werden horizontal angeordnet.

Im gleichen Gestaltungsprozess werden durch performativ-kreative Prozesse neue, eigene Symbolisierungen gesucht, gefunden, gestaltet. Rekonstruktion erfolgt in vielfältiger Weise. Göttliche Wirklichkeit wird im Miteinander der rituellen Gemeinschaft als implizite Präsenz erfahren im „In, Mit und Unter" der vielfältigen Schichtungen und Dimensionen von Welt- und Lebenserfahrung. Alle Gottesbilder sind Annäherungen und ergeben erst in ihrer Vielfalt eine Ahnung der göttlichen Wirklichkeit. „Wahrheit" ist immer eine gemeinschaftliche Deutungsaufgabe. Sie wird im liturgisch-rituellen Gestaltungsprozess, zu dem der gesprächsweise Austausch (homilein) gehört, „geboren".

Der große Lebenszusammenhang, in dem wir ein Teil sind, ist ein unablässiger Entwicklungsprozess, der sich aus unterschiedlichsten Strängen zusammenknüpft. Weil wir mit allem verbunden sind, betrifft das, was wir tun oder unterlassen, immer auch das Ganze. Insofern sind die genannten Beispiele von Übergangs- und Synchronisierungsritualen ein heilender Beitrag für das Leben. Sie unterstützen uns, indem sie resonante Abstimmungsprozesse zwischen menschlichem Leben und dem großen Lebenszusammenhang einsichtig machen. In Zeiten der immer stärkeren Spaltung von Natur/Landschaft und menschlichem Handeln, Spüren, Leben werden solche Synchronisierungsprozesse wichtig. In Zeiten der immer stärkeren Auflösung von übergeordneten Bezugspunkten werden die Kreisläufe der Natur, wird das Wahrnehmen des großen Lebenszusammenhangs und die eigene Integration darin zu einer heilsamen Erfahrung.

Literaturverzeichnis

Enzner-Probst, Brigitte, „Eure Töchter werden prophetisch reden! (Joel 3,2)". Der Beitrag der Frauenliturgiebewegung/der liturgischen Praxis von Frauen für die Zukunft der Kirchen, in: Der Apfel 99 (2011/3), 31–37.

Enzner-Probst, Brigitte, Celebrating Change. Croning, in: Wising Up, hg. v. Kathy Black / Heather Murray Elkins, Cleveland 2005, 67–72.

Enzner-Probst, Brigitte, Die Weisheit und das Alter ehren. „Croning Rituals" beim Übergang in das Leben als „weise, alte Frau", in: Carmen Rivuzumvami / Stefanie Schäfer-Bossert (Hg.), Aufbruch ins Alter. Ein Lese-, Denk- und Praxisbuch, Stuttgart 2008, 67–80.

Enzner-Probst, Brigitte, Frauenliturgien als Performance. Die Bedeutung von Corporealität in der liturgischen Praxis von Frauen, Neukirchen 2008.

Enzner-Probst, Brigitte, Frauenliturgien als performatives liturgisches Geschehen. Der Beitrag der Frauenliturgiebewegung für den Gottesdienst von morgen, in: Bibel und Liturgie 84 (2011/1), 53–57.

Enzner-Probst, Brigitte, Rituelle Seelsorge, in: Pastoraltheologie 98 (2009/4), 187–209.
Enzner-Probst, Brigitte, Trauer leben. Rituale, Segensworte und Gebete, München 2010.
Keupp, Heiner / Ahbe Thomas / Gmür, Wolfgang u.a., Identitätskonstruktionen. Das Patchwork der Identitäten in der Spätmoderne, Reinbek 2006.
Moltmann-Wendel, Elisabeth / Enzner-Probst, Brigitte, Im Einklang mit dem Kosmos, Ostfildern 2013.
Rupp, Hartmut (Hg.), Handbuch der Kirchenpädagogik. Kirchenräume wahrnehmen, deuten und erschließen, Stuttgart 2006.
Volp, Rainer, Die Kunst, Gott zu feiern, Bd. I und II, Gütersloh 1992/1994.

Ulrike Wagner-Rau

Ritual- und Festpraxis in multireligiösen Familienkonstellationen. Ein Prospekt

Die Problematik multireligiöser bzw. religiös/nichtreligiöser Familienkonstellationen und ihrer Folgen für die Feierpraxis in der Familie in Deutschland ist ein bisher wenig bearbeitetes Feld.[1] Auch in den USA, in denen die religiöse Pluriformität in den letzten Jahrzehnten stark gewachsen und in den Familien weitaus selbstverständlicher ist, ist die wissenschaftliche Auseinandersetzung mit dem Phänomen und seinen Folgen für die Religionsgemeinschaften eher marginal.[2] Dieser Aufsatz möchte eine weitere wissenschaftliche Auseinandersetzung mit dem Thema anregen, indem er vorhandene Veröffentlichungen aufarbeitet und Ansätze zur Verfügung stellt, die den theoretischen Horizont für die weitere Forschung präzisieren.

Im Blick auf die deutsche Situation wissen wir, dass die Zahl der Traugottesdienste steigt, in denen einer der Partner keiner christlichen Kirche angehört, die Paare also in eine religiös pluriforme Lebenspraxis hineingehen.[3] Die

---

1 Als Ausnahmen in der Praktischen Theologie dürfen gelten die qualitative Untersuchung von Froese, Zwei Religionen – eine Familie, sowie ein Aufsatz von Friedrichs, Multireligiöse Feiern / Bireligiöse Kasualien.
2 Vgl. Schaefer Riley, Til Faith Do Us Part, und die dort angegebene Literatur. Nach dem General Social Survey ist der Anteil interreligiöser Paare in den USA zwischen 1988 und 2006 von 15 % auf 25 % angestiegen – mit wachsender Tendenz. Vgl. Schaefer Riley, Til Faith Do Us Part, XIII.
3 Nach der EKD-Erhebung von 2009 waren bei allen evangelischen Trauungen die Partner 55,5 % evangelisch/evangelisch, 25,6 % evangelisch/katholisch, 18,9 % andere (nicht näher aufgeschlüsselt). Die Anzahl der gemischt konfessionellen bzw. bi-religiösen bzw. evangelisch/nicht konfessionellen Paare ist in den letzten Jahren stetig und deutlich angewachsen. Zur Entwicklung der Zahlen vgl. Friedrichs, Multireligiöse Feiern / Bireligiöse Kasualien, 192. Eine ähnliche Entwicklung zeigt sich in der Entwicklung der bi-nationalen Ehepaare, deren Zahl sich zwischen 1996 und 2008 verdoppelte von 3,5 % auf 7 %. Vgl. Kunze, Konfliktbearbeitung bei bireligiösen Paaren, 198. Allerdings weisen die aktuellen Zahlen des Statistischen Bundesamtes in den letzten Jahren in zunehmendem Maß solche Paare aus, deren Religionszugehörigkeit ungeklärt ist. Nach dem Personenstandsgesetz vom 01.11.2013 wird die rechtliche Zugehörigkeit eines Ehegatten zu einer Religionsgemeinschaft, die Körperschaft des öffentlichen Rechtes ist, nur noch auf Wunsch ins Eheregister eingetragen. Diese Regelung galt auch schon in früheren Fassungen des Personenstandgesetztes. Spätestens seit 2011 ist deshalb die Zahl der Fälle, bei denen die Religionszugehörigkeit der Eheschließenden „ungeklärt" war,

meisten Religionsgemeinschaften verhalten sich gegenüber multireligiösen Ehen eher reserviert, weil das religiöse Leben in den Familien in vieler Hinsicht die Basis einer religiösen Sozialisation und damit der Gemeinschaften selbst darstellt. In den orthodoxen und katholischen Kirchen sind diese Vorbehalte besonders gravierend, auch weil die Ehe als ein Sakrament angesehen wird.[4] Aber auch die protestantischen Kirchen, in denen der Traugottesdienst theologisch als Segnung aus Anlass einer Eheschließung verstanden wird, tun sich schwer damit, sich zu positionieren in diesem Feld, das durch den soziokulturellen Wandel in ein unübersichtliches und komplexes Gelände führt. Die Unsicherheit, was zu tun richtig sei, zeigt sich zum Beispiel an der Entwicklung der Stellungnahmen, die den Traugottesdienst ordnen.

Die Haltung der evangelischen Kirchen in Deutschland in Bezug auf einen solchen Gottesdienst für ein multireligiöses Paar ist im Fluss.[5] Die unterschiedlichen Grundsätze und Ordnungen lassen erkennen, dass die Auseinandersetzung mit der Frage, wie den aus Migration, Integration und religiösem Pluralismus resultierenden Herausforderungen adäquat zu begegnen sei, nicht abgeschlossen ist. Haltungen und Richtlinien verändern sich in Auseinandersetzung mit dem gesellschaftlichen Wandel. Sie haben selbst teil am Prozess der Veränderung.

Im Hintergrund des heutigen Handelns der Gliedkirchen der EKD stehen die Grundsätze, die zur Regelung eines Gottesdienstes „aus Anlass einer Eheschließung zwischen einem evangelischen Christen und einem Nichtchristen" in den 70er Jahren des 20. Jahrhunderts von einer Kommission der VELKD und der Arnoldshainer Konferenz bedacht und von den Kirchenleitungen beschlossen wurden.[6] Auch diese Grundsätze stellen bereits das Resultat einer Auseinandersetzung mit einer veränderten gesellschaftlichen Situation dar: Weil nach der gravierenden Zunahme der Kirchenaustritte seit dem Ende der 60er Jahre nicht mehr selbstverständlich davon ausgegangen werden konnte, dass beide Ehepartner kirchlich gebunden waren, aber dennoch der Wunsch nach einer kirchlichen Trauung in nicht wenigen Fällen bestand, musste der neue Kasus entsprechend bedacht und geregelt werden. Die Grundsätze gingen als eine besondere Ordnung für diesen Fall auch in die Trauagende der VELKD von 1988 ein.[7] In der Trauagende der UEK von 2006[8] und auch in der Trauagende der

---

erheblich angestiegen. (Information vom 10.1.14 per Mail von D. Emmerling, Statistisches Bundesamt).
4 Vgl. zum Verhältnis Orthodoxie und Katholischer Kirche in dieser Frage Viscuso / Willumsen, Marriage Between Christians and Non-Christians.
5 Vgl. dazu Friedrichs, Multireligiöse Feiern/Bireligiöse Kasualien, 192–198, dessen Darstellung ich zahlreiche Hinweise verdanke.
6 Vgl. Friedrichs, Multireligiöse Feiern/Bireligiöse Kasualien, 194f.
7 Vgl. VELKD (Hg.), Agende III/2, 126.

EKKW von 2013[9] freilich wird wieder auf eine spezielle Gottesdienstordnung für diesen Anlass verzichtet. Stattdessen wird eine Anpassung an den besonderen Kasus über die angemessene Formulierung der liturgischen Texte empfohlen. Leitend für diese Veränderung ist die Erfahrung, dass die besondere Form mit den Wünschen der Paare kollidiert. Vor allem, weil die „Ordnung aus Anlass einer Eheschließung" das gemeinsame Versprechen des Paares in eine „Anrede an das Paar" aufgelöst hatte, fand sie keine Akzeptanz. Das Versprechen wird von den meisten Paaren als unentbehrlicher Teil des Traugottesdienstes empfunden, auch wenn ihm im evangelischen Verständnis des Traugottesdienstes keine spezielle theologische Bedeutung zukommt.[10] Faktisch wurde die spezielle Ordnung ohne Versprechen aber als Traugottesdienst minderer Qualität empfunden.

Auch die Handreichung der EKD zum „Zusammenleben mit Muslimen"[11] verweist für die Frage, wie im Fall einer christlich-muslimischen Partnerschaft zu verfahren sei, auf die Regelungen der 70er Jahre, auf die Ordnungen der Landeskirchen bzw. auf die seelsorgliche Begleitung des einzelnen Falles. Die eher auf Abgrenzung bedachte Handreichung des Rates der EKD „Klarheit und gute Nachbarschaft" formuliert 2006, dass „Formen der gastweisen Teilnahme erwogen werden [können], die dem Leben von Menschen auf der Grenze zwischen den Religionen in Wahrhaftigkeit gerecht werden". Dabei müsse man aber „mit geistlichem und theologischem Augenmaß jeden Anschein einer Religionsvermischung vermeiden".[12] Die Möglichkeit eines gemeinsamen Kasualgottesdienstes unter Beteiligung zweier Religionen oder eines multireligiösen Gebetes wird ausdrücklich verneint. In einer Handreichung der Hannoverschen Landeskirche von 2008 wird für den Fall eines multireligiösen Paares immerhin die Möglichkeit einer liturgischen Gastfreundschaft eröffnet: Es könne z. B. ein muslimischer Text gelesen werden, um der besonderen Situation der Kasualgemeinde Rechnung zu tragen.[13]

Wesentlich offener positioniert sich die differenzierte Stellungnahme des Rates der EKD von 2015. Hier wird die Notwendigkeit, den Bedürfnissen interkonfessioneller und interreligiöser Paare stattzugeben, deutlich bejaht, die jeweiligen Gestaltungsformen nicht reglementiert, sondern in der jeweiligen

---

8 Vgl. Kirchenkanzlei der UEK (Hg.), Trauung, 41 f.
9 Vgl. Landeskirchenamt der Evangelischen Kirche von Kurhessen-Waldeck (Hg.), Agende III/3, 49–51.
10 Vgl. Merzyn, Die Rezeption der kirchlichen Trauung, 289–299. Simone Fopp, Trauung, 361–372.
11 Vgl. Kirchenamt der EKD (Hg.), Zusammenleben mit Muslimen in Deutschland, 90.
12 Vgl. Kirchenamt der EKD (Hg.), Klarheit und gute Nachbarschaft, 118.
13 Vgl. Friedrichs, Multireligiöse Feiern/Bireligiöse Kasualien, 196.

liturgischen und seelsorglichen Kompetenz der zuständigen Geistlichen anvertraut.[14]

Die zwischen Abgrenzung und Öffnung eher tastenden Äußerungen machen deutlich, dass die gesellschaftliche Realität kulturell und religiös pluraler Familienformen den gewohnten Orientierungsmustern der Kirchen voraus und noch nicht so verarbeitet ist, dass die Bedürfnisse der Familien theologisch angemessen beantwortet werden können. Insgesamt zeigt sich die Sorge, dass das erkennbare christliche Profil verwischt werde. Aber ebenso wird neuerdings gesehen, dass die religiöse Vielfalt in Familien in den Gemeinden nicht angemessen wahrgenommen wird und die Paare in ihrer besonderen Situation differenter religiöser Herkunft sich selbst überlassen bleiben. Wenn sie in den Kirchen keine selbstverständliche Akzeptanz und Aufnahme finden, verstärkt das die bei den Paaren vorhandene Tendenz zu einer Privatisierung ihrer Religion und der aus ihrer familiären Differenz erwachsenden Fragen bzw. auch die Neigung zu einer Distanzierung von einer religiösen Lebensweise überhaupt. Weil die Religion ein wesentliches – und u. U. konfliktreiches – Thema im Leben eines multireligiösen Paares darstellt, plädiert der Paartherapeut Norbert Kunze für eine deutlichere Wahrnehmung dieser Paare durch die Kirchen und dafür, das Angebot „einer Gastkultur für die nichtchristlichen Partner" zu verstärken, damit die Paare in ihrer besonderen Lebenssituation nicht sich selbst überlassen bleiben.[15]

Für eine weitere Klärung und Orientierung des kirchlichen Handelns wäre eine breitere wissenschaftliche Wahrnehmung und Analyse der religiösen Praxis hilfreich, die aus einer solchen religiös pluralen Konstellation eines Paares bzw. der entstehenden Familie erwächst. Dabei ginge es nicht allein um den im religiösen Ritus gestalteten Beginn der Partnerschaft, sondern ebenso um das religiöse und rituelle Leben im Laufe der folgenden Jahre: Wie werden Jahresfeste und Übergänge im Lebenslauf gefeiert? Mit welchen ritualisierten Abläufen, Texten und Liedern werden Kinder ins Bett gebracht? Gibt es religiöse Handlungen im Zusammenhang der Mahlzeiten? Welche materiellen Hinweise auf Religion bestimmen die Wohnräume? usw. Insgesamt ist die religiöse Praxis in Familien bisher nur anfangsweise empirisch untersucht.[16] Erst recht gilt dies für die religiöse Praxis in religiös pluriformen Lebensgemeinschaften.

Eine neue Studie von Naomi Schaefer Riley, die die US-amerikanische Situation empirisch zu erhellen und zu bewerten sucht, fokussiert besonders die schwierigen Entwicklungen, die sich aus einer multireligiösen ehelichen Ver-

---
14 Vgl. Kirchenamt der EKD (Hg.), Christlicher Glaube und religiöse Vielfalt, 46–53.
15 Vgl. Kunze, Konfliktbearbeitung bei bireligiösen Paaren.
16 Vgl. aber die Untersuchungen, die aus der Arbeit der Berner Praktischen Theologie hervorgegangen sind: Morgenthaler, Abendrituale; Baumann/Hauri (Hg.), Weihnachten.

bindung ergeben.[17] Die Autorin lebt als Jüdin selbst in einer interreligiösen Partnerschaft mit einem Mann, der als Zeuge Jehovas aufgewachsen ist, sich als Student aber von seinem Herkunftsglauben abgewandt hat.[18] Die Studie basiert zum einen auf einer repräsentativen quantitativen Befragung via Telefon, zum anderen auf zahlreichen Interviews, die die Autorin mit Religionsvertretern und -vertreterinnen, Eheberatern und multireligiösen Paaren geführt hat.[19] Die wesentliche Einsicht, die Schaefer Riley aus ihren Daten gewinnt, ist, dass die Problematik einer multireligiösen Verbindung von den Paaren zum Zeitpunkt ihrer Verbindung meist stark unterschätzt werde. Insgesamt ist sie der Überzeugung, dass die gesellschaftliche Situation eine kritische Wahrnehmung der Probleme nicht in ausreichendem Maße erlaube. Sie schreibt: „These relationships are complicated in ways that most people, including and especially interfaith couples, may not fully appreciate. But our obsession with tolerance at all costs make discussing the problems of interfaith marriage taboo. That needs to change."[20] Diese Bewertung und die Studie insgesamt zeigt, dass das Erkenntnisinteresse der Autorin nicht zuletzt davon bestimmt ist, der Gefährdung der religiösen Substanz in den verschiedenen Religionsgemeinschaften der USA entgegenzuwirken, die sie auch als problematisch für die Gesellschaft insgesamt ansieht. In vieler Hinsicht wiederholt sie Einsichten, die bereits in den 70er Jahren im amerikanischen Kontext formuliert wurden.[21] Insgesamt ist es wegen der eher populärwissenschaftlichen Darstellungsweise des Buches nicht möglich, die Validität ihrer empirischen Befunde zu überprüfen. Trotz dieser Vorbehalte aber erscheint es mir interessant, ihre Erkenntnisse auch für eine Reflexion der gesellschaftlich anderen Situation in Mitteleuropa zur Kenntnis zu nehmen.

Die meisten multireligiösen Paare, so Schaefer Riley, tun sich in einer Lebensphase zusammen, in der Religion für sie keine wesentliche Rolle spielt. Der biografisch tendenziell immer spätere Zeitpunkt der Eheschließung und die damit zusammenhängende Verlängerung der Phase eines von Gewohnheiten der Herkunftsfamilie unabhängigen Lebens verstärke diese Distanz zur religiösen Bindung junger Erwachsener.[22] Insgesamt werde die Religiosität in der Gesellschaft als individuelle Angelegenheit betrachtet, über die weder die Eltern der Paare noch die Vertreter der Religionsgemeinschaften sich explizit äußern. Die

---

17 Vgl. Schaefer Riley, Til Faith Do Us Part.
18 Vgl. ebd., IX.
19 Die methodische Auswertung dieser qualitativ-empirischen Daten wird allerdings nicht näher erläutert.
20 Schaefer Riley, Til Faith Do Us Part, 15.
21 Vgl. u. a. Chiles, Psychological Factors in Interfaith Marriage; Alston/Mcintosh/Wright, Extent of Interfaith Marriages among White Americans.
22 Vgl. Schaefer Riley, Til Faith Do Us Part, 39–59.

Ehe werde nicht intentional geplant, sondern nach dem Liebesideal „geschehe es einfach", dass zwei Menschen zueinander finden. Insofern sei wenig Raum dafür vorhanden, über die Religionsdifferenz ins Gespräch zu kommen und ihre Bedeutung zu erwägen. Bereits die Entscheidung über die Gestaltung der Eheschließung[23] und erst recht die Geburt von Kindern[24] lasse meist deutlich werden, dass die religiösen Differenzen durchaus schwierig zu bewältigen sind. Plötzlich wirken die Herkunftsfamilien der Partner mit ihren Erwartungen auf das junge Paar ein. Nicht selten wird es ihnen selbst bewusst, dass ihre religiösen Wurzeln und intensive Erfahrungen religiöser Prägungen und Gewohnheiten, die sie aus ihrer Kindheit mitbringen, sie stärker bestimmen, als sie es selbst für möglich gehalten haben. Speziell die Frage, wie die Kinder religiös zu erziehen seien und welche Initiationsrituale für sie in Anspruch genommen werden sollen, erzeugt ein hohes Maß an innerfamiliären Spannungen. Die meisten Paare, so Schaefer Riley, wünschen für ihre Kinder eine Erziehung, die *einer* Religion folgt. Die Frage aber, welche von beiden, die sie selbst repräsentieren, das sein soll, könne auch langfristig Schwierigkeiten verursachen. Der Versuch hingegen, die Kinder mit zwei verschiedenen Religionen vertraut zu machen, werde meist als zu verwirrend für die Kinder aufgegeben. Die Bindung an zwei verschiedene Religionen in einer Familie habe eine Spannung zwischen unterschiedlichen Loyalitäten zur Folge: Die Bindung an die Familie könne leicht in Konkurrenz zur Bindung an die Religionsgemeinschaft geraten. Und nicht selten empfänden die Ehepartner Einsamkeit, wenn sie ohne den Rest ihrer Familie am Kult oder anderen Aktivitäten der je eigenen Religion teilhaben. Mittlerweile gibt es in den USA Gruppen, die sich aus multireligiösen Familien gebildet haben und die eine eigene „Interfaith-Kultur" entwickeln, um eine Gemeinschaft auch für die religiöse Dimension des Familienlebens zu finden. Hier sei freilich eine problematische Reduktion des spezifischen Profils der verschiedenen religiösen Traditionen zu beobachten.[25]

In ihrer Zusammenfassung hebt Schaefer Riley hervor, dass der anhaltende Trend zur interreligiösen Familie die Religionsgemeinschaften Amerikas verändern werde: Einerseits werde dies zu einer Abnahme der Mitglieder führen. Dabei gehe vor allem deren liberalerer Teil verloren. Dies führe dann andererseits dazu, dass die Religionsgemeinschaften insgesamt orthodoxer und in sich weniger plural würden.[26] Allerdings muss man hier fragen, ob der Mitgliederschwund in den Religionsgemeinschaften nicht auf komplexere Ursachen zurückzuführen ist, als es hier dargestellt wird.

---

23 Vgl. ebd., 60–78.
24 Vgl. ebd., 79–95.
25 Vgl. ebd., 108–115.
26 Vgl. ebd., 206f.

Insgesamt hinterlässt die Lektüre von Schaefer Rileys Studie vor allem im Blick auf ihre Schlussfolgerungen mancherlei Fragen. So muss zum Beispiel offen bleiben, inwieweit die religiösen Differenzen mit anderen Differenzen der befragten Paare interagieren und Schwierigkeiten dieser Ehen eben nicht nur religiös, sondern multifaktoriell bedingt sind. Deutlich wird aus den Daten auch, dass fundamentalistische Orientierungen – z. B. evangelikaler Christen – in besonderer Weise Konflikte erzeugen. Man kann also vermuten, dass die Differenzen in einer Ehe zwischen einem fundamentalistischen und einem liberalen Partner *einer* Religion unter Umständen schmerzhafter erfahren werden als in einer Ehe zwischen religiös liberal gestimmten Menschen *zweier* Religionsgemeinschaften.[27] Deutlich wird nicht zuletzt, dass sich die US-amerikanische Situation in vieler Hinsicht von der mitteleuropäischen Lage unterscheidet und die aktive Religionspraxis der Familien und die Bindung an die Religionsgemeinschaft im Schnitt eine größere Rolle spielen. Insgesamt liegt der Akzent Schaefer Rileys auf den Problemen interreligiöser Paare, weniger fragt sie danach, was und wie ihnen etwas gelingt im religiösen Miteinander.

Dennoch machen manche Beobachtungen nachdenklich, die beschrieben werden. Es erscheint durchaus plausibel, dass gerade unter liberal Gesinnten eine Tendenz besteht, religiöse Differenz als Thema zu marginalisieren und deshalb tatsächlich nicht wenige Paare die Tragweite einer multireligiösen Verbindung – oder einer Verbindung zwischen religiösem und nicht-religiösem Partner und Partnerin – unterschätzen. Ebenso kann man davon ausgehen, dass auch die Kirchen in Deutschland bisher wenig dazu beitragen, dass multireligiöse Paare in ihrem Kontext eine ebenso orientierende wie akzeptierende Umgebung vorfinden. Wichtig erscheint mir vor allem der Ansatz von Schaefer Riley, dass die grundlegenden Differenzen multireligiöser Paare nicht im Kontext von Lehrauseinandersetzungen aufbrechen, sondern dass sie verknüpft sind mit den Fragen der Gestaltung des familiären Alltags, der Kindererziehung und der Festtagskultur.

Die Anlässe performativer Religionspraxis in der Familie stellen ja tatsächlich die herausragende Gestaltungsaufgabe dar, wenn die Mitglieder unterschiedlichen religiösen (oder nichtreligiösen) Überzeugungen anhängen, unter Umständen in verschiedenen kulturellen Räumen religiös und weltanschaulich geprägt wurden und entsprechende Erwartungshaltungen, Traditionsbestände und rituelle Kompetenzen in den familiären Rahmen einbringen. Religiöse Kindheitsprägungen sind weniger stark durch religiöse Lehren bestimmt als durch religiöse Praxisformen und Erlebnisse, die tief verankert bis in das Körpergedächtnis hineinreichen und untergründig bedeutsam bleiben können,

---

27 Vgl. zur Notwendigkeit der Differenzierung in dieser Hinsicht Cavan, Concepts and Terminology in Interreligious Marriage.

auch wenn im späteren Leben eine Distanzierung von einem religiösen Selbstverständnis erfolgt.

Bei der religiösen Sozialisation in der Familie wirken die entscheidenden Einflüsse im Kontext der alltäglichen und feiertäglichen religiösen Performanz: über religiöse Handlungen und Vollzüge, die meist mit einem vielfältig geprägten kulturellen Kontext von Sitten, Bräuchen, Räumen, Festzeiten, Speisen, Texten, Bildern, Musik und Kleidung verbunden sind. Darum ist auch für eine Untersuchung der multireligiösen Familiensituation besonders die religiöse Alltags- und Festtagspraxis von Bedeutung.

Ähnlich wie bei Schaefer Riley wird aus der psychologischen Beratungsarbeit mit multireligiösen Paaren in Deutschland berichtet, dass Männer und Frauen, die in ihrer Ehe zunächst im Verhältnis zu ihrer Religionsgemeinschaft eine eher distanzierte und liberale Haltung zeigen, im Kontext einer Auseinandersetzung des Paares ihre religiöse Identität markant profilieren können.[28] Dann belasten die Unterschiede die Zusammengehörigkeit. Die Fragen der religiösen Differenz verschränken sich nicht selten mit anderen Differenzkonflikten und entwickeln in diesen Kollusionen besondere Sprengkraft. Die differente Religiosität des Paares kann in einer Auseinandersetzung als Verschärfung anderer Konflikte wirken.[29] Dies ist insbesondere dort der Fall, wo sich Paardynamik und gesellschaftliche Dynamik verstärken, also z. B. ein Partner sich in seiner religiösen Identität missachtet fühlt, der zugleich gesellschaftlich oder sozial marginalisiert ist.

Zum einen können Entscheidungen im Zusammenhang der Religionspraxis als Auslöser eines Konfliktes fungieren. Das beschreibt Kunze ähnlich wie Schaefer Riley. Insbesondere die Geburt von Kindern bringt das Paar in Entscheidungssituationen, die religiöse Fragen betreffen (Namensgebung, Initiationsritual). Außerdem wird in diesem Zusammenhang der Einfluss der Großfamilie nicht selten stärker und setzt das Paar zusätzlich unter Druck. Beide müssen sich damit auseinandersetzen, ob eine Religionspraxis das familiäre Leben bestimmen soll – und wenn ja, welche das sein wird.

Auseinandersetzungen über die verschiedene religiöse Orientierung können aber auch aus einem Konflikt entstehen, der eigentlich andere Wurzeln hat, sich dann aber auf die religiöse Differenz hin zuspitzt bzw. in dem verschiedene Differenzkonflikte zusammenspielen. Mit der religiösen Differenz können sich kulturelle, soziale und ethnische Differenzen mischen. Nicht zuletzt kann auch die Genderdifferenz eine Rolle spielen.

Solche Überschneidung unterschiedlicher Differenzkonflikte wird insbesondere im gendertheoretischen Ansatz der Intersektionalität thematisiert.[30]

---

28 Vgl. Kunze, Konfliktbearbeitung bei bireligiösen Paaren.
29 Vgl. ebd., 203.
30 Vgl. Lutz/Herrera Vivar/Supik (Hg.), Fokus Intersektionalität.

Der Begriff der Intersektionalität geht zurück auf die Juristin Kimerlé W. Crenshaw, die in der Analyse einer Auseinandersetzung um die ungerechte Bezahlung schwarzer Frauen diesen Begriff benutzte, um das Ineinander von Rassen-, Klassen- und Geschlechterdifferenz zu markieren, das für die Diskriminierung verantwortlich war.[31] Dieser Ansatz hat sich in der Gendertheorie breit etabliert, weil er gegenüber einer ausschließlich auf die Geschlechterdifferenz fokussierten Perspektive eine größere Komplexität der Wahrnehmung ermöglicht. Um das Ineinander unterschiedlicher Ebenen der Differenzkonflikte in interreligiösen Familien zu untersuchen, böte sich ebenfalls eine intersektionale Perspektive an, um eindimensionale Erklärungsmuster zu vermeiden, die komplexen Beziehungskonflikten innerhalb der Familie selten gerecht werden können.[32]

Gerade auch der Zusammenhang zwischen religiöser und geschlechtlicher Identität und die wechselseitige Beeinflussung dieser beiden Dimensionen dürfte in einer Untersuchung der religiösen Familienpraxis in besonderer Dichte zu beobachten sein. Denn die häusliche Religionspraxis und die damit verbundenen Alltags- und Festtagspraxen gelten in vielen Religionen als die besondere Einflusssphäre der Frauen. Die religiöse Sozialisation der Kinder folgt vorrangig den Einflüssen der Mutter, jedenfalls insoweit diese die Betreuung der Kleinkinder dominiert. Dieser religiöse Einfluss und die Prägekraft der Frauen könnte aber in Frage gestellt werden, wenn im Leben eines multireligiösen Paares mit dem Thema der religiösen Orientierung zugleich die Fragen nach Macht und sozialer Bedeutung verhandelt werden. Dann können mit den religiösen Entscheidungen zugleich die Aushandlung von Geschlechterrollen und ihren Einflusssphären einhergehen.

Nicht zuletzt sind mit religiösen Identitäten oft spezifische Bilder geschlechtlicher Identität verbunden, die zu Konflikten führen können.[33] In stark traditionsgebundenen, aber vor allem in fundamentalistischen Milieus sind normative Bestimmungen der Geschlechterrollen üblich, die als unverzichtbares Moment in die religiöse Identität hineingehören.[34]

Der Wahrnehmungshorizont der Psychologischen Beratung freilich, auf dem die vorhergehenden Überlegungen basieren, ist auf konfligierende Konstellationen fokussiert. Ein weitgehend friedliches Miteinander innerhalb einer multireligiösen Familie, die den Kindern eine selbstverständliche Begegnung mit unterschiedlichen religiösen Traditionen ermöglicht, kommt nicht in den Blick. Ebenso wenig erschließt es sich, ob eventuell auch ganz eigene, neue

---

31 Crenshaw, Die Intersektion von „Rasse" und Geschlecht demarginalisieren, 38.
32 Zur empirischen Umsetzung intersektionaler Analysen vgl. Binder/Hess, Intersektionalität aus der Perspektive der europäischen Ethnologie.
33 Vgl. ebd., 205 f.
34 Vgl. Riesebrodt, Die Rückkehr der Religionen, 88.

Religionspraktiken entstehen. Auch darauf gibt es Hinweise, wie sie teilweise auch in der Studie von Schaefer Riley thematisiert werden. Sie berichtet z. B. von Festtagsgrußkarten, die sich auf die neue religiöse Vielfalt in Familien einstellen.[35] Bekannt ist auch, dass durch die US-amerikanische Fernsehserie „The O.C." das Fest „Chrismukkah" popularisiert wurde. Diese Festbezeichnung wird in der Serie vom Sohn einer protestantischen Mutter und eines jüdischen Vaters erfunden, um die religiöse Liminoidität im Zusammenleben der Familie zu kennzeichnen. Auch bestimmte Aspekte der Feierpraxis in der Serie (Weihnachtsbaum und Menorah im Haus zu haben; zu Hause zu bleiben und im Fernsehen jüdische Filme anzuschauen anstatt – wie die anderen jüdischen Familien an Weihnachten – ins Restaurant und ins Kino zu gehen) verweisen auf dynamische Kompromissbildungen zwischen verschiedenen Feierformen.[36] Nicht zuletzt zeigen eigene Interfaith-Gemeinschaften, von denen Schaefer Riley berichtet, dass offenkundig auch konstruktive Umgangsweisen mit religiöser Verschiedenheit in der Familie gesucht werden und diese sogar zu neuen religiösen Sozialformen führen.[37]

Insgesamt positiver und auch in den Wertungen differenzierter zeichnet die Situation eine qualitativ-empirische Studie von Regine Froese, für die insgesamt 20 christlich-muslimische Familien mit 30 Kindern befragt wurden.[38] Die Zielrichtung dieser Studie ist primär religionspädagogisch orientiert: Sie fokussiert die Auswirkungen einer multireligiösen Familiensituation für die Gottesbilder der Kinder und fragt nach den Möglichkeiten interreligiösen Lernens in der Familie.[39] In diesem Zusammenhang wird vieles deutlich über die Strategien, mit denen die befragten Familien ihre religiöse Lebenspraxis gestalten. Allerdings erlaubt das kleine Sample kein repräsentatives Bild. Insgesamt beurteilt Froese die Möglichkeiten einer multireligiösen Kindererziehung positiver als Schaefer Riley. Die befragten Familien – die Mütter waren bereiter dazu, sich an der Untersuchung zu beteiligen: neben zwölf Paaren wurden auch acht Mütter interviewt, deren Mann aus unterschiedlichen Gründen nicht anwesend war[40] – gehören alle dem liberaleren Spektrum ihrer Religionsgemeinschaften an. Das ist vermutlich auch in der überwiegenden Zahl der Fälle die Voraussetzung dafür, dass eine multireligiöse Ehe geschlossen wird.[41] Froese stellt fest, dass ihre Probanden eine gewisse Überkonfessionalität repräsentieren und durchgehend das Ziel haben, ihren Kindern in religiösen Fragen maximalen Freiraum zuzu-

---

35 Vgl. Schaefer Riley, Til Faith Do Us Part, 96f.
36 Vgl. http://en.wikipedia.org/wiki/Chrismukkah [21.05.2013].
37 Vgl. Schaefer Riley, Til Faith Do Us Part, 108–115.
38 Vgl. Froese, Zwei Religionen – eine Familie, 54.
39 Vgl. ebd., 19–24.
40 Vgl. ebd., 54.
41 Vgl. ebd., 142.

gestehen. Dies sei aber keineswegs gleichbedeutend damit, dass es in diesen Familien keine Vermittlung religiöser Inhalte und Traditionen gäbe.[42] Vielmehr sprechen ihre Interviewpartner davon, dass die multireligiöse Familiensituation, die anfangs in ihren Folgen tatsächlich wenig bedacht wurde, im Laufe der Zeit und vor allem durch die Fragen der Kindererziehung eine intensive Auseinandersetzung mit religiösen Fragen angestoßen habe. Teilweise sei eine Anpassung der eigenen religiösen Identität an den Ehepartner erfolgt, allerdings ohne dass es zum Übertritt gekommen sei. Teilweise aber gibt es auch eine bewusst multireligiöse – keine interreligiöse – Familienpraxis mit dem Ziel, die Kinder in beiden Traditionen zu beheimaten und ihnen später eine eigene Entscheidung zu ermöglichen.[43] Eine Taufe allerdings wurde in allen befragten Familien als nicht tolerabel für den muslimischen Partner abgelehnt. Gleichwohl werde erkennbar – so die Autorin –, dass man keineswegs das gängige Vorurteil bestätigt finde, dass die muslimischen Partner auf ihre christlichen Ehefrauen in religiöser Hinsicht Druck ausüben. Vielmehr gäbe es meist ein wechselseitiges Bemühen um Respekt und Verständnis und ein Bewusstsein dafür, dass dieses für eine Erziehung der Kinder unabdingbar sei.[44] Froese leugnet nicht, dass die multireligiöse Familiensituation Probleme mit sich bringt, sie findet aber Hinweise darauf, dass das multireligiöse Familienleben durchaus einen Raum interreligiösen Lernens darstelle, der für das Zusammenleben unterschiedlicher Religionsgruppen in der Gesellschaft konstruktiv wirken könne.[45] Auch sie mahnt die Religionsgemeinschaften an, mehr Unterstützung und Begleitung für diese Familien in seelsorglicher und religionspädagogischer Hinsicht anzubieten. Die Frage der rituellen Praxis ist in dieser Studie nur am Rande im Blick. Es sei jedenfalls, so Froese, weitaus mehr Forschung erforderlich, möglichst auch quantitative und Langzeitstudien, um eine genauere Vorstellung von der Situation multireligiöser Familien zu gewinnen und das kirchliche Handeln entsprechend zu orientieren.[46]

Insgesamt erscheint es mir außerordentlich lohnend – und nicht zuletzt für eine begründete Orientierung kirchlichen Handelns notwendig –, das Feld multireligiöser Situationen in Familien in Deutschland genauer zu untersuchen und dabei auch speziell die rituelle Praxis als Verhandlungsraum unterschiedlicher Optionen in der performativen Praxis von Religion in den Blick zu nehmen.

Eine wichtige Voraussetzung dafür ist die Klärung der Frage, welches Religionsverständnis für solche Studien angemessen ist. Im Kontext einer Theologie

---

42 Vgl. ebd.
43 Vgl. ebd., 256–262.
44 Vgl. ebd., 258.
45 Vgl. ebd., 263–268.
46 Vgl. ebd., 279–281.

der Religionen wird weitgehend mit einem Religionsverständnis gearbeitet, das die verschiedenen Religionen als weitgehend abgegrenzte Identitäten sieht, die sich, je nach theologischer Voraussetzung, in unterschiedlicher Weise begegnen können (exklusiv – inklusiv – pluralistisch). Diese theoretischen Modelle sind erkennbar vor allem an den Erfahrungen des interreligiösen Gesprächs gewonnen, bei dem es hauptsächlich um Lehrauseinandersetzungen geht, weniger um die alltägliche Religionspraxis.

Regine Froese hingegen bezieht explizit in ihre Überlegungen ein, dass man es bei Christentum und Islam nicht mit monolithischen Größen zu tun habe, sondern mit dynamischen Gebilden, die sich mit unterschiedlichen gesellschaftlichen Bedingungen – zum Beispiel durch Migration – verschieben und verändern. Um den verschiedenen Voraussetzungen der Interviewpartner gerecht werden zu können, arbeitet sie mit dem funktionalen Religionsverständnis von Charles Glock, das die „Manifestationen der Religiosität" in ihren verschiedenen Dimensionen (religiöse Erfahrung, Ritualität, Ideologie und Bekenntnis, intellektuelle Vertrautheit mit Traditionen und Lehrsätzen, Konsequenzen im alltäglichen Handeln) zu erfassen sucht und von seinem Ansatz her auf verschiedene Religionen anwendbar ist.[47]

In der Religionswissenschaft, die sich mit den sich wandelnden Formen religiöser Identität im Kontext von Migration und Globalisierung beschäftigt, dominieren zunehmend Begrifflichkeiten, die den konstruktiven und beweglichen Charakter religiöser Identität betonen. Dieser wird sichtbar, wenn die Perspektive sich auf die Prozessualität der Religionspraxis der Subjekte richtet, die ihre Religion in einem bestimmten Kontext praktizieren und sich dabei in der Gegenwart nicht selten in einem dynamischen Nebeneinander unterschiedlicher Religionssysteme situieren müssen. Der Begriff des Synkretismus ist von Michael Pye in diesem Zusammenhang neu bestimmt und bewertet worden. Er bezeichne nicht eine – theologisch kritisch bewertete – unbestimmte Mischung aus Elementen unterschiedlicher religiöser Traditionen. Synkretismus sei auch zu unterscheiden von dem Begriff der Synthese. Vielmehr bezeichne er einen instabilen und dynamischen Verarbeitungsprozess religiöser Pluralität, der in Assimilation der schwächeren Elemente, Trennung unvereinbarer Elemente oder Synthese münden könne.[48] In diesem Verständnis wird Synkretismus von einem wertenden Begriff zu einer heuristischen und analytischen Kategorie, die für die Untersuchung multireligiöser Familiensituationen produktiv sein könnte. Ähnliches gilt für das Konzept des Dritten Raumes, wie es der Religionswissenschaftler Christoph Auffarth verwendet: Insgesamt könne man in Zeiten der

---

47 Vgl. Glock, Über die Dimensionen der Religiosität, und die Aufnahme des Ansatzes bei Froese, Zwei Religionen – eine Familie, 26 f.
48 Vgl. Pye, Syncretism versus Synthesis, 220–222.

Globalisierung nicht mehr von relativ geschlossenen kulturellen Räumen ausgehen, die miteinander kulturelle Güter austauschen. Vielmehr sei es situationsgerechter, anzunehmen, dass sich vielerorts transkulturelle Dritte Räume etablieren, in denen Eigenes und Fremdes in dauerndem Wandel begriffen sind und sich Neues experimentell entwickeln kann. Solche Dritten Räume könnten z. B. im Bereich von Literatur, Musik und Sprache beobachtet werden, aber eben auch in der Religionspraxis.[49] Auch dieses Konzept erscheint produktiv dafür, die Situation multireligiöser Familien als eigenen kulturellen und sozialen Raum verstehen zu lernen, in dem Menschen unterschiedlicher Prägung in eine Interaktion eintreten. Dabei werden Eigenes und Fremdes fraglich, und jenseits der traditionell bestimmten Identitäten kann sich u. U. eine neue kulturelle Praxis entwickeln. Mit einem solchen Ansatz würde sich die Perspektive insofern erweitern, als nicht nur das Konfliktpotenzial differenter Orientierungen in den Blick käme. Möglich wäre es, wahrzunehmen, ob und wie im Dritten Raum beweglichere Formen des Umgangs mit der jeweiligen religiösen und kulturellen Herkunft entstehen und in der alltäglichen Religionspraxis ausgehandelt und gelebt werden. Die Aufmerksamkeit wäre dabei nicht zuletzt auf mögliche neue Sprach- und Handlungsformen zu richten, auf ein rituelles Nebeneinander und seine Folgen für das jeweilige Selbstverständnis und auf mögliche Veränderungen in der semiotischen Codierung religiöser Praxis.

Zugleich bleibt aber auch die Frage bedeutsam, welches Maß an Mehrsprachigkeit im Kontext des Familienlebens erträglich ist und ob die familiäre Alltagspraxis tatsächlich ein Ort sein kann, an dem Religion in kreativer Weise fluide wird. Ist es angemessen, multireligiöse Familien – oder manche unter ihnen – als Subkultur zu verstehen, die den Zwischenraum der Begegnung mit dem jeweils Fremden konstruktiv und kreativ ausfüllen? Oder ist das letztlich die Idealisierung einer im Alltag vor allem als belastend erlebten Situation?

Jedenfalls sollte die wissenschaftliche Wahrnehmung multireligiöser Familien von einer zu raschen theologischen und von kirchlichen Interessen geleiteten Bewertung Abstand nehmen. Damit soll nicht gesagt werden, dass eine solche Bewertung überflüssig ist. Wohl aber scheint es mir wichtig, zunächst die multireligiösen Situationen als einen spezifischen dynamischen kulturellen Raum zu beobachten und kennen zu lernen, ehe man ihn unter theologischen und kirchlichen Perspektiven einzuordnen und zu bewerten sucht. Insofern wären Forschungsprojekte in diesem Feld in einer religionswissenschaftlich und praktisch-theologisch orientierten Interdisziplinarität am besten aufgehoben.

---

49 Vgl. Auffarth, Weltreligion und Globalisierung, 52f.

Literaturverzeichnis

Alston, Jon P. / Mcintosh, William A. / Wright, Louise M., Extent of Interfaith Marriages among White Americans, in: Sociological Analysis 37 (3/1976), 261–264.

Auffarth, Christoph, Weltreligion und Globalisierung. Chicago 1893 – Edinburgh 1910 – Chicago 1993, in: Zeitschrift für Missions- und Religionswissenschaft 93 (2009), 42–57.

Baumann, Maurice / Hauri, Roland (Hg.), Weihnachten – Familienritual zwischen Tradition und Kreativität, Stuttgart 2008.

Binder, Beate / Hess, Sabine, Intersektionalität aus der Perspektive der europäischen Ethnologie, in: Hess, Sabine / Langreiter, Nikola / Timm, Elisabeth (Hg.), Intersektionalität revisited. Empirische, theoretische und methodische Erkundungen, Bielefeld 2011, 15–52.

Cavan, Ruth Shonle, Concepts and Terminology in Interreligious Marriage, in: Scientific Study of Religion 9 (4/1970), 311–320.

Chiles, Robert E., Psychological Factors in Interfaith Marriage, in: Pastoralpsychology 22 (10/1971), 35–40.

Crenshaw, Kimberlé W., Die Intersektion von „Rasse" und Geschlecht demarginalisieren. Eine schwarze feministische Kritik an Antidiskriminierungsrecht, der feministischen Theorie und der antirassistischen Politik, in: Lutz, Helma / Herrera Vivar, Maria Teresa / Supik, Linda (Hg.), Fokus Intersektionalität. Bewegungen und Verortungen eines vielschichtigen Konzepts, Wiesbaden 2010, 33–54 (dt. Übersetzung von: Demarginalizing the Intersection of Race and Sex. A Black Feminist Critique of Antidiscrimination Doctrine, in: The University of Chicago Legal Forum 139 (1989), 139–167).

Friedrichs, Lutz, Multireligiöse Feiern / Bireligiöse Kasualien (christlich-muslimische Trauung), in: Friedrich Hauschildt (Hg.), Dialog der Religionen. Grundlegende theologische Aspekte, praktische Erfahrungen und offene Fragen (= Kirchliches Jahrbuch für die EKD 2004/5, Lieferung 2), Gütersloh 2011, 169–198.

Froese, Regine, Zwei Religionen – eine Familie. Das Gottesverständnis und die religiöse Praxis von Kindern in christlich-muslimischen Familien, Gütersloh 2005.

Glock, Charles Y., Über die Dimensionen der Religiosität, in: Joachim Matthes (Hg.), Kirche und Gesellschaft. Einführung in die Religionssoziologie II, Hamburg 1969, 150–168.

http://en.wikipedia.org/wiki/Chrismukkah (abgerufen am 21.05.2013).

Kirchenamt der EKD (Hg.), Klarheit und gute Nachbarschaft. Christen und Muslime in Deutschland. Eine Handreichung des Rates der EKD. Hannover 2006.

Kirchenamt der EKD (Hg.), Zusammenleben mit Muslimen in Deutschland. Gestaltung der christlichen Begegnung mit Muslimen. Eine Handreichung des Rates der EKD, Gütersloh 2000.

Kirchenkanzlei der UEK (Hg.), Trauung. Agende für die Union Evangelischer Kirchen in der EKD, Bd. 4, Bielefeld 2006.

Kunze, Norbert, Konfliktbearbeitung bei bireligiösen Paaren, in: Helmut Weiß u. a. (Hg.), Handbuch interreligiöse Seelsorge, Neukirchen 2010, 198–212.

Landeskirchenamt der Evangelischen Kirche von Kurhessen-Waldeck (Hg.), Agende III/3. Die Trauung, Kassel 2013.

Lutz, Helma / Herrera Vivar, Maria Teresa / Supik, Linda (Hg.), Fokus Intersektionalität. Bewegungen und Verortungen eines vielschichtigen Konzepts, Wiesbaden 2010.

Merzyn, Konrad, Die Rezeption der kirchlichen Trauung. Eine empirisch-theologische Untersuchung, Leipzig 2010.

Morgenthaler, Christoph, Abendrituale. Tradition und Innovation in jungen Familien, Stuttgart 2011.

Pye, Michael, Syncretism versus Synthesis, in: Method & Theory in the Study of Religion 6 (1994), 217–229.

Riesebrodt, Martin, Die Rückkehr de Religionen. Fundamentalismus und der „Kampf der Kulturen", München ²2001.

Schaefer Riley, Noami, Til Faith Do Us Part. How Interfaith Marriage Is Transforming America, Oxford 2013.

Schori, Kurt, Kinder in Familienritualen, Stuttgart 2009.

Simone Fopp, Trauung – Spannungsfelder und Segensräume. Empirisch-theologischer Entwurf eines Rituals im Übergang, Stuttgart 2007.

VELKD (Hg.), Agende für die evangelisch-lutherischen Kirchen und Gemeinden, Bd. III/2: Die Trauung, Hannover 1986.

Viscuso Patrick / Willumsen Kristopher L., Marriage Between Christians and Non-Christians. Orthodox and Roman Catholc Perspectives, in: Journal of Ecumenical Studies 3 (3–4/1994), 269–278.

Arnaud Liszka

Religionshybride Festkultur in Mecklenburg-Vorpommern: Erfindung post-christlicher Rituale?

Das Forschungsprojekt „Religionshybride" ist ein interdisziplinäres DFG-Projekt der Theologischen Fakultät und des Instituts für Soziologie und Demographie der Universität Rostock. Der Begriff „Religionshybride" wurde von Anne Koch[1] in der Religionswissenschaft eingeführt, um am Beispiel des Harry-Potter-Phänomens die Erschaffung einer Überzeugungswelt zu beschreiben, in der die unterschiedlichsten religiösen und rationalistischen Sinnsysteme „koexistieren und interagieren",[2] statt nur zu konkurrieren. Dieser Begriff wurde im Forschungsprojekt als heuristischer Rahmen übernommen, um im regionalen Kontext von Mecklenburg-Vorpommern die Praxis von Vereinen zu untersuchen, die sich für die Erhaltung und gegebenenfalls die Nutzung von historischen Gebäuden, sowohl religiösen Gebäuden wie Kirchen und ehemaligen Klosteranlagen als auch nicht-religiösen Gebäuden wie Gutshäusern und Burgen, engagieren. Im Zentrum dieses Projekts stehen die Beziehung dieser kollektiven Akteure zu den als besonderen, möglicherweise als „auratisch", wahrgenommenen Orten, die selbst der Grund für das kollektive Handeln sind, und die mögliche religiöse Dimension dieser Beziehung. Für diese Akteure scheint die Formel des Soziologen Michel Maffesoli zu gelten: *„Der Ort wird zum Band"*.[3] Die mögliche religiöse Dimension der Beziehung von ortsgebundenen Kollektiven zu *ihren* Orten wird vor allem auf der Basis der Beobachtung ihrer Praxis der festlichen Vergemeinschaftung untersucht.

---

1 Koch, „Religionshybride" Gegenwartskultur.
2 Ebd., 4.
3 Maffesoli, Le temps des tribus, 230.

1. Kirchbaufördervereine im hoch-säkularisierten Ostdeutschland

Die Grundidee für das Forschungsprojekt entstand aufgrund des hohen Engagements der Bevölkerung in den ländlichen Gebieten Ostdeutschlands für die Erhaltung von Kirchgebäuden. Es gibt in Ostdeutschland über 1000 Vereine, die sich vor allem in Brandenburg, Mecklenburg-Vorpommern und Sachsen-Anhalt der Erhaltung von Kirchgebäuden widmen, die von den evangelischen Kirchgemeinden allein aufgrund ihres Mitgliederschwunds auf unter 20 % der Bevölkerung[4] nicht mehr baulich erhalten – und oft auch nicht regelmäßig genutzt – werden können. In Mecklenburg-Vorpommern gibt es über 220 solcher Vereine. Es besteht ein Verhältnis von einem Verein für jede sechste Kirche im Bundesland. Dieses Phänomen wurde zuerst im Bereich der damaligen Kirchenprovinz Sachsen wahrgenommen. Auf der Ebene von evangelischer Kirchenleitung und akademischer Theologie wurde vermutet, dass es sich in dem von der niedrigsten Kirchenmitgliederzahl Deutschlands gekennzeichneten Bundesland[5] um eine Art Mobilisierung der letzten Kirchenmitglieder gegen den Zerfall der Gebäude, in denen sie sich zum Gottesdienst versammeln, handelt. Dementsprechend groß war die Überraschung von Kirchenvertretern, als sie bei Kontaktaufnahmen feststellten, dass es sich bei der Mehrheit der Mitglieder von Kirchbaufördervereinen, auch bei Vorstandsmitgliedern, um „Heiden" handelt. Es schien ihnen unerklärlich, warum gerade Konfessionslose, nicht selten bekennende Atheisten, sich derart für die Erhaltung von Kirchgebäuden engagieren, *wenn sie nicht einmal mehr zur Kirche gehen*. So zitiert der Theologe Rolf Schieder in einem der ersten Artikel über die Arbeit der Kirchbaufördervereine in Ostdeutschland den Altbischof der Kirchenprovinz Sachsen Axel Noack: „Beim Kaffeetrinken frage ich immer: warum macht ihr das mit der Kirche? Da sagen die nicht: Romanische Rundbögen, gotische Spitzfenster, sondern sie sagen: Das ist unsere Kirche. Ich sage: wieso eure Kirche? Ihr geht dort doch gar nicht hinein".[6] Deutlicher könnte das gegenseitige Unverständnis darüber, wem die Dorfkirchen gehören und was es heißt, *zur Kirche zu gehen*, kaum sein.

Kirchbaufördervereine sind eine soziale Nebenfolge der Entkirchlichung Ostdeutschlands. Sie existieren neben den evangelischen Kirchengemeinden und verstehen sich als säkulare Vereine, unabhängig davon, wie eng oder lose die persönliche Überschneidung und die Zusammenarbeit zwischen Förderverein und Kirchgemeinde bzw. Kirchgemeinderat ist. Eine im Rahmen des For-

---

4 Sachsen-Anhalt: 13,9 %, Brandenburg: 16,8 %, Mecklenburg-Vorpommern: 17,0 %. (www.ekd.de/download/kirchenmitglieder_2011.pdf [Zugriff: 15.4.14]).
5 Insgesamt 17,4 %, vgl. www.ekd.de/download/kirchenmitglieder_2011.pdf [Zugriff: 15.4.14].
6 Schieder, Dorfkirchen als Orte der Identifikation, 440.

schungsprojekts 2011 durchgeführte quantitative Befragung der Fördervereine in Mecklenburg-Vorpommern gab ein leicht anderes Bild, als dasjenige der „Heiden"-Vereine, das in Sachsen-Anhalt entstanden ist, her. Das Zahlenverhältnis zwischen Kirchenmitgliedern und Personen ohne kirchliche Bindung ist in diesen Vereinen ausgeglichen. In gut der Hälfte der Vereine (56 %) ist die Mehrheit der Mitglieder zugleich Kirchenmitglied; in 21 % der Vereine ist etwa die Hälfte der Mitglieder auch Kirchenmitglied; in 20 % der Vereine bilden Konfessionslose die Mehrheit.[7] Die Befragung ergab vor allem, dass die Frage nach der Kirchenzugehörigkeit ihrer Mitglieder in der Selbstwahrnehmung der Fördervereine wenig Relevanz hat, selbst bei den Vereinen, die entweder eine Zusammenarbeit mit den Kirchgemeinden möglichst vermeiden wollen[8] oder sich – im anderen Extrem – selbst als Bestandteil der Kirchgemeinde bzw. als religiöse Vereine beschreiben.[9] Das gemeinsame Ziel ist die Erhaltung des Kirchgebäudes als Bestandteil des lokalen Kulturerbes. Dadurch findet eine Wieder-Öffnung der Kirche zur Gesamtheit der lokalen Bevölkerung statt, die zur Entstehung einer Art überkonfessioneller „alt-neuen Kirche"[10] von konfessionell gebundenen und konfessionslosen Einwohnern beiträgt. Das *gemeinsa-*

---

7 Liszka/Käckenmeister/Schröder, Ergebnisse der quantitativen Befragung der Kirchbaufördervereine und Gutshausvereine, 4.
8 Der Vorsitzende des ausdrücklich „nicht an Konfessionen gebundenen" Fördervereins zur Erhaltung der Feldsteinkirche Marsow beurteilt z. B. die Zusammenarbeit mit der Kirchgemeinde als ausschließlich für die Kirchgemeinde förderlich. Für den Verein hingegen bedeutet die gezwungene Zusammenarbeit nur eine Einschränkung der Nutzungsmöglichkeiten des Kirchgebäudes. Die Frage nach der kirchlichen Bindung der Mitglieder wird als „nicht relevant" eingestuft (Fragebogen KBV Nr. 54).
9 Eine Ausnahme ist der ökumenische Verein Pilger-Kloster-Tempzin, der sowohl kulturelle (Konzerte, Klosterfeste) als auch religiöse Veranstaltungen (Heilungsgottesdienste, Einkehrzeiten) in eigener Regie durchführt. Der Verein setzt eine kirchliche Mitgliedschaft seiner Mitglieder voraus (Fragebogen KBV Nr. 180). Er teilt sich dabei die Erhaltung und Nutzung der Klosterkirche und der ehemaligen Klostergebäude mit der evangelischen Kirchengemeinde und dem überkonfessionellen Antoniter-Hospital-Verein (Fragebogen KBV Nr. 181). Dieser Verein veranstaltet ebenfalls kulturelle und religiöse Veranstaltungen (Johannisfeuer und Erntedankfest in Zusammenarbeit mit der Kirchgemeinde).
10 Der Vorsitzende des Fördervereins Kirche Zirzow stellt die Wirkung der Vereinsarbeit so dar: „Die Verbundenheit der Zirzower mit ihrer Kirche äußert sich nicht nur in höheren Besucherzahlen bei den immer noch wenigen Gottesdiensten, sondern auch durch die Kleinspenden [...] und die Mitarbeit an den wöchentlichen Arbeitseinsätzen [...]. Insgesamt haben die Zirzower für ihre Kirche fast 4.000 Stunden gearbeitet und über 20.000 Euro gespendet [...]. Die Bevölkerung von Zirzow hat die Scheu vor der Kirche abgelegt, traute sich früher kaum einer rein, kennt nun fast jeder das Innere der Kirche [...]. Hoffnungsvoll ist auch das Interesse von Jugendlichen am Geschehen rum um die Kirche, einige packen regelmäßig mit an [...]. Von den ‚Heiden von Zirzow' ist sicher keiner der Landeskirche beigetreten, aber die alte-neue Kirche haben alle in ihr Herz geschlossen!" (Adebahr, Wie sich die Arbeit unseres Fördervereins auf das dörfliche Leben auswirkte!, 5–6; Begleitschreiben zum Fragebogen KBV Nr. 203).

me bürgerschaftliche Engagement[11] führt dazu, dass auch ein Verein, der mehrheitlich aus konfessionslosen Mitgliedern besteht, „gleichermaßen gut" mit der politischen Gemeinde und der Kirchgemeinde zusammenarbeiten und an der Gestaltung von Erntedankgottesdiensten mitwirken kann. Diese Entwicklung geht auch mit der Forderung einher, die Kirche z. B. für weltliche Trauerfeiern zu öffnen.[12]

2. Heilige Orte für Konfessionslose?

Kennzeichnend für die Kirchbaufördervereine ist, dass sie spontan entstehen, um das gefährdete Gebäude zu retten, weil es im Dorf nicht fehlen darf. Die Rettung der Kirche als Zentrum des Dorfes ist das eigentliche Ziel der meisten Fördervereine, oft auch das einzige Ziel, das bei ihrer Gründung in der Satzung formuliert wurde.[13] Konzepte für eine nicht-religiöse Nutzung werden in der Regel erst im Nachhinein während des Verlaufs der Sanierungsarbeit angedacht. Es scheint als ob die vom DDR-Staat forcierte Entkirchlichung Ostdeutschlands dazu geführt hat, dass 500 Jahre nach der Reformation Kirchgebäude in ehemaligen evangelischen Gebiete gewissermaßen wieder als „heilige Orte"[14] gelten. Martin Luther hatte doch gelehrt, dass es solche Orte eigentlich gar nicht gibt, dass Kirchen

---

11 Vgl. Scheps, Moralische Pflicht als Lebenseinstellung, Bürgerschaftliches Engagement in Kloster- und Kirchbauvereinen Mecklenburg-Vorpommerns.
12 Der Verein Dorfkirche Penzin engagiert sich dafür, die Dorfkirche „wieder zu leben [zu] erwecken, durch Durchführung von Veranstaltungen und Gottesdiensten, aber auch als Trauungskirche". Darüber hinaus tritt er dafür ein, dass „in kleinen Gemeinden, wo es keine Trauerhallen gibt, sollte auch so eine Kirche für weltliche Trauerfeiern genutzt werden können" (Fragebogen KBV Nr. 158).
13 So z. B. der „Zweck des [Fördervereins Dorfkirche Roggenhagen e.V.] ist die Förderung der Denkmalpflege und die Erhaltung der Dorfkirche Roggenhagen" (Fragebogen KBV Nr. 220) und der „Zweck des [Fördervereins zur Erhaltung der Kirche Volkenhagen e.V.] ist die Förderung der baulichen Erhaltung des Denkmals ‚Kirche Volkenhagen'" (Fragebogen KBV Nr. 185). Breiter aufgefasst ist der Zweck Glockenvereins Neuenkirchen e.v.: „Zweck des Vereins ist es, dazu beizutragen, die Kirche und das Ensemble des Pfarranwesens als denkmalpflegerische, kulturhistorische und die Landschaft prägende Bauwerke zu erhalten, sowie den mit ihnen in Verbindung zu bringenden Personen ein ehrendes Andenken zu bewahren" (Fragebogen KBV Nr. 152).
14 Eliade, Das Heilige und das Profane, 23–60. „Heilige Orte" weisen für Eliade auf die religiöse Urerfahrung der Inhomogenität des geographischen Raumes bzw. seiner Trennung zwischen einem profanen, bedeutungslosen Raum und einem bedeutungsvollen Raum, in welchen sich eine absolute Wirklichkeit offenbart. Aber auch innerhalb des profanen Raumes „tauchen noch Werte auf, die mehr oder weniger an die dem religiösen Raumerlebnis eigene Inhomogenität erinnern. So gibt es zum Beispiel noch Gegenden, die von den anderen qualitativ verschieden sind: die Heimat, die Landschaft der ersten Liebe […] Alle diese Orte behalten selbst für den völlig unreligiösen Menschen eine außergewöhnliche, ‚einzigartige' Bedeutung" (25).

funktionale Orte sind, die abgerissen werden sollen, wenn sie für das Predigen des Glaubens und das Beten nicht mehr gebraucht werden, wie jedes andere Gebäude auch, das seine Nutzung verloren hat.[15] An dieser Stelle war Luther entschieden moderner als die Mitglieder eines Vereins mit starker Anbindung an die evangelische Landeskirche, die sich hierfür einsetzen: „Keine Kirche darf aufgegeben werden. Die Schönen vom Lande müssen gerettet werden".[16] Das ist eine Entwicklung, die typisch ist für Länder mit stark sinkender Kirchenmitgliedschaft – nicht nur für Ostdeutschland. Überkonfessionelle Kirchbaufördervereine gehören u. a. auch in Frankreich und Großbritannien zu den Begleiterscheinungen der Entkirchlichung. Seit der Gründung der ersten säkularen Vereine zur Erhaltung von Kapellen bereits in den 1950er Jahren – ausgerechnet in der damals als katholisches Bollwerk geltenden Bretagne – und der Wiedererfindung von Marien-Wallfahrten als lokaler Feste in eigener Regie unter aktiver Beteiligung bekennender bzw. ortsbekannter Atheisten und Agnostiker haben sich in Frankreich zahlreiche Vereine zur Bewahrung des lokalen religiösen Kulturerbes jenseits konfessioneller Anbindung gebildet.[17] Diese Entwicklung fand 2006 ihren vorläufigen Höhepunkt mit der Gründung des landesweit aktiven netzwerkartigen Vereins „Observatorium des religiösen Kulturerbes".[18] In Großbritannien hat sich ebenfalls ein Netzwerk lokaler, regionaler und nationaler Initiativen, Vereine und Stiftungen gebildet, die sich um die Erhaltung von Kirchen kümmern, v. a. wenn sie von religiösen Organisationen als überflüssig veräußert werden.[19] Die „Evangelical Times" hat einst dem britischen National Trust vorgeworfen, die Bewahrung des Kulturerbes längst zu einer „Religion of Heritage" gemacht zu haben.[20] Ob unter Sakralisierung des Kulturerbes mehr als eine Ikonisierung, tatsächlich eine Idolisierung, zu verstehen ist, ist zwar fraglich. Auffallend ist dennoch in Mecklenburg-Vorpommern, dass der Niedergang der institutionalisierten Religion gerade zur Entstehung eines neuen Tabus beiträgt: „Keine Dorfkirche darf untergehen!"[21] Diese Tabuisierung des Verfalls oder Abrisses einer Kirche geht jeder Überlegung über den kunst- und kulturhistorischen Wert und den gegenwärtigen Nutzen dieser Gebäude voraus. Die etwa 80 Vereine, die sich für die Erhaltung von

---

15 Luther, Predigt am 17. Sonntag nach Trinitatis, bei der Einweihung der Schloßkirche zu Torgau gehalten (5.10.1544).
16 Vgl. http://www.dorfkirchen-in-not.de/.
17 Vgl. Drouin, Associations locales et sauvegarde des chapelles en Bretagne.
18 Der Verein wurde insb. durch Protestaktionen gegen den Abriss einer Krankenhaus-Kapelle in Paris in den Medien bekannt. Er unternimmt eine Auflistung aller – und aller zu bewahrenden – Kirchbauten Frankreichs. Neben Öffentlichkeitsarbeit berät und vernetzt der Verein lokale Initiativen. Vgl. : http://www.patrimoine-religieux.fr [Zugriff: 14.4.14].
19 Vgl. Truman/Palgrave, New uses und new ownership in English historic churches.
20 http://www.evangelical-times.org/archive/item/218/News/EHE-NATIONAL-TRUST-a-religion-of-heritage [Zugriff: 14.4.14].
21 http://www.dorfkirchen-in-not.de/Die-Vereinsaufgabe.37.0.html [Zugriff: 14.4.14].

Gutshäusern – den anderen historischen Gebäuden, die die regionale Kulturlandschaft prägen – engagieren, hätten gern, dass ein solches Tabu auch für ihre Schutzobjekte gälte.[22] Die Erhaltung der Kirchen stellt oft einen Selbstzweck dar. Es geht um die Erhaltung eines Gebäudes als eine Pflicht zum Schutz des Kulturerbes. Dabei führt das Kulturerbe-Motiv oft zu einer Rückbindung des Gebäudes an die lokale Geschichte bzw. zu der Zuschreibung, dass das zu rettende Gebäude Träger des „kollektiven Gedächtnisses"[23] des Orts sei. Unter dem Leitmotiv „Wenn die Kirche im Dorf bleiben soll, muss sie auch zu den Menschen kommen"[24] – so das Motto des Fördervereins der Dorfkirche Groß Trebbow – konstituieren sich um diese Gebäude zu bestimmten Zeiten und Anlässen Formen einer religionshybriden Vergemeinschaftung. In diesem Rahmen profilieren sich die Kirchbaufördervereine als Akteure einer lokalen Festkultur. Sie arbeiten sowohl mit den Kirchgemeinden (70 %) als auch mit den politischen Gemeinden (47 %) eng zusammen[25] und beteiligen sich an der Organisation von Dorffesten in und an der Kirche (41 %) in gleichem Maß wie an der Organisation oder Mitgestaltung religiöser Veranstaltungen (37 %) mit dem Schwerpunkt Erntedankgottesdienst.[26] Letzte Zahl darf insofern verwundern, da die Mitarbeit an der Gestaltung religiöser Veranstaltungen vom Ziel einer „Förderung von Kirche und institutionalisierter Religion" (12 %) weitgehend entkoppelt ist.[27]

Im Mittelpunkt der Arbeit vieler Vereine steht die Stärkung des lokalen Zusammengehörigkeitsgefühls. Gerade Kirchen sind auch in einem scheinbar religiös indifferenten Bundesland wie Mecklenburg-Vorpommern Gebäude, die viel mehr symbolische Bedeutung für die lokale Bevölkerung besitzen als dass sie nur kultur- oder kunsthistorisch wertvoll sein mögen. Sie stehen in mehrfacher Hinsicht im Mittelpunkt des Ortes. Der Verein „Lebendige Steine", der sich um die Erhaltung einer Kirchruine in dem Dorf Satow kümmert, zeigt deutlich eine solche Wahrnehmung des Gebäudes. Schon mit der Wahl des Namens des Vereins verdeutlichen seine Mitglieder, dass sie in der Kirchruine viel mehr als nur eine Ruine sehen: ihre einzelnen Steine sind nicht nur – in dem Fall schlechtes – Baumaterial, sondern sie *erzählen* die Geschichte des Orts und verbinden die

---

22 So der Vorsitzende des Kulturvereines Gutshaus Schmakentin, der in diesem „Tabu" das Ergebnis einer erfolgreichen kirchlichen Lobbyarbeit sieht: „Gutshäuser in Mecklenburg haben, im Gegensatz zu den Kirchen, keine Lobby. Wir sind so arm wie die Kirchenmaus, bloß die Kirchen haben einen ganz tollen Stand und können segnend und empfangend die Hände aufhalten und bekommen ganz viel" (Interview am 22.2.2013).
23 Halbwachs, Das kollektive Gedächtnis.
24 http://www.dorfkirche-trebbow.de/dorfkirche%20seiten/gruendung.htm [Zugriff am 14.4.2014].
25 Liszka/Käckenmeister/Schröder, Ergebnisse der quantitativen Befragung der Kirchbaufördervereine und Gutshausvereine, 11.
26 Ebd., 7.
27 Ebd., 6.

Generationen seit der Gründung des Ortes miteinander. Die Kirchruine ist als Mittelpunkt des Ortes unersetzbar:

> Die Ruine der frühgotischen Kirche ist nicht nur ein beindruckendes Wahrzeichen christlichen Glaubens, sondern auch steinerner Zeuge einer fast 800 jährigen Geschichte. Sie war über Jahrhunderte geistlicher und kultureller Mittelpunkt. Menschen haben in ihr gefeiert und getrauert, gezweifelt und Stärkung gefunden, gelacht und geweint. Sie ist ein Teil unserer kulturellen Prägung, unserer Identität.[28]

3. Wozu soll eine Kirchruine erhalten werden?

Im Rahmen des Forschungsprojekts fand vom Vorbereitungstreffen zur Vereinsgründung am 31.1.2011 bis zur Veranstaltung zum Tag des offenen Denkmals am 8.9.2013 eine systematische teilnehmende Beobachtung an den Mitgliederversammlungen, Vorstandssitzungen, Veranstaltungen und Führungen des Vereins „Lebendige Steine" statt.[29]

Der Verein wurde 2011 mit dem Ziel gegründet, die Kirchruine Satow nach ihrer Instandhaltung kulturell zu nutzen. Es handelt sich um die Ruine einer auf Veranlassung von Zisterzienser-Mönchen im 13. Jahrhundert gebauten Kirche, die seit Ende des 19. Jahrhunderts baufällig ist. Damals entschied sich die Landeskirche für den Bau einer neuen Kirche oberhalb des Ortes. Weder die Kirchgemeinde noch die politische Gemeinde[30] brauchen die Ruine als Versammlungsraum. Dennoch beschloss die politische Gemeinde 2010/2011, in die Sanierung der Ruine zu investieren und beantragte EU-Fördermittel. Dieser Beschluss war innerhalb der Gemeindevertretung aufgrund des Eigenanteils an der Sanierung und der Folgekosten sehr umstritten.[31] Letztlich gewannen die Argumente, dass die Erhaltung des lokalen Kulturerbes nicht als freiwillige Leistung aus dem Gemeindehaushalt herausgehalten werden könne und dass die Gemeinde ein symbolisches Zentrum brauche, das nicht länger der Parkplatz des Einkaufszentrums gegenüber der verwahrlosten Kirchruine sein dürfe.[32] Die Gründung des Vereins erfolgte als Ergebnis der lokal-politischen Auseinander-

---

28 http://www.lebendige-steine-satow.de [Zugrif 13.4.14].
29 Die zahlreichen Informationen, die in diesem Rahmen gewonnen wurden, werden nicht einzeln mit Quellenangaben belegt.
30 Die ehemalige Schule mit Theaterraum sowie eine neue Mehrzweckhalle stehen als Raum für kulturelle Veranstaltungen zur Verfügung.
31 Ostsee-Zeitung, Sanierung von Kirchenruine heiß umstritten, 6.10.2010.
32 „Ich möchte kurz was zur Thematik ‚Restaurierung der Satower Kirchruine' schreiben […] Es kann, in meinen Augen, nicht sein, dass ein gepflasterter Parkplatz eines Lebensmittelmarkts das Zentrum eines Orts darstellt" (Blog cf.88.de, Verfall oder nicht? Eintrag vom 10.1. 2011).

setzungen, um die Nutzung und Unterhaltung der Kirchruine nach deren Sanierung zu gewährleisten:

> Zweck des Vereins ist die Pflege des kulturhistorischen Erbes der Kirchruine Satow sowie die Förderung und Unterstützung denkmalpflegerischer Maßnahmen und der zur Sanierung und Erhaltung der Satower Kirchruine erforderlichen Maßnahmen. Insbesondere verfolgt er die Begleitung der Instandsetzung und Instandhaltung sowie die Erarbeitung und Umsetzung eines Konzeptes für die weitere Nutzung der Kirchruine mit der umgebenden Parkanlage. Dazu gehört die Organisation und Durchführung von kulturellen Veranstaltungen.[33]

Während der laufenden Sanierungsmaßnahmen, die einen Zugang zu der Kirchruine stark beschränkt, arbeitete der Verein zunächst an der Erstellung des Nutzungskonzepts. Bereits bei der Gründungsveranstaltung wurden von den anwesenden Einwohnern Vorschläge eingebracht: Vieles war in der Kirchruine denkbar, von Konzerten und Mittelalterfesten bis zu weltlichen Hochzeits- und Trauerfeiern. Nur Kirchenmusik wurde abgelehnt, denn diese solle weiterhin in der neuen Kirche aufgeführt werden. Bei der Konzepterstellung hingegen wurde zunehmend darüber debattiert, welche Veranstaltungen stattfinden dürfen, ohne die Kirchruine zu einem Festsaal bzw. das Gelände zu einer Festwiese zu degradieren. Der Vorstand beriet über eine grüne Einzäunung des Geländes, damit es nicht mehr auf direktem Weg als Abkürzung zum Einkaufzentrum benutzt werden kann, und über eine etwas „ehrfürchtiger" wirkende Gestaltung des Areals. Parallel zu dieser konzeptuellen Arbeit bemühte sich der Verein, die Bindung der Bevölkerung zu dem seit 150 Jahren unbenutzten Ort, der wieder als „Herz"[34] der Gemeinde gelten sollte, herzustellen. Da die Ruine noch nicht als Veranstaltungsraum zur Verfügung steht, erfolgt dies durch gut besuchte Führungen auf der Baustelle,[35] Wanderungen und Vorträge zur Geschichte der Zisterzienser[36] und die Erforschung der lokalen Geschichte mit Schülern der ört-

---

33 Satzung des Vereins „Lebendige Steine – Kirchruine Satow e.V." vom 14.3.11.
34 Der Begriff „Herz" zur Beschreibung der Bedeutung der Kirchruine für den Ort Satow wird insb. bei Führungen verwendet.
35 Eine Führung in der ansonsten wegen Einsturzgefahr gesperrten Ruine am 15.1.11 wurde zum Anlass, die geplante Gründung des Vereins öffentlich bekannt zu geben. Nach der Gründung des Vereins und dem Anfang der Sanierung fanden öffentliche Führungen auf der Baustelle am 15.5.2011 im Anschluss an einen evangelischen Gottesdienst in der neuen Kirche und zum Tag des offenen Denkmals am 11.9.11 nach einer Andacht in der neuen Kirche, am 9.9.12 und am 8.9.13 statt. An den Führungen nahmen 50 bis 80 Personen teil.
36 Es fanden eine Führung durch das Zisterzienser Münster zu Bad Doberan (21.1.12), ein Vortrag über „Pilgern" im Rahmen eines Besuchs von Mitgliedern der evangelischen Laienbruderschaft „Familiaritas" des ehemaligen Zisterzienserklosters Amelungsborn in Satow (18.8.12), eine geschichtliche Wanderung „Rund um die Kirchruine Satow" (25.8.12), ein Vortrag über das „Wirken der Zisterzienser in Satow und Doberan" (20.11.12) und eine Wanderung „auf den Spuren der Zisterzienser" um Bad Doberan (11.5.13) statt.

lichen Regionalen Schule im Rahmen einer Arbeitsgemeinschaft.[37] Das nächste Ziel des Vereins ist die Eröffnung einer gegenüber der Kirchruine gelegenen Heimatstube, die gleichzeitig interaktives Heimatmuseum und intergenerationelle Begegnungsstätte werden soll.[38] Als erste Exponate liegen Modelle von mittelalterlichen Kirchen der Umgebung[39] sowie originale Ziegelsteine aus der Kirchruine aus.

4. Klostermarkt statt Jahrmarkt

Eine im Vorstand des Vereins „Lebendige Steine" viel diskutierte Frage war diejenige der Veranstaltung eines Jahrmarkts für traditionelles Handwerk an der Kirchruine. Ein solches Fest wurde 2009 von dem Kulturverein „Satower Land e.V."[40] initiiert und 2011 zum dritten und letzten Mal organisiert.[41] Anschließend sollte die Veranstaltung in die Trägerschaft des Vereins „Lebendige Steine" übergehen.[42] Dieser ist allerdings mit dem als „zu profan" empfundenen Format der Veranstaltung unzufrieden, da sie an ein Dorffest erinnert und der Würde der Kirchruine zu wenig entspricht.[43] Der nächste Jahrmarkt soll, nach Abschluss

---

37 „Von Beginn war es uns ein besonderes Anliegen, bei den Einwohnern der Gemeinde Satow ein reges Interesse an diesem für unsere Region historisch zu bedeutenden Bauwerk zu entwickeln beziehungsweise wieder neu zu beleben. Daher ist es uns wichtig, auch bei unseren Kindern und Jugendlichen die Neugier für die Geschichte dieses ältesten historischen noch erhaltenen Gebäudes zu wecken" (Schreiben des Vereinsvorstands an dem Bürgermeister von Satow vom 24.9.12). Die Arbeitsgemeinschaft wird ehrenamtlich von zwei Vereinsmitgliedern geleitet. In diesem Rahmen fanden Fahrten zur Mecklenburgischen Landesbibliothek nach Schwerin, Besichtigungen von Kirchen der Umgebung usw. statt. Schüler der Arbeitsgemeinschaft haben die Veranstaltung zum Tag des offenen Denkmals 2013 mitgestaltet.
38 Die offizielle Eröffnung der Heimatstube ist für den Tag des offenen Denkmals 2014 geplant. Bis dahin arbeitet der Verein an der Gestaltung einer Ausstellung über die Gründung des Dorfs als Klostergut und die Sanierung der Kirchruine.
39 Die Modelle der Kirchen zu Behrendshagen, Heiligenhagen und Neuenkirchen, Ortsteile der Gemeinde Satow, wurden auf Anlass der Internationalen Gartenbauausstellung (IGA) 2003 in Rostock gebaut. Die Gemeinde Satow war Außenstandort der IGA.
40 Der Vorsitzende des Vereins „Satower Land e.V." war maßgeblich an der Gründung des Vereins „Lebendige Steine e.V." beteiligt und ist seitdem auch Mitglied im Vorstand des zweiten Vereins.
41 Der dritte Jahrmarkt fand am 3.7.2011 unter der Verantwortung des Kulturvereins unter Beteiligung von Mitgliedern von „Lebendige Steine e.V." statt. Beim Dauerregen kamen nur ca. 50 Besucher zur Kirchruine.
42 Der Vorsitzende des Kulturvereins brachte den Vorschlag, den Jahrmarkt selbst unter organisatorischer Hilfe des Kulturvereins zu veranstalten, in den Vorstand des Vereins „Lebendige Steine e.V." Dieser Vorschlag wurde von der Mehrheit der Vorstandsmitglieder abgelehnt.
43 Die Mehrheit im Vorstand fand die Veranstaltung kulturell zu anspruchslos und für die Dorfwiese besser geeignet als für den Park der Kirchruine. Insbesondere der Konsum vom

der Sanierung, unter einem anderen Namen und in einem anspruchsvollen Rahmen stattfinden. Als Beispiel für anspruchsvolle Veranstaltungen gelten die Klostermärkte, die in den ehemaligen Klosteranlagen von Rühn und Doberan stattfinden.[44] Im Mai 2013 fand bereits der 8. mittelalterliche Klostermarkt in Rühn, veranstaltet vom Klosterverein in Zusammenarbeit mit der evangelischen Kirchgemeinde, statt.[45] Anspruch des Klostervereins ist, die ehemalige Klosterstätte mithilfe der „klösterlichen Tradition" wieder zu beleben. Unter „klösterlicher Tradition" wird zunächst die handwerkliche Tradition der Zisterzienser verstanden. Es wird nicht nur nach Möglichkeit selbst an der Sanierung der Anlage mitgearbeitet, sondern auch die Zukunft der Anlage wird in der Ansiedlung neuer Handwerker gesehen. Zurzeit beheimatet die Anlage ein „Kloster-Kontor" als Hof-Laden für regionale Produkte und ist Produktions- und Verkaufsstätte einer Bio-Manufaktur für Öle und Senfe. Der Klostermarkt, zu welchem dieses Jahres etwa 6.000 Besucher kamen, ist auch zuerst ein Markt für Kunsthandwerker. Auswahlkriterien für die Marktteilnahme sind die Selbstherstellung der angebotenen Waren und ihr Angebot auf einem Stand mit mittelalterlicher Aufmachung. Darüber hinaus sollen die Aussteller ihr Handwerk auf dem Markt vorführen und soweit möglich den Besuchern anbieten, es selber auszuprobieren. Statt nur die fertige Ware anzubieten bzw. zu kaufen sollen Aussteller und Besucher sich im schöpferischen Prozess der Herstellung handgemachter Waren begegnen. Das ist ein Kernelement des Klostermarktes, das allerdings nicht konsequent vollzogen werden kann.

Im Rahmen einer Arbeitsteilung ist der Klosterverein für die Organisation des eigentlichen Markts zuständig, dessen mittelalterliche Färbung durch Schausteller in historischen Gewändern, die Musiker, Gaukler und Ritter darstellen, gewährleistet wird. Die evangelische Kirchgemeinde ist für das kulturelle und religiöse Rahmenprogramm in der Klosterkirche zuständig, zu welchem vor allem die Anwesenheit eines Zisterzienser-Mönches aus dem Kloster Bochum-Stiepel gehört.[46] Er steht während des gesamten Markts mit eigenem Stand als Gesprächspartner für Neugierige zur Verfügung, hält einen Vortrag über die Geschichte des Zisterzienser-Ordens und am Ende des ersten Marktages eine Messe in der Klosterkirche unter Mitwirkung „mittelalterlicher" Musiker und

---

Alkohol und die damit verbundene Gefahr von Auseinandersetzungen zwischen Besuchern (die 2011 nicht eintrat) wurden als unpassend für die Kirchruine empfunden.

44 Ein Vorstandsmitglied von „Lebendige Steine" ist in den Klostervereinen Rühn und Doberan, die die Klostermärkte veranstalten, engagiert.

45 Im Rahmen des Forschungsprojekts fand eine teilnehmende Beobachtung an dem Klostermarkt in Rühn 2011, 2012, 2013 und an dem Klostermarkt in Doberan 2012 und 2013 statt. Dabei fanden auch Einzelgespräche mit den Akteuren dieser Veranstaltungen statt.

46 Die Einladung des Mönches findet auf Vermittlung eines befreundeten katholischen Kunsthandwerkers statt, der als Mitglied des Klostervereins für die Organisation des Marktteils mitverantwortlich ist.

verkleideter Kreuzritter. Oft finden Neugierige unter den Marktbesuchern den Weg zur Messe und so herrscht in den hinteren Bänken eine gewisse Unsicherheit über das Ritual, die ihren Abschluss in leisen Zwiegesprächen darüber findet, wer am Abendmahl teilnehmen darf. Gleichzeitig wird der Show-Gehalt der Messe durch die aktive Teilnahme der Kreuzritter erhöht.[47] Am Sonntagvormittag findet zur Eröffnung des zweiten Markttages ein evangelischer Gottesdienst in der Klosterkirche statt. 2013 wollte der Klosterverein den Gottesdienst als Open-Air-Veranstaltung vor der Hauptbühne gestalten, damit auch kirchenfremde Besucher ihn erleben können.[48] Trotz Unterstützung der Pastorin scheiterte dieses Vorhaben am Veto des Kirchgemeinderats. Als letzte religiöse Veranstaltung im Rahmenprogramm findet am Sonntagnachmittag eine Abschlussandacht vor der Hauptbühne statt. Sie wird gemeinsam, im jeweils eigenen Gewand, von der Pastorin, dem Zisterzienser-Mönch und einem mittelalterlich gekleideten Musiker gehalten. Fester Bestandteil der Andacht sind drei Lieder: das Mecklenburger Heimatlied, ein modernes Kirchenlied und ein altes Volkslied. Der Ablauf der Andacht ist nach 8 Jahren Klostermarkt ritualisiert und zeigt deutlich, was empirisch unter „Religionshybride" verstanden werden kann, bzw. was nach Ansicht des Kirchgemeinderats der Gottesdienst anlässlich des Klostermarkts nicht werden darf: eine religiös niedrigschwellige Performance, die sich ins Marktgeschehen integriert, statt es zu unterbrechen, die jeder einzelne Besucher selbst als religiös oder nicht deuten kann, und die mit Beifall und Zugabe-Rufen endet.[49]

5. Die Kirche als „kulturelle Mitte"

Obwohl das Engagement des Klostervereins u. a. dazu beigetragen hat, dass ein Teil der Klosteranlage zu einer Winterkirche umgebaut werden konnte und trotz des persönlichen Engagements der Pastorin im Verein, bleibt von Seiten des Kirchgemeinderats in Rühn eine Zurückhaltung gegenüber einer Vermischung von religiösen und weltlichen Motiven vorhanden. Einen anderen Weg schlägt konsequent die Kirchgemeinde Alt Meteln am nördlichen Rand der Landeshauptstadt Schwerin ein. In Folge von Strukturänderungen verfügt sie über 5

---

47 2013 waren Ritter des „Deutschen Ordens" in Rühn anwesend, bis 2012 Mitglieder der „Templer Comthurey Pommerania", deren Anführer 2011 zu den Mitbegründer der katholischen Vereinigung der „Ritter des Hochheiligen Kreuzes" (http://www.milites-sanctissimae-crucis.de [Zugriff 15. 4. 14]) im Kloster Bochum-Stiepel gehörte. Auch die Mitglieder des „Deutschen Ordens" verstehen ihren Verein als eine durch Aufklärung missionarisch wirkende katholische Vereinigung.
48 Interview mit dem Vorstand des Klostervereins Rühn e.V. am 25. 9. 13.
49 Ebd.

Kirchgebäude für eine Pfarrstelle. Seit der Gründung des jüngsten Vereins 2012 verfügt sie außerdem über 4 Fördervereine mit jeweils eigenem Profil in Cramon,[50] Groß Trebbow, Kirch Stück und Zickhusen. Der erste Förderverein wurde 2001 in Zickhusen gegründet, um die Kirche als „geistliche[n] und kulturelle[n] Mittelpunkt des Dorfes"[51] zu erhalten bzw. zu etablieren.[52] Der nächste Verein wurde 2002 in Groß Trebbow gegründet, zunächst mit dem klassischen Ziel der „Beschaffung von Beiträgen und Spenden, um die Evangelische Kirchgemeinde bei der Erhaltung der Dorfkirche und deren Inventar sowie der Pflege von kirchlichen Veranstaltungen zu unterstützen".[53] Dieses Ziel ist für den Verein gleich an die Bedingung der Öffnung der Kirche an die konfessionslose Mehrheit der Bevölkerung gebunden, denn „wenn die Kirche im Dorf bleiben soll, muss sie auch zu den Menschen kommen. Daher sieht sich der Verein in der Pflicht, ein vielfältig kulturelles Angebot zu unterbreiten".[54] Die Hauptveranstaltung[55] im Jahreskalender ist das Vereinsfest am 12. Mai, anlässlich des Tages der Kirchweih am Sankt-Pankratius-Tag, das nach zehn Jahren Vereinstätigkeit zum gemeinsam Festtag in der Kirche für die Kirchgemeinde und die politische Gemeinde geworden ist. Eine weitere Besonderheit des Fördervereins ist, dass die Veranstaltungen für die Erhaltung der Dorfkirche nicht ausschließlich in dieser stattfinden, sondern auch im benachbarten Gutshaus von Klein Trebbow,[56] wo zwei weitere Fördervereine ansässig sind: „Hofkonzerte Klein Trebbow" und „Denkstätte Teehaus Trebbow".[57] Im Rahmen dieser Synergie finden sowohl Konzerte für die Dorfkirche im Gutshaus auch als „Teehausgespräche" der Gedenkstätte in der Dorfkirche statt.[58] Diese Erfahrungen flossen bei der Nutzung der Kirche zu Kirch Stück als „offene Bühne" für lokale Laienkünstler in An-

---

50 Der Förderverein Kirche und Pfarrhofensemble Cramon (gegründet 2003) kümmert sich vor allem um das Backhaus des Pfarrhofs und veranstaltet Backseminare sowie Spielfilmvorführungen und das Johannisfest als Vereinsfest. Er arbeitet z. Z. an der Einrichtung eines Heimatmuseums in der Pfarrscheune (Fragebogen KBV 18).
51 http://www.zickhusen.de/dorfkirche [Zugriff: 14. 4. 14].
52 Der Verein veranstaltet Konzerte und Lesungen (Fragebogen KBV 202).
53 http://www.dorfkirche-trebbow.de/.
54 Ebd.
55 Weitere Veranstaltungen des Vereins sind Konzerte, Dokumentarfilmvorführungen und Fahrradwanderungen (Fragebogen KBV 99).
56 Vgl. Jahresveranstaltungsprogramme auf http://www.dorfkirche-trebbow.de [Zugriff: 14. 4. 14].
57 Im Teehaus des Gutshauses Klein Trebbow fanden 1944 Gespräche mit Claus Schenk von Stauffenberg zur Vorbereitung des Attentats gegen Hitler statt. Deshalb will der Verein an diesem Ort das „Gedenken an den Widerstand gegen Diktaturen in Deutschland und die Stärkung der Bürgergesellschaft in [der] Region" fördern. Vgl. http://www.teehaus-trebbow. de/pages/home.php?lang=EN [Zugriff: 14. 4. 14].
58 So im September 2013 zum Thema „Was ist aus den Hoffnungen und Erwartungen von 1989 geworden". Vgl. http://www.teehaus-trebbow.de/pages/veranstaltungen.php [Zugriff: 14. 4. 14].

schluss an Gottesdienste und bei der Gründung des Fördervereins Kirch Stück[59] im Zusammenhang mit dem von der Kirchgemeinde getragenen Projekt „Plattdeutsches Zentrum" ein:

> Den umliegenden Ortschaften soll ihre *kulturelle Mitte* durch eine generationenübergreifende kirchliche und weltliche Nutzung wiedergegeben und den Ortschaften ein bisher fehlender Veranstaltungsraum zur Förderung der Gemeinschaftsbildung bereitgestellt werden […]. Ein historisch bedeutendes Gebäude, das für eine Mehrfachnutzung geeignet ist, öffnet sich der allgemeinen Kulturpflege.[60]

Einige plattdeutsche Veranstaltungen des Fördervereins Kirch Stück finden im Hof-Café der anthroposophischen Hofgemeinschaft „Hof Medewege" in Schwerin statt. Im Gegenzug trat der Schülerchor der Waldorfschule Schwerin in der Kirche Groß Trebbow auf.

6. Kirchbaufördervereine und post-traditionale Religiosität

Die Arbeit der Kirchbaufördervereine in Ostdeutschland trägt zwar nicht zum (Wieder-) Eintritt von Konfessionslosen in die evangelische Kirche bei, öffnet ihnen aber die Kirchentüre außerhalb der Gottesdienstzeit und führt oft zu einer Wieder-Aneignung der Kirche als Zentrum des *gesamten* Ortes. Welche positive Dynamik für eine Kirchgemeinde, die sich auf diesen Prozess einlässt, entstehen kann, zeigt das Beispiel der Kirchgemeinde Alt Meteln und „ihren" vier Fördervereinen. Es werden dabei längst nicht nur Spenden für die Sanierung der Gebäude gesammelt. Ein breites Netzwerk von bürgerschaftlichen Initiativen zur kulturellen und sozialen Wiederbelebung des Ortes entsteht, in dessen Mittelpunkt, wie selbstverständlich, die Kirchgemeinde – trotz ihrer geringen Mitgliederzahl – steht. Darüber hinaus tragen die Kirchbaufördervereine zur Entwicklung von Veranstaltungen bei, die, wie die Klostermärkte in Rühn, die posttraditionale Pilger-Religiosität von Konfessionslosen und distanzierten Kirchenmitgliedern ansprechen. Der Religionssoziologin Danièle Hervieu-Léger zu Folge,[61] besteht Religion im traditionellen Sinne – und wie die Kirchen beanspruchen sie zu verkörpern[62] – aus einer verbindlichen, je nach Konfession und

---

59 Der Verein setzt die „offene Bühne" fort und organisiert plattdeutsche Veranstaltungen sowie Konzerte, Lesungen und Puppenspiele. Vgl. Schweriner Volkszeitung, Freizeitmusiker auf der Bühne von Kirch Stück, 10.5.2011 und http://www.sekmeth.de/Files/Aufnahmeantrag_Kirch_Stueck-6.pdf [Zugriff: 14.4.14].
60 http://www.leader-schaalsee.de/de/aktuelles/newsliste/leader-wettbewerb1 [Zugriff: 14.4.14].
61 Hervieu-Léger, Pilger und Konvertiten.
62 „Die Figur des ‚regelmäßig Praktizierenden' […] steht für die Unveränderlichkeit der religiösen Identitäten und das dauerhafte Bestehen der Gemeinschaften, in denen diese Identitäten sich ausdrücken und weitergegeben werden". Sie bleibt „die maßgebliche Figur der

religiöser Strömung unterschiedlich ausgeprägten Einheit aus gemeinschaftlichen, kulturellen, emotionalen und ethischen Motiven bzw. „Dimensionen der Identifikation",[63] die weder gesellschaftlich noch familiär mehr tradiert wird. Eine solche Einheit ist unter den Bedingungen spätmoderner Gesellschaft stets wieder neu herzustellen und dies erfolgt nur noch auf der Grundlage persönlicher Entscheidungen: Die herkömmlichen Gemeindeglieder werden durch eine Minderheit von „Konvertiten" ersetzt, die *ihre* Religion nicht mehr unreflektiert „erben" sondern bewusst annehmen bzw. im Rahmen selbst ausgewählter Vergemeinschaftungen „basteln". Währenddessen sucht sich die Mehrheit der „Pilger", ob noch als zahlenmäßige Kirchenmitglieder oder bereits als Konfessionslose, einzelne religiöse Motive bzw. Motivkombinationen frei aus, die sie temporär und unverbindlich durch außeralltägliche Unternehmen mit unterschiedlicher Intensität ausleben – beispielsweise durch einen Pilgerweg nach Santiago oder den Besuch eines Klostermarkts. Unter den verschiedenen Formen von Pilger-Religiosität im Sinne von Zwischenformen im Spannungsfeld von Auflösung und Neubildung von Religion weist Hervieu-Léger auf die Verbindung von kulturellen und gemeinschaftlichen Motiven hin, die

> im Extremfall [der neotraditionalistischen Bewegungen] die Gestalt eines *patrimonialen Christentums* annehmen [kann], wobei das Bewusstsein der Gemeinschaftszugehörigkeit mit der Überzeugung verschmilzt, im Besitz eines Kulturerbes zu sein.[64]

Eine offene Frage ist die Fähigkeit einer solchen *unvollständigen* Form von Religion, sich durch die Aneignung emotionaler (im Sinne einer affektiven Erfahrung von „‚Bewusstseinsentgrenzung' oder ‚Tiefenempfindung'"[65] durch festliche bis „rauschhafte" Vergemeinschaftung)[66] und ethischer Motive zu einer *vollständigeren* Form weiterzuentwickeln.

Die Veranstaltungen von Kirchbauvereinen ermöglichen – in einem regionalen Kontext, in welchem Kirchgebäude gerade auf dem Land nur für Gottesdienste und wenige Kirchenmusikkonzerte geöffnet sind – einen Zugang zur Kirche jenseits von Verpflichtungen bzw. nur auf der Grundlage einer allgemeinen Verpflichtung zur Bewahrung eines lokalen Kulturerbes ohne konfessionelle Voraussetzung. Dennoch reicht die Teilnahme an den Veranstaltungen, um sich als Teil einer *Gedächtniskette* zu identifizieren, die über vergangene Generationen bis zu den Gründern der jeweiligen Orte reicht und für die zu-

---

religiösen Teilhabe. Für die Institutionen selbst ist sie weiterhin das Prisma, durch das sie spontan den harten Kern ihrer Anhänger identifizieren". (Ebd., 62)
63 Ebd., 46–51.
64 Ebd., 55.
65 Ebd., 48.
66 Vgl. Niekrenz, Rauschhafte Vergemeinschaftungen, und Kirchner, Posttraditionale Vergemeinschaftungen durch religiöse Efferveszenzen.

künftige Generation aufrechterhalten werden soll – in Anlehnung an Hervieu-Légers Grundverständnis von Religion als „Kette des Glaubensgedächtnisses".[67] Die Wieder-Erfindung einer *Gedächtniskette* ist über die Nutzung der Kirchruine hinaus gerade das Ziel des Satower Vereins „Lebendige Steine". Die Eröffnung eines interaktiven Heimatmuseums im Sinne einer lokalen Geschichtswerkstatt und die Einbeziehung der Bevölkerung vom Schüler bis zum Rentner in die Darstellung ausgewählter Teile der lokalen Geschichte sind als konsequente Folge der Erhaltung der Kirchruine anzusehen. Im Mittelpunkt der Vereinsaktivitäten steht die Aneignung und Vermittlung von Wissen über die Gründer bzw. die Gründung des Dorfes als Klostergut, um dieses Wissen in den Mittelpunkt der festlichen Vergemeinschaftung zu stellen bzw. um lokale soziale Events auf der Basis dieses historischen Wissens neu zu erfinden. Bei der Suche nach Veranstaltungsarten, die gleichzeitig eine festliche Vergemeinschaftung ermöglichen und der zugeschriebenen „Würde" des Gebäudes entsprechen, wird bewusst von als „zu profan" empfundenen Veranstaltungen Abstand genommen. Konsequent wird auch auf Veranstaltungen zur einseitigen Vermittlung von religiösen oder weltanschaulichen Inhalten wie Gottesdienste oder Jugendweihefeiern verzichtet, um eine „Vereinnahmung" der Kirchruine zu vermeiden. In Erinnerung an die monastischen Gründungsväter sollen die Festteilnehmer gewissermaßen performativ in die Generationenfolge der ehemaligen und lebenden Dorfbewohner eintreten. Es ergibt sich das Paradox, dass vor dem Hintergrund eines Verständnisses von Religion als Generationen verbindender *Gedächtniskette* in einem atheistisch geprägten Kontext die Nutzung der Kirchruine gerade den Verzicht auf religiös bestimmte Glaubensinhalte fordert und im Gegenzug zu einer religionsäquivalenten Aufwertung eines lokalen historischen Wissens führt. Versteht man Religion mit Thomas Luckmann als eine Auseinandersetzung mit den großen Transzendenzen, erfolgt hier durch diesen scheinbaren Religionsverzicht nicht etwa eine Reduktion der großen auf eine mittlere Transzendenz, um die Kirchennutzung im Modus des sozialen Miteinanders jenseits von Kirchenmitgliedschaft zu ermöglichen. Vielmehr mündet die Hypostasierung von Geschichte bzw. Kulturerbe in eine hybride Melange aus mittlerer und großer Transzendenz. Auf der Folie dieser Umcodierung und der damit einhergehenden Schaffung eines die Ebene mittlerer Transzendenz überragenden „Heiligen Kosmos"[68] erklärt sich nicht zuletzt auch

---

67 Hervieu-Léger, 11. Es wird dabei „die Hypothese aufgestellt, dass jede beliebige Glaubensvorstellung zum Gegenstand einer Religionsbildung werden kann, sobald sie ihre Legitimität in der Ausrufung der Autorität einer Tradition findet. Genauer, diese Ausformung des Glaubens als solche konstituiert eigentlich die Religion [...] Wenn man diesem Einstieg folgt, erkennt man an, dass es nicht die Tatsache des ‚Glaubens an Gott' ist, die den Menschen religiös macht". (Ebd., 10) Vgl. auch Hervieu-Léger, La religion pour mémoire.
68 Luckmann, Die unsichtbare Religion, 98.

die Wahl des Namens „lebendige Steine" für den Verein. Als „lebendige Steine" ermöglicht die Kirchruine eine direkte, leibliche Erfahrung einer Sinnschicht, die zwischen sozialer und religiöser Ebene changiert. Der Zugang zu diesem, jenseits der Unterscheidung zwischen Konfessionslosen und Kirchenmitgliedern gelegenen, für alle offenen „Heiligen Kosmos" wird primär über die leiblich-festliche Anwesenheit an diesem Ort realisiert. Nach dem Philosophen Michel Serres wird hier die Kirchruine zu einem „Quasi-Objekt",[69] einem Objekt bzw. Ort, der die gemeinsame und gemeinschaftsstiftende Handlung von Menschen ermöglicht und gewissermaßen beeinflusst.[70] Die Kirchruine als „Quasi-Objekt" eröffnet die religiöse Grunderfahrung der Einbindung in eine mehr als nur sozial codierte Gemeinschaft und erhält somit durch eine kulturelle Umnutzung ihre ursprüngliche religiöse Funktion wieder.[71]

Literaturverzeichnis

Descola, Philippe, Jenseits von Natur und Kultur. Berlin 2011.
Drouin, Martin, Associations locales et sauvegarde des chapelles en Bretagne, in: Morisset, Lucie / Noppen, Luc / Coomans, Thomas (Hg.), Quel avenir pour quelles églises?, Québec 2006, 419–435.
Eliade, Mircea, Das Heilige und das Profane. Vom Wesen des Religiösen, Frankfurt a. M. 1998.
Halbwachs, Maurice, Das kollektive Gedächtnis, Frankfurt a. M. 1985.
Hervieu-Léger, Danièle, La religion pour mémoire, Paris 1993.
Hervieu-Léger, Danièle, Pilger und Konvertiten. Religion in Bewegung, Würzburg 2004.
Kirchner, Babette, Posttraditionale Vergemeinschaftungen durch religiöse Efferveszenzen. Über den Katholischen Weltjugendtag in Köln und das Fusion Festival in Lärz, in: Berger, Peter A. / Hock, Klaus / Klie, Thomas (Hg.), Religionshybride. Religion in posttraditionalen Kontexten, Wiesbaden 2013, 217–229.

---

69 Serres, Theory of the Quasi Object, in: The Parasite, 224f.
70 Quasi-Objekte sind für Serres Objekte, die eine „Transsubstantiation des Seins in eine Beziehung" (A. a. O., 228) vom – möglicherweise wertlosen – Objekt zum Quasi-Subjekt vollziehen. So wie ein Ball während eines Ballspiels zum Mittelpunkt der Handlung der Spieler wird, die für die Dauer des Spiels zu einer Mannschaft werden, ermöglichen Quasi-Objekte durch ihre Bewegung und ihre Weiterreichung den Prozess des Überschreitens der Grenzen des Individuums und der Einordnung in ein Kollektiv.
71 Luhmann sieht Quasi-Objekte als Ausgangspunkt für die Herausbildung von Religion an. Die „Realitätsverdoppelung", die „irgendwelche Dinge und Ereignisse [...] aus der gewöhnlichen Welt" herausnimmt und „mit einer besonderen ‚Aura'" (Luhmann, Die Religion der Gesellschaft, 58) ausstattet, bedarf „Quasi-Objekte [...] im Sinne von Michel Serres" (a. a. O., 60) als Medium zwischen dem „eigentlich Realen [und der] nicht unmittelbar zugänglichen Welt" (a. a. o, 79).

Liszka, Arnaud / Käckenmeister, Thomas / Schröder, Marlen, Ergebnisse der quantitativen Befragung der Kirchbauförderervereine und Gutshausvereine (Arbeitspapier), Rostock 2012.
Luckmann, Thomas, Die unsichtbare Religion, Frankfurt a. M. 1991.
Luhmann, Niklas, Die Religion der Gesellschaft, Frankfurt a. M. 2000.
Luther, Martin, Predigt am 17. Sonntag nach Trinitatis, bei der Einweihung der Schloßkirche zu Torgau gehalten, 5. Oktober 1544, über Lukas 14,1–11, in: WA 49, Predigten 1540/45, 588–615.
Maffesoli, Michel, Le temps des tribus. Le déclin de l'individualisme dans les sociétés postmodernes, Paris 1988.
Niekrenz, Yvonne, Rauschhafte Vergemeinschaftungen. Eine Studie zum rheinischen Straßenkarneval, Wiesbaden 2011.
Scheps, Simone, Moralische Pflicht als Lebenseinstellung. Bürgerschaftliches Engagement in Kloster- und Kirchbauvereinen Mecklenburg-Vorpommerns, Rostock 2011.
Schieder, Rolf, Dorfkirchen als Orte der Identifikation, Kirchbauförderervereine in praktisch-theologischer Perspektive, in: Pastoraltheologie 95 (10/2006), 440–453.
Serres, Michel, The parasite, Baltimore/London 1982.
Truman, Crispin / Palgrave, Derek, New uses und new ownership in English historic churches, in: Morisset, Lucie / Noppen, Luc / Coomans, Thomas (Hg.), Quel avenir pour quelles églises?, Québec 2006, 209–222.

Verwendete Internetseiten

www.dorfkirche-trebbow.de [Zugriff am 14.4.2014].
www.dorfkirchen-in-not.de [Zugriff: 14.4.14].
www.ekd.de/download/kirchenmitglieder_2011.pdf [Zugriff: 15.4.14].
www.evangelical-times.org/archive/item/218/News/EHE-NATIONAL-TRUST-a-religion-of-heritage [Zugriff: 14.4.14].
www.leader-schaalsee.de/de/aktuelles/newsliste/leader-wettbewerb1 [Zugriff: 14.4.14].
www.lebendige-steine-satow.de [Zugriff 13.4.14].
www.milites-sanctissimae-crucis.de [Zugriff 15.4.14].
www.patrimoine-religieux.fr [Zugriff: 14.4.14].
www.sekmeth.de/Files/Aufnahmeantrag_Kirch_Stueck-6.pdf [Zugriff: 14.4.14].
www.teehaus-trebbow.de [Zugriff: 14.4.14].
www.zickhusen.de/dorfkirche [Zugriff: 14.4.14].

4. Grundlegende (liturgiewissenschaftliche) Zugänge zum rituellen Wandel

Andreas Odenthal

Menschheitsalte Religiöse Rituale im Raum der Kirche? Überlegungen zur „Rituellen Erfahrung" im Spannungsfeld von Religiosität und Christianität

> Ein Zeichen sind wir, deutungslos,
> Schmerzlos sind wir und haben fast
> Die Sprache in der Fremde verloren.
> *(Hölderlin, Mnemosyne, Zweite Fassung)*

1. Problemstellung und Vorgehensweise

Bei allen Tendenzen zur Entkirchlichung des Religiösen hält die Sehnsucht nach Ritualen an.[1] Die Großkirchen geraten dabei in eine ambivalente Rolle: Trotz schwindender Bindungen wird ihr rituelles Repertoire auch von solchen Menschen in Anspruch genommen, die sich bereits von der Kirche, unter Umständen auch vom Glauben verabschiedet oder den christlichen Glauben nie geteilt haben.[2] Innerhalb der katholischen Kirche zeigt sich in der Diskussion um die ordentliche oder außerordentliche Form der römischen Messe eine merkwürdige Ungleichzeitigkeit: Der sogenannte Alte Ritus fasziniert auch jene, die lebensgeschichtlich nicht mehr mit ihm verbunden waren, sogar viele, die dem theologischen Gehalt des Christentums und seiner Lehre eher distanziert gegenüberstehen, aber auf die kulturprägende Bedeutung der rituellen Form verweisen.[3] Unter welchem kirchenpolitischen Vorzeichen auch immer: die rituelle Praxis der Kirche hat nicht zu unterschätzende Bedeutung, und das weit über die Grenzen einer Kirchenzugehörigkeit hinaus. Hand in Hand mit dieser gesellschaftlichen wie kirchenpolitischen Bedeutung des Rituellen und zugehörigen theologischen Akzentsetzungen geht eine neue Aufmerksamkeit seitens der Wissenschaften. Seit dem „ritual turn" wird jenem standardisierten, symbolisierenden Handlungsgefüge menschlicher Existenz große Aufmerksamkeit zu-

---

1 Vgl. hier etwa Reuter, Rituale.
2 Vgl. Zulehner, Atheisten.
3 Vgl. hier etwa Mosebach, Häresie. Dazu und zur weiter unten erwähnten Kritik Alfred Lorenzers vgl. Odenthal, Haeresie.

gewendet.⁴ Vor diesem Hintergrund wundert es nicht, dass vor einiger Zeit Jürgen Habermas in seinem neuen Buch „Nachmetaphysisches Denken II" einen Abschnitt überschrieb: „Eine Hypothese zum gattungsgeschichtlichen Sinn des Ritus".⁵ Ausgangspunkt für Habermas ist die erstaunliche Beobachtung, dass die „weitgehend säkularisierten Gesellschaften (…) im Zuge der Globalisierung von Wirtschaft und der digitalen Kommunikation sowohl im eigenen Hause wie weltweit religiösen Bewegungen und Fundamentalismen von unverminderter Vitalität"⁶ begegnen. Aber auch jenseits fundamentalistischer Tendenzen gelte, dass „religiöse Überlieferungen (…) in der Symbiose mit dem Kultus ihrer Gemeinden ihre Vitalität bewahrt"⁷ haben. Damit diagnostiziert Habermas eine gewisse rituelle Archaik, gerade im Kontext oder als Gegenfigur postmoderner „Aufgeklärtheit". Meines Erachtens erfordert die von Habermas festgestellte Grundierung rituellen Tuns im gattungsgeschichtlichen Erbe der Menschheit eine vertiefte Reflexion seitens der Liturgiewissenschaft, will diese nicht den Fehler begehen, ihren eigenen Riten nichts mehr zuzutrauen und die in ihnen wohnende Tiefendimension zu leugnen.

Eine solche Reflexion soll hier geboten werden, die die gattungsgeschichtliche Grundierung bei Habermas durch die meinerseits seit längerem verfolgte lebensgeschichtliche Anbindung des Rituals ergänzt. Die Überlegungen nehmen folgenden Weg: Zunächst wird in groben Zügen das Modell „ritueller Erfahrung" vorgestellt, das sozusagen das Denkmuster der Ausführungen darstellt. Sodann wird die erwähnte These von Jürgen Habermas über die gattungsgeschichtliche Situierung des Rituals referiert und in einem weiteren Schritt um eine lebensgeschichtliche Anbindung im Rekurs auf psychoanalytische Theorieelemente erweitert. Damit sind Voraussetzungen und Bedingungen des Rituellen ausgelotet, um die Nahtstelle von menschheitsalten religiösen Gesten und christlicher Liturgie zu bedenken und zu problematisieren. Die Ergebnisse werden schließlich wieder ins Modell „ritueller Erfahrung" eingetragen.

---

4 Vgl. hier Brosius/Michaels/Schrode, Ritual. Ferner (als Sammelband einer Heidelberger Tagung) Chaniotis (et al.), Body. Für die Liturgiewissenschaft vgl. Post, Ritual Studies; Kranemann, Post, Ritual Studies.
5 Habermas, Nachmetaphysisches Denken II, 77–95. Nicht irritieren mag die Tatsache, dass Habermas dort vom „Ritus" spricht, wo ich dezidiert den Terminus „Ritual" oder „das Rituelle" verwende. Unter „Ritus" verstehe ich nun nicht das Phänomen „Ritual", sondern liturgische Ausprägungen der Teilkirchen (etwa „Mailänder Ritus" o. ä.). Mit „Ritual" hingegen bezeichne ich jenes symbolische Handlungsgefüge, dessen allgemeines Kennzeichen die Wiederholung ist. Fortan wird deshalb in wörtlichen Zitaten Habermas' vom „Ritus", in referierenden Passagen und meinen eigenen Überlegungen vom „Ritual" gesprochen.
6 Habermas, Nachmetaphysisches Denken II, 9.
7 Ebd., 95.

2. Vorbemerkungen: Was will das Modell „ritueller Erfahrung"?

Das im Gespräch von Theologie und Psychoanalyse entwickelte Modell „ritueller Erfahrung" stellt eine Theorie des Gottesdienstes zur Verfügung, die Erfahrungsnähe zeigt.[8] Es kann nicht mehr angehen, dogmatische Richtigkeiten für den Gottesdienst zu behaupten, ohne sie zugleich an menschliche Erfahrungen anzubinden. Der Erfahrungsbegriff orientiert sich hierbei an Kant: Erfahrung ist immer Ergebnis eines Deutungsprozesses des Erlebten.[9] So sehr Erleben ebenfalls eine Kategorie des Gottesdienstes war und ist, so wenig kann man dabei stehen bleiben: Das Erlebte bedarf der Deutung. Und genau hier kommt das Ritual ins Spiel. Rituale werden als „geronnene Erfahrung" (Dieter Funke)[10] verstanden, die Lebenswissen transportieren oder als „kulturelles Gedächtnis" (Jan und Aleida Assmann)[11] funktionieren, das erinnert werden kann.[12] Auf den Gottesdienst bezogen: Vielfältige menschliche Erfahrungen mit Gott haben sich in den Riten niedergeschlagen. Eine rituelle Erfahrung zu machen bedeutet nun, diese verdichteten Erfahrungen mit den eigenen Lebenserfahrungen zu vermitteln. „Ver-mitteln" muss dabei wörtlich verstanden werden: Es geht um den „mittleren" Raum „zwischen" subjektiv und objektiv, zwischen eigenem Erleben und kultureller Tradition, zwischen subjektivem Bedürfnis und objektivem Anspruch einer Glaubensgemeinschaft. „Vermitteln" meint indes keineswegs eine ausschließlich rationale Tätigkeit. Vielmehr ist gerade auch aus psychoanalytischer Perspektive damit zu rechnen, dass eine solche Vermittlung nicht nur verbal, sondern auch nonverbal, gestisch, symbolisch, eben: rituell vonstatten gehe. Das Entscheidende ist nun, diesem vermittelnden (oder: symbolischen) Raum und den dort angesiedelten Ritualen eine eigene Wirklichkeit zuzuerkennen und nicht etwas als „nur symbolisch" abzutun. Theologisch kann diese eigene Wirklichkeit etwa im Bereich sakramentaler Handlungen als Erfahrung der Gegenwart des Gekreuzigt-Auferstandenen qualifiziert werden. Für die folgenden Überlegungen ist nun zentral, dass rituelle Erfahrung auch zwischen den menschheitsalten Gesten, also dem archaischen religiösen Erbe, der jeweiligen Lebensgeschichte und dem spezifisch Christlichen zu vermitteln vermag. Das ist der Reichtum christlicher Liturgie: „Es gibt die einmalige Neu-

---

8 Vgl. zum Konzept Odenthal, Rituelle Erfahrung; Odenthal, Von der ‚symbolischen' zur ‚rituellen' Erfahrung; zu den wissenschaftstheoretischen Implikationen eines Dialogs von Theologie und Psychoanalyse vgl. Odenthal, Liturgie als Ritual, 18–31.
9 Vgl. etwa Kant, Prolegomena, 101: „Sie (die reinen Verstandesbegriffe, Anm. A.O.) dienen gleichsam nur, Erscheinungen zu buchstabieren, um sie als Erfahrung lesen zu können". Zur Kantrezeption vgl. auch Schaeffler, Glaubensreflexion, 91–95.
10 Diesen Begriff übernehme ich von Funke, Symbol, 380.
11 Vgl. hierzu Brüske, Liturgie.
12 Vgl. Pock, Pastoral und Memoria.

heit des Christlichen, und doch stößt es das Suchen der Religionsgeschichte nicht von sich ab, sondern nimmt alle bestehenden Motive der Weltreligionen in sich auf und bleibt auf solche Weise mit ihnen verbunden".[13] Um eine solche Verbindung des Rituellen zum Archaischen geht es, wenn nun der Blick auf den Ansatz von Jürgen Habermas gelenkt wird, der im Hinblick auf unsere Fragestellung kurz skizziert wird.[14] Deren Ziel ist es ja, der phylogentischen Situierung des Rituals bei Habermas dann die ontogenetische Begründung zur Seite zu stellen.

3. Rituale als archaisches Erbe der Menschheit (Jürgen Habermas)

Die Bedeutung des Rituellen für die menschliche Gesellschaft hat Jürgen Habermas in seinem Werk „Nachmetaphysisches Denken II" erneut herausgestellt. Anknüpfend an bereits in der „Theorie des Kommunikativen Handelns"[15] vorgestellte Gedanken geht es dabei um die Rekonstruktion der Entstehung des Rituals in der Menschheitsgeschichte, also in phylogenetischer Perspektive. Habermas stellt das Ritual nun stärker als bisher in den Zusammenhang der Sprachentwicklung. Sein Ausgangspunkt ist der epochale Schritt zur Entwicklung einer Buchreligion:

> Heilige Bücher bilden die rationalisierungs- und institutionalisierungsfähigen Kristallisationskerne für die dogmatische Ausgestaltung differenzierter Überlieferungen wie auch für die einflussreiche Organisation weltweit verbreiteter Kultusgemeinden.[16]

Doch auch in dieser Revolution bleibe, so Habermas, „die archaische Einheit von Mythos und Ritus" erhalten. Denn es gelinge den Buchreligionen, bei ihren Transformationen das archaische Erbe mit einer höheren Reflexionsstufe kompatibel machen. Der bleibende Kontakt zu „archaischer Erfahrung" geschieht nach Habermas im sogenannten „sakralen Komplex", den er als das *Ineinander von Mythos und Ritus* deutet. Doch bereits der Mythos kann seines Erachtens als Übersetzung einer älteren rituellen Praxis angesehen werden, bei der es um „Gefahrenabwehr und Krisenbewältigung einschließlich der Bewäl-

---

13 Ratzinger, Geist, 29, jetzt auch in: Ratzinger, Theologie, 49. Ratzinger wendet in diesem Kontext übrigens die chalkedonensische Formel auf den Gottesdienst an: „Die geschichtliche Liturgie des Christentums ist und bleibt – ungetrennt und unvermischt – kosmisch, und nur so steht sie in ihrer ganzen Größe" (ebd.).
14 Bezüglich einer mehr grundsätzlichen Auseinandersetzung mit Habermas sei hier etwa verwiesen auf Junker-Kenny, Argumentationsethik.
15 Habermas, Theorie 2, vor allem 69–169.
16 Habermas, Nachmetaphysisches Denken II, 77–78.

tigung der existenziellen Erfahrung des Todes"[17] geht. Das Ritual hat so eine performative Dimension: Es stellt eine neue Situation her, wenn es sich um die „Bannung von Unheil und die Beschwörung von Heil"[18] handelt. Damit ist nach Habermas zum einen der archaische Charakter der Riten gewahrt, zum anderen ihre Übersetzungsbedürftigkeit. Sind sie zwar älter als das mythische Material, so bedürfen sie doch – um überleben zu können – der Ausdeutung im Mythos. Diese Zwei-Einheit von Ritus und Mythos bildet den *sakralen Komplex*. Für die Liturgiewissenschaft ist von hohem Interesse, dass damit die Grundfrage nach dem Primären, des Wortes, der Sprache oder des Rituellen, gestellt ist.

Im sakralen Komplex spiegelt sich nach Habermas die Bewältigung eines Problems wider, das mit der entscheidenden Schwelle der Sprachentwicklung in der Menschheitsgeschichte zu tun hat, die einen wichtigen Schritt hin zum „kommunikativen Handeln" darstellt. Während die grammatische Sprache aus der Gestenkommunikation entstanden ist und dem alltäglichen Umgang zuzuordnen ist, bezieht sich die rituelle Sprache bei Habermas auf das Außeralltägliche: Das Ritual geht um mit den Mächten des Heils und des Unheils. Diese Zuordnung oder „Arbeitsteilung" wurde aus einer neuen Form von Vergesellschaftung generiert, die Habermas wie folgt fasst: Neu ist, dass es den Menschen jetzt gelingt, sich mittels der Sprache *mit* jemand *über* etwas verständigen zu können, und dies mit dem Potential, dieses *etwas* zu verändern. Mit anderen Worten: Der evolutionäre Schritt liegt in einer *Verobjektivierung* eines Sachverhaltes, über den sich nunmehr *Subjekte* verständigen können mit dem Ziel möglicher Veränderung. Das Neue an dieser Schwelle in der Menschheitsgeschichte sieht Habermas in folgender Ausdifferenzierung: die Wahrnehmung eines Sachverhaltes durch ein Individuum, die Verständigung darüber mit Anderen, und der daraus resultierende Handlungsimpuls.[19] Mit anderen, im Hinblick auf die folgenden Überlegungen gewählten Worten: Mit der Sprache entstehen die beiden Größen von Subjekt und Objekt, Subjektivität und Objektivität, die beide in Spannung zueinander stehen und so zum Problem werden. So bescheinigt Habermas dieser evolutionär neuen Form von Vergesellschaftung eine große Störanfälligkeit, auf die – so Habermas – die Menschen mittels des Rituals reagieren. Die Störanfälligkeit liegt in anderen Worten wohl darin, dass der neue Gebrauch der Sprache zugleich Möglichkeiten von Nähe und Distanz schafft, die ständig neu auszuhandeln sind. Vor allem sind nunmehr die Welt oder Teile von ihr durch ein gemeinsames Handeln veränderbar. Jede Gesellschaft bedarf deshalb nach Habermas beständig einer Vergewisserung ihrer

---

17 Habermas, Nachmetaphysisches Denken II, 79.
18 Ebd., 80. Diese Ambivalenz entspricht der grundsätzlichen Struktur des Heiligen: „Das Heilige erzeugt und stabilisiert genau diejenige Ambivalenz, die für Gefühle der moralischen Verpflichtung charakteristisch ist", so Habermas, Theorie 2, 79.
19 Ähnliche Gedanken finden sich bereits bei Habermas, Theorie 2, 99–100.

eigenen normativen Grundlagen. Dieses Kernproblem nun ist seines Erachtens im Ritual aufgehoben. Das Ritual lässt sich „als diejenige gesellschaftliche Praxis verstehen, die den ursprünglichen Prozess der Erzeugung von Normativität erneuert".[20] Denn das Ritual ist „Generator für diese starke, die Handlungsmotive bindende Normativität".[21] Hier knüpft Habermas übrigens an bereits früher geäußerte Gedanken an, dass nämlich die „aller Normgebung vorausliegende Autorität" sich in den ältesten sakralen Symbolen manifestiert: „Dieser im weitesten Sinne religiöse Symbolismus, der unterhalb der Schwelle der grammatischen Rede steht, bildet offenbar den archaischen Kern des Normbewußtseins".[22] Es ist dies eine an den Soziologen und Ethnologen Emile Durkheim (1858–1917) angelehnte Interpretation, die das Sakrale als „Ausdruck eines normativen Konsenses" ansieht, der zugleich die „kollektive Identität"[23] bildet. So erklärt sich für Habermas, dass bei allem Einlassen des religiös-metaphysischen Denkens auf die institutionalisierten Wissenschaften und die säkularisierten Staaten dennoch die rituelle Praxis in transformierter Gestalt erhalten geblieben ist. Religiöse Überlieferungen haben vielmehr in einer Symbiose mit dem Kultus ihrer Gemeinschaften ihre Vitalität bewahrt:

> Die Mitglieder religiöser Gemeinschaften können sogar das Privileg für sich beanspruchen, im Vollzug ihrer kultischen Praktiken den Zugang zu einer archaischen Erfahrung – und zu einer Quelle der Solidarität – behalten zu haben, die sich den ungläubigen Söhnen und Töchtern der Moderne verschlossen hat.[24]

Auf den Punkt gebracht und zusammengefasst situiert Habermas das Ritual also in einem entscheidenden Entwicklungsschritt der Menschheitsgeschichte, der mit einer neuen Möglichkeit im Umgang mit Sprache einhergeht. Den Menschen gelingt eine neue Form einer handlungsorientierten Verständigung („kommunikatives Handeln"). Ihr wohnt zugleich ein Dilemma inne, denn die Differenzierung von Subjekt und Gesellschaft, Individualität und Sozialität führt notwendigerweise zu Spannungen. Hier hat das Ritual für Habermas insofern ausgleichende Funktion, als es diesen Konflikt präsent hält und zugleich durch einen Verweis auf die Transzendenz stabilisierend im Hinblick auf die soziale Ordnung wirkt.

---

20 Habermas, Nachmetaphysisches Denken II, 93. Vergleichbar ist folgende Äußerung im Anschluss an E. Durkheim: „An rituellen Handlungen läßt sich ablesen, daß das Sakrale Ausdruck eines normativen Konsenses ist, der regelmäßig aktualisiert wird", in: Habermas, Theorie 2, 84.
21 Habermas, Nachmetaphysisches Denken II, 93.
22 Habermas, Theorie 2, 73–74. In diesem Punkt folgt Habermas wiederum E. Durkheim.
23 Ebd., 84–85.
24 Habermas, Nachmetaphysisches Denken II, 95. Bereits früher sprach Habermas u. a. von in Riten geborgenen „Instinktresten", die „symbolisch aufgesogen und sublimiert werden": Habermas, Theorie 2, 88.

Die Konstruktion von Habermas ist bemerkenswert, ganz gleich, ob man den Zugang zur archaischen Erfahrung als wertvollen Reichtum preist oder als rückwärtsgewandten voraufgeklärten Rest belächelt. In seiner „Theorie des kommunikativen Handelns" galt dem religiösen Kult noch der Vorwurf einer „totale(n) Institution",[25] die durch die „Einheit einer Kommunikationsgemeinschaft, nämlich über einen in der politischen Öffentlichkeit kommunikativ erzielten Konsens"[26] zu überwinden sei, um aus der Religion „eine kommunikativ fortsetzungsbedürftige *kulturelle Überlieferung*"[27] zu machen. Nunmehr scheint sich in diese Kritik verstärkt ein Moment der Bewunderung anlässlich der archaischen Qualität ritueller Verfasstheit gemischt zu haben, und an diese Stelle knüpfen die hier vorgetragenen Überlegungen an. Denn die Habermas'sche Konstruktion ist insofern von Interesse, als das Modell „ritueller Erfahrung" das Phänomen des Rituellen vorrangig ontogenetisch, also in der Lebensgeschichte des Menschen verortet. Der Schritt von einer gattungsgeschichtlichen in eine lebensgeschichtliche Situierung des Rituellen soll nun anhand von psychoanalytischen Theorieelementen getan werden.

4. Rituale als lebensgeschichtliche Anbindung an das Unbewußte (Sigmund Freud)

Bei näherem Zusehen zeigen sich Parallelen zwischen der phylogenetischen Verankerung des Rituellen im archaischen Erbe der Menschheit und seiner ontogenetischen Anbindung in der Psyche des Menschen.[28] Diese lebensgeschichtliche Anbindung des Rituals soll nun in wenigen Zügen nachgezeichnet werden, ausgehend von jenem berühmten, bei Sigmund Freud beschriebenen „Garnrollenspiel" und seiner psychoanalytischen Deutung.[29] Vor einigen Jahren hat Volney Patrick Gay den Versuch unternommen, jenseits der religionskritischen Tendenzen eine positive, also nicht unter Pathologieverdacht stehende Ritualtheorie zu entwerfen.[30] Dabei knüpfte er an das in Freuds Schrift „Jenseits des Lustprinzips" von 1920 dargestellte Garnrollenspiel an.[31] Freud beschreibt

---

25 Habermas, Theorie 2, 134.
26 Ebd., 126.
27 Ebd., 135.
28 Dies ist deshalb nicht weiter verwunderlich, als Habermas in seiner Theorie des kommunikativen Handelns sich an G.H. Mead abarbeitet, der seine Thesen „zunächst nur aus der ontogentischen Perspektive eines heranwachsenden Kindes rekonstruiert" hat. Vgl. Habermas, Theorie 2, 69.
29 Die Überlegungen knüpfen an folgende Ausführungen an, die zugleich weitergeführt werden: Odenthal, Liturgie als Ritual, 131–150; Odenthal, Gebrochene Gegenwart.
30 Vgl. Gay, Freud on Ritual, hier vor allem 49–65.
31 Freud, Jenseits des Lustprinzips, 11–15.

dort ein Kind, das eine Holzspule von sich wegwirft, so dass es sie nicht mehr sehen kann. Ein langgezogener O-Laut begleitet dieses Geschehen. Dann zieht das Kind sie Spule am Bindfaden wieder zu sich heran, begleitet mit einem freudigen „Da". Freud selbst interpretiert:

> Die Deutung des Spieles lag dann nahe. Es war im Zusammenhang mit der großen kulturellen Leistung des Kindes, mit dem von ihm zustande gebrachten Triebverzicht (Verzicht auf Triebbefriedigung), das Fortgehen der Mutter ohne Sträuben zu gestatten. Es entschädigte sich gleichsam dafür, indem es dasselbe Verschwinden und Wiederkommen mit den ihm erreichbaren Gegenständen selbst in Szene setzte.[32]

Grundlegende Kennzeichen eines Rituals prägen das kindliche Tun, allen voran die mehrfache Wiederholung der Szene. Freud interpretiert dieses kindliche Ritual im Hinblick auf das Beziehungsgeschehen zwischen Kind und Mutter, hier die für das Kind anstehende psychische Aufgabe, mit einer Verlusterfahrung leben zu lernen. Interessant ist, dass es dem Kind mittels des Spieles gelingt, aus einer passiven Rolle (die Mutter als aktiv Handelnde geht weg, was das Kind nur aushalten kann) in eine aktive Rolle zu gelangen: Das Kind selbst gestaltet und formt seine „Wirklichkeit", indem es nämlich die erlittene Abwesenheit der Mutter darstellt und ihre gewünschte Anwesenheit herstellt. Damit ist die „Botschaft" des Spieles eine doppelte: Das Kind kann sich durch die symbolisierte Anwesenheit der Mutter geborgen fühlen („Schutzfunktion"), und angesichts der ertragenen und umgestalteten Abwesenheit der Mutter macht es die Erfahrung, Schritte ins eigene Leben tun zu können („Aufbruchsfunktion").[33] In der psychoanalytischen Theoriebildung wurde das Garnrollenspiel „zum Quellkode von Symbolisierung überhaupt".[34]

Das Spiel des Kindes darf keinesfalls selbst als kindlich oder gar kindisch abgetan werden. Denn aus der Perspektive der Psyche des Kindes geht es um das Überleben angesichts der Abwesenheit der notwendigen Bezugsperson. Ilse Grubrich-Simitis hat das Spiel mit der Holzspule übrigens in Verbindung mit dem Tod von Freuds Tochter Sophie gebracht, der Mutter jenes Enkelkindes.[35] Damit wird eine bedeutsame Verbindung vom Ritual zum Grundkonflikt des Todes hergestellt. Vor diesem Hintergrund kommt Wolfgang Hegener zum grundsätzlichen Urteil, dass das Garnrollenspiel „ein Spiel auf Leben und Tod" ist. Es „bleibt eine Erschütterung über die Abwesenheit der Mutter, die das Kind anfänglich nicht von ihrem Tode zu unterscheiden weiß und die sich in die Ich-Organisation und ihre Entwicklungsgeschichte grundlegend als ein depressiver

---

32 Ebd., 13.
33 Vgl. Funke, Glauben, 100.
34 Balzer, Subjekt, 744.
35 Vgl. Grubrich-Simitis, Zurück, 238–239.

Kern einschreibt".³⁶ Beziehen wir dies auf Rituale, so haben sie nie nur eine frohmachende Seite. Sie repräsentieren immer auch die grundlegenden Konflikte des Menschen um Leben und Tod. Schon hier sei darauf hingewiesen, dass die Rede von der christlichen Liturgie als „Feier des Todes und der Auferstehung Christi" an diese bereits psychisch gegebenen Voraussetzungen anknüpfen kann.

5. Der Frei-Raum des „Dazwischen": Das bahnbrechende Modell von Donald W. Winnicott

Der entscheidende Schritt, aus den Beobachtungen und Deutungen des „Garnrollenspieles" ein eigenes Modell des „intermediären Raumes" zu entwickeln, wurde vom englischen Kinderpsychoanalytiker Donald W. Winnicott vollzogen.³⁷ Die Fähigkeit des Kindes, spielerisch ein Ritual auszubilden, schafft jenen eigenen Wirklichkeitsbereich, den Winnicott den „dritten Wirklichkeitsbereich" (potential space) nennt.³⁸ Dieser „symbolische Raum" ist zwischen Innen und Außen, Subjektivität und Objektivität angesiedelt und vermittelt zwischen ihnen. Er ist ein Bereich sogenannter Übergangsphänomene, die den Übergang aus der Zweieinheit mit der Mutter in die Eigenständigkeit markieren, indem sie zugleich die Anwesenheit wie die (reale) Abwesenheit der Mutter „repräsentieren". Damit ist eine doppelte Struktur des symbolischen Tuns gegeben: Die repräsentierte Anwesenheit der Mutter bietet dem Kind den nötigen Schutz, zugleich liegt hier das Potential für den erforderlichen Aufbruch ins eigene Leben.³⁹ Der „Verlust" der Mutter führt so zu einer kreativen Leistung, der Ausbildung eines „symbolischen Raumes", so könnte die Kurzformel einer entwicklungs- und objektbeziehungspsychologisch fundierten anthropologischen Grundlegung lauten. Man kann, und dies ist im Kontext der Überlegungen entscheidend, in dieser Fähigkeit des Kindes die psychische Ermöglichung und den Grund jedweder kultureller Leistungen des Menschen sehen: Das Übergangsobjekt, so Winnicott,

> verliert im Laufe der Zeit Bedeutung, weil die Übergangsphänomene unschärfer werden und sich über den gesamten intermediären Bereich zwischen ‚innerer psychischer Realität' und ‚äußerer Welt, die von zwei Menschen gemeinsam wahrgenommen wird', ausbreiten – das heißt über den gesamten kulturellen Bereich. Damit umfaßt mein

---

36 Hegener, Lust, 158.
37 Zu Winnicott vgl. Wahl, Glaube, 161–197.
38 Vgl. hierzu die Darstellung des Systems von Winnicott bei Odenthal, Liturgie als Ritual, 155–160. Vgl. auch die Neuformulierung des Garnrollenspieles bei Soldt, Denken, 192, 211–212. Zum „dritten Raum" vgl. auch die Rezeption bei Auffahrt, Weltreligion, 52–56.
39 Vgl. dazu im Anschluß an Funke: Odenthal, Liturgie als Ritual, 168–178.

Thema auch das Spiel, künstlerische Kreativität und Kunstgenuß, das Phänomen der Religion, das Träumen, aber auch Fetischismus, das Entstehen und Erlöschen zärtlicher Gefühle, Drogenabhängigkeit, Zwangsrituale usw.[40]

Der entscheidende Punkt dieser Überlegungen ist nun, auch die kirchlichen Rituale jenem „dritten Wirklichkeitsbereich" zuzuordnen, in dem zwischen subjektiv und objektiv, innen und außen vermittelt wird. Damit wird auf eine der entscheidenden Problemstellungen im Habermas'schen Modell eingegangen: Er beschrieb das Problem zwischen Innen und Außen, objektiv und subjektiv, Individuum und Gesellschaft, das im Ritual aufgehoben und somit bearbeitet ist. Diese Sicht entpuppt sich nun im Hinblick auf die psychische Entwicklung des Menschen nochmals in einem anderen Licht: Es geht bei den Ritualen nicht nur um einen gattungsgeschichtlich epochalen Schritt. Vielmehr können die Menschen mit ihrer jeweiligen Lebensgeschichte an die entscheidende Funktion des Rituals anknüpfen, zwischen Objektivität und Subjektivität, objektiver Vorgabe und subjektivem Bedürfnis zu vermitteln. Allerdings ergibt sich auch eine Differenz zu Habermas. Eine Funktion der Rituale bestand für Habermas ja darin, einen normativen Konsens neu herstellen zu müssen. Im Anschluss an Winnicott liegt der Akzent mehr auf dem Freiraum, den dieser dritte Wirklichkeitsbereich bereitstellt. Doch sei an dieser Stelle noch einmal zu Habermas zurückgekehrt. In seinen Ausführungen zum Ritual begegnete bereits die Trias von der Wahrnehmung eines Sachverhaltes, also eines Objektes durch ein Subjekt, die Verständigung hierüber mit Anderen und dem daraus resultierenden gemeinsamen Handlungsimpuls. An dieser Stelle macht Habermas eine bedeutsame Anmerkung. Seines Erachtens sind nämlich nichtsprachliche Medien der Kunst noch in jenem frühen Stadium der Kommunikation verwurzelt, in dem eben diese Trias – Wahrnehmung (eines Objektes), Expression (eines Subjektes) und Handlungsimpuls – noch nicht getrennt ist. Die Kunst hält nach Habermas also einen menschheitsgeschichtlich älteren Entwicklungsstand fest. Dies „könnte erklären, warum wir Kunstwerke verstehen, ohne deren semantischen Gehalt vollständig in Kommentaren und Erklärungen *ausschöpfen* zu können". Und weiter:

> Die Überlegenheit der Kunst ist darin begründet, dass der komplexe Gehalt von sublimen Stimmungen, von facettenreichen, oft hochambivalenten Befindlichkeiten und intellektuellen Regungen, worin sich die reflektiertesten Erfahrungen und Reaktionen der empfindlichsten Geister einer Epoche spiegeln, in einer prosaischen Sprache einen adäquaten Ausdruck nicht finden können.[41]

In der Kunst wird nach Habermas eine Ebene „jenseits" der Sprache bedient, die meines Erachtens im Gefolge von Winnicott als „symbolischer Raum" ausge-

---

40 Winnicott, Spiel, 15.
41 Habermas, Nachmetaphysisches Denken II, 88, Anm. 17.

wiesen werden kann. Diese Ebene kann durchaus sprachlich verfasst sein, dann aber in jener Sprache der Dichtung, die ihrerseits wiederum Kunst ist. Unsere Überlegungen gehen nun dahin, die Rituale einer Religion, die zu einer *„unter Kooperationszwängen stehenden Kommunikationsgemeinschaft"*[42] geworden ist, in jenem dritten Wirklichkeitsbereich *analog zur Kunst* zu situieren. Dies wird im nächsten Abschnitt insofern ausgeführt, als hier die Rolle der Sprache bzw. der „präsentativen Symbolik" ausgelotet wird.

6. Präsentative Symbolik und die Rolle der Sprache (Alfred Lorenzer)

Habermas hat mit dem Ineinander von Ritual und Mythos auf das Projekt einer Versprachlichung des Sakralen hingewiesen.[43] Religiöses Wissen wird in „eine kommunikativ fortsetzungsbedürftige *kulturelle Überlieferung*"[44] umgeformt. Auf den Punkt gebracht: Es geht nicht ohne die Sprache und die darüber vermittelten Deutungen, auch nicht bei religiösen Ritualen – dies zeigte bereits das „Garnrollenspiel". Doch ist aus liturgiewissenschaftlicher Perspektive das Ritual gerade auf der Ebene der Sprache störanfällig. Dürfte bei Habermas die Sprache das religiöse System eher vor der Gefahr einer totalen Institution bewahren,[45] so sieht – genau im Gegenteil – der Frankfurter Soziologe und Psychoanalytiker Alfred Lorenzer in der überbordenden Verbalisierung der Liturgie die Gefahr einer Indoktrinierung des Individuums.[46] Zunächst: Wiederum geht es um jene Schnittstelle zwischen Individuum und Gesellschaft, die Lorenzer aber psychoanalytisch mit der Annahme des Unbewußten in sozialen und kulturellen Zusammenhängen anschaut. Auch Lorenzer betont zunächst die Notwendigkeit der Sprache: Sie führt von der sinnlich-unmittelbaren Interaktionsform erst zu einer symbolischen und macht Unbewusstes bewusst:[47] „Zu der realisierten *Interaktionsform* tritt die *Sprachfigur* hinzu, der Name, der sich mit dieser Situation verbindet".[48] Später jedoch brachte Lorenzer hier eine Korrektur an und betonte gegenüber einer diskursiven Sprachform die präsentative Symbolik.[49]

---

42 Habermas, Theorie 2, 139.
43 Ebd.: „Dabei verwandelt sich die *religiöse Glaubensgemeinschaft*, die gesellschaftliche Kooperation erst möglich macht, zu einer *unter Kooperationszwängen stehenden Kommunikationsgemeinschaft*".
44 Ebd., 135.
45 Ebd., 134.
46 Vgl. Lorenzer, Konzil. Zu Lorenzer vgl. Odenthal, Liturgie als Ritual, 150–155.
47 Vgl. in Anknüpfung an das erwähnte Garnrollenspiel Lorenzer, Kritik, 27–28.
48 So der Kommentar bei Wahl, Glaube, 205. Vgl. auch Lorenzer, Kritik, 25–26; Lorenzer, Sprache, 167–180.
49 Bedingt wurde diese Akzentänderung durch Lorenzers Beschäftigung mit der Theorie des

Sie ist jenseits der diskursiven Sprache angelegt, wirkt direkt („präsentativ"), sinnlich-unmittelbar, ohne eine eigene nochmalige intellektuelle Vermittlung.[50] Die präsentative Symbolik ist nach Lorenzer tiefer in der Psyche verankert als Sprachsymbole und steht in der Nähe zu Affekten, umfasst nicht-sprachlich organisierte Lebenserfahrungen und vor allem nicht-normgerechtes Verhalten.[51] So wird sie für Lorenzer zum Gegenpol des Ideologisch-Diskursiven. Denn präsentative Symbolik ist freigestellt vom instrumentellen Gebrauch und bildet ein „sinnliches Symbolsystem der nicht sprach-unterworfenen Sehnsüchte und Wünsche",[52] ja sie wird zum Anwalt der durch gesellschaftliche Normen zensierten Lebensentwürfe. Genau dies ist ihr Symbolcharakter: Gesellschaftlich nicht akzeptierte subjektive Bedürfnisse werden in kultureller Formsprache verobjektiviert und präsentiert. Mit der Darstellung der Verdrängung nicht akzeptierter Bedürfnisse ist zugleich der Symptomcharakter präsentativer Symbolik benannt. Auch Habermas formulierte, wie wir sahen, das Problem einer Spannung zwischen Subjektivität und Objektivität, zu deren Bearbeitung das Ritual beitrug, da es den Prozess der Herstellung von Normativität erneuert. Noch deutlicher als Habermas scheint mir indes bei Lorenzer jenes Dilemma zwischen Subjektivität und gesellschaftlicher Objektivität benannt, das in der präsentativen Symbolik aufgehoben ist, ohne dass die Bruchstelle zwischen beiden Größen geleugnet wird. In diesem Fall würde Lorenzer eine Korrektur am Projekt einer ideal gedachten Kommunikationsgemeinschaft anbringen, indem er – typisch psychoanalytisch – auf die nicht im Sozialen aufgehenden Teile des individuellen menschlichen Seelenlebens hinweist. Die Stärke des Rituals – und hier dürfte sich Lorenzer wieder mit Habermas treffen – liegt indes darin, jene „subversiven" Kräfte zu repräsentieren und damit zu binden oder „aufzuheben". Dies aber gelingt – so Lorenzer – mittels jener sinnlich-symbolisch ausgerichteten präsentativen Symbolik. Die Herausforderung bei der Gestaltung eines Rituals wäre dann, sich einer Sprache und Formensprache zu bedienen, die präsentativ und nicht diskursiv sind.[53] Der Religion käme also, schaut man Habermas und Lorenzer zusammen, eine doppelte Aufgabenstellung zu: Sie bedarf einer Sprache, einer Theo-Logie, die diskursiv anschlussfähig ist. Zu-

---

„präsentativen Symbolismus" von Susanne Langer. Vgl. Wahl, Glaube, 211, zu Langer ebd. 395–411. Vgl. zu dieser Veränderung im Denken Lorenzers auch Schmid Noerr, Symbolik, 468–473. Vgl. zum ganzen Lorenzer, Sprache, 63–80. Zu Langers Kunsttheorie und ihrer Bedeutung für die Liturgie vgl. Foley, Creativity, 94–127.

50 Dies schließt ein und nicht aus, dass das sinnlich-umittelbare Wirken der Symbole seinerseits an einen bestimmten Kulturkreis mit seinen intellektuellen, diskursiven Prägungen gebunden bleibt.

51 Vgl. Wilhelms, Sinnlichkeit, 90.

52 Lorenzer, Konzil, 11.

53 Schmid Noerr, Symbolik, 468–473, gibt zu bedenken, dass auch sprachliche Symbole präsentativer Art sein können.

gleich müsste sie sich aber Rechenschaft über die spezifische Konstruktion ihrer Rituale mitsamt ihren archaischen Elementen ablegen. Bevor der nächste Schritt ansteht, nämlich eine Vermittlung der Ergebnisse in den Raum der Theologie, seien die bisherigen Überlegungen zusammengefasst.

7. Von den menschheitsalten Ritualen zur christlichen Liturgie – Eine Zwischenbilanz

Bislang können wir festhalten: Parallelen zum Habermas'schen Modell ergeben sich aus der Situierung des Rituals an epochalen Entwicklungsschritten hier der Menschheit, dort – auf psychoanalytischer Theorieebene – des Individuums. Beide Male, phylogenetisch und ontogenetisch, stellt sich die Frage nach Subjekt und Objekt, Individuum und Gesellschaft (Kultur), die das Ritual ver-mittelt. Mittels dieser Vermittlung leistet das Ritual eine Balance, indem es das Problem repräsentiert, besser: „aufhebt". Im Kontext der Schnittstelle von Individuum und Gesellschaft liegt auch die Sprache. Ihre Rolle liegt u. a. darin, kulturelles Wissen als Deutehorizont bereitzustellen. Doch ist mit Lorenzer zugunsten des Individuums auf die Problematik diskursiver Sprache im Ritual aufmerksam zu machen und die grundlegende (oder: archaische) Bedeutung präsentativer Symbolik, nonverbal wie verbal, zu betonen. Zudem ergab sich aus psychoanalytischer Sicht ein Zusammenhang der Rituale mit dem menschheitsalten Problem der Bewältigung des Todes. Der Rückblick macht deutlich, welch erstaunliche Themenvielfalt eine Auseinandersetzung mit dem Ritual grundsätzlich bietet, lange bevor das Christentum seine eigenen Rituale schafft. Bei näherem Zusehen zeigt sich übrigens, dass das Christentum bei der Produktion seiner Rituale zunächst ziemlich unproduktiv ist: Keine seiner sakramentlichen Kernhandlungen sind seine ureigenen Erfindungen. Taufe, Handauflegung, Mahlzeit, Salbung und Opfer sind menschheitsalte Gesten, die in vielfältigen kulturellen wie religiösen Kontexten zuhause sind. Es kommt nun darauf an, genau dies als Reichtum des Christentums zu werten: Es bedient sich in seiner rituellen Formensprache der menschheitsalten Erfahrungen, kurz: der Kultur der Menschheit samt ihrem archaischen Erbe. Joseph Ratzinger hat von den „Knotenpunkten menschlicher Existenz"[54] gesprochen. Die Sakramente etwa knüpfen an Grundfiguren menschlicher Existenz und Grundfragen des Menschseins überhaupt an, nämlich an die Fragen nach Geburt und Tod, der Mahlzeit sowie geschlechtlicher Gemeinschaft, die nun im Kontext des Christentums neu gedeutet und rituell begangen werden. Ratzinger nennt diese

---

54 Vgl. Ratzinger, Begründung, der Begriff der Knotenpunkte ebd. 10. Jetzt auch in: Ratzinger, Theologie, 197–214, hier 200.

Knotenpunkte auch „Schöpfungssakramente", an die er in einem zweiten Schritt Sakramente menschlicher Kulturwerdung anfügt, nämlich im Kontext der Urerfahrung menschlicher Schuld sowie das König- bzw. Priestertum.[55] Bei aller Anknüpfung an die Religionsgeschichte und ihr rituelles Repertoire darf indes nicht die religionskritische Dimension des Christentums nivelliert werden. Wie die Menschen müssen auch die Rituale „getauft" werden, also durch den Tod Jesu und seine Auferstehung hindurch neu gedeutet werden (vgl. Röm 6). Die christliche Rede vom „Pascha-Mysterium" wird deshalb im nächsten Abschnitt als eigentliche theologische Qualifizierung der Liturgie ausgewiesen, weil hiermit ein Kriterium zur Verfügung steht, das die menschheitsalten rituellen Gesten zu modifizieren, zu spiritualisieren und in gewisser Weise zu „rationalisieren" vermag.[56] Nicht umsonst entfaltet die rituelle Geste ihre ganze Bedeutung erst im Kontext eines (präsentativen und performativen) Deutewortes. Das Kreuzzeichen kann als die einzige spezifisch christliche Geste gelten, die direkt auf das Pascha-Mysterium verweist.

8. Spezifisch christliche Füllung: Liturgie als „Feier des Pascha-Mysteriums" (SC 6)

Das II. Vatikanische Konzil hat in der Liturgiekonstitution „Sacrosanctum Concilium" eine zusammenhängende Darstellung dessen entwickelt, was die Liturgie der Kirche ist.[57] Der Kerngedanke der damaligen Konzilsaussagen soll hier kurz referiert werden, um ein Kriterium christlicher Liturgie im Kontext einer pluralen Rituallandschaft zur Verfügung zu stellen. Grundlegende theologische Leitidee jedweder gottesdienstlichen Handlungen ist für die Konzilsväter das „Pascha-Mysterium":

> Seither hat die Kirche niemals aufgehört, sich zur Feier des Pascha-Mysteriums zu versammeln, dabei zu lesen, ‚was in allen Schriften von ihm geschrieben steht' (Lk 24,27), die Eucharistie zu feiern, in der ‚Sieg und Triumph seines Todes dargestellt werden', und zugleich ‚Gott für die unsagbar große Gabe dankzusagen' (2 Kor 9,15), in

---

55 Vgl. Ratzinger, Begründung, 203–205. Er folgt hier einer alten Denkfigur, die sich etwa bei Thomas in der „Summe gegen die Heiden" findet. Thomas beschreibt dort den menschlichen Lebensweg und macht anhand ähnlicher „Knotenpunkte" auf die Bedeutung der Sakramente aufmerksam (De numero sacramentorum novae legis, Summa contra Gentiles IV, 58).
56 Der Canon Romanus, das Eucharistiegebet der römischen Tradition, spricht hier nach Röm 12,1 von der oblatio rationabilis. Vgl. hierzu das kürzlich erschienene, als bahnbrechend anzusprechende Werk von Angenendt, Offertorium.
57 Ich greife hier auf anderweitig getätigte Überlegungen zurück. Vgl. Odenthal, Messfeier, 105–108.

Christus Jesus ‚zum Lob seiner Herrlichkeit' (Eph 1,12). All das aber geschieht in der Kraft des Heiligen Geistes.[58]

Mit dem „Pascha-Mysterium"[59] sind zwei Pole der Heilsgeschichte benannt, das Pascha Israels wie das Pascha der Christenheit. Den alttestamentlichen Pol bildet die als rettendes Handeln Gottes erfahrene Befreiung des Volkes Israel aus der Sklaverei Ägyptens, die im Buch Exodus mit dem Pascha-Mahl verbunden wird. Mit dem neutestamentlichen Pol ist das österliche Christusereignis eingeholt: Christi Leiden, Tod und Auferstehen, eingeleitet mit dem Letzten Abendmahl, stehen im Zentrum des Gottesdienstes. Das seinen Höhepunkt im Kreuzesgeschehen offenbarende Heilshandeln Gottes als des Retters und Erlösers ist Grund des gottesdienstlichen Handelns der Kirche. Von besonderer Bedeutung ist, dass die oben benannten Funktionen des rituellen Tuns, die Schutzfunktion und die Aufbruchsfunktion, sich in der Rede vom Pascha wiederfinden lassen: Das Volk Israel vergewissert sich im rituellen Mahl der schützenden Nähe Gottes, um dann den Schritt in die Freiheit tun zu können. Ähnlich bei Jesu letzten Abendmahl: Im Schutz des liebenden Abba-Vaters kann Jesus den entscheidenden Schritt in den Tod und die Auferstehung tun.[60] Die inhaltliche Füllung mit dem Pascha-Mysterium wird durch das entscheidende Paradigma des Gottesdienstes als „Danksagung" ergänzt. Von der Danksagung ist das Gedächtnis nicht zu trennen: Die gottesdienstliche Antwort der Kirche ist Re-Aktion auf das vorgängige Heilshandeln Gottes in Jesus Christus, jedoch so, dass das Heilshandeln Gottes in der kultischen Begehung neu realisiert wie rememoriert wird. Die christliche Gemeinde feiert also

> den ‚transitus' Jesu vom Tod zur Auferstehung als einen Weg, in den die Gemeinde durch die Feier der Liturgie einbezogen wird, ohne daß sie jemals das eigene Leiden und den eigenen Tod, das Leiden der Menschheit in Vergangenheit und Zukunft durch irgendwelche magische Machenschaften überspielen könnte.[61]

In der Danksagung wird das vergangene Heilshandeln Gottes so erinnert, dass es kultisch erneuert und lebendige Gegenwart wird. Zugleich sind die gottesdienstlichen Feiern Realisierung der von Jesus angekündigten Gottesherrschaft, deren Vollgestalt freilich noch aussteht:

> Die Nähe Jesu Christi (dessen Transitus) stellt die Liturgie-Feiernden in die Dramatik der bis heute unabgegoltenen Hoffnung vergangener Generationen, indem sie sie auf die noch ausständige eschatologische Versöhnung der ganzen Schöpfung verweist.[62]

---

58 Vgl. den Kommentar bei Kaczynski, Kommentar, 63–65.
59 Vgl. Ratzinger, Konstitution, 212–215; Pahl, Paschamysterium; Häussling, Pascha-Mysterium; Kranemann, Theologie.
60 Vgl. dazu im Anschluss an D. Funke Odenthal, Liturgie als Ritual, 172–173.
61 Wohlmuth, Jesu Weg, 48.
62 Freyer, Sakrament, 247.

Damit wird die Rede vom Pascha-Mysterium wiederum an die Schöpfung und das Menschsein angeschlossen. Das christliche Ritual kann sich – da aus seiner eigenen Theologie heraus zutiefst vorläufig – in die Suchbewegungen der Religionsgeschichte einfügen, ohne seinen eigenen Gehalt und Beitrag zu dieser Suchbewegung verleugnen zu müssen. Angesichts der menschheitsalten Suchbewegungen und ihrer Ritualisierung auf der einen, dem Christusereignis auf der anderen Seite steht nun ein letzter Schritt an, nämlich die Zusammenführung beider Linien im Modell ritueller Erfahrung.

9. Nochmals: Was leistet das Modell „ritueller Erfahrung"?

Eingangs wurde darauf hingewiesen, das Modell „ritueller Erfahrung" diene dazu, den gewordenen Reichtum christlicher Liturgie an menschliche Erfahrungen anzubinden. Die Ausführungen haben dies in zweierlei Hinsicht eingelöst. Zum einen wurden die liturgischen Gesten des Christentums in ihrer Eigenschaft als Rituale auf ihre phylogenetische Basis rückbezogen. Der Rekurs auf Jürgen Habermas offenbarte dabei eine grundlegende Spannung zwischen Individualität und Sozialität, die in den gattungsgeschichtlichen Ursprung rituellen Tuns zurückreicht. Eine verwandte Problemstellung zeigte die zum anderen eingeholte ontogenetische, in der Lebensgeschichte des Menschen situierte Erfahrungsbasis. Auch in diesem psychoanalytischen Zugang zum Rituellen zeigten sich Grundkonflikte des Menschseins. Der entscheidende Punkt am Modell ritueller Erfahrung ist nun eine typisch psychoanalytische Grundannahme, nämlich die, dass jene ausgemachten Verbindungen zur Onto- bzw. Psychogenese keineswegs reflexiv sein müssen, sondern – dazu diente der Rekurs auf Alfred Lorenzer – in präsentativer Symbolik unbewusst präsent sind und so im Seelenleben des Menschen wirken können. Konfrontiert wurden diese Ergebnisse mit dem spezifisch christlichen Deutehorizont,[63] der in der Definition der Liturgie als „Feier des Pascha-Mysteriums" Jesu Tod und Auferstehung dergestalt präsentiert, dass hier uralte Menschheitsmotive (der Doppelwunsch nach Schutz und Aufbruch ins eigene Leben, die Fragen nach Anwesenheit und Abwesenheit angesichts der Bedrohung durch den Tod) angeknüpft werden können. Sakramententheologisch wird man ergänzen können, dass jener Deutungsprozess, so er rituell gefeiert wird, etwas Neues herstellt: die Gegenwart des Gekreuzigt-Auferstandenen. Damit sind das archaische Erbe der Menschheit wie

---

63 Nur kurz sei darauf hingewiesen, dass dieser Begriff der Sache nach durch und durch in der „Theorie kommunikativen Handelns" situiert ist: „Das kulturelle Wissen übernimmt, indem es in die Situationsdeutungen der Kommunikationsteilnehmer eingeht, Funktionen der Handlungskoordinierung", so Habermas, Theorie 2, 136–137.

das lebensgeschichtliche Erbe des Individuums „unbewußt" in jedem rituellen Tun präsent. Die „rituelle Erfahrung" der jüdisch-christlichen Tradition knüpft daran an, wenn auch nicht bruchlos. „Rituelle Erfahrung" rechnet mit jener Differenz zwischen Leben und Glauben, und so auch mit der Spannung zwischen allgemein menschlichem Erbe und spezifisch christlicher „Offenbarung", (paganer) Religiosität und (spezifischer) Christianität, eine Unterscheidung, auf die Gottfried Bitter hingewiesen hat.[64] Edward Schillebeeckx hat verdeutlicht, dass es den „theologalen"[65] Anteil des sakramentlichen Handelns nie pur gibt, sondern immer schon in allgemein religiösen Praktiken. Vor diesem Hintergrund birgt das rituelle Tun der Kirche zwei Gefahren: Einseitig anthropologisch wird das Subjektive oder das Innerseelische zum Eigentlichen, das geschichtlich zufällig im jüdisch-christlichen Kolorit begegnet. Die Taufe etwa wird dann lediglich als Deutung der Geburt verstanden, als Garnierung lebensgeschichtlicher Ereignisse.[66] Einseitig theologisch geschieht eine Verabsolutierung des Objektiven, des überzeitlichen Verweischarakters, ohne die eschatologische Spannung von Leben und Glauben (und damit die Geschichte) in den rituellen Vollzug selbst hereinzuholen. Dann droht die Liturgie, zur Ideologie zu werden. Die beschriebenen Spannungen (individuell – sozial; tradierend – verändernd; pagan – christlich; verobjektiviert – personalisiert) sind immer neu auszuloten und kritisch zu konfrontieren.[67] Doch das Entscheidende der Überlegungen ist, jene Spannungen im „dritten Wirklichkeitsbereich" des Rituals aufgehoben zu sehen. Das Potential des Christentums liegt dann darin, offen zur „Ritendiakonie" (Paul Michael Zulehner)[68] zu sein, zugleich aber in die menschlichen religiösen Suchbewegungen eine „kontrafaktische" Deutung vor dem Hintergrund der jüdisch-christlichen Tradition einzutragen.

---

64 Vgl. Bitter, Religiosität.
65 Zum Problem insgesamt Schillebeeckx, Wiederentdeckung.
66 Wahl, LebensZeichen, 147, schlägt deshalb einen inversen Deutevorgang vor: „*Die Geburt kann die Taufe erschließen*". Sie ist aber nur eine Möglichkeit, die Taufe zu verstehen. Das lebenskritische Moment der „Taufe auf Jesu Tod" wäre eine andere Deutung. Welche konkreten pastoralen Möglichkeiten eine solche inverse Deutung hätte, zeigt Kaul, Taufpastoral, etwa 190–234.
67 Vgl. dazu Odenthal, Interrelation.
68 Vgl. Zulehner, Ritendiakonie.

Literaturverzeichnis

Angenendt, Arnold, Offertorium. Das mittelalterliche Meßopfer (Liturgiewissenschaftliche Quellen und Forschungen 101), Münster 2013.

Auffahrt, Christoph, Weltreligion und Globalisierung. Chicago 1893 – Edinburgh 1910 – Chicago 1993, in: Zeitschrift für Missionswissenschaft und Religionswissenschaft 94 (2010), 42–57.

Balzer, Werner, Subjekt und Synapse. Streifzüge durch die Umwelten von Menschen und Maschinen, in: Psyche 66 (2012), 728–751.

Bitter, Gottfried, Religiosität und Christianität. Religionspädagogische Überlegungen zu ihrem wechselseitigen Verhältnis, in: Kochanek, Hermann (Hg.), Religion und Glaube in der Postmoderne (Veröffentlichungen des Missionspriesterseminars St. Augustin bei Bonn Nr. 46), Nettetal 1996, 129–149.

Brosius, Christiane / Michaels, Axel / Schrode, Paula (Hg.), Ritual und Ritualdynamik. Schlüsselbegriffe, Theorien, Diskussionen (UTB 3854), Göttingen 2013.

Brüske, Gunda, Die Liturgie als Ort des kulturellen Gedächtnisses. Anregungen für ein Gespräch zwischen Kulturwissenschaften und Liturgiewissenschaft, in: Liturgisches Jahrbuch 51 (2001), 151–171.

Chaniotis Angelos / Leopold, Silke / Schulze, Hendrik / Venbrux, Eric / Quartier, Thomas / Wojtkowiak, Joanna / Weinhold, Jan / Samuel Geoffrey (Hg.), Body, Performance, Agency, and Experience (Ritual Dynamics and the Science of Ritual 2), Wiesbaden 2010.

Foley, John, Creativity and the Roots of Liturgy, Washington 1994.

Freud, Sigmund, Jenseits des Lustprinzips (1920), in: Freud, Sigmund, Gesammelte Werke. Chronologisch geordnet, Bd. I–XVIII und Nachtragsband, hg. von Anna Freud u. a., London 1940–1987, Neudruck Frankfurt am Main 1999, hier XIII, 1–69.

Freyer, Thomas, Sakrament – Transitus – Zeit – Transzendenz. Überlegungen im Vorfeld einer liturgisch-ästhetischen Erschließung und Grundlegung der Sakramente (Bonner Dogmatische Studien 20), Würzburg 1995.

Funke, Dieter, Im Glauben erwachsen werden. Psychische Voraussetzungen der religiösen Reifung, München 1986.

Funke, Dieter, Art. Symbol/Ritual, in: Bäumler, Christof / Mette, Norbert (Hg.), Gemeindepraxis in Grundbegriffen. Ökumenische Orientierungen und Perspektiven, München, Düsseldorf 1987, 379–388.

Gay, Volney Patrick, Freud on Ritual. Reconstuction and Critique (American Academy of Religion. Dissertation Series 26), Missoula, Montana 1979.

Grubrich-Simitis, Ilse, Zurück zu Freuds Texten. Stumme Dokumente sprechen machen, Frankfurt 1993.

Habermas, Jürgen, Theorie des kommunikativen Handelns 2. Zur Kritik der funktionalistischen Vernunft, Frankfurt am Main ^{4}1995.

Habermas, Jürgen, Nachmetaphysisches Denken II. Aufsätze und Repliken, Berlin 2012.

Häussling, Angelus A., „Pascha-Mysterium". Kritisches zu einem Beitrag in der dritten Auflage des *Lexikon für Theologie und Kirche*, in: Archiv für Liturgiewissenschaft 41 (1999), 157–165.

Hegener, Wolfgang, Von Lust ohne Ende und dem Ende der Lust. Eine Lektüre von ‚Jenseits des Lustprinzips', in: Psyche 67 (2013), 145–177.

Junker-Kenny, Maureen, Argumentationsethik und christliches Handeln. Eine praktisch-theologische Auseinandersetzung mit Jürgen Habermas (Praktische Theologie heute 31), Stuttgart, Berlin, Köln 1998.

Kaczynski, Reiner, Theologischer Kommentar zur Konstitution über die heilige Liturgie *Sacrosanctum Concilium*, in: Hünermann, Peter / Hilberath, Bernd Jochen (Hg.), Herders Theologischer Kommentar zum Zweiten Vatikanischen Konzil, Band 2, Freiburg i.Br., Basel, Wien 2004, 1–227.

Kant, Immanuel, Prolegomena zu einer jeden künftigen Metaphysik, die als Wissenschaft wird auftreten können, Riga 1783.

Kaul, Bettina, Taufpastoral – zwischen kirchlicher Tradition und menschlicher Erfahrung. Pastoraltheologische und liturgiewissenschaftliche Untersuchungen (Tübinger Perspektiven zur Pastoraltheologie und Religionspädagogik 39), Berlin 2011.

Kranemann, Benedikt / Post, Paul (Hg.), Die modernen *Ritual Studies* als Herausforderung für die Liturgiewissenschaft. Modern Ritual Studies as a Challenge for Liturgical Studies (Liturgia Condenda 20), Leuven 2009.

Kranemann, Benedikt, Die Theologie des Pascha-Mysteriums im Widerspruch. Bemerkungen zur traditionalistischen Kritik katholischer Liturgietheologie, in: Hünermann, Peter (Hg.), Exkommunikation oder Kommunikation? Der Weg der Kirche nach dem II. Vatikanum und die Pius-Brüder (Quaestiones Disputatae 236), Freiburg i.Br., Basel, Wien 2009, 123–151.

Lorenzer, Alfred, Kritik des psychoanalytischen Symbolbegriffs, Frankfurt am Main 1970.

Lorenzer, Alfred, Das Konzil der Buchhalter. Die Zerstörung der Sinnlichkeit. Eine Religionskritik, Frankfurt am Main 1984.

Lorenzer, Alfred, Die Sprache, der Sinn und das Unbewußte. Psychoanalytisches Grundverständnis und Neurowissenschaften, hg. von Ulrike Prokop, Stuttgart 2002.

Mosebach, Martin, Häresie der Formlosigkeit. Die römische Liturgie und ihr Feind, Wien, Leipzig ³2003.

Odenthal, Andreas, Liturgie als Ritual. Theologische und psychoanalytische Überlegungen zu einer praktisch-theologischen Theorie des Gottesdienstes als Symbolgeschehen (Praktische Theologie heute 60), Stuttgart 2002.

Odenthal, Andreas, „Haeresie der Formlosigkeit" durch ein „Konzil der Buchhalter"? Überlegungen zur Kritik an der Liturgiereform nach 40 Jahren „Sacrosanctum Concilium", in: Liturgisches Jahrbuch 53 (2003), 242–257.

Odenthal, Andreas, „Kritische Interrelation" von Lebens-Erfahrung und Glaubens-Tradition. Überlegungen zu einem Diktum von Edward Schillebeeckx im Hinblick auf einen symboltheoretischen Ansatz als integratives Paradigma der Liturgiewissenschaft, in: Theologische Quartalschrift 187 (2007), 183–203.

Odenthal, Andreas, Rituelle Erfahrung. Thesen zu einer praktisch-theologischen Liturgiewissenschaft, in: Theologische Quartalschrift 188 (2008), 31–49.

Odenthal, Andreas, Gebrochene Gegenwart. Ein Gespräch von Theologie und Psychoanalyse im Hinblick auf einen symboltheoretischen Ansatz der Liturgiewissenschaft, in: Kranemann, Benedikt / Post, Paul (Hg.), Die modernen *Ritual Studies* als Herausforderung für die Liturgiewissenschaft. Modern Ritual Studies as a Challenge for Liturgical Studies (Liturgia Condenda 20), Leuven 2009, 159–195.

Odenthal, Andreas, Von der „symbolischen" zur „rituellen" Erfahrung. Das praktisch-theologische Paradigma von Heribert Wahl in seiner Bedeutung für die Liturgiewissenschaft, in: Lames, Gundo / Nober, Stefan / Morgen, Christoph (Hg.), Psychologisch, pastoral, diakonisch. Praktische Theologie für die Menschen (Heribert Wahl zum 65. Geburtstag), Trier 2010, 187–206.

Odenthal, Andreas, Die katholische Messfeier. Theologische Akzente der Liturgiekonstitution des II. Vatikanischen Konzils und ihre Umsetzung in der Reform eucharistischer Liturgie, in: Eckstein, Hans-Joachim / Heckel, Ulrich / Weyel, Birgit (Hg.), Kompendium Gottesdienst. Der evangelische Gottesdienst in Geschichte und Gegenwart (UTB 3630), Tübingen 2011, 104–123.

Pahl, Irmgard, Das Paschamysterium in seiner zentralen Bedeutung für die Gestalt christlicher Liturgie, in: Liturgisches Jahrbuch 46 (1996), 71–93.

Pock, Johann, Pastoral und Memoria. Die Bedeutung von Erinnerung für pastorales Handeln, in: Boschki, Reinhold / Gerhards, Albert (Hg.), Erinnerungskultur in der pluralen Gesellschaft. Neue Perspektiven für den christlich-jüdischen Dialog (Studien zu Judentum und Christentum), Paderborn 2010, 83–96.

Post, Paul, Ritual Studies. Einführung und Ortsbestimmung im Hinblick auf die Liturgiewissenschaft, in: Archiv für Liturgiewissenschaft 45 (2003), 21–45.

Ratzinger, Joseph, Die sakramentale Begründung christlicher Existenz (Meitinger Kleinschriften 22), Meitingen, Freising ^{4}1973.

Ratzinger, Joseph, Der Geist der Liturgie. Eine Einführung, Freiburg i.Br., Basel, Wien 2000.

Ratzinger, Joseph, 40 Jahre Konstitution über die heilige Liturgie. Rückblick und Vorblick, in: Liturgisches Jahrbuch 53 (2003), 209–221.

Ratzinger, Joseph, Theologie der Liturgie. Die sakramentale Begründung christlicher Existenz (Gesammelte Schriften 11), Freiburg i.Br., Basel, Wien 2008, 29–194.

Reuter, Wolfgang, „Wie Rituale abgehen". Rituelle Kompetenz in Sport und Kirche, in: Internationale Zeitschrift Communio 42 (2013), 367–378.

Schaeffler, Richard, Glaubensreflexion und Wissenschaftslehre. Thesen zur Wissenschaftstheorie und Wissenschaftsgeschichte der Theologie (Quaestiones Disputatae 82), Freiburg i.Br., Basel, Wien 1980.

Schillebeeckx, Edward, Hin zu einer Wiederentdeckung der christlichen Sakramente. Ritualisierung religiöser Momente im alltäglichen Leben, in: Holderegger, Adrian / Wils, Jean-Pierre (Hg.), Interdisziplinäre Ethik. Grundlagen, Methoden, Bereiche. FS Dietmar Mieth (Studien zur theologischen Ethik 89), Freiburg/Schweiz 2001, 309–339.

Schmid Noerr, Gunzelin, Symbolik des latenten Sinns. Zur psychoanalytischen Symboltheorie nach Lorenzer, in: Psyche 54 (2000), 454–482.

Soldt, Philipp, Denken in Bildern. Zum Verhältnis von Bild, Begriff und Affekt im seelischen Geschehen. Vorarbeiten zu einer Metapsychologie der ästhetischen Erfahrung, Lengerich 2005.

Wahl, Heribert, Glaube und symbolische Erfahrung. Eine praktisch-theologische Symboltheorie, Freiburg, Basel, Wien 1994.

Wahl, Heribert, LebensZeichen von Gott – für uns. Analysen und Impulse für eine zeitgemäße Sakramentenpastoral (Kommunikative Theologie – interdisziplinär 9), Berlin 2008.

Wilhelms, Günter, Sinnlichkeit und Rationalität. Der Beitrag Alfred Lorenzers zu einer Theorie religiöser Sozialisation, Stuttgart, Berlin, Köln 1991.

Winnicott, Donald W., Vom Spiel zur Kreativität (1971), Stuttgart ^{8}1995.

Wohlmuth, Josef, Jesu Weg – unser Weg. Kleine mystagogische Christologie, Würzburg 1992.

Zulehner, Paul Michael, Wenn selbst Atheisten religiöse Riten wünschen, in: Gerhards, Albert / Kranemann, Benedikt (Hg.), Christliche Begräbnisliturgie und säkulare Gesellschaft (Erfurter Theologische Schriften 30), Leipzig 2002, 16–24.

Zulehner, Paul Michael, Ritendiakonie, in: Kranemann, Benedikt / Sternberg, Thomas / Zahner Walter (Hg.), Die diakonale Dimension der Liturgie (Quaestiones Disputatae 218), Freiburg i.Br. 2006, 271–283.

Benedikt Kranemann

Offenheit für eine „scheue Frömmigkeit". Neue christliche Rituale in religiös pluraler Gesellschaft

1. Liturgie und alltägliches Leben in der Frömmigkeitsgeschichte

Neue christliche Rituale und Feierformen stoßen seit einiger Zeit in der Theologie auf ein verstärktes Interesse.[1] Entstehung, Ziele, Teilnehmergruppen usw. werden untersucht; vor allem interessiert die enge Verbindung solcher Rituale mit dem Alltag von Menschen. Kurz gesagt wird an diesen Ritualen geschätzt, dass sie eine Beziehung zum Leben der Mitfeiernden haben und kirchliches Handeln und Alltag eng miteinander vernetzen. Wie hat dieser Zusammenhang historisch ausgesehen?[2] Es lohnt sich, kurz bei dieser Frage zu verweilen, um wahrzunehmen, was sich mit diesen neuen Ritualen seit einigen Jahren verändert.

Katholische Liturgie und vielfältige Rituale der Frömmigkeit haben über Jahrhunderte nicht nur irgendeinen Sitz im Leben gehabt, sondern waren unverzichtbare Elemente des Lebensalltags. Die Vorstellung, wonach ganz unterschiedliche Lebenssituationen durch religiöse Rituale begleitet und „bewältigt" wurden, lässt sich breit aus historischen Quellen sichern. Dabei ist nicht allein an die Sakramente zu denken. Natürlich spielten sie für die Menschen eine überragende Rolle. Die Taufliturgie gehörte zum Beginn des menschlichen Lebens hinzu und wurde möglichst rasch nach der Geburt vollzogen. Das lag an der Sorge der Angehörigen für das Seelenheil des Neugeborenen, wurde aber auch durch kirchliche Vorgaben und theologische Lehre verlangt und gefördert. Eine entsprechende Taufpraxis begegnet bis in das 20. Jahrhundert. Die Firmliturgie trat demgegenüber klar zurück. Vielerorts wurde nur dann gefirmt, wenn ein Bischof oder Weihbischof in die Gegend kam, oder man musste sich auf den

---

1 Vgl. u. a. Bauernfeind, Inkulturation der Liturgie in unsere Gesellschaft; Kranemann/Richter/Tebartz-van Elst (Hg.), Gott feiern in nachchristlicher Gesellschaft; Mildenberger/Ratzmann (Hg.), Jenseits der Agende; Mildenberger/Ratzmann (Hg.), Liturgie mit offenen Türen; Lätzel, Den Fernen nahe sein; Brüske, Offene Türen.
2 Vgl. dazu die erhellenden Beiträge in: Bärsch/Schneider (Hg.), Liturgie und Lebenswelt.

möglicherweise weiten Weg zur nächsten Bischofskirche machen. Von einer umfassenden Firmpastoral kann erst im 20. Jahrhundert gesprochen werden.[3] Die Eucharistie war in Mittelalter und Neuzeit zentral für das Glaubensleben, konzentrierte sich aber vor allem auf Verehrung und Anbetung und weniger auf die Kommunion. Im Alltag war die Eucharistiefrömmigkeit als sinnstiftendes und stabilisierendes Element präsent. Über Glockenzeichen zur Wandlung, theophorische Prozessionen, u. a. zum Viatikum, durch Andachten und natürlich die Mitfeier der Messe, wie immer sich diese gestaltete, war eine solche Präsenz gegeben.[4] Große Bedeutung besaßen Buße und Letzte Ölung/Krankensalbung, wenngleich es immer wieder Zeiten und Regionen gegeben hat, in denen man sich gerade diesen Sakramenten zu entziehen suchte.[5] Die Sakramentenliturgien sind im (alltäglichen) Leben der Menschen gegenwärtig gewesen,[6] wenngleich ihre Rezeption sehr unterschiedlich ausfallen konnte.

Die Feste und hier insbesondere die Heiligenfeste prägen das Leben und waren im Bewusstsein so gegenwärtig, dass man bei Vertragsabschlüssen den Namen des Tagesheiligen mit in den Vertrag hineinschrieb.[7] Segnungen fanden sich in faktisch allen Lebenssituationen, begleiteten den Alltag und sprachen die helfende und rettende wie bewahrende Nähe Gottes zu. Das aus dem frühen 20. Jahrhundert stammende Standardwerk von Adolph Franz bündelt die Segnungen unter Überschriften wie „Salz und Brot", „Die Weinweihe", „Öl, Feld- und Gartenfrüchte, Kräuter", „Haus, Hof, Gewerbe", „Naturereignisse", „Die Tiere", „Ehe, Mutter und Kind", „In Gefahren", „In Krankheiten", „Bei Besessenheit", nennt zudem Segnungen im Weihnachts- und Osterfestkreis. Der Zweck der Benediktionen lag nach Franz weniger in der Sündenvergebung. Diese werde nur „ganz vereinzelt" in den entsprechenden Formeln der Segnungen genannt.[8] Wenn man vom doxologischen Moment absieht, dienten diese Sakramentalien „der Vertreibung der dämonischen Macht und [...] der Förderung des irdischen Wohles des Menschen".[9] Diese Beobachtung für das Mittelalter deckt sich mit einer neueren Untersuchung, die Neuzeit/Moderne und Gegenwart in den Blick nimmt. Florian Kluger kommt zum Schluss, dass Sakramentalien und damit auch die Segnungen „als liturgische Feiern" betrachtet werden können, „die das Leben der Menschen umfassend in den vielfältigen Belangen

---

3 Vgl. die liturgiegeschichtlichen Darstellungen bei Kleinheyer, Sakramentliche Feiern.
4 Vgl. Meyer, Eucharistie; Browe, Eucharistie im Mittelalter.
5 Vgl. dazu die Darstellung historischer Entwicklungen bei Meßner/Kaczynski, Sakramentliche Feiern.
6 Am Beispiel der Pfarrei St. Michael, Buxheim, hat das kürzlich Bärsch, Wenn sich Gottes Volk versammelt, durchgearbeitet.
7 Vgl. die Darstellungen zur Geschichte des Kirchenjahres bei Auf der Maur, Feiern im Rhythmus der Zeit I; Auf der Maur/Harnoncourt, Feiern im Rhythmus der Zeit II/1.
8 Vgl. Franz, Benediktionen I, 23.
9 Ebd., 24.

begleiten und heiligen".¹⁰ Es gehe darum, „die gute Schöpfungsordnung in der existentiellen Hoffnung auf die Bewahrung und Ermöglichung des Lebens zu verwirklichen".¹¹ Letztere Aussage zur Wirkung von Benediktionen ist deutlich auf die Gegenwart bezogen, die Kontinuität innerhalb aller geschichtlichen Diversität lässt sich nicht übersehen: Förderung des Wohls menschlichen Lebens – Ermöglichung von Leben.

Man könnte diese kurze Skizze fortführen und würde dann sicherlich auf Prozessionen eingehen müssen, die in Mittelalter und Neuzeit zum Bild der Städte gehörten und wiederum Liturgie und Alltag verbunden haben. Dazu trugen Pfarreien und Orden, Bruderschaften und Gilden bei. In Stadt und Dorf des Spätmittelalters bzw. der Frühen Neuzeit prägten sie die Identität der Menschen mit. Sie wurden mit großem Aufwand betrieben, brachten Kirche und Stadt zusammen und waren offensichtlich immer wieder Gegenstand von Innovation und Veränderung. Sie waren zudem Liturgie in der Öffentlichkeit.¹² Dieser Befund lässt sich für die Liturgie- und Frömmigkeitsgeschichte bis in das 19. Jahrhundert sichern. So werden u.a. der Gebrauch von Devotionalien, die Heiligenverehrung, Frömmigkeit, die mit Wallfahrt verbunden ist, als langfristig identitätsstiftende Elemente katholischer Religiosität bezeichnet.¹³

Diese Verbindung von Liturgie und Alltag geriet aber im 19. und 20. Jahrhundert aus unterschiedlichen Gründen in die Krise. Die katholische Aufklärung stand vielen Formen überlieferter Frömmigkeitspraxis kritisch gegenüber. Das gilt beispielsweise für Prozessionen, für die Heiligenverehrung und die Benediktionen. Es entstand eine Distanz zur „Volksfrömmigkeit", die trotz aller restaurativen Momente der Folgezeit nicht mehr wirklich überbrückt werden konnte.¹⁴ Die Industrialisierung des 19. Jahrhunderts hatte eine wachsende Auflösung weltanschaulich-religiöser Bindungen zur Folge.¹⁵ In einer sich verändernden, komplexer werdenden Gesellschaft ließen die Kirchenbindungen nach.¹⁶ Dies hatte Konsequenzen für die Liturgie. Schließlich setzte man binnenkirchlich neue Akzente. Die Liturgische Bewegung wie die Liturgiereform des 20. Jahrhunderts bemühten sich um eine Stärkung katholischer Spiritualität aus der Liturgie.¹⁷ Dafür maß man der Liturgie im engeren Sinne, insbesondere der Eucharistie und der Stundenliturgie, große Bedeutung bei. Andere Ausdrucksformen des Religiösen verloren demgegenüber an Relevanz. Die Litur-

---

10 Kluger, Benediktionen, 416.
11 Ebd., 417.
12 Vgl. am Beispiel der Stadt Erfurt Kranemann, Gottesdienst als Element städtischen Lebens.
13 Vgl. Conrad, Der Katholizismus, 93.
14 Vgl. Hartinger, Heilige Handlungen, 480.
15 Vgl. Halder, Gemeinschaften, 461.
16 Vgl. Pammer, Urbanisierung und Religion.
17 Vgl. Klöckener, Dynamik, 40–43.

giereform nach dem Zweiten Vatikanischen Konzil führte – ungewollt – zu einer weiteren Konzentration auf Kernliturgien. Die Präsenz von vielfältigen Liturgien in unterschiedlichen Lebensbereichen war verloren. Um die Lebensrelevanz der Liturgie musste gerungen werden. Aber dieses Ringen konzentrierte sich auf einen kleinen Bereich des Gottesdienstes, vor allem die Eucharistie. Das hatte (und hat) eine doppelte Konsequenz: Liturgie bewegte sich fortwährend in der Sphäre der Höchstform, mit der Liturgiekonstitution gesprochen: immer auf dem Höhepunkt kirchlichen Handelns (SC 10). Die Idee einer Hinführung durch andere Liturgien zur Eucharistie wie zu Festen des Kirchenjahres war und ist weitgehend Illusion geblieben. Zugleich konzentrierte sich diese Liturgie immer mehr auf den binnenkirchlichen Raum. Liturgie war Gottesdienst der Gemeinde in einem bisweilen eng verstandenen Sinne. Sie wurde geradezu „verkirchlicht", was die Konsequenz hatte, dass „Fernstehende" und Konfessionslose kaum als Teilnehmende wahrgenommen wurden. Damit „funktionierte" aber nicht nur die Verbindung von Liturgie und Leben immer weniger, der Charakter einer offen-öffentlichen Liturgie ging zunehmend verloren.

Die Gründe für diesen Weg sind nachvollziehbar und plausibel. Doch dürfen die Konsequenzen nicht übersehen werden. Sie treten dort offen zutage, wo sich für eine Kirche als gesellschaftliche Minderheit heute mehrere Fragen neu stellen: Gehört es nicht zur Aufgabe der Kirche, auch für diejenigen, die sich nicht zur Kirche rechnen, aber um den Segen Gottes bitten, mit Ritualen da zu sein? Was bedeutet es, Liturgie öffentlich zu feiern? Wie kann Liturgie die Gottesbotschaft so lebensrelevant feiern, dass sie Menschen von der Glaubwürdigkeit dieser Botschaft Gottes überzeugen kann?

2. Neue christliche Rituale an zentralen Stationen des Lebens

In den seit langem durch hohe Konfessionslosigkeit und eine sehr kleine katholische Bevölkerungsgruppe geprägten Bistümern Mittel- und Ostdeutschlands[18] hat sich in den Jahren seit der friedlichen Revolution von 1989 eine interessante, vielleicht noch zu wenig wahrgenommene Entwicklung im christlichen Ritual vollzogen. Man geht nicht zu weit, wenn man von einer Innovation spricht: In der Diaspora sind neue Feierformen entstanden, die sich nicht nur an „Fernstehende" wenden, sondern auch oder sogar ausschließlich an Menschen, die keiner Glaubensgemeinschaft angehören und konfessionslos sind. Die katholische Kirche wendet sich damit über den Kreis der eigenen Kirchenmitglieder hinaus an Menschen, die in einer Lebenssituation oder einer Festzeit an Ritualen teilnehmen möchten, welche durch die Kirche oder kir-

---

18 Vgl. für Thüringen als Fallbeispiel Pilvousek/Preuß, Die katholische Kirche.

chennahe Gruppen und Initiativen verantwortet werden. Die Motive dafür sind unterschiedlich, über sie kann zum Teil nur spekuliert werden. Sie können diakonischer und missionarischer Natur sein, können im Wunsch nach Präsenz in der Gesellschaft gesucht werden, können Reaktion auf Anfragen aus der Gesellschaft sein. Solche Feiern zeigen ein verändertes Selbstverständnis der Kirche. Sie setzen auf andere Teilnahmeformen, als sie für die Liturgie der Gemeinde diskutiert werden. Sie bedeuten Dynamik und Innovation im Bereich des kirchlichen Rituals. Zugleich zeigt sich hier eine neue Verortung kirchlicher Rituale im Alltag der Gesellschaft, die vor dem Hintergrund der kurzen Skizze zur Liturgiegeschichte beachtlich ist: Man kann die beschriebene, im Folgenden weiter zu analysierende Entwicklung als Versuch lesen, in neuer Weise Liturgie bzw. kirchliches Ritual einerseits und Leben und Alltag andererseits zusammenzubringen. Diese Entwicklung hat in manchem ihren Ausgang in Erfurt genommen, ist dann aber vielerorts in Ost-, zum Teil in Westdeutschland und darüber hinaus rezipiert und weiterentwickelt worden. Das gilt insbesondere für folgende Feiern:

- die Lebenswendefeier, eine Alternative zur Jugendweihe. Sie wendet sich ausschließlich an konfessionslose Jugendliche, die im kirchlichen Raum ihren Übergang vom Jugend- ins Erwachsenenalter feiern wollen.[19]
- die Segnungsfeier am Valentinstag, eine Segnung von Menschen, „die partnerschaftlich auf dem Weg" sind.[20] Zu ihr sind auch Konfessionslose eingeladen. Es wird der Segen Gottes für das gemeinsame Leben eines Paares erbeten.
- das Weihnachtslob, das bereits vor der „friedlichen Revolution" von 1989 gefeiert wurde und sich vor allem an Konfessionslose wendet. Es stellt – kurz gefasst – einen Weihnachtsgottesdienst dar, in dessen Zentrum das Weihnachtsevangelium steht, das verkündet, in einer allgemein verständlichen Sprache ausgelegt, in einer an Musik und Liedern reichen Liturgie gefeiert sowie in Gebet und Fürbitte aufgenommen wird.[21]

Man könnte Weiteres hinzufügen: So werden an verschiedenen Orten Neugeborene gesegnet, deren Eltern konfessionslos sind. Im Kolumbarium in der katholischen Allerheiligenkirche in Erfurt werden auch Konfessionslose beige-

---

[19] Ablauf und Texte für Erfurt in: Hauke, Herzlich eingeladen zum Fest des Glaubens, 24–31; zu Entstehung und Intention: Hauke, Die Feier der Lebenswende, 32–48; Kranemann, Rituale in Diasporasituationen.
[20] Ablauf und Texte für Erfurt in: Hauke, Herzlich eingeladen zum Fest des Glaubens, 61–67; vgl. Piontek, Valentinstag in Erfurt, 165–170.
[21] Bereits früh hat darüber berichtet: Wanke, Weihnachtslob; Ablauf und Texte für Erfurt in: Hauke, Herzlich eingeladen zum Fest des Glaubens, 34–40; eine Analyse findet sich bei: Schatzler, Riten und Rituale.

setzt. Dafür ist ein eigener Ritus geschaffen worden.[22] Früh hat man in Kliniken Ost- und Mitteldeutschlands mit Gedenkfeiern für die Toten der Anatomie begonnen.[23]

3. Kennzeichen innovativer christlicher Rituale

Es handelt sich um neue Rituale, die, von Christen initiiert, in der konfessionell spezifisch geprägten Öffentlichkeit Ost- und Mitteldeutschlands entstanden sind, nicht allein im Binnenraum der Kirche verbleiben, sondern sich ausdrücklich (auch) an Konfessionslose wenden. Auf einige Merkmale solcher Rituale ist bereits an anderer Stelle ausführlicher hingewiesen worden: ein Umgang mit biblischer Lesung, der für unterschiedliche Annäherungen an die Gottesbotschaft offen ist – die Lebenswendefeier in Erfurt verzichtet bis heute auf eine Schriftlesung zugunsten eines literarischen Textes –; die große Bedeutung des Segens; die Artikulation von Kernaussagen der Feiern in Zeichen; die Profilierung der Leitung, die die Feiern als kirchlich ausweist; die Nutzung des Kirchenraums mit seiner eigenen Zeichensprache; die Kommunikation über die Feiern in den Medien; die Traditionsbildung durch Kontinuität bei gleichzeitiger Variation und Wiederholung.[24] Dieser Katalog ist anhand der Erfurter Lebenswendefeier gewonnen worden, lässt sich aber im Großen und Ganzen auf die anderen genannten Feiern übertragen. Mit großer Offenheit reagiert die Kirche bzw. reagieren kirchliche oder kirchennahe Gruppen auf die Herausforderungen der pluralen Gesellschaft, in der das christliche Bekenntnis keine Selbstverständlichkeit mehr ist. Im Unterschied zur im vergangenen Jahrzehnt autoritär und kleinteilig geregelten „amtlichen" Liturgie der katholischen Kirche[25] atmen

---

22 Ablauf und Texte in: Hauke, Herzlich eingeladen zum Fest des Glaubens, 44–60.
23 Vgl. Schneider-Flume, Überlegungen zur Gedenkfeier für die Verstorbenen der Anatomie in Leipzig, 153–163.
24 Vgl. Kranemann, Christliche Feiern des Glaubens und religiöser Pluralismus in der modernen Gesellschaft, 198–200.
25 Vgl. dazu u. a. die kritischen Ausführungen mit Blick auf das Motu Proprio „Summorum Pontificum" bei Klöckener, Wie Liturgie verstehen?, und im Sammelband Gerhards (Hg.), Ein Ritus – zwei Formen; zudem Grillo, Ende der Liturgiereform?; Grillo, Eine Bilanz des Motu Proprio; zur Instruktion „Liturgiam authenticam": Kranemann/Wahle (Hg.), „... Ohren der Barmherzigkeit"; zur Diskussion um die Neuübersetzung des „pro multis": Striet (Hg.), Gestorben für wen?; Odenthal/Reuter, Vergiftung des Heiligtums. Zur ambivalenten Entwicklung der Liturgie in den vergangenen Jahren; Kranemann, Liturgie in pluraler Gesellschaft, 536–541. Es überrascht zu beobachten, wie einerseits durch einen immer noch nicht überwundenen Zentralismus eine sinnvolle Fortschreibung der Liturgiereform verhindert wird, andererseits dort, wo dieser Zentralismus nicht greift, so bei der Neuausgabe des Gebet- und Gesangbuches „Gotteslob" (2013) oder bei den hier vorgestellten Feiern, neue ansprechende und durchaus zukunftsweisende Wege be-

diese neuen Rituale den Geist der Freiheit und der Vielfalt, was nicht mit theologischer oder pastoraler Beliebigkeit zu verwechseln ist. Sie sind vor Ort entstanden, und das meint tatsächlich in der einzelnen Stadt. Diese Feiern sind Ausdruck von Subsidiarität.[26] Sie reagieren auf kulturelle Herausforderungen, die an einem bestimmten Ort oder in einer bestimmten Region bestehen, aber andernorts in dieser Weise nicht gegeben sind. Man kann sogar fragen, ob es sich nicht um eine Ausprägung spezifisch städtischer Feierformen handelt.[27] Die Beeinflussung zwischen verschiedenen Orten ist nicht zu übersehen.[28] Die Rituale werden situationsgerecht fortgeschrieben, wobei Traditionsbildung und Etablierung nicht zu verkennen sind. Sie werden an Lebensknotenpunkten der Beteiligten vollzogen und zeichnen sich durch eine hohe Kontextsensibilität aus.[29]

Die genannte Liste der Charakteristika dieser neuen Rituale lässt sich fortschreiben:
– Ganz zentral ist die *Öffnung in die Gesellschaft und auf Konfessionslose* hin. An der Lebenswendefeier können ausschließlich Nichtgetaufte teilnehmen, sie soll keine innerkirchliche Konkurrenz zu Firmung oder Konfirmation sein.[30] Zu anderen Feiern sind Christen wie Nichtchristen eingeladen, denn alle stehen, so wird im Ritual realisiert, vor denselben Herausforderungen des Lebens. Diesen spricht die Kirche den Segen Gottes zu. Missionarische und diakonische Kirche zu sein, meint hier jenseits einer Verzweckung von Ritualen das Angebot einer Deutung des Lebens aus dem Glauben.[31] Die damit

---

schritten werden. Zu Fragen um Zentralismus und Recht der Bischofskonferenzen findet man nun interessante Akzente bei Papst Franziskus, Apostolisches Schreiben Evangelii Gaudium, 25–31 (im Kapitel „Seelsorge in Neuausrichtung").

26 Zum engen Zusammenhang von Liturgie und Ekklesiologie, der sich auch auf die hier darzustellenden neuen Feierformen bezieht, vgl. Richter, Zum Verhältnis von Kirchenbild und Liturgie. Faggioli, True reform, zeigt, dass die Ekklesiologie des Konzils nur über eine Auseinandersetzung mit der Liturgiekonstitution und damit der Liturgie formuliert werden kann.

27 Vgl. dazu Sander, Weniger ist mehr. Er betrachtet die Lebenswendefeier als eine „urbane Feier" im Raum der Stadt.

28 Vgl. für die Lebenswendefeier: Kranemann, Rituale in Diasporasituationen.

29 Vgl. Bucher, ... wenn nichts bleibt, wie es war, 196.

30 Zu entsprechenden Bedenken vgl. Fincke, Das kirchliche Jugendfest als Alternative zur Jugendweihe?; dazu ebd. eine Erwiderung von Reinhard Hauke. Fincke schreibt ebd. 10: „Wir sollten [...] versuchen, die Qualität des Konfirmandenunterrichts bzw. des ‚konfirmierenden Handelns' zu verbessern, ihn für nichtkirchliche Jugendliche zu öffnen und damit unser Angebot auf dem ‚Markt der Passageriten' lukrativer zu gestalten. Wir müssen uns eingestehen, dass unsere Konfirmation der gescholtenen Jugendweihe leider oft recht nahe kommt".

31 Es wird mit diesen Ritualen zudem nicht in Abrede gestellt, dass es andernorts in der Gesellschaft eine beachtliche Kultur religiöser und lebensdeutender Rituale gibt, die auch für Liturgie und kirchliche Rituale eine Herausforderung darstellen. Der kritische Einwand von

verbundene Öffnung, die Suche nach einer neuen verbalen wie nonverbalen Sprache und die Sensibilität für Situationen, in denen solche Rituale „gebraucht" werden, könnten langfristig Konsequenzen für das Selbstverständnis der Kirche nach sich ziehen, wenn zu ihnen eine neue Wahrnehmung für die kirchliche Identität im religiösen Pluralismus treten würde.[32]
- Die neuen Rituale sind zu einem gewissen Teil „*erfundene*" Rituale. Die Segnungsfeier am Valentinstag ist letztlich eine Liturgie, wie sie in ähnlicher Weise das katholische Benediktionale mit seinen vielfältigen Vorlagen für Segnungsfeiern kennt. Neu ist hier die Situation, in der gefeiert wird, sind zudem einzelne Elemente wie vor allem die Zeugnisse, die Paare für ihre Partnerschaft und Ehe geben. Die Lebenswendefeier hingegen ist ein vor dem Hintergrund der in den ostdeutschen Bundesländern nach wie vor verbreiteten Jugendweihe[33] ganz neu kreiertes Ritual, an dessen konkreter Ausgestaltung die Teilnehmer beteiligt werden können. Man kann einzelne Versatzstücke aus der Liturgie und intentionale Transferprozesse[34] identifizieren: Die Rezitation einer Geschichte, die auf die Lebenslage der Jugendlichen bezogen ist, ähnelt der biblischen Lesung in Gottesdiensten. Bitten, die vor der Festgemeinschaft für die Jugendlichen und die Welt gesprochen werden, korrespondieren Fürbitten etc. Doch ein in dieser Weise auf Anlass und Teilnehmergruppe zurechtgeschnittenes Ritual ist etwas Neues. Die Erkenntnisse aus Forschungen der letzten Jahre zur Ritualdynamik werden hier bestätigt.[35]
- Ein mittlerweile länger tradiertes *Verständnis von Teilnahme*, das auf einen aktiven Mitvollzug einer inhaltlich-strukturell vertrauten Liturgie aufbaut, wird unter den besonderen Bedingungen solcher Rituale aufgebrochen und verändert.[36] Dem steht nicht nur die Einmaligkeit der Teilnahme etwa in der Lebenswendefeier entgegen; der Ablauf der Feier ist den meisten Teilnehmern, anders als den Jugendlichen, zuvor nicht bekannt, so dass es kein Repertoire gibt, auf das selbstverständlich zurückgegriffen werden könnte. Man tritt als Mitfeiernder in ein rituelles Geschehen ein, das in der Mitfeier

---

Paul Post gegen eine vorgebliche theologische Arroganz gegenüber solchen Ritualen trifft nicht. Vgl. Post, Re-inventing Christian Initiation, 54f: „De arrogantie voorbij".

32 Das hätte weitreichende Konsequenzen auch über die Feiern hinaus, wie Böntert, Identität wahren, für die liturgiewissenschaftliche Aus- und Fortbildung gezeigt hat.

33 Vgl. aus der Fülle der Literatur Döhnert, Jugendweihe; Döhnert, „Jugendweihe: mehr als eine Feierstunde"; Pilvousek, Jugendweihe; Weyel, Jugendweihe; Cerny-Werner, Atheistische Firmung? Früh zu dieser Feier aus liturgiewissenschaftlicher Perspektive Richter, Jugendweihe – ein Initiationsritus.

34 Vgl. Ahn/Miczek/Zotter, Ritualdesign, 117f.

35 Vgl. u.a. die Beiträge in: Harth/Schenk (Hg.), Ritualdynamik; Brosius/Michaels/Schrode (Hg.), Ritual und Ritualdynamik.

36 Vgl. u.a. Groen, Einige Aspekte der heutigen „tätigen Teilnahme".

verständlich werden muss. Somit ist ein vielfältiges Verständnis von Partizipation zu beobachten und notwendig. Hat sich in der Wahrnehmung kirchlicher Liturgie – unbeschadet liturgiewissenschaftlicher Differenzierungen – das Moment der „participatio actuosa" im Sinne von aktiv handelnder Teilnahme in den Vordergrund geschoben, und sei es nur als Ideal, so ist für viele Teilnehmer[37] an diesen neuen Ritualen das Moment des Dabei- und Anwesendseins entscheidend, während nur eine kleinere Gruppe mitgestaltet und spezielle Rollen übernimmt.[38] Die Erwartungen an das jeweilige Ritual und seine Wirksamkeit sowie die fehlende Vertrautheit mit seinem Ablauf sind die Gründe dafür.

– Ganz im Sinne der konziliaren Vorstellungen von „participatio" werden die Rituale auf diese Situation hin vorbereitet. Es müssen *Zeichensprachen für das einzelne Ritual* gefunden werden, die für sich stehen und aus sich sprechen können. Das mystagogische Prinzip der Liturgie[39] taucht in diesen Ritualen unter anderen Vorzeichen wieder auf. Das hat Folgen für die Performance der Rituale und ihre Klarheit und Transparenz. Diese Rituale müssen sich angesichts einer Teilnehmergruppe bewähren, deren Anwesenheit für viele Liturgien, insbesondere die Eucharistie, nicht selbstverständlich ist oder gar nicht in Rechnung gestellt wird.

– Die Unterschiede zur tradierten Liturgie der Kirche, sei es die Eucharistie oder eine andere Sakramentenliturgie, sei es die Tagzeitenliturgie o. a., sind folglich evident. Über die bereits benannten Unterschiede hinaus sind die *fehlende Bindung an ein Bekenntnis und die Glaubensgemeinschaft sowie die Einmaligkeit der Teilnahme* markant. Das hat Konsequenzen; vor allem kann nicht vorausgesetzt werden, dass die Teilnehmenden in das, was man das „dialogische Geschehen" der Liturgie nennt, einstimmen können. Das durch den Einzelnen mitgesprochene und durch sein „Amen" ratifizierte Gebet ist im Letzten unmöglich. Solche Rituale greifen deshalb auf das stellvertretende Gebet zurück oder stellen den Segen, der zugesprochen wird, in den Vordergrund. Ein Beispieltext, den Reinhard Hauke publiziert hat, spricht nicht vom „Wir" als Gegenüber Gottes, sondern drückt das Moment der Stellvertretung aus: „Ich bitte dich heute für diese jungen Menschen und für alle, die sie auf ihrem Lebensweg begleitet haben und auch weiterhin begleitet werden: Stärke sie im Guten […]". Die Segensformel am Schluss beginnt mit den

---

37 Die von Haunerland, Träger und Gäste, allerdings für die Liturgie der Kirche vorgeschlagene Unterscheidung von Initiierten, die Träger der Liturgie sind, und denen, die als Gäste hinzutreten, funktioniert hier nicht. Auch das macht den Unterschied zwischen einer Feier wie der Lebenswendefeier und „klassischen" Liturgien deutlich.
38 Zur Vorbereitung der Jugendlichen auf die Feier und zur Gestaltung der Feier selbst vgl. Schwarzmüller, Neue religiöse Riten.
39 Vgl. dazu u. a. Haunerland/Saberschinsky (Hg.), Liturgie und Mystagogie.

Worten „Dazu segne alle der gute Gott [...]".[40] Die „Segnung Jugendlicher vor besonderen Lebensabschnitten" im Benediktionale akzentuiert dagegen anders: „Herr, unser Gott [...], unser(e) N. steht am Beginn eines neuen Lebensabschnittes [...]. Er (Sie) weiß aber auch, daß er (sie) auf deinen Beistand angewiesen ist". Der Glaube des zu Segnenden wird angesprochen. Am Schluss des Segensgebetes wird das noch einmal zum Ausdruck gebracht: „Es schütze und führe dich der allmächtige Gott [...]".[41] Sehr unterschiedliche Glaubenssituationen und Partizipationsmöglichkeiten stehen im Hintergrund, denen entsprechend die jeweilige Feier zu gestalten ist.[42]

Schwierig ist die Zuordnung solcher Rituale und Feierformen zur traditionellen Liturgie. Begriffe wie „präkatechumenal", „Schwellenrituale" u. Ä. greifen nicht, weil sich nur in wenigen Fällen eine katechumenale Situation ergibt oder eine Schwelle in die Kirche hinein bleibend überschritten wird. Während sich aus einer kirchlichen Perspektive, die die Eucharistie als Zentrum sieht, der wiederum die anderen Liturgien in Abstufung zugeordnet werden können, solche Rituale am Rande der kirchlichen Praxis bewegen, sind sie für die Teilnehmenden von zentraler Bedeutung. Es wird schwieriger, die Zuordnung von nah und fern, von innen und außen mit Blick auf die Kirche zu bestimmen.[43] Dieses hat Bedeutung für die Selbstwahrnehmung der Kirche.

Die genannten Feierformen tragen in der Vielfalt der Rituale ein besonderes Profil. Eine Analyse von Ritualratgebern hat vor einigen Jahren als Merkmale neuer populärer Rituale Individualität, Kreativität im Sinne der Schaffung eigener Rituale für das Individuum sowie die Unabhängigkeit von Institutionen genannt. Zu den Funktionen der Rituale wurden spirituelles Wachstum, das Ordnen des eigenen Lebens, die Bewältigung von Krisen und Selbsterkenntnis gerechnet. Den Ritualen wurde eine sehr stark psychologische Wirkung zugesprochen.[44] Mit den genannten kirchlichen Ritualen wird ein anderer Weg beschritten. Wer hier teilnehmen will oder diese Rituale sogar einfordert, trifft eine Entscheidung als Individuum, sucht aber zugleich punktuell Anschluss an eine

---

40 Hauke, Herzlich eingeladen zum Fest des Glaubens, 31.
41 Benediktionale, 244.
42 Jeggle-Merz, Jugendrituale, diskutiert, inwiefern die Lebenswendefeier nicht doch als Liturgie verstanden werden kann. Sie resümiert als bemerkenswert, „dass sich diese neuen liturgischen Formen – ich erlaube mir, sie einmal so zu nennen – zuvorderst an Menschen wenden, von denen man keine regelmäßige Teilnahme an der Liturgie der Kirche erwartet" (ebd. 270).
43 Vgl. Barnard, Voorbij de liturgiewetenschap?!, der sich für die wissenschaftliche Reflexion gegen eine Unterscheidung von Kernliturgie und marginaler Liturgie ausspricht, vielmehr fragt, wie unterschiedliche Formen des Gottesdienstes sich in verschiedenen Kontexten bewähren.
44 Vgl. Lüddeckens, Neue Rituale für alle Lebenslagen.

Institution, egal ob das ein Bistum, eine Pfarrei oder eine kirchliche Initiative ist. Diese neuen Rituale bleiben ein Gemeinschaftsgeschehen. Sie gehen nicht in einer allein psychologischen Funktion für den Einzelnen auf, ohne dass diese ganz abgesprochen werden kann. Immer wird der Anschluss an das Christusereignis zur Sprache gebracht.[45] Dieses gelingt über Texte und Handlungen (wie den Segensgestus), die Ansprache, die Bildkraft des Kirchenraumes, in dem man feiert usw. In einer pluralisierten Rituallandschaft tragen die neuen Rituale in der Kirche Merkmale, die sie von Ritualen anderer „Anbieter" markant unterscheiden. Diese Merkmale stellen für diejenigen, die als nicht kirchlich Gebundene damit nicht vertraut sind, keine unüberwindbaren Hürden dar, fordern aber von den Teilnehmern eine Entscheidung, ob sie eine veränderte Lebenssituation im christlichen Kontext und mit christlicher Hilfe begehen wollen oder nicht.

4. Neue christliche Rituale als Ort der Begegnung von Glauben und Suchen

Die beschriebenen neuen Rituale und Feierformen sind eine Herausforderung für die Kirche. Wenn sie nicht als ein lediglich den Anforderungen der pluralistischen Gesellschaft geschuldetes Zugeständnis, sondern als auch theologisch integraler Bestandteil kirchlicher Feierkultur verstanden werden, verändert sich der Blick auf die Liturgie.[46] Bei diesen Ritualen handelt es sich häufig im weiteren Sinne um Benediktionen, sie sind damit dem Bereich der Sakramentalien zuzurechnen. Sie gehören zum Gesamt kirchlicher Feiern, welche in symbolischer

---

45 Theologisch lassen sich hier die Überlegungen von Meßner, Sakramentalien, einbeziehen. Er spricht sich ebd. 656, aus theologischen Gründen gegen eine Gleichsetzung aller Liturgie aus, die keine Differenzierung mehr kennt, und tritt ein für „die rechte, vom Einzelvollzug ausgehende und ihm entsprechende Einordnung in einen gestuften Kosmos symbolischer Vollzüge, welche das eine große Mysterium/Sakrament Gottes, Christus in seinem Leben, Sterben und Auferstehen, in der Geschichte wahrnehmbar und erfahrbar machen: in den unterschiedlichen Situationen des Lebens und in den verschiedenen Bereichen der Welt, vor allem auch [...] der materiellen, leiblichen Welt, welche das einzige Medium der Gotteserfahrung und -begegnung ist".
46 Eine solche Theologie christlicher Ritualpraxis in gegenwärtiger Gesellschaft zu formulieren, zählt zu den eigentlichen Herausforderungen heutiger Liturgiewissenschaft. Vgl. die Überlegungen von Odenthal, Lebenswelt und Ritual, der auf die theologisch notwendige Widerständigkeit der Rituale hinweist. Ebd. 102 resümiert er: „Dennoch bleibt die Liturgie in hier vorgelegten Sinne un-praktisch, sie widersetzt sich, wie das Christentum insgesamt, schnellem Habenwollen und direkter Erfüllung. Gerade das aber ist ihre Chance". Odenthals Ansatz „stellt zwar einen Lebensbezug her, versagt sich aber [...] einem ‚Passend-Machen' des Gottesdienstes. Die Betonung seiner rituellen Struktur, seiner symbolischen Seite fordert ein Moment der Widerständigkeit und Fremdheit".

Weise Anteil geben am Geheimnis Gottes und von der Heiligung der Welt durch Gott künden.[47] Das Besondere der neuen Rituale ist, dass sie das Gottesgeheimnis konsequent in der Öffentlichkeit feiern und verkünden. Auf diese Situation hin werden sie durchdacht und konzipiert. Für jegliche Liturgie ergibt sich von hierher der Anspruch, die einzelnen Riten und Handlungen auf ihre Sprachkraft im gesellschaftlichen Umfeld zu reflektieren und gegebenenfalls zu reformieren. Liturgie muss insgesamt als öffentliches Geschehen begriffen werden, auch wenn „Öffentlichkeit" zum Beispiel für eine Begräbnisliturgie sicherlich anders zu verstehen ist als für eine Eucharistiefeier.

Das aber bedeutet dann zugleich, die Rolle der Kirche in der pluralistischen Gesellschaft zu überdenken. Ihr liturgisches und rituelles Wissen ist in einer sich permanent in Bewegung befindenden Gesellschaft und Kultur gefragt.

Aber es geht zugleich um eine neue Offenheit und Sensibilität für diejenigen, die nur punktuell Anschluss an die Glaubensgemeinschaft und ihre Feierformen suchen können. Es reicht dafür nicht allein das Bezeugen, notwendig ist zugleich die Bereitschaft und Fähigkeit der Gläubigen zum Hören. Die Kirche selbst „gewinnt" in diesen Ritualen für sich eine neue Sicht auf Gott und die Welt.

Hier kommen Überlegungen des tschechischen Theologen Tomáš Halík ins Spiel, der von den Zuschauern und am Rande Stehenden, den „Zachäusmenschen" mit ihrer „scheuen Frömmigkeit" spricht. Gerade derjenige, der sich nicht zur Kirche zählt, der außerhalb ihrer oder an ihrem Rande lebt, muss als Zeuge des verborgenen Gottes für den Gläubigen Gesprächspartner sein. Dazu hat Halík geschrieben: „Ist [...] nicht manches von dem, was wir Säkularisierung, Kritik und Schwächung der Religion, Atheismus usw. nennen, bloß ein Bruch mit *den bekannten Göttern* und daher eine große Chance für eine Unterscheidung, Reinigung und Öffnung des Raumes, in dem wir erneut das Evangelium des Paulus vom ‚unbekannten Gott' hören können?"[48] Er fordert im Sinne des Zweiten Vatikanischen Konzils Solidarität mit der Welt, die Ungläubige einschließt. Dem ernsthaften Atheisten schreibt er eine besondere Sensibilität für die Verborgenheit Gottes zu. Aus ihr könne eine geistige Unruhe entstehen, die dem Glauben zugutekommen könne. Der tschechische Theologe sieht die Chance, in der Begegnung mit „Zachäusmenschen" das Suchen und die Offenheit wieder zu lernen.

> Man muss *offen bleiben*, denn nur zu Menschen, die offen sind, kann das Reich Gottes kommen. [...] Unser Nahesein bei den Suchenden soll auch *uns* Offenheit beibringen; wir sollen nicht bloß daran denken, dass wir beauftragt sind, sie zu lehren und zu belehren – *wir können vieles von ihnen lernen.*[49]

---

47 Vgl. Meßner, Sakramentalien, 656 und 660. Dazu oben das Zitat in Anm. 45.
48 Halík, Geduld mit Gott, 151. Kursivierungen bei Halík.
49 Ebd., 38. Kursivierungen bei Halík.

Neue Rituale, die Konfessionslosen offenstehen, könnten ein solcher Ort der Begegnung sein, an dem Glauben und Suchen einander begegnen und eine neue Offenheit nach außen wie nach innen realisiert werden könnten. Es geht dann nicht nur um beliebige neue Ritualformen, sondern um eine wirklich theologische Herausforderung, die sich mit diesen Ritualen verbindet.

5. Offenheit neuer Rituale und Gnade Gottes

Damit stellt sich abschließend eine Frage, die bei den eingangs skizzierten Überlegungen zur Liturgiegeschichte anknüpft: Wie neu sind diese Rituale eigentlich von ihrem theologischen Grundansatz her? Bei allen Unterschieden zur Theologie-, Frömmigkeits- und Mentalitätsgeschichte des Mittelalters und der Neuzeit lohnt doch der Blick in die Geschichte der Benediktionen. Mit diesem Sakramentale war die Kirche in letztlich allen Lebensbereichen des Menschen rituell handelnd zur Stelle. Wenn kein Priester anwesend sein konnte, halfen in manchen Fällen Laien mit einem entsprechenden Segensspruch. Adolph Franz hat in seiner Geschichte der kirchlichen Benediktionen im Mittelalter gezeigt, dass diese Rituale „den religiösen Bedürfnissen des Menschen" entsprachen.[50] Sie seien u. a. als Erleichterung der Mühen des Alltags verstanden worden.[51] Franz summiert:

> Nicht ein prämeditiertes System liegt hier vor, sondern eine bis tief in das christliche Altertum zu verfolgende geschichtliche Entwicklung, die auf apostolischem Grund ruht und deren treibende Kräfte aus den Tiefen des religiösen Empfindens und Wünschens des Volkes stammen.[52]

Die Zusammenhänge zwischen den neu entstehenden Ritualen und der Geschichte der Benediktionen müssten in struktureller wie theologischer Hinsicht genauer untersucht werden. Aber es hat Zeiten der Liturgiegeschichte gegeben, in denen christliche Rituale breiter im Alltag der Menschen präsent waren als heute. Ottmar Fuchs hat jüngst auf das grundlegende Vertrauen von Menschen in kirchliche Rituale hingewiesen, die wenig kirchlich sozialisiert sind, aber in entscheidenden Lebenssituationen nach genau diesen kirchlichen Feiern verlangen.[53] Fuchs spricht davon, dass diese Menschen möglicherweise sogar einen ‚Mehrwert' an Glauben aufbringen, „dass die KasualchristInnen tatsächlich etwas von den kirchlichen Ritualen erwarten, was über ihre eigene Leistung und

---
50 Franz, Benediktionen I, 37.
51 Vgl. ebd., 37.
52 Ebd., 40.
53 Vgl. u. a. Fuchs, „Unbedingte" Vor-Gegebenheit des Rituals; Fuchs, Neue Gottesdienstformen.

über ihr eigenes Vermögen hinausgeht".[54] Er erkennt darin eine Gewissheit, dass in diesen Ritualen dem Menschen von Gott etwas geschenkt wird und dass die Rituale deshalb im Leben des Menschen eine Wirkung entfalten können.[55]

Andreas Odenthal hat darauf aufbauend die theologische These entwickelt, am „Erinnerungs- und Verheißungspotential"[56] der Liturgie sollten auch die sog. Fernstehenden partizipieren können. In dieser Weise den Gnadencharakter der Liturgie ernst zu nehmen und nach einer aus sich sprechenden Feier zu fragen, macht eine entsprechende liturgische Ästhetik notwendig. Odenthal sieht eine rituelle wie theologische Arroganz gegenüber „Taufscheinchristen" kritisch und fordert im Sinne des hier Beschriebenen von christlichen Gemeinden „Offenheit und Öffentlichkeit ihres rituellen Tuns [...], ohne dabei den spezifisch christlichen Gehalt (das Pascha-Mysterium) zu verleugnen".[57] Fuchs wie Odenthal gelangen zu weitreichenden Fragen für die Liturgie- und Sakramentenpastoral und heben auf die in Liturgie und Ritual dem Menschen zuvorkommende Gnade Gottes ab. Darüber hinaus wird man beachten müssen, dass es Menschen gibt, die keine engere Verbindung und Vertrautheit mit einer christlichen Kirche haben, aber sich in bestimmten Momenten des Lebens durch Christen den Segen Gottes zusprechen lassen möchte.

Kehrt man mit den Feiern für „scheu Fromme" möglicherweise auf jenen Pfad der Geschichte zurück, auf dem vielfältige liturgische Feiern in anderer Form im Leben und Alltag des Menschen präsenter waren als das häufig in der Gegenwart der Fall ist? Vielleicht verlangen gerade Gegenden, in denen die Konfessionslosigkeit und die Diaspora nachdrücklich erfahren werden, kirchlicherseits eine Antwort und ein Mehr an Experimentierfreude gegenüber solchen neuen Ritualen und Feierformen.

Literaturverzeichnis

Ahn, Gregor / Miczek, Nadja / Zotter, Christof, Ritualdesign, in: Brosius, Christiane / Michaels, Axel / Schrode, Paula (Hg.), Ritual und Ritualdynamik. Schlüsselbegriffe, Theorien, Diskussionen, Göttingen 2013, 116–122.

---

54 Fuchs, Neue Gottesdienstformen, 48. Fuchs spricht im Zusammenhang von „KasualchristInnen", schreibt aber im selben Aufsatz an anderer Stelle: „Man darf auch nicht übersehen, was angeblich oder wirklich agnostische und religiös ‚unmusikalische' Menschen gerade in der Vorgegebenheit der Liturgie wahrzunehmen vermögen: als ihnen gegenüberstehenden Vollzug einer Hoffnung, die sie (noch) nicht teilen können, die sie aber um der Menschen willen ‚irgendwie' schätzen, ja hochzuschätzen und zu schützen vermögen" (ebd. 46).
55 Vgl. Fuchs, Neue Gottesdienstformen, 48f.
56 Odenthal, Reiche Liturgie, 285.
57 Ebd., 287.

Auf der Maur, Hansjörg, Feiern im Rhythmus der Zeit I. Herrenfeste in Woche und Jahr (Gottesdienst der Kirche 5), Regensburg 1983.

Auf der Maur, Hansjörg / Harnoncourt, Philipp, Feiern im Rhythmus der Zeit II/1. Der Kalender. Feste und Gedenktage der Heiligen (Gottesdienst der Kirche 6,1), Regensburg 1994.

Barnard, Marcel, Voorbij de liturgiewetenschap?!, in: van Tongeren, Louis / Post, Paul (Hg.), Voorbij de liturgiewetenschap. Over het profiel van liturgische en rituele studies (Netherlands studies in ritual and liturgy 12), [Groningen], [Tilburg] 2011, 25–35.

Bärsch, Jürgen, Wenn sich Gottes Volk versammelt ... Ein Streifzug durch die Geschichte des Pfarrgottesdienstes in St. Michael, Buxheim, in: Bärsch, Jürgen / Trollmann, Johannes (Hg.), Gotteslob und Menschenwerk. Bilder aus Vergangenheit und Gegenwart einer Pfarrgemeinde, Buxheim 2012, 99–163.

Bärsch, Jürgen / Schneider, Bernhard (Hg.), Liturgie und Lebenswelt. Studien zur Gottesdienst- und Frömmigkeitsgeschichte zwischen Tridentinum und Vatikanum II (Liturgiewissenschaftliche Quellen und Forschungen 95), Münster 2006.

Bauernfeind, Hans, Inkulturation der Liturgie in unsere Gesellschaft. Eine Kriteriensuche – aufgezeigt an den Zeitzeichen Kirche heute, Esoterik/New Age und modernes Menschsein (Studien zur Theologie und Praxis der Seelsorge 34), Würzburg 1998.

Benediktionale. Studienausgabe für die katholischen Bistümer des deutschen Sprachgebietes. Erarbeitet von der Internationalen Arbeitsgemeinschaft der Liturgischen Kommissionen im deutschen Sprachgebiet, hg. v. den Liturgischen Instituten Salzburg, Trier, Zürich, Einsiedeln [u. a.] (Pastoralliturgische Reihe in Verbindung mit der Zeitschrift „Gottesdienst"), 1979.

Böntert, Stefan, Identität wahren und Vielfalt wagen. Zu den Aufgaben und Zielen liturgiewissenschaftlicher Aus- und Fortbildung im Umfeld des weltanschaulichen Pluralismus, in: Theologie der Gegenwart 52 (2009), 267–278.

Brosius, Christiane / Michaels, Axel / Schrode, Paula (Hg.), Ritual und Ritualdynamik. Schlüsselbegriffe, Theorien, Diskussionen, Göttingen 2013.

Browe, Peter, Die Eucharistie im Mittelalter. Liturgiehistorische Forschungen in kulturwissenschaftlicher Absicht. Mit einer Einführung herausgegeben von Hubertus Lutterbach / Thomas Flammer, Münster [u. a.] 2003.

Brüske, Gunda, Offene Türen: Feiern mit Menschen auf der Suche nach Gott. Eine Arbeitshilfe zu niederschwelligen Gottesdiensten, Freiburg/CH 2010.

Bucher, Rainer, ... wenn nichts bleibt, wie es war. Zur prekären Zukunft der katholischen Kirche, Würzburg 2012.

Cerny-Werner, Roland, Atheistische Firmung? Jugendfeier? Ersatzritual? Jugendweihe als Phänomen säkularer Jugendentwicklung, in: Salzburger Theologische Zeitschrift 15 (2011), 301–311.

Conrad, Anne, Der Katholizismus, in: von Greyerz, Kaspar / Conrad, Anne (Hg.), Handbuch der Religionsgeschichte im deutschsprachigen Raum 4: 1650–1750, Paderborn [u. a.] 2012, 17–142.

Döhnert, Albrecht, „Jugendweihe: mehr als eine Feierstunde". Ein säkulares Ritual zwischen Anspruch und Wirklichkeit, in: Theologie der Gegenwart 56 (2013), 242–257.

Döhnert, Albrecht, Jugendweihe zwischen Familie, Politik und Religion. Studien zum Fortbestand der Jugendweihe nach 1989 und die Konfirmationspraxis der Kirchen (Arbeiten zur Praktischen Theologie 19), Leipzig 2000.

Faggioli, Massimo, True reform. Liturgy and Ecclesiology in Sacrosanctum Concilium, Collegeville, Minn 2012.

Fincke, Andreas, Das kirchliche Jugendfest als Alternative zur Jugendweihe? Kritische Anmerkungen und eine Erwiderung von Dr. Reinhard Hauke, in: Christenlehre 53 (2000,2), 9–11.

Franz, Adolph, Die kirchlichen Benediktionen im Mittelalter. 2 Bde., Freiburg/Br. 1909 (Nachdruck: Bonn 2006).

Fuchs, Ottmar, Neue Gottesdienstformen im Horizont der Sakramentalität (in) der Kirche, in: Amon, Eberhard / Kranemann, Benedikt (Hg.), Laien leiten Liturgie. Die Wort-Gottes-Feiern als Aufgabe und Herausforderung für die Kirche, Trier 2013, 11–54.

Fuchs, Ottmar, „Unbedingte" Vor-Gegebenheit des Rituals als pastorale Gabe und Aufgabe, in: Theologische Quartalschrift 189 (2009), 106–129.

Gerhards, Albert (Hg.), Ein Ritus – zwei Formen. Die Richtlinie Papst Benedikts XVI. zur Liturgie (Theologie kontrovers), Freiburg/Br. [u. a.] 2008.

Grillo, Andrea, Eine Bilanz des Motu Proprio „Summorum Pontificum". Vier Paradoxien und eine vergessene Zielsetzung, in: Concilium 45 (2009), 215–221.

Grillo, Andrea, Ende der Liturgiereform? Das Motuproprio „Summorum pontificum", in: Stimmen der Zeit 225 (2007), 730–740.

Groen, Basilius J., Einige Aspekte der heutigen „tätigen Teilnahme", in: Heiliger Dienst 58 (2004), 288–302.

Halder, Winfrid, Gemeinschaften, in: Pammer, Michael (Hg.), Handbuch der Religionsgeschichte im deutschsprachigen Raum 5: 1750–1900, Paderborn [u. a.] 2007, 429–461.

Halík, Tomáš, Geduld mit Gott. Die Geschichte von Zachäus heute. Aus dem Tschechischen übersetzt von Vratislav J. Slezák, Freiburg/Br. [u. a.] 2011.

Harth, Dietrich / Schenk, Gerrit J. (Hg.), Ritualdynamik. Kulturübergreifende Studien zur Theorie und Geschichte rituellen Handelns, Heidelberg 2004.

Hartinger, Walter, Heilige Handlungen, in: Pammer, Michael (Hg.), Handbuch der Religionsgeschichte im deutschsprachigen Raum 5: 1750–1900, Paderborn [u. a.] 2007, 465–494.

Hauke, Reinhard, Die Feier der Lebenswende. Eine christliche Hilfe zur Sinnfindung für Ungetaufte, in: Kranemann, Benedikt / Richter, Klemens / Tebartz-van Elst, Franz-Peter (Hg.), Gott feiern in nachchristlicher Gesellschaft. Die missionarische Dimension der Liturgie, Stuttgart 2000, 32–48.

Hauke, Reinhard, Herzlich eingeladen zum Fest des Glaubens ... Projekte für Christen und Nicht-Christen, Leipzig 2009, 24–31.

Haunerland, Winfried, Träger und Gäste. Zu unterschiedlichen Rollen von unterschiedlichen Mitfeiernden, in: Gottesdienst 34 (2000), 185–187.

Haunerland, Winfried / Saberschinsky, Alexander (Hg.), Liturgie und Mystagogie, Trier 2007.

Jeggle-Merz, Birgit, Jugendrituale im Raum der Kirche. Ein liturgiewissenschaftlicher Blick auf neue Feierformen, in: Theologie der Gegenwart 56 (2013), 258–271.

Kleinheyer, Bruno, Sakramentliche Feiern I. Die Feiern der Eingliederung in die Kirche (Gottesdienst der Kirche 7,1), Regensburg 1989.

Klöckener, Martin, Die Dynamik von Liturgischer Bewegung und Liturgiereform. Theologisch-spirituelle Gemeinsamkeiten und Differenzen, in: Klöckener, Martin / Kranemann, Benedikt (Hg.), Gottesdienst in Zeitgenossenschaft. Positionsbestimmungen

40 Jahre nach der Liturgiekonstitution des Zweiten Vatikanischen Konzils, Fribourg 2006, 21–48.

Klöckener, Martin, Wie Liturgie verstehen? Anfragen an das Motu proprio „Summorum Pontificum" Papst Benedikts XVI, in: Archiv für Liturgiewissenschaft 50 (2008), 268–305.

Kluger, Florian, Benediktionen. Studien zu kirchlichen Segensfeiern (Studien zur Pastoralliturgie 31), Regensburg 2011.

Kranemann, Benedikt, Christliche Feiern des Glaubens und religiöser Pluralismus in der modernen Gesellschaft, in: Liturgisches Jahrbuch 56 (2006), 181–201.

Kranemann, Benedikt, Gottesdienst als Element städtischen Lebens. Liturgie in Erfurt zur Zeit des Amplonius Rating de Berka, in: Moritz, Marina / Brodersen, Kai (Hg.), Amplonius. Die Zeit. Der Mensch. Die Stiftung. 600 Jahre Bibliotheca Amploniana in Erfurt (Schriften des Museums für Thüringer Volkskunde 34), Erfurt 2012, 107–112.

Kranemann, Benedikt, Liturgie in pluraler Gesellschaft. Eine Relecture von Sacrosanctum Concilium, in: Theologie und Glaube 102 (2012), 526–545.

Kranemann, Benedikt, Rituale in Diasporasituationen. Neue Formen kirchlichen Handelns in säkularer Gesellschaft, in: Böntert, Stefan (Hg.), Objektive Feier und subjektiver Glaube? Beiträge zum Verhältnis von Liturgie und Spiritualität (Studien zur Pastoralliturgie 32), Regensburg 2011, 253–273.

Kranemann, Benedikt / Richter, Klemens / Tebartz-van Elst, Franz-Peter (Hg.), Gott feiern in nachchristlicher Gesellschaft. Die missionarische Dimension der Liturgie, Stuttgart 2000.

Kranemann, Benedikt / Wahle, Stephan (Hg.), „… Ohren der Barmherzigkeit". Über angemessene Liturgiesprache (Theologie kontrovers), Freiburg/Br. [u. a.] 2011.

Lätzel, Martin, Den Fernen nahe sein. Religiöse Feiern mit Kirchendistanzierten, Regensburg 2004.

Lüddeckens, Dorothea, Neue Rituale für alle Lebenslagen. Beobachtungen zur Popularisierung des Ritualdiskurses, in: Zeitschrift für Religions- und Geistesgeschichte 56 (2004), 37–53.

Meßner, Reinhard, Sakramentalien, in: Theologische Realenzyklopädie 29 (1998), 648–663.

Meßner, Reinhard / Kaczynski, Reiner, Sakramentliche Feiern I/2. Mit einem Beitrag von Robert Oberforcher (Gottesdienst der Kirche 7,2), Regensburg 1992.

Meyer, Hans Bernhard, Eucharistie. Geschichte, Theologie, Pastoral. Mit einem Beitrag von Irmgard Pahl (Gottesdienst der Kirche 4), Regensburg 1989.

Mildenberger, Irene / Ratzmann, Wolfgang (Hg.), Jenseits der Agende. Reflexion und Dokumentation alternativer Gottesdienste (Beiträge zu Liturgie und Spiritualität 10), Leipzig 2003.

Mildenberger, Irene / Ratzmann, Wolfgang (Hg.), Liturgie mit offenen Türen. Gottesdienst auf der Schwelle zwischen Kirche und Gesellschaft (Beiträge zu Liturgie und Spiritualität 13), Leipzig 2005.

Odenthal, Andreas, Lebenswelt und Ritual. Überlegungen zu einem notwendigen Spannungsverhältnis menschlicher Erfahrung und liturgischen Feierns, in: Liturgisches Jahrbuch 54 (2004), 85–103.

Odenthal, Andreas, Reiche Liturgie in der Kirche der Armen? Zum Über-Fluss gottesdienstlichen Handelns im Kontext einer diakonischen Pastoral, in: ThQ 193 (2013), 282–290.

Odenthal, Andreas / Reuter, Wolfgang, Vergiftung des Heiligtums? Überlegungen anlässlich der Neuübersetzung der Kelchworte, in: Herder-Korrespondenz 67 (2013), 183–187.

Pammer, Michael, Urbanisierung und Religion, in: Pammer, Michael (Hg.), Handbuch der Religionsgeschichte im deutschsprachigen Raum 5: 1750 bis 1900, Paderborn [u. a.] 2007, 39–58.

Papst Franziskus, Apostolisches Schreiben Evangelii Gaudium des Heiligen Vaters an die Bischöfe, an die Priester und Diakone, an die Personen geweihten Lebens und an die christgläubigen Laien über die Verkündigung des Evangeliums in der Welt von heute. 24. November 2013, hg. v. Sekretariat der Deutschen Bischofskonferenz (Verlautbarungen des Apostolischen Stuhls 194), Bonn 2013.

Pilvousek, Josef, Jugendweihe und kein Ende?, in: Theologie der Gegenwart 48 (2005), 130–139.

Pilvousek, Josef / Preuß, Elisabeth, Die katholische Kirche, in: Schmitt, Karl (Hg.), Thüringen. Eine politische Landeskunde, Baden-Baden 2011, 230–248.

Piontek, Bianka, Valentinstag in Erfurt. Ein Heiliger kehrt zurück in die Kirche, in: Mildenberger, Irene / Ratzmann, Wolfgang (Hg.), Liturgie mit offenen Türen. Gottesdienst auf der Schwelle zwischen Kirche und Gesellschaft (Beiträge zu Liturgie und Spiritualität 13), Leipzig 2005, 165–170.

Post, Paul, Re-inventing Christian Initiation: initatie in veelvoud, in: Leijssen, Lambert (Hg.), Christelijke initiatie en de liturgie. Hulde aan professor dr. Jozef Lamberts bij zijn emeritaat (Nikè-reeks 52), Leuven 2006, 45–64.

Richter, Klemens, Jugendweihe – ein Initiationsritus in der sozialistischen Industriegesellschaft der DDR, in: Theologische Revue 83 (1987), 1–14.

Richter, Klemens, Zum Verhältnis von Kirchenbild und Liturgie. Die erneuerte Liturgie und der alte Ritus im Widerstreit, in: Böntert, Stefan (Hg.), Objektive Feier und subjektiver Glaube? Beiträge zum Verhältnis von Liturgie und Spiritualität, Regensburg 2011 (Studien zur Pastoralliturgie 32) 147–169.

Sander, Hans-Joachim, Weniger ist mehr und Gott steckt in den Details. Der Gottesraum in Lebenswenden und seine urbane Feier, in: Theologie der Gegenwart 56 (2013), 272–287.

Schatzler, Stephan, Riten und Rituale der Postmoderne. Am Beispiel des Bistums Erfurt, München 2012.

Schneider-Flume, Gunda, Überlegungen zur Gedenkfeier für die Verstorbenen der Anatomie in Leipzig, in: Mildenberger, Irene / Ratzmann, Wolfgang (Hg.), Liturgie mit offenen Türen. Gottesdienst auf der Schwelle zwischen Kirche und Gesellschaft (Beiträge zu Liturgie und Spiritualität 13), Leipzig 2005, 153–163.

Schwarzmüller, Konstantin, Neue religiöse Riten in der katholischen Diaspora am Beispiel der Feier der Lebenswende, Nordhausen 2011.

Striet, Magnus (Hg.), Gestorben für wen? Zur Diskussion um das „pro multis" (Theologie kontrovers), Freiburg/Br. [u. a.] 2007.

Wanke, Joachim, Weihnachtslob für Ungläubige? Ein liturgisches Experiment im Erfurter Dom am 24. 12. 1988, in: Gottesdienst 23 (1989), 145–147.

Weyel, Birgit, Die Jugendweihe. Die Dynamik eines Rituals zwischen Beharrung und Wandel, in: Berliner theologische Zeitschrift 26 (2009), 31–46.

Basilius J. Groen

Heutige Veränderungsprozesse der rituell-liturgischen Landschaft Mitteleuropas: Einige vorläufige Wahrnehmungen

> Liturgy is by its very nature an open, ongoing project,
> bearing within itself openness toward ever-new forms of expression,
> including those generated by technological advances and new media.[1]

1. Diversität und Krise

Bekanntlich wird die heutige Landschaft der religiösen Ritualkultur Mittel- und Westeuropas von einer großen Diversität charakterisiert. Der deutsche Liturgiewissenschaftler Stefan Böntert behauptet sogar: „Liturgical practice is moving toward a far greater diversity than has hitherto been familiar".[2] Allerdings sieht auf den ersten Blick die offiziell-kirchliche Landschaft in diesem Teil der Welt augenscheinlich ziemlich trostlos aus. In den etablierten Großkirchen hat die Teilnahme an den Gottesdiensten dramatisch abgenommen und dieser Prozess geht fast überall weiter. Was die Feier von Taufe, Erstkommunion, Firmung, Trauung und Bestattung betrifft dienen diese Feiern den meisten Teilnehmenden an erster Stelle als ‚Lebensrituale', wobei das Feiern der eigenen Lebenssituationen im Zentrum steht. Zudem sind für immer mehr Menschen Religiosität und Kirchenzugehörigkeit zwei unterschiedliche Dinge; sie erfahren die ‚göttliche Welt' und die Begegnung mit dem Transzendenten insbesondere *außerhalb* der traditionellen Kirchen. Religiöse Rituale in diesem Bereich blühen. Vielerorts haben die Kirchen das Monopol auf die Gestaltung religiöser Rituale verloren und sie müssen mit starker Konkurrenz rechnen. Das bedeutet ebenfalls, dass ‚Kunden', die Orientierung am Ritenmarkt suchen, sich überlegen, welches ‚Produkt' für sie am besten passt. Zahlreiche Menschen möchten sich nicht binden; Individualisierung, Pluralisierung und Detraditionalisierung sind signifikante Merkmale unseres Zeitalters. Anders gesagt: die Menschen können selbst nachdenken, auswählen und entscheiden. Wenn sie zum Beispiel

---

1 Böntert, Liturgical Migrations into Cyberspace, 289.
2 Ebd., 295.

an der Sonntagsmesse teilnehmen und nicht erfahren, dass es zwischen ihrem normalen Leben, der Kultur, in der sie leben, dem Gottesdienst und der biblischen Vision einer neuen Welt und eines neuen Bundes eine Verbindung gibt, dann dürfte die Eucharistie allmählich unbedeutend für sie werden und sie könnten auch ohne sie leben. Das ist es, was wir heutzutage vielerorts wahrnehmen. Aufgrund vermeintlich ‚säkularer' Modernisierungsprozesse wird eine ‚Verdunstung' des tradierten Gottesglaubens konstatiert, aber laut Kritikern ist der Verlust des Zusammenhangs zwischen Liturgie und Leben, Gottesdienst und Kultur teilweise hausgemacht.³

In der Debatte über die Abnahme der Kirchenmitglieder muss man übrigens ein Phänomen berücksichtigen, das die gesamte Gesellschaft betrifft, nämlich die Tatsache, dass auch andere ‚traditionelle' Einrichtungen wie z.B. politische Großparteien und Gewerkschaften einen Mitgliederverlust erlitten haben. Tageszeitungen und Zeitschriften haben immer weniger Dauerabonnent/inn/en, der Verkauf von Einzelnummern und natürlich die digitale Version werden immer wichtiger. Darum müssen die Einzelnummern und die Websites interessant aussehen. Für das Medium Fernsehen gilt Ähnliches: Die Programme müssen möglichst attraktiv gestaltet werden, sonst schalten die Konsument/inn/en mit ihrer Fernbedienung um (*zapping*), um zu sehen, was auf den anderen Kanälen läuft.

Paradoxerweise hat die vom Zweiten Vatikanischen Konzil initiierte Liturgiereform vielerorts die Feierqualität und die tätige Teilnahme zahlreicher Gläubigen, inklusive der Priester, erheblich gesteigert. Sie hat das geistliche Leben enorm bereichert und zur Vitalität und Ausstrahlung der christlichen Spiritualität intensiv beigetragen.⁴ Doch ist im Anbetracht der Entkirchlichung die Versuchung groß, von einer gegenwärtigen ‚geistigen Wüste' zu sprechen und – was die konkreten Feierformen der Liturgie betrifft – eine ‚Reform der Reform' anzustreben, die liturgische Praxis statt ‚anthropozentrisch' wieder ‚theozentrisch', statt ‚subjektiv' wieder ‚objektiv' zu feiern, sowie ‚unangemessene Kreativität, Improvisierung und Spontaneität' zu beseitigen und zur wahren, ‚authentischen' kirchlichen Liturgie zurückzukehren.⁵

Ein weiteres relevantes Phänomen ist, dass es für viele Gottesdienstteilnehmer/inn/en äußerst wichtig ist, in einer konkreten Feier den geistlichen Hunger zu stillen, Heilung und Befreiung, Vertrauen und Hoffnung zu erfahren. Für zahlreiche Menschen trifft das alte Schema, nämlich ‚ich glaube und es gibt die

---

3 Vgl. Bucher, Entmonopolisierung und Machtverlust; ders., Eine alte Kirche in ziemlich neuen Zeiten; Wustmans, Lebens-Mittel.
4 Vgl. Groen/Ebenbauer, „Alles was atmet, lobe den Herrn!"; Klöckener, Die Zukunft der Liturgiereform; Ferrone, Liturgy.
5 Vgl. Ratzinger, Der Geist der Liturgie; Duffy, Benedict XVI and the Liturgy; Baldovin, Reforming the Liturgy.

Sonntagspflicht, darum gehe ich in die Kirche, darum nehme ich an der Messe teil' gar nicht mehr zu; für sie gilt ein neues Schema: Die Liturgie dient vor allem der Selbst-Entdeckung und der Begegnung mit anderen, und nur so kann sie ein Weg zur Entdeckung des Gottgeheimnisses werden. Man sucht also nach der eigenen Identität, Sinnperspektive sowie Begegnung und Gemeinschaft.[6]

2. Eine erweiterte Perspektive

Allerdings sollten wir den Blick erweitern, um eine bessere Sicht auf die vielgestaltige gegenwärtige rituell-liturgische Landschaft zu bekommen. Bekanntlich ist die Liturgie nicht auf die ‚klassischen' Gottesdienste im Kirchengebäude beschränkt, sondern umfasst ein viel breiteres Spektrum. Beispielsweise ist die ‚Gemeinde' der Fernseh- und Radiogottesdienste, die vor allem aus Senioren, Kranken und Behinderten besteht, recht groß und ziemlich konstant. Bei besonderen Anlässen, wie bei königlichen Trauungen oder Bestattungen von Kirchenrepräsentanten – man denke an die Beerdigung des emeritierten Wiener Erzbischofs, Kardinal Franz König (2004) oder von Papst Johannes Paul II. (2005) –, ist die Fernsehgemeinde sogar enorm groß. Ein Musterbeispiel dafür ist auch der Tod der englischen Prinzessin Diana, die Trauerkundgebungen vor dem Londoner Buckingham Palace und die Bestattungsfeier in der Westminster Abbey. Die Fernsehübertragung des Totenamtes am 6. September 1997 berührte Millionen Menschen auf der ganzen Welt, auch in Mitteleuropa, tief. Obwohl diese Diana nie persönlich gekannt hatten, fühlten sie sich, als ob sie eine gute Freundin, sogar ihre beste Freundin („Diana, you are my best friend") verloren hätten.[7] Ein Paradox bei solchen Fernsehgottesdiensten ist dieses: Es besteht einerseits ein großer physischer Abstand, weil die Zuschauenden auf ihrem Sofa zu Hause sitzen, andererseits empfinden viele von ihnen eine tiefe Verbundenheit mit der verstorbenen Person, die sie so während ihres Lebens viel weniger erfahren haben. Das Fernsehen, vor allem eine geschickte Kameraführung und eine kluge Regie, verstärkt die Gefühle der Zuseher/innen und kanalisiert diese gleichzeitig, indem es Verbundenheit kreiert. Ein Nebeneffekt solcher eindrucksvollen Medienübertragungen ist übrigens, dass ‚normale' Gottesdienste daneben verblassen: Einige erwarten, dass diese ebenso bewegend und berührend sind und sie sind enttäuscht, wenn das nicht der Fall ist.

Auch die Welt des ‚Medienreligiösen' im Allgemeinen besitzt eine fast rituell-

---

6 Vgl. Nocke, Sakramententheologie, 30–33.
7 Vgl. Speelman, The ‚feast' of Diana's death.

religiöse Struktur.[8] Man denke hier vor allem an Heils- und Unheilsversprechungen in der Werbung, den rituellen Feiercharakter der Shows und die Vorbildfunktion der in Talkshows dargestellten Biographien. Die Programmstruktur des Fernsehens – beispielsweise stellt die ‚Zeit im Bild' im österreichischen ORF eine wichtige Markierung im Tagesablauf dar – hat für viele Menschen die Funktion des Morgen- und des Abendlobes und der dreimaligen Angelusglocke übernommen.

3. Internet

Äußerst wichtig für die Erkundung der heutigen rituell-liturgischen Landschaft ist die rasch zunehmende Bedeutung des Internet.[9] Es betrifft hier erstens die Ausstrahlung von Livegottesdiensten über das Internet, wie das auch über das Fernsehen geschieht. Als beispielsweise meine Patentante im Frühling 2013 in Holland verstarb, konnte ich nicht in die Heimat abreisen, um dort an der Bestattung teilzunehmen, aber durch eine spezielle Website[10] war es mir in Graz möglich, die Feier live zu erleben. Ich weiß auch von Menschen, die für die über das Internet (oder das Fernsehen) ausgestrahlte Sonntagsmesse Brot und Wein vor dem Gerät auf den Tisch stellen und bei der Kommunion davon kommunizieren. Handelt es sich hier um konsekrierte eucharistische Gaben, also um Leib und Blut Christi? Die Meinungen darüber gehen weit auseinander; eine sakramententheologische Abwägung steht hier vor ekklesiologischen und anthropologischen Herausforderungen. Kritiker der von mir genannten Praxis könnte man jedoch fragen, warum der päpstliche *Urbi et Orbi*-Segen auch für Internet-Nutzer/inn/en und Fernseh-Zuseher/inn/en ‚gültig' ist; freilich spielt in der Eucharistie auch die ‚Wandlung' materieller Faktoren (Brot und Wein) eine Hauptrolle. Zweitens betrifft die rituell-liturgische Bedeutung des Internet auch die tatsächliche Teilnahme an allerlei Art Feierformen und anderen Ritualen; das betrifft vor allem das interaktive Web 2.0. Man kann zum Beispiel auf speziellen *memorial sites* für Verstorbene virtuelle Blumen auf ebenfalls virtuelle Gräber legen, virtuelle Kerzen in virtuellen Kapellen anzünden und seinen Namen in virtuelle Kondolenzlisten eintragen. Virtuelle Wallfahrten, eucharistische Anbetung (mit eucharistischem Segen) und vieles mehr sind ebenfalls möglich. Es ist klar, dass mit der Benutzung des *world wide web* im Studier- oder Wohnzimmer zu Hause eine andere Art von Gemeinschaft einhergeht als dies in einer

---

8 Vgl. Schilson, Das neue Religiöse und der Gottesdienst, 98–101; ders., Liturgie(-Reform) angesichts einer sich wandelnden Kultur, 980–988.
9 Vgl. Berger, @ Worship; Böntert, Gottesdienste im Internet; ders., Liturgical Migrations into Cyberspace; Jeggle-Merz, Gottesdienst und mediale Übertragung; Jonveaux, Dieu en ligne.
10 http://kerkdienstgemist.nl [Zugang am 24. Mai 2014].

Kirche oder im Freien der Fall ist. Doch fehlen auch hier die Dimensionen der leiblichen Anwesenheit – wir Menschen können gar nicht anders! – und der Gemeinschaft keinesfalls, insbesondere im Web 2.0. Die Internetbenutzer/innen erfahren oft mehr Gemeinschaft mit den anderen, die online sind, als mit den übrigen Angehörigen ihrer Pfarrgemeinde. Zudem ist online in manchen Fällen sogar mehr Freiheit als in einer klassischen Messe möglich: Es steht zum Beispiel nichts im Wege, im Studierzimmer Gott jubelnd zu danken, lauter als in einem ‚normalen' Gottesdienst in der Pfarrkirche zu singen, zu weinen oder vor Freude zu tanzen. Auch wenn im Internet das Verrichten von Fingerbewegungen (auf der Tastatur und der ‚Maus') wichtiger ist als in anderen Situationen, heißt das also nicht, dass es keine aktive und bewusste Teilnahme gibt.

4. Wallfahrten und ‚Brauchtum'

Ferner nenne ich die wieder beliebter werdenden Wallfahrten. Nach einigen Jahrzehnten des Niedergangs (bedingt durch die gesellschaftliche Modernisierung und durch kirchliche Erneuerungsprozesse) erleben sie eine neue Popularität, die übrigens auch durch die Blüte der Freizeit- und Gesundheitsaktivitäten und die große Aufmerksamkeit für Extremsport bedingt ist. Beispielsweise erlebt der beschwerliche *camino* zum Schrein des hl. Jakobus in Santiago de Compostela seit einigen Jahrzehnten eine spektakuläre Renaissance. Viele der den *camino* zu Fuß Gehenden verfassen und veröffentlichen ein Pilgertagebuch. Die Grenzen zwischen Tourist/inn/en und Wallfahrer/inn/en, an Religion Interessierten, Suchenden und Festglaubenden, Nicht-Kirchlichen und Kirchlichen sind fließend. Für zahlreiche Pilger/innen sind nicht länger traditionelle Motive, wie ein Gelübde, Buße, Danksagung oder ein starker Bezug zu Jesus Christus bzw. Maria, ausschlaggebend, sondern das Gehen des Weges selbst: die Erfahrung des eigenen Körpers und seiner Beschränkungen, die Natur, in der man unterwegs ist, die Reflexion über den eigenen Lebensweg und die eigenen religiösen Überzeugungen sowie Begegnungen mit anderen Pilgernden.[11]

Faszinierend ist auch die wachsende Beliebtheit von Erntedankfesten und Segnungen, wie beispielsweise die Palmweihe, Adventkranzsegnung und Osterspeisensegnung (‚Fleischweihe'),[12] letztere vor allem in Kärnten und der Steiermark sowie in Slowenien und Polen – sie kommt auch im orthodoxen Russland vor. Diese Segnungsarten stiften und stärken Identität; in einer glo-

---

11 Siehe z. B. das Themenheft „Wallfahren heute".
12 Vgl. Wasserbauer, Die ‚steirische Fleischweihe'. Trotz des Namens werden nicht nur Lammfleisch und Schinken, sondern auch Eier, Brot, Salz und Kren gesegnet. Alle Speisen sind in einen Korb gepackt. Während der Segnung stehen die Körbe um den Altar herum.

balisierten Welt und einer riesig werdenden Europäischen Union zeigen sie regionale Verwurzelung. Das sogenannte ‚Brauchtum' blüht zurzeit. Zusätzliche Vorteile dieser Segnungsarten sind: Sie dauern nicht lange, sind sinnlich – es gibt viel zu sehen, riechen und betasten – und die Teilnehmenden bestimmen etwas Wichtiges selber – das Herrichten des Korbes bzw. des Strauches und des Kranzes – und sie können es mit nach Hause nehmen. Manche kirchliche Verantwortungsträger stehen diesen Segnungen ambivalent gegenüber: Einesteils betrachten sie diese als eine Chance zur Evangelisierung, weil viele Menschen teilnehmen, die sonst nicht oder kaum in die Kirche kommen, andernteils empfinden sie Gefühle des Unbehagens, weil offenbar diese angeblich ‚oberflächlichen' und ‚nach Magie riechenden' Rituale bei vielen besser ‚ankommen' als die wöchentlichen Sonntagsgottesdienste. Doch zeigt dieses Phänomen auch, wie wichtig die allgemeine religiöse Volkskultur ist, auch für den Gottesdienst. Sie ist ein äußerst bedeutender Humusboden für die Erfahrung von Heiligkeit und Sakramentalität. Wenn dieser Humus untergeht, ist auch die offizielle Liturgie gefährdet, auszutrocknen! Ich bin der Meinung, dass die Liturgiewissenschaft sich zu sehr auf die sogenannten Kernfeiern wie Eucharistie und Taufe und viel zu wenig auf solche Segnungsfeiern konzentriert.

In vielen Heilungsritualen findet man eine Mischung zwischen traditioneller christlicher Liturgie, Brauchtum, Heiligenverehrung einerseits und New Age-Gedanken, Esoterik andererseits. Es gibt ebenfalls ‚Lebensrituale' bei der Geburt oder Adoption von Kindern, bei Beziehungen, Scheidungen, Verlusten und noch vieles mehr.[13] Beim alljährlich am zweiten Sonntag im Dezember stattfindenden *Worldwide Candle Lighting* zum Beispiel wird der Kinder, die vor, während oder nach ihrer Geburt verstorben sind, gedacht und es werden von Verwandten Kerzen für sie angezündet. Relevant ist auch das Ritual am *AIDS Memorial Day* und an anderen Gedächtnistagen. In den Niederlanden ist es während der 1990er Jahre üblich geworden, dass nach einer Katastrophe oder einem Akt sinnloser Gewalt ein ‚stiller Umzug' (*stille tocht*) gehalten wird: Würdenträger/innen und viele Bürger/innen ziehen schweigend am Tatort vorbei und kommen danach in einem Stadion oder einer Kirche für einen Gedächtnisgottesdienst zusammen. Die Teilnehmenden wollen damit ihre Solidarität zeigen (und diese wahrscheinlich auch suchen), gegen den Gewaltakt protestieren und sogar das Übel oder die Gewalt bannen.[14]

---

13 Vgl. Grimes, Deeply into the Bone; Lukken, Rituals in Abundance; Post, Rituell-liturgische Bewegungen.
14 Vgl. Post, Silent Procession.

5. ‚Randbereiche'?

Jedenfalls gibt es heutzutage eine vielschichtige Pluralität von rituellen und liturgischen Aktivitäten, die sich außerhalb des Kirchengebäudes abspielen. Nur wenige davon lassen sich als klassische Liturgie betrachten. Die Grenzen zwischen kirchlicher Liturgie, außerkirchlicher Liturgie und ‚bloßem' außerkirchlichem Ritual sind nur schwer zu ziehen.[15] Es handelt sich bei den virtuellen Computer-Ritualen und bei vielen Lebensritualen um Feierformen, die Pfarre und Kirche übersteigen. Die Teilnehmenden erfahren oft mehr Verbundenheit mit ihrem eigenen Kulturkreis als mit den Kernfeiern der Pfarrgemeinde, der sie formell angehören. Die monolithische Volkskirche mit einer starken Partizipation an den pfarrgemeindlichen Kernfeiern gibt es kaum mehr. Wir haben es mit kleinen Kerngemeinden und einer großen, pluriformen Gruppe von Christ/inn/en um diese herum zu tun. Leider sind viele pfarrgemeindliche und diözesane Liturgiefeiern kaum auf die ‚Gelegenheitsbesuchenden' abgestimmt. Die liturgische Pastoral ist noch oft vor allem darauf gerichtet, ‚Fernstehende' zu den ‚Kernfeiern' zu ‚locken'. Pfarrer klagen über den geringen Kirchenbesuch. Es wäre meiner Meinung nach ratsam, die traditionellen Kirchen öffneten sich für die ‚Randbereiche' mit ihrer reichen rituellen und liturgischen Praxis. Diese Öffnung bedeutet nicht, dass unbedingt alles übernommen werden muss. Liturgische ‚Inkulturierung' bedeutet nicht nur, dass die Liturgie sich von ihrem gesellschaftlichen und kulturellen Umfeld beeinflussen lässt, sondern auch, dass sie versucht, eine kritische Funktion gegenüber diesem Umfeld auszuüben. Ausgangspunkte dieser Kritik sind im Besonderen die Exoduserfahrung Israels, d. h. die Erfahrung des von Unterdrückung befreienden Gottes, sowie das Leben Jesu – sowohl sein tiefes Gottesvertrauen als auch seine Solidarität mit den Marginalisierten –, das Paradox seines Todes und seiner Auferstehung sowie die Gabe des Geistes Gottes.[16] Es wäre also ratsam, aus christlich-liturgischer Perspektive Neues nicht sofort abzulehnen, sondern sich zunächst möglichst weit für das Neue zu öffnen. Übrigens ist natürlich auch die ‚klassische' Eucharistiefeier das Ergebnis der Inkulturierung des Christentums in früheren Jahrhunderten, z. B. in der Reichskirche im Römischen Reich während des vierten

---

15 Vgl. Post, Panorama of Current Ritual-Liturgical Inculturation and Participation in the Netherlands.
16 Laut Kochanek, Postmoderne Rituale und Liturgie, 228, kommt die kritische Funktion der Liturgiewissenschaft den postmodernen Ritualen gegenüber dort zum Ausdruck „wo sie auf die Ausgrenzung der sozial-politischen wie biblisch-theologischen Dimension der Riten und Kulthandlungen aufmerksam macht und gegen eine einseitig individualistische Ausrichtung der Rituale auftritt". Kranemann, „Feiertags kommt das Vergessene...", plädiert dafür, das ‚säkulare Fest' einerseits ernst zu nehmen, andererseits seine exklusive Ausgerichtetheit auf das ‚Diesseits' aus der Perspektive der christlichen Anamnese und Solidarität zu kritisieren.

und fünften Jahrhunderts oder im Frankenreich während des Frühmittelalters. Liturgie ist nicht unveränderlich statisch, sondern immer in Bewegung, immer der Veränderung unterworfen. Auch Gott selbst ist keine unveränderliche Größe, sondern ein dynamischer, lebendiger Gott. Leben bedeutet Veränderung und Veränderung bedeutet Leben.

6. Liturgiesprache

Diese Bemerkung bringt mich zum nächsten Punkt, nämlich zur Liturgiesprache. Die Erfahrung lehrt, dass Menschen, die am Rand oder außerhalb der Kirche stehen, Gottesdienste mit einer freien Struktur und einer modernen Sprache oft positiv-anregend und Geist-inspiriert finden. Gute Beispiele dafür sind die ‚Thomas-Gottesdienste'[17] und die im ostdeutschen Erfurter Dom gefeierten Segnungsgottesdienste für der Kirche Entfremdete und ‚Nicht-Glaubende'.[18]

Zur Förderung des Aufgeschlossen-Seins für das Liebesmysterium des lebendigen, sich um die Menschheit kümmernden dreieinen Gottes, sind die heutigen Volkssprachen unverzichtbar. Mit ihrer partiellen Bestätigung der Volkssprachen hat die konziliare Liturgiekonstitution in der Katholischen Kirche gewiss einen wichtigen Neuanfang gemacht. Diese Kirche steht jedoch erst am Anfang dieses Prozesses der Rezeption der zahllosen Volkssprachen und ihrer Gestalten.[19] Offiziell-kirchliche Dokumente und Entscheidungen – insbesondere die vatikanische Instruktion *Liturgiam authenticam* (2001) – treten momentan für den hohen theologischen Stellenwert des liturgischen Lateins ein und befürworten wörtliche Übersetzungen in die jeweiligen Muttersprachen.[20] Dies führt aber zu erheblichen liturgiepastoralen Problemen, wie die Einführung des neuen englischen Messbuches im Advent 2011 und des neuen deutschen Begräbnisrituale klarmachen.[21] Gleichzeitig klagen mehrere Theolog/inn/en – stellvertretend für viele ‚einfache' katholische Christ/inn/en – über die ihres Erachtens ‚abgehobene' und ‚nicht-inklusive' Liturgiesprache.[22]

---

17 Vgl. Haberer, Die Thomasmesse; http://www.thomasmesse.org [Zugang am 24. Mai 2014].
18 Vgl. exemplarisch Hauke, Die Feier der Lebenswende.
19 Vgl. Groen, Die Volkssprache in der Liturgie.
20 Vgl. Jeffery, Translating Tradition.
21 Vgl. Klöckener, Das eine Rituale und die vielen Feiern; Bärsch, Innovationen in der „kirchlichen Begräbnisfeier".
22 Siehe z. B. Richter, Gottesgeheimnis der Worte; Ortkemper, Zwischen Tradition und Spontaneität.

7. Der ‚vorgeschriebene' und der ‚gelebte' Weg

Es ist ein wichtiges Desideratum, dass Liturgiewissenschaftler/innen sich dieses hier nur sehr kurz skizzierten Panoramas in ihrer Forschung und Lehre annehmen. Nicht nur der ‚vorgeschriebene Weg' der liturgischen Kernfeiern sondern auch der ‚tatsächlich gelebte Weg', wie z. B. die vielen Internetrituale, sollten im Zentrum unseres Forschungsgebietes stehen. Die Liturgiewissenschaft muss sowohl die theologischen als auch die anthropologischen Ebenen der religiösen Ritualkultur beachten; diese sind eng miteinander verflochten. Sie untersucht zum Einen die rituellen Handlungen, in welchen die zentralen Ereignisse der Schöpfung, des Exodus sowie des Lebens, Todes und der Auferstehung Jesu Christi ausgedrückt werden, und zum Anderen erforscht die Liturgiewissenschaft die zahlreichen soziokulturellen Kontexte, nicht nur der ‚traditionellen' gottesdienstlichen Versammlungen, sondern auch der neuen rituell-liturgischen Landschaft.[23]

8. Ost-West-Ökumene

Mein letzter Punkt betrifft die Ökumene. Die Römisch-Katholische Kirche, die Reformatorischen Kirchen und die Orthodoxen Kirchen begegnen häufig den gleichen Problemen und befinden sich oft in den gleichen Gebieten, da aufgrund der großen Immigration nun auch in Mittel- und Westeuropa zahlreiche Orthodoxe leben. Ich bedaure, dass sowohl die katholische als auch die evangelische Liturgiewissenschaft und Pastoraltheologie das Phänomen der ostkirchlichen orthodoxen liturgie-pastoralen Präsenz in ihrer Mitte so wenig ernst nehmen und ich plädiere für eine Liturgiewissenschaft und eine Pastoraltheologie, die im wahren Sinne des Wortes ökumenisch sind, indem sie nicht nur das westliche sondern auch das östliche Christentum in seinen vielfältigen Formen einbeziehen.

Literaturverzeichnis

Baldovin, John F., Reforming the Liturgy. A Response to the Critics, Collegeville MN 2008.
Bärsch, Jürgen, Innovationen in der „kirchlichen Begräbnisfeier". Beobachtungen und Hinweise zur zweiten authentischen Ausgabe, in: Heiliger Dienst 63 (2009), 197–211.
Berger, Teresa, @Worship. Exploring Liturgical Practices in Cyberspace, in: Questions Liturgiques 94 (2013), 266–286.

---

23 Vgl. Groen, New Challenges for the Study of Eastern Christian Liturgy, 79–93.

Böntert, Stefan, Gottesdienste im Internet. Perspektiven eines Dialogs zwischen Internet und Liturgie, Stuttgart 2005.

Böntert, Stefan, Liturgical Migrations into Cyberspace. Theological Reflections, in: Berger, Teresa (Hg.), Liturgy in Migration. From the Upper Room to Cyberspace, Collegeville MN 2012, 279–295.

Bucher, Rainer, Entmonopolisierung und Machtverlust. Wie kam die Kirche in die Krise?, in: Ders. (Hg.), Provokation der Krise. Zwölf Fragen und Antworten zur Lage der Kirche, Würzburg 2004, 11–29.

Bucher, Rainer, Eine alte Kirche in ziemlich neuen Zeiten. Zu den Reaktionsmustern der katholischen Kirche auf ihre aktuelle Transformationskrise, in: Theologisch-Praktische Quartalschrift 156 (2008), 396–405.

Duffy, Eamon, Benedict XVI and the Liturgy, in: Lang, Uwe Michael (Hg.), The Genius of the Roman Rite. Historical, Theological, and Pastoral Perspectives on Catholic Liturgy, Chicago 2010, 1–21.

Ferrone, Rita, Liturgy. Sacrosanctum Concilium, New York 2007 (= Rediscovering Vatican II).

Grimes, Ronald, Deeply into the Bone. Re-inventing Rites of Passage. Berkeley CA 2000 (= Life Passages 1).

Groen, Basilius J., Die Volkssprache in der Liturgie. Chancen und Probleme, in: Jaarboek voor Liturgie-onderzoek 21 (2005), 105–128.

Groen, Basilius J. (Bert), New Challenges for the Study of Eastern Christian Liturgy, in: Bollettino della Badia Greca di Grottaferrata, 3. Reihe, 4 (2007), 79–107.

Groen, Basilius J. / Ebenbauer, Peter, „Alles was atmet, lobe den Herrn!" Die Liturgiereform zwischen Begeisterung und Ernüchterung, in: Ebenbauer, Peter / Bucher, Rainer / Körner, Bernard (Hg.), *Zerbrechlich und kraftvoll: Christliche Existenz 50 Jahre nach dem Zweiten Vatikanum*, Innsbruck 2014 (= Theologie im kulturellen Dialog 28), 49–74.

Haberer, Tilmann, Die Thomasmesse. Ein Gottesdienst für Ungläubige, Zweifler und andere gute Christen, München 2000.

Hauke, Reinhard, Die Feier der Lebenswende. Eine christliche Hilfe zur Sinnfindung für Ungetaufte, in: Kranemann, Benedikt / Richter, Klemens / Tebartz-van Elst, Franz-Peter (Hg.), Gott feiern in nachchristlicher Gesellschaft. Die missionarische Dimension der Liturgie, Teil 2, Stuttgart 2000, 32–48.

Jeffery, Peter, Translating Tradition. A Chant Historian Reads „Liturgiam Authenticam", Collegeville MN 2005.

Jeggle-Merz, Birgit, Gottesdienst und mediale Übertragung, in: Gottesdienst der Kirche. Handbuch der Liturgiewissenschaft 2.2, Regensburg 2008, 455–490.

Jonveaux, Isabelle, Dieu en ligne. Expériences et pratiques religieuses sur Internet, Paris 2013.

Klöckener, Martin, Die Zukunft der Liturgiereform. Im Widerstreit von Konzilsauftrag, notwendiger Fortschreibung und ‚Reform der Reform', in: Redtenbacher, Andreas (Hg.), Die Zukunft der Liturgie. Gottesdienst 40 Jahre nach dem Konzil, Innsbruck 2004, 70–118.

Klöckener, Martin, Das eine Rituale und die vielen Feiern. Die Begräbnisliturgie in der Diskussion, in: Heiliger Dienst 65 (2011), 42–67.

Kochanek, Hermann, Postmoderne Rituale und Liturgie, in: Liturgisches Jahrbuch 52 (2002), 210–233.
Kranemann, Benedikt, „Feiertags kommt das Vergessene...". Zu Deutung und Bedeutung des christlichen Festes in moderner Gesellschaft, in: Liturgisches Jahrbuch 46 (1996), 3–22.
Lukken, Gerard, Rituals in Abundance. Critical Reflections on the Place, Form and Identity of Christian Ritual in our Culture, Löwen 2005 (= Liturgia Condenda 17).
Nocke, Franz-Josef, Sakramententheologie. Ein Handbuch, Düsseldorf 1997.
Ortkemper, Franz-Josef, Zwischen Tradition und Spontaneität, in: Klöckener, Martin / Nagel, Eduard / Wirtz, Hans-Gerd (Hg.), Gottes Volk feiert ... Anspruch und Wirklichkeit gegenwärtiger Liturgie, Trier 2002, 80–91.
Post, Paul, Silent Procession. Ritual-Liturgical Perspectives of an Emerging Popular Dutch Ritual, in: Studia Liturgica 32 (2002), 89–97.
Post, Paul, Rituell-liturgische Bewegungen. Erkundungen von Trends und Perspektiven, in: Gerhards, Albert / Kranemann, Benedikt (Hg.), Christliche Begräbnisliturgie und säkulare Gesellschaft, Leipzig 2002 (= Erfurter Theologische Studien 30), 25–60.
Post, Paul, Panorama of Current Ritual-Liturgical Inculturation and Participation in the Netherlands. Sketch and Perspective, in: Lamberts, Josef (Hg.), The Active Participation Revisited. La participation active 100 ans après Pie X et 40 ans après Vatican II, Löwen 2004 (= Textes et études liturgiques – Studies in Liturgy 19), 32–69.
Ratzinger, Joseph (Kardinal), Der Geist der Liturgie. Eine Einführung, Freiburg i.B. 2000.
Richter, Klemens, Gottesgeheimnis der Worte. Warum wir dringend eine neue Liturgiesprache brauchen, in: Christ in der Gegenwart 53 (2001), 157–158.
Schilson, Arno, Das neue Religiöse und der Gottesdienst. Liturgie vor einer neuen Herausforderung?, in: Liturgisches Jahrbuch 46 (1996), 94–109.
Schilson, Arno, Liturgie(-Reform) angesichts einer sich wandelnden Kultur. Perspektiven am Ende des 20. Jahrhunderts, in: Klöckener, Martin / Kranemann, Benedikt (Hg.), Liturgiereformen. Historische Studien zu einem bleibenden Grundzug des christlichen Gottesdienstes. Teil II: Liturgiereformen seit der Mitte des 19. Jahrhunderts bis zur Gegenwart, Münster 2002 (= Liturgiewissenschaftliche Quellen und Forschungen 88), 965–1002.
Speelman, Willem Marie, The ‚feast' of Diana's death, in: Post, Paul / Rouwhorst, Gerard / van Tongeren, Louis / Scheer, Antonius (Hg.), Christian Feast and Festival. The Dynamics of Western Liturgy and Culture, Löwen 2001 (= Liturgia Condenda 12), 775–801.
„Wallfahren heute. Wohin geht der Weg?", in: Heiliger Dienst 61 (2007), 5–70 (Themenheft).
Wasserbauer, Elisabeth, Die ‚steirische Fleischweihe'. Speisensegnungen im Kontext, Diplomarbeit Universität Graz, Graz 2003.
Wustmans, Hildegard, Lebens-Mittel. Wie Liturgie feiern?, in: Bucher, Rainer (Hg.), Provokation der Krise. Zwölf Fragen und Antworten zur Lage der Kirche, Würzburg 2004, 238–254.

Verzeichnis der Autor_innen

Geovanne Bustos, SVD Dr.theol.
Direktor des Melanesischen Instituts in Goroka, Papua-Neuguinea;
Ao-Dozent am Nationalen Priesterseminar von PNG

Brigitte Enzner-Probst, Dr.theol.habil.
Privatdozentin für Praktische Theologie (Ritualwissenschaft und Seelsorge),
Theologische Fakultät Bern

Basilius J. Groen, Dr.theol.
Univ.-Prof. für Liturgiewissenschaft, Universität Graz

Kirstine Helboe Johansen, PhD
Associate Professor in Practical Theology, Aarhus University

Hans Gerald Hödl, Mag.theol., Dr.phil.habil.
Ao. Univ.-Prof. für Religionswissenschaft, Universität Wien

Benedikt Kranemann, Dr.theol.habil.
Univ.-Prof. für Liturgiewissenschaft, Universität Erfurt

Arnaud Liszka, Dr.
DFG-Projekt "Religionshybride", Universität Rostock

Andreas Odenthal, Dr.theol.habil.
Univ.-Prof. für Liturgiewissenschaft, Universität Tübingen

Johann Pock, Dr.theol.habil., Lic.rer.bibl.
Univ.-Prof. für Pastoraltheologie und Kerygmatik, Universität Wien

Teresa Schweighofer, Mag.theol.
Wissenschaftliche Assistentin, Lehrstuhl Praktische Theologie,
Eberhard Karls Universität Tübingen

Ulrike Wagner-Rau, Dr.theol.habil.
Univ.-Prof.[in] für Praktische Theologie, Philipps-Universität Marburg

Rafael Walthert, Dr.phil.
Assistenzprofessor für Religionswissenschaft, Universität Zürich

t